中国文明研究丛书

文内文外

劳悦强 著

中国思想史中的经典诠释

INTRATEXTUAL AND EXTRATEXTUAL: INTERPRETATIONS OF CLASSICS IN CHINESE INTELLECTUAL HISTORY

东方出版中心有限公司

图书在版编目（CIP）数据

文内文外：中国思想史中的经典诠释 / 劳悦强著.
—上海：东方出版中心，2021.4
ISBN 978-7-5473-1285-8

Ⅰ. ①文… Ⅱ. ①劳… Ⅲ. ①思想史－研究－中国
Ⅳ. ①B2

中国版本图书馆CIP数据核字（2021）第034367号

文内文外——中国思想史中的经典诠释

著　　者　劳悦强
策　　划　郑纳新
责任编辑　韦晨晔　赵　龙
装祯设计　陈绿竞　钟　颖

出版发行　东方出版中心有限公司
地　　址　上海市仙霞路345号
邮政编码　200336
电　　话　021-62417400
印 刷 者　山东韵杰文化科技有限公司

开　　本　700mm×1000mm　1/16
印　　张　24.25
字　　数　267千字
版　　次　2021年4月第1版
印　　次　2021年4月第1次印刷
定　　价　88.00元

劳悦强

生长于香港，美国密歇根大学博士，曾在北美多所大学教授中国文史哲诸课。现任职于新加坡国立大学中文系，教授中国哲学史、中国传记传统、中国文化传统、西方汉学等科目。授课重启发，坚持阅读原典和强调独立思考。研究兴趣博杂，涉及先秦诸子思想，汉魏晋南北朝儒、道、释三教互融，宋明理学，中国文学，佛教讲经以及中国古代妇女史。著作包括《论语心》（2006）、《经学的多元脉络》（2008）等。

目　录

自　序

本书各篇论文原来独立成篇，各有因缘，而杀青时间，先后共历大约十年。论“以明”一文最先撰就，但以英文书写，时惟一九九七年初，中文稿则于二〇〇七年改写完毕。论汉至宋诸家说《论语》“唯女子与小人为难养”章最晚成篇，二〇〇九年初起草，年中才定稿。由于各篇执笔之际并无日后成书的构想，因此，诸篇所论反而更能透露我近年来对中国经典诠释的一些基本看法。现在结集诸篇成书，这一关怀仍然贯通各篇文字，而本书《导论》则尝试扼要加以说明。

十篇论文都是分析古人如何诠释文献的实证个案研究，我并无建立诠释理论的意图。本书题为《文内文外——中国思想史中的经典诠释》，原来打算将十篇论文分成“文内诠释”和“文外诠释”两部分，但我后来发现这种严格的形式区分实际上很难符合中国经典诠释的实情，因为文内、文外两种诠释往往就是互相交缠，甚至融合一体的，强为区别，有失真际。所谓“文内”“文外”，其实指的是文本与文本以外的所有外缘因素之间的关系。这些外缘因素中读者固然至为关键，但我们绝不可忽略产生文本的外缘因素以及读者本身的外缘因素。文内指文本本身，它独立于产生文本的外缘因素，而文外则当然包括读者本人，但同时也兼指产生文本的外缘因素以及有关读者本身的种种历史文化外缘，其中思想史的脉络尤为关键。从本体论而言，文本与读者、外缘因素固然截然两分，但文本犹如王阳明所谓的山花，[1]只是白纸黑字，本身并无任何意义，意义的产生全凭读者的观照。一经读者观照，文本犹如山花，“颜色一时明白起来。便知此花不在你的心外”。因此，读者与文本之间存在着一而二、二而一的关系，两者同而不同，关键在于读者本人能够清楚认识其间的分际以及两者如何交缠互动。诠释文本的学者对此更应念兹在兹。文本与读者之间又可说有一种主客关系。从本体的先后而言，文本为主，读者为客。但若从意义的产生之主从而言，则读者又转为主，而文本反为客。这种互为主客的关系也可以看出文本与读者、文内与文外本来互为一体。《易·系辞下》谓“苟非其人，道不虚行”，正可借来形容文本与读者之间共存的关系和诠释的本体根据。

从一而二而言，文本本身有其内在的意义，因此，读者不能随意诠释文本，尽管所谓内在意义仍然受到产生文本本身的外缘情境——包括作者之主体性以及其所置身之思想史脉络——的制约。从二而一而言，文本的外缘情境仍然需要读者来勾画和描写，从而赋予具体实际的内涵，文本的外缘情境缺少了读者主观的认识，在诠释意义上也可说是根本不存在；白纸黑字终归白纸黑字，而文本作者的主体性也无从浮现而成为可以认识的对象。必须指出，读者本人对文本的文外诠释也并非毫无客观制约的。读者的想象尽可以漫无边际，但其范围最终必由读者本人的见识以及其时代关怀、风气观念、思想史脉络等所决定。因此，文外的诠释并不独限于文本的外缘情境而同时必须兼顾读者本人的客观因素和主观关怀。就经典诠释的脉络而言，诠释者不但要认识经典的作者以及产生经典的历史文

[1]《传习录》载：“先生（指阳明）游南镇。一友指岩中花树问曰，‘天下无心外之物。如此花树，在深山中自开自落，于我心亦何相关？’先生曰，‘你未看此花时，此花与汝心同归于寂。你来看此花时，则此花颜色一时明白起来。便知此花不在你的心外。’”见陈荣捷：《王阳明传习录详注集评》（台北：台湾学生书局，1983年），卷下，页332。

化,同时也要联系注经者本人以及其时代关怀。

所谓“文内”“文外”,本来都是古人原有的观念,并非我个人标奇立异的范畴。在本书的《导论》中,我尝试做一简单的说明。在此,我想稍微解释一下本书其余10篇论文的关系。

本书分为四个部分。

第一部分名为“通义”,一方面《导论》讨论文内文外两种诠释取向在先秦时期形成的大致情况;另一方面,论“朋”一文又从思想史的角度纵览《论语》首章中“朋”字从西汉一直到清初的诠释发展。要比较全面认识诠释的性质和面貌,我们必须注意到诠释具有文内与文外两个维度,同时又要明了思想史对诠释的可能空间可以产生的启发和制约作用。

第二部分名为“文内之诠释”,共收两篇论文,分别确定《庄子》和《论语》中相关篇章的本义。《庄子·齐物论》中“莫若以明”一语的本义不但需要在《齐物论》和《庄子》全书的思想脉络中确认,而且也应该从思想史的角度,观照儒家思想这一潜文本对庄子思想形成的可能影响。朱子的读书宗旨在于求本义,他的《论语集注》自然不例外。朱熹对《论语》“唯女子与小人为难养”章的解释可谓得其本义,但由于《论语集注》的体例,朱子并未详细交代其诠释的原委。如何追求本义、如何确定其所见是文本的本义,这些都是文内诠释的根本问题,其中牵涉训诂、语意、概念、思想等的分析。朱熹的结论也许更与他所生活的相对平民化的宋代社会有一定的关系。

第三部分名为“文化史中的文外诠释”,共收四篇论文,讨论的经典包括儒、道、释三家。四篇论文的一个共同目的在于论证文化史的外缘影响可以帮助我们如实地认识经典诠释的原貌和精神。换言之,脱离经典诠释的实际历史情境,我们难以识辨作者及其诠释著作的本真。鸠摩罗什的《注维摩诘经》必须置于中古时期译讲同施的佛经翻译制度才能展示其真貌,而无名氏的《太上老君说常清静经注》也必须在佛教讲经的历史脉络和佛、道两家互相借鉴的文化交流中才得以原义毕现。如果我们的分析只局限于《注维摩诘经》和《太上老君说常清静经注》中的文内诠释，则这两部经注的真实生命将永远埋没于其文本本义中。由于经典诠释者特殊的时代触觉，诠释活动因而得以延绵不绝地开拓经典道理（文内）与社会人生（文外）互相关联的世界。无名氏抉发《太上老君说常清静经注》中假借信仰道教经典法力而升仙界的教义，无疑就是一个绝好的例证。他对《清静经》的演绎已逸出了任何训诂式的文内诠释以及借喻或道德说教的文外诠释，别树一格；他为《清静经》开展出一层化俗成仙的终极意义（anagogic）的宗教诠释，同时也丰富了这部道教经典的文本生命。

同理，蕅益智旭的《论语点睛》和刘宝楠父子的《论语正义》固然各有其不同的思想内容，不可漠视，然而，这两部《论语》注释尚有思想内容本身以外的外缘成分。蕅益超越樊篱的思想归宿以及他撰写《论语点睛》的具体目的和其书的特定读者，全部都决定了自己如何表述对《论语》的见解。要认识《论语点睛》的真貌，笼统的“三教归一”的标签实际上于事无补。泾渭分明的汉宋之争对认识刘宝楠父子的《论语正义》同样无济于事。汉宋之争对乾嘉时期的经学家所产生的影响和制约不能一概而论。即使刘氏父子可以称为汉学家，他们对宋学未尝不可以极富同情。换言之，汉宋之争并非只有思想史上的宏观意义，思想家或学者个人内心中，毋宁亦有情感上和认知上的汉宋之争。而这一微观的汉宋之争恰恰就为文内诠释带来了关键的变量。由是观之，文外诠释的文化外缘作用在相当程度上仍然受到作者本人的见识所引导和局限。同一文化背景、同一思想脉络，诠释的性质和结果依然可以多姿多彩而非千篇一律。

第四部分名为“思想史中的文外诠释”，共收三篇论文，重点在指出经典诠释在政治背景和思想史脉络中可以衍生出新颖的思想内容。魏晋时期何晏、王弼的“道不可体”说，本义如何，自然可以讨论，然而，如果仅仅就原文四字做概念分析，即使辅以现存有限的文献证据，我们仍然难免瞎子摸象，臆说空言恐怕居多。哲学诠释云云，大概也未见历史真相。《何晏、王弼“道不可体”说的思想史背景》一文旨在提醒学者何、王的“道不可体”说其实早已在汉末魏初流行，时人更主张“道可体”说。更重要者，“道可体”说并非玄虚妙论，而实际上乃汉末魏初士人的人生实践。儒、道两家在汉末早已趋于合流，何、王的新说不过顺应此历史趋势而企图转出反调，以求成立一家之言而已。忽视这一重要而确实的思想史背景，我们难以明白何、王的“道不可体”说的哲学内容和历史意义。

汉儒通经致用，但经义与经济本来属于两个不同的概念范畴；要经国济世并不等于否定经典有其独立于政治之外的本义。然而，汉儒既然强调通经致用，则他们朝夕面对、念兹在兹的政治现实自然时时刻刻都在启发和指引他们重新认识经典所内含的丰富意蕴。《论语》“唯女子与小人为难养”章是一个有趣的个案。正如朱熹所论，此章“女子”与“小人”的本义原指家庭中的“仆隶下人”，但汉儒鉴于汉室长期受累于内廷中外戚、宦官以及其余干政、扰乱朝纲的妇女和地位低下的“小人”，他们在一些奏章中便引用《论语》此章，加以文外的诠释，本义中一家之内的“仆隶下人”顿时平添一种特殊的政治意义。而汉儒一时权宜的见解在后代更演变成一种固定的新义。

宋代为理学时代，但当时的所谓理学家认识人生道理并非只有固定的理学程序，天下事物都只归约为“天理”与“人欲”的对立。尤其重要者，前人论朱熹解说《四书》，动辄“释天为理也，释天道为天理；又遇《论语》凡有‘斯’字或‘之’字，悉以‘理’字填实之；皆不免强人就我，圣人胸中何尝有此种理障耶？”[1]从消极批评而言，朱熹的理学诠释也许可算是一种“理障”，但更根本的问题却在于朱子何以形成这种“理障”。“理”固然可以变成一种视障，但我们仍然有必要认识这种“理”何以得成其“理”。换言之，“理”如何发现，如何证成。要回答这类问题，诠释取向与视野是关键所在。本书最后一章尝试说明，按照朱子自己的读书原则和诠释立场，他绝对足以领会《论语》“子在川上”章的本义，他可以体会和同情川水上的孔子心，然而他偏偏却忽略了孔子的喟叹而从不息之流水，悟出“天地之化，往者过，来者续，无一息之停，乃道体之本然也”如此的道理。朱子并非故意标立新说，更非“强人就我”，以“理”制人。从诠释学的角度看，朱子在追求本义的过程中竟然推出文外的新意。文本产生以后，自有其独立的生命，它的本义因而也有其在变异的外缘历史情境和思想史脉络中衍生出的无穷的意义来。在解释文本的时候，诠释者总是抱着切实的社会关怀(socially engaged)，而他们的社会关怀固然有其特殊的历史脉络，但往往也同时超乎诠释者自身的时代而具有跨时代的意义。朱熹撰作《四书章句集注》，简约明了，方便大众重新认识中国传统文化，借以巩固儒家的思想价值，并企图以《四书》凌驾乎五经之上，用心良苦。然而，在努力整理经典和维新旧文化传统的同时，朱子也不期然而推陈出新，构建了一种异乎先秦孔孟旧传统的宇宙观，他对《论语》“子在川上”章的解释就是一个很好的例子。

于此，美国文学理论学者赫希(E. D. Hirsch Jr.)针对文本诠释而提出意涵(meaning)和意义(significance)的分辨很有启发作用。[2]

---

[1] 程树德撰，程俊英、蒋见元点校：《论语集释》(北京：中华书局，1997年)，“凡例”，页7。

[2] Hirsch, E. D. Jr., *The Aims of Interpretation* (Chicago: University of Chicago Press, 1976).

意涵指的是文本的本意，而意义则指文本在不同历史情境或针对特定目的而衍生的解释。意涵内在于文本，因此，我们也可以称追求意涵的诠释之为文内诠释，而意义衍生于文本以外的外缘考虑，因此可以称为文外诠释。由于历史情境和诠释者的特定目的千变万化、无法预定，因此，意义也可以层出不穷。相对于意义来说，意涵则几乎可谓"一成不变"。本书十篇讨论具体诠释个案的文字应该足以证明"意涵"与"意义"的相对关系，同时更特别强调两者其实可以重叠共存于同一个诠释之中，而文本的特殊"意义"又往往必须依赖广义的思想史脉络，才能够得到比较合理和细致的解释。

最后，我必须衷心感谢台湾大学中文系郑吉雄教授多年来的鼓励和敦促，让我在无心插柳的情况下，编辑和修订了十篇旧文，汇成一书。同时，郑教授更慷慨让拙著在他和美国宾夕法尼亚州州立大学历史系伍安祖教授合编的《中国思想史研究丛书》中承乏一隅。盛情雅意，我实在无以为报，然而中心藏之，何日忘之。在此仅识数语，聊表谢忱。又台湾大学出版中心纪淑玲编辑和台湾大学中文研究所傅凯瑄博士克尽厥职，在她们的慧眼关照之下，原稿中各种文字上的纰漏都无所遁形，一一悉归其正。拙稿得其编辑，可谓天助。有机缘在此向两位女士表示由衷谢意，实在是我的荣幸。

作者识于狮城肯特冈

二〇一〇年二月十日

甲、通　义

第一章
导　论

一、前　　言

从时段而言，本书所论都是汉代以下，迄于清中叶思想史中的经典诠释问题。概括而论，这些诠释问题不出文内诠释和文外诠释两个取向。事实上，这两种诠释取向早已见于春秋战国时期，而其后为汉儒所继承和发展。本章的目的在于简略勾画先秦两汉的诠释图像，以便读者了解本书其余各章的具体个案分析。

二、孔门师弟的诠释实践和相关概念

一般人谈论诠释问题，自然联想到文本，而所谓文本，实际上都是针对文字记录而言。然而，所谓文本（text），其实并不必然限于文字记录。广义的文本概念可以包括口述的内容（录音）、图像（电影、绘画），甚至其他可供分析的文化载体如雕塑、建筑、广告、汽水瓶等。诠释的观念，中国古人并不陌生，然而，我们必须注意，古人的诠释意识即使不一定如现代人一般广泛，但也并非局限于文字文本而已。春秋时期的士人和贵族解释《周易》的卦象便不是纯粹的文字文本。古人的宇宙人生观重视天人合一，史官观天象以论人事，天象不啻文本。汉儒盛言灾异禨祥，天象的文本诠释可谓发展到极致。基于对文本和诠释的这一认识，古文献的诠释空间自然得以大大开阔，许多文字记录的意蕴焕然一新，古文献可能存在的诠释意义从而有机会展现于现代读者的诠释视野之中。

孔子曰："辞，达而已矣。"（《论语・卫灵公》）[1]此语未尝不可从诠释的角度来理解。按："达"有通晓明白之意。《论语・雍也》："赐也达，于从政乎何有？"孔安国《注》曰："凡事莫过于实足也，辞达则足矣，不烦文艳之辞也。"[2]"达"指的是言者的意旨能够通晓明白，而"辞"的作用则在于表达言者的本意。换言之，"辞"是文字本身的指谓问题。要明白"辞"之"达"否，这是文内的问题。《八佾》篇载："子入太庙，每事问。或曰：'孰谓鄹人之子知礼乎？入太庙，每事问。'"关于孔子所问各项礼节，他得到的回答大概都属于文内诠释的性质。反之，同篇记："林放问礼之本。子曰：'大哉问！礼，与其奢也，宁俭；丧，与其易也，宁戚。'""礼之本"到底为何，自然涉及诠释问题。孔子的看法未必人人认同。《礼记》首篇曰《曲礼》，而开篇即曰"礼，毋不敬"，而"毋不敬"同样也可以被视为"礼之本"而见解则与孔子不同。这个诠释差异除了诠释者本人的学问和见识以外，应该也跟问礼者有关。据《八佾》篇载："季氏旅于泰山。子谓冉有曰：'女弗能救与？'对曰：'不能。'子曰：'呜呼！曾谓泰山不如林放乎？'"林放对礼似乎有特别的认识。孔子答林放之问，以"俭"与"戚"为"礼之本"，必然有其特别用心。这一特殊的外缘考虑使孔子的回答平添了文外诠释的

---

［1］本书引用《论语》原文，所据版本为〔魏〕何晏注、〔宋〕邢昺疏：《论语注疏》，收入《十三经注疏》（台北：艺文印书馆影印阮元嘉庆二十年〔1820〕江西南昌府学开雕本，1976年），第8册。

［2］〔梁〕皇侃：《论语集解义疏》（台北：广文书局，1991年），卷八，页565。

性质。

以上所举的两个论礼的例子本身当然不是狭义的文字文本诠释，但我们如果将礼视为广义的文本，则上述例子的确可以说明文内诠释与文外诠释之别。从诠释的意义考虑，孔子自言“述而不作”（《论语·述而》）不啻一种文内诠释取向。必须指出，《论语》中孔子解释文献，纯粹求其本义的例子其实并不多见。可以想象，文内诠释的工作必然是孔子授课时常有之事，而他这类有关讲述，弟子门人编纂《论语》的时候大概多有省略。[1]《孟子·公孙丑上》记载孟子引述孔子说《诗》的一段话也许更能说明孔子的文内诠释的性质：

> 孟子曰：“仁则荣，不仁则辱。今恶辱而居不仁，是犹恶湿而居下也。如恶之，莫如贵德而尊士，贤者在位，能者在职。国家闲暇，及是时明其政刑。虽大国，必畏之矣。《诗》云：‘迨天之未阴雨，彻彼桑土，绸缪牖户。今此下民，或敢侮予？’孔子曰：‘为此诗者，其知道乎！能治其国家，谁敢侮之？’……”

孟子所引《诗》出自《诗·豳风·鸱鸮》，《诗序》和朱熹都说此篇乃周公之所作。[2]在此，孔子并没有考究文字训诂而直接说出诗人“能治其国家”，并且“知道”。所谓“道”当指治国平天下之大道。其实，诗人“知道”与否原非《诗》文本身寄托所在。孔子以“道”观诗而得其结论，已经露出文外诠释的倾向，但由于此处的“道”实指治

---

[1]《八佾》篇“子入太庙”章弟子略去孔子所问诸礼节而记孔子与惑人之问答，正是一例。

[2]〔汉〕毛亨传、〔汉〕郑玄笺、〔唐〕孔颖达正义：《毛诗注疏》卷八之二，收入《十三经注疏》，第2册，页292。〔宋〕朱熹：《诗集传》（香港：中华书局，1977年），卷八，页93。

道，因此，孔子说《鸱鸮》仍然可算是文内诠释。

《论语》中所见，孔子讲论文献大多数都兼顾文内文外。比如《论语·颜渊》记：

> 颜渊问仁。子曰："克己复礼为仁。一日克己复礼，天下归仁焉。为仁由己，而由人乎哉？"颜渊曰："请问其目？"子曰："非礼勿视，非礼勿听，非礼勿言，非礼勿动。"颜渊曰："回虽不敏，请事斯语矣。"

按："克己复礼为仁"之说，由来已久，[1]孔子借此回答颜渊问仁，但又进言"一日克己复礼，天下归仁焉。为仁由己，而由人乎哉"，可见他对旧论有其独特的新体会。此一新解至少可视为一种针对旧论的文内诠释，甚或可谓已经逸出旧论之外而成为文外的诠释。最后，孔子又回答颜渊之复问，条列四勿之目，再次针对旧论中"复礼"一节，提出细致的说明。此一诠释取向的改变，又将几若文外之诠释回转而为文内诠释。然而，"古也有志"的"复礼"之"礼"原来恐怕未必具体指孔子所言之四勿，而孔子之回答最终乃针对问者颜渊而发。[2]换言之，颜渊是孔子在此释"礼"的重要外缘考虑；他人问及"克己

[1]《左传·昭公十二年》载孔子与楚灵王语曰："仲尼曰：'古也有志，克己复礼，仁也。'信善哉！"时孔子22岁（公元前530年）。见〔晋〕杜预注、〔唐〕孔颖达正义：《春秋左传注疏》卷四十五，收入《十三经注疏》，第6册，页795。

[2]《朱子语类》卷四十一记载子寿与朱熹的一段对话可资说明。子寿言："孔子答群弟子所问，随其材答之，不使闻其不能行之说，故所成就多。如'克己复礼为仁'，唯以分付与颜子，其余弟子不得与闻也。今教学者说着便令克己复礼，几乎以颜子望之矣。"……先生曰："此说固是。"见〔宋〕黎靖德编、王星贤点校：《朱子语类》（北京：中华书局，1999年），页1056。在另一个场合，朱熹又说："孔门弟子所问，都只是问做工夫，若是仁之体段意思，也各自理会得了。"换言之，孔子回答弟子问仁，都是针对他们各自需要磨炼的工夫。见《朱子语类》卷六，页111。

复礼”，孔子未必给予同样的回答。[1]在此意义下，从“为仁由己”以下，孔子的回答无异于对“克己复礼”这一旧论的一种文外诠释。文内文外之诠释互为一体，分际难明，于此可见。[2]

如果读者认为“克己复礼为仁”这一古论还不能算正式的文本，我们可以看《宪问》篇记子张问《书》的记载：

> 子张曰：“《书》云：‘高宗谅阴，三年不言。’何谓也？”子曰：“何必高宗，古之人皆然。君薨，百官总己以听于冢宰，三年。”

“高宗谅阴，三年不言”的道理，关乎《书》本文的原意，孔子的解释固然紧扣文本，但却不限于高宗的个案而通论“古人”；尽管如此，其说仍未脱文内诠释的本质。孔子解释之所以逸出本文，必然与子张这个特殊的问者有关，从这个角度考虑，孔子因材施教的回答未尝不可谓具有文外诠释的性质。由此可见，文内文外交缠为一，其分际有时实在难辨泾渭。兹再举《论语·尧曰》文内诠释之一例，以概其余：

> 尧曰：“咨！尔舜！天之历数在尔躬，允执其中。四海困穷，天禄永终。”舜亦以命禹。曰：“予小子履，敢用玄牡，敢昭告于

---

[1]《论语·颜渊》紧接“颜渊问仁”章，仲弓亦问仁，孔子的回答便不同。子曰：“出门如见大宾，使民如承大祭。己所不欲，勿施于人。在邦无怨，在家无怨。”仲弓曰：“雍虽不敏，请事斯语矣。”按：《左传·僖公三十三年》载晋臼季曰：“臣闻之，出门如宾，承事如祭，仁之则也。”事在孔子生前七十七年（公元前627年），但臼季明言他所引述别有来源，大概也是古已有之的讲法。此外，《管子·小问》中管仲对桓公问引述旧语曰：“非其所欲，勿施于人，仁也。”则孔子回答仲弓问仁，显然引述两段古论而别有阐发。所谓“在邦”“在家”云云，乃指从政而言。这无疑也是孔子针对问者仲弓而强调的“仁”之特殊义。又按：孔子称赞仲弓说：“雍也可使南面”（《论语·雍也》），可见仲弓有牧民之才。

[2] 类似的例子又见《论语·颜渊》。参看第6页注[1]。

> 皇皇后帝：有罪不敢赦。帝臣不蔽，简在帝心。朕躬有罪，无以万方；万方有罪，罪在朕躬。”周有大赉，善人是富。“虽有周亲，不如仁人。百姓有过，在予一人。”谨权量，审法度，修废官，四方之政行焉。兴灭国，继绝世，举逸民，天下之民归心焉。所重：民、食、丧、祭。宽则得众，信则民任焉，敏则有功，公则说。

此处，孔子似乎依据古代坟籍讲解历史文化。我们可以想象，孔子当时所讲自然包括字义的解释和文本的训说，这些都可谓文内的诠释。弟子当时或许也有所记录，但夫子逝世后，门人编辑《论语》，恐怕字义解释之类的文字就不再传抄。《尧曰》篇所载，《尚书》本文与夫子的解说混为一体，孔子的诠释意图显然在于具体说明和颂扬“郁郁乎文”的周代礼乐，这是他本人在《尚书》中所见的“言外之意”，不啻是文外诠释，但其文献根据则在确实的《尚书》本文。也许这就是孔子自道的“述而不作”。孔子尝言曰：“夏礼，吾能言之，杞不足征也；殷礼，吾能言之，宋不足征也。文献不足故也。足，则吾能征之矣。”（《论语·八佾》）从诠释的角度看，文献必须有所足征，这也就是孔子重视文内诠释的明证。换言之，文内诠释能否“辞达”，关键之一也在于文献本身是否足征。

文内诠释未能“辞达”，《论语》亦有其例。《论语·八佾》载：“哀公问社于宰我。宰我对曰：‘夏后氏以松，殷人以柏，周人以栗，曰使民战栗。’子闻之曰：‘成事不说，遂事不谏，既往不咎。’”（按：朱熹认为，“三代之社不同者，古者立社，各树其土之所宜木以为主也。……宰我又言周所以用栗之意如此。岂以古者戮人于社，故附会其说与？”又曰：“孔子以宰我所对，非立社之本意。”）[1]然则，宰

[1]〔宋〕朱熹：《论语集注》卷二，收入《四书章句集注》（北京：中华书局，2001年），页67。

我说周社之意，全属附会，并无实证，不啻信口雌黄，自然词不达意，孔子显然并不认同。此处所谓"立社之本意"，当然就是文内的诠释了。准此，宰我说周社之意图，无疑在于文内诠释，但他的实际解说却可算是文外的诠释。如此说来，孔子不但严斥信口雌黄的文内诠释，同时也坚持文外诠释必须具备确实的文本证据。《论语·颜渊》载："季康子问政于孔子。孔子对曰：'政者，正也。子帅以正，孰敢不正？'"（按：《说文》卷三下："政，正也。"[1]）足见孔子重视文内本义，必须要有实据。[2]

文内诠释要能达意固然需要文内的证据，但诠释本身必然有其特定的目的和对象，而此特定目的与对象又转而决定诠释者的诠释取向。文内与文外不同之取向往往由此而来。事实上，即使同为文内或文外诠释，其取向仍然可以因诠释目的和对象的差异而各有不同。孔子"述而不作"，但他为谁而述，为何而述，总不会是不言而喻的，更何况所述的内容也不会固定不变的。《尧曰》所载孔子借《尚书》文本以解说周代文化，这一诠释取向无疑是针对当天受业的弟子而定的。同理，宰我解释周社以栗的道理，大概也是针对鲁哀公这位政治首领而引发的妄说。我们可以想象，孔子对《尚书》的文内解说不必一成不变，而宰我对周社亦然。在上述两个诠释例子中，孔子的说法是孟子所讲的"博学而详说之，将以反说约"（《孟子·离娄下》），而宰我则是望文生义，想当然尔。两者的诠释工夫显然不同。

以春秋的国际政治文化而论，"辞达"之"达"指的是行人在外交场合上得体的应对，孔子赞许子贡"赐也达，于从政乎何有"，所指正在于此。孔子又说："诵《诗》三百，授之以政，不达；使于四方，不能

[1]〔汉〕许慎撰、〔清〕段玉裁：《说文解字注》（台北：兰台出版社，1974年），卷三下，页124。

[2]《论语·颜渊》又载："齐景公问政于孔子。孔子对曰：'君君，臣臣，父父，子子。'"此又可见孔子讲究文外的诠释。

专对；虽多，亦奚以为？”（《论语·子路》）诵《诗》与从政关系密切。列国大夫在外交场合赋《诗》言志，目的正在求“达”。而“专”似应指针对外交特殊情况而赋《诗》以明己意，则“专”有特定具体之意，与泛论相反。[1]尤其重要者，“专”不固囿于《诗》之原意，而求即场引申发挥。因此，赋《诗》是否能达就要视乎行人临场损益《诗》之文本，和斟酌场合、对象以及赋《诗》之目的等各种工夫。由是观之，春秋列国大夫赋诗，常常都是断章取义，可谓势所必然，因为不如此则不能辞达了。[2]显然，“达”也具有文外的维度。根据上述分析，孔子所了解的“辞”无疑具有文内与文外两个维度。必须注意的是，孔子此处论“达”是针对《诗》三百而言的。换言之，“达”的确是文献诠释的一个标准。《诗序》称“诗言志”，此一传统影响深远，历久不变。针对《诗》而言，“达”则指知言以识诗人之志，是谓文内诠释。断章取义，借《诗》以明行人之志，则是文外诠释。

孔子重《诗》教，而孔门四教，德行、言语、政事、文学（《论语·先

[1] 按：“专”，何晏解作“独也”，见皇侃：《论语集解义疏》卷七，页450。朱熹仍之。然而，到底何谓“独”，两人都并未明说。皇侃解释“专独”为“应对”，意义依然不够清晰，但“应对”必然要有针对性。这一点可以肯定。因此，“独”似应作“独特”解。朱《注》又引程子曰：“穷经将以致用也。世之诵《诗》者，果能从政而专对乎？然则其所学者，章句之末耳，此学者之大患也。”致用之学必有特殊对象，是谓文外。见朱熹：《论语集注》卷七，《四书章句集注》，页143。

[2] 言志、言达必然牵涉说者与听者。赋诗者断章取义，听诗者同样也必须善于以断章来取义。鲁襄公二十七年晋赵孟在郑国与其七位大夫之间赋诗观志，最能展现春秋时代行人赋诗求达的具体情况。见《春秋左传注疏》卷三十八，页647—648。有关春秋时代大夫赋诗的研究，可参张素卿：《左传称诗研究》（台北：台湾大学出版委员会，1991年）。春秋时人不但赋诗断章取义，他们甚至在解释占卜卦象时也是如此。鲁襄公祖母穆姜欲去成公，立其奸夫侨如，因此被迫迁于东宫，筮卦遇艮之八（即随卦），卦辞曰“元、亨、利、贞”。当时史官根据卦辞，认为穆姜终会获释，但穆姜自谓“今我妇人，而与于乱。固在下位，而有不仁，不可谓元。不靖国家，不可谓亨。作而害身，不可谓利。弃位而姣，不可谓贞。有四德者，随而无咎。我皆无之，岂随也哉？我则取恶，能无咎乎？必死于此，弗得出矣。”见《春秋左传注疏》卷三十，页526—527。史官对卦辞的解释是彻底的文内诠释，而穆姜的解释足以说明卦辞也有解卦者本人的修养行为这一外缘因素，由此而产生文外的诠释。

进》),可谓皆与《诗》有关。《论语》所载,孔子屡与弟子论《诗》,而师徒之有关问答,以诠释的角度来观照,亦足以加深我们对孔门读《诗》之取向的认识。《论语·学而》记载孔子与子贡论《诗》的一段对话:

> 子贡曰:"贫而无谄,富而无骄,何如?"子曰:"可也。未若贫而乐,富而好礼者也。"子贡曰:"《诗》云:'如切如磋,如琢如磨。'其斯之谓与?"子曰:"赐也,始可与言《诗》已矣。告诸往而知来者。"

子贡原来询问贫富与修养的关系,经孔子启发以后,他立即引《诗·卫风·淇澳》以资说明和推衍。此诗之旨,《诗序》云:"《淇澳》美武公之德也。有文章又能听其规谏,以礼自防,故能入相于周,美而作是诗也。"[1]原作与贫富无涉,子贡推衍《诗》义,无疑是一种应机的发挥。换言之,尽管原诗赞美卫武公高龄仍然能够深自警惕,焕焕然有文章,且善纳规谏,但并未直接涉及修身之事,子贡所说《诗》义乃他在《淇澳》中察见的"言外之意",犹如孔子在《鸱鸮》中洞晓诗人"知道"之德,两者都可谓文外诠释,而子贡说的正当性则在于他与夫子论《诗》之前提,也就是有关贫富与修身的讨论。必须指出,孔子认许子贡,甚至谓"可与言《诗》已矣",可见文外诠释之正当性完全得到夫子首肯。不独如此,观孔子之意,学《诗》若不如子贡一般善作文外之诠释,不啻可谓不可与言《诗》已矣,理由大概是文外诠释的本领正是在"授之以政,使之四方"的时候能够赋《诗》专对,随机发挥,否则,诵《诗》"虽多,亦奚以为"。

子夏亦尝与孔子论《诗》。《论语·八佾》记云:

---

[1]《毛诗注疏》卷三之二,页126。

子夏问曰:"'巧笑倩兮,美目盼兮,素以为绚兮。'何谓也?"子曰:"绘事后素。"曰:"礼后乎?"子曰:"起予者商也,始可与言《诗》已矣。"

与子贡引《诗》阐发夫子所说义理不同,子夏直接请教孔子《诗》义。子夏所问乃《诗·卫风·硕人》。根据《诗序》,此诗"闵庄姜也。庄公惑于嬖妾,使骄上僭。庄姜贤而不答,终以无子。国人闵而忧之"。[1]《硕人》原作共四章,子夏所问乃第二章,而此章之义,郑玄《笺》云:"此章说庄姜容貌之美,所宜亲幸。"(按:子夏所引比今本多出"素以为绚兮"一句。孔子以"绘事后素"为说,显然针对此句而发。尽管如此,子夏由孔子的启发,进而以礼说《诗》,则又决然非诗人之本意。孔子最后褒奖其说,由此可见,孔子、子夏师徒解《诗》,依然是文外之诠释。)

对于孔子、子夏师徒之说《硕人》,宋王质颇有不满。《诗总闻》卷三谓:"恐是他诗亦有巧笑、美目两句,而继以'素以为绚',今不存也。孔子、子夏问答与此不类,强合此诗,恐涉牵强也。"[2]"牵强"与否,其实乃相对于诠释的性质和目的而言,王氏的批评固然有理,但其合理性之前提为文内诠释。我们也许可以批评子夏"礼后"之说不合《硕人》本义,但不可以说原诗未尝不可引申出"礼后"之说。

恰巧《中庸》的作者也尝引用《硕人》第二章:

《诗》曰:"衣锦尚絅",恶其文之著也。故君子之道,闇然而日章;小人之道,的然而日亡。君子之道:淡而不厌,简而文,温

[1]《毛诗注疏》卷三之二,页129。

[2]〔宋〕王质:《诗总闻》卷三,收入《景印文渊阁四库全书》(台北:台湾商务印书馆,1983年,本书下文省称《四库全书》),第72册,页483。

而理，知远之近，知风之自，知微之显，可与入德矣。[1]

有趣的是，作者征引《硕人》的部分跟子夏不同，这正是文外诠释自然涉及的损益工夫。[2]简言之，就是引《诗》时断章取义的本领。取义之“义”即文外诠释的最终目的。“衣锦尚絅”原来称赞衣服之盛，《中庸》作者则视为借喻，因而诠释为修身之道，朱熹注释《中庸》又称此修身之道作“为己之学”。[3](按：“衣锦尚絅”一句亦见于《诗·郑风·丰》，[4]而《诗序》曰：“《丰》，刺乱也。婚姻之道缺，阳倡而阴不和，男行而女不随。”[5]《丰》之原意正与《中庸》作者文外诠释而衍生的慎独修身的意义可谓南辕北辙。尽管如此，子夏与《中庸》作者都从文内本义出发（“恶其文之著也”即是《诗》原文的本义），再各自推衍自己所见的文外之义。）

《诗》有三义，曰赋、比、兴。比、兴意在借喻引申，诠释空间较大；赋则旨在直陈，义较显明。朱熹谓《硕人》属赋体，[6]而诗中明言“齐侯之子，卫侯之妻”，则此诗本义更是清晰无疑，孔子、子夏不可能错眼失之。再者，根据新出土战国竹简《孔子诗论》，孔子曾经直言：

[1] 朱熹：《中庸章句》，《四书章句集注》，页39。

[2]《荀子》书中常常在不同篇章引用《诗》《书》中同一两句文字，以宣扬己见，而这些道理未必与原文有关。换言之，荀子的阐说可以是文内诠释，也可以是文外诠释。例如，《荀子·不苟》引《诗·大雅·抑》中“温温恭人，维德之基”两句以形容他所谓的“至文”的“君子”；《非十二子》篇也引同样两句形容“士君子”，但“君子”与“士君子”的具体内容则并不相同。尤有进者，《君道》篇又引同样的诗句形容效法“至道大形”的“天子”，谓“故天子不视而见，不听而聪，不虑而知，不动而功，块然独坐而天下从之如一体、如四胑之从心，夫是之谓大形”。

[3] 朱熹：《中庸章句》，《四书章句集注》，页39。

[4] “衣锦尚絅”，《诗·卫风·硕人》和《郑风·丰》均作“衣锦褧衣”，朱熹谓褧、絅同。同前书。

[5]《毛诗注疏》卷四之四，页177。按：朱熹亦以《丰》为赋体，见《诗集传》卷四，页53。

[6] 朱熹：《诗集传》卷三，页36。

"《诗》亡隐志，乐亡隐情，文亡隐言。"[1]对孔子而言，诗人之"言"与"志"皆无所隐而可以诠释《诗》之本文而得。所谓"言"与"志"，乃指《诗》之本义或意涵，则"礼后"之说无疑非指本义而言。可见"礼后"说之目的必然不在于求本义，至于其说毕竟能"强合"，则又可见原诗之意涵的确可以与时更新，衍生适当的新颖意义。显然，文本意涵相对稳定的正当性不能否定文外诠释意义变动不居的无限可能。事实上，意涵与意义之间也没有绝对的优先次序，而只有诠释的适当与否。适当与否，关键在于诠释者特定的外缘考虑。

孔子本人针对现实情况而阐发《诗》义，《论语》亦载其例。《子罕》篇记录孔子评论子路个人修养曰："衣敝缊袍，与衣狐貉者立，而不耻者，其由也与。'不忮不求，何用不臧？'"（按：孔子所引诗句出自《诗·邶风·雄雉》，[2]《诗序》云："《雄雉》，刺卫宣公也。淫乱不恤国事，军旅数起，大夫久役，男女怨旷，国人患之而作是诗。"[3]原作不但与子路无涉，且也本非修身之论。最后一章曰："百尔君子，不知德行。不忮不求，何用不臧"，原为室中思妇劝勉征途上的行夫之言，谓"若能不忮害，又不贪求，则何所为而不善哉"。[4]但孔子见子路之所为，灵机一触，借《诗》以喻为己之学。朱熹谓子路"能不以贫富动其心，而可以进于道矣，故夫子称之"。[5]从诠释的角度看，孔子之说《邶风·雄雉》，无疑是一种文外诠释。[6]）

《论语》中所见，孔子所提倡的文外诠释并不限于读《诗》。《子路》篇载："南人有言曰：'人而无恒，不可以作巫医。''善夫！''不恒

---

[1] 陈桐生：《〈孔子诗论〉简注》，《孔子诗论研究》附录一（北京：中华书局，2004年），页257。

[2] 朱熹：《论语集注》卷五误作《诗·卫风·雄雉》，见《四书章句集注》，页115。

[3]《毛诗注疏》卷二之二，页86。

[4] 朱熹说，见所著《诗集传》卷二，页20。

[5] 朱熹：《论语集注》卷五，《四书章句集注》，页115。

[6] 孔子说《诗》，每发文外之覆义，先秦书中，《孟子》《荀子》一再引之。西汉典籍如《韩诗外传》亦尝言及，兹不备引。

其德，或承之羞。' 子曰：'不占而已矣。' ""不恒其德，或承之羞" 乃《易·恒》爻辞，而朱熹谓南人为"南国之人"。[1]然则严格而言，孔子是以《易·恒》九三之爻辞来诠释南人之言，但爻辞所言为常理，而巫与医则是具体例证。由此观之，南人之言可算作《易·恒》爻辞之文内诠释。然而，从《论语》所记而论，孔子实际上是由南人之言而联想到《易·恒》爻辞的，如此看来，南人之言不啻是爻辞的文外诠释了。这种文外诠释，《论语》中至少尚有一例。《论语·宪问》有以下一段有趣的记录：

> 子曰："不在其位，不谋其政。" 曾子曰："君子思不出其位。"

按：此章共两部分，汉魏旧本作一章，孔《注》曰："不越其职也。"[2]又此章孔子之言亦见于《论语·泰伯》，别为一章，孔《注》曰："欲各专一于其职也。"[3]由于这一重复，朱子以《宪问》此章前半为"重出"，并谓"曾子盖尝称之，记者因上章之语而类记之也"。[4]然而，孔安国显然并未以《宪问》前半章为重出。无论如何，朱熹所谓"重出"并非衍文之意。更重要者，他认为曾子之言乃承孔子之论而来。在此意义下，曾子之言可谓孔子之论的诠释。今按：曾子所言实出于《易·艮》象辞，则其诠释犹如孔子以《易·恒》九三之爻辞解释南人之言。换言之，至少对曾子而言，《宪问》此章所记孔子之言不啻《易·艮》象辞之文外诠释。[5]孔门师徒解释《易经》的手

---

[1] 朱熹：《论语集注》卷七，《四书章句集注》，页147。

[2] 皇侃：《论语集解义疏》卷七，页513。

[3] 同前书，卷四，页277。

[4] 朱熹：《论语集注》卷七，《四书章句集注》，页156。

[5] 宋儒尹焞曰："曾子以为君子思不出其位，知孔子之意者也。" 见〔宋〕朱熹：《论语精义》卷四下，《论孟精义》，收入朱杰人、严佐之、刘永翔编：《朱子全书》（上海：上海古籍出版社；合肥：安徽教育出版社，2002年），第7册，页303。

法如出一辙。

总括而言，孔门有关文献的学习，从诠释的角度论，可分文内文外两个维度，文内文外，二而一又一而二，分际有时难以确辨，而对文献的认识的最终目的则在于求"达"。在我们的分析语脉中，"达"也可谓通乎文内文外的诠释。《论语·颜渊》载：

> 棘子成曰："君子质而已矣，何以文为？"子贡曰："惜乎，夫子之说，君子也！驷不及舌。文犹质也，质犹文也。虎豹之鞟犹犬羊之鞟。"

"文"与"质"无疑是两个独立的概念和事实，君子以"质"为本，但仍然必须丽之以"文"。从诠释角度言，"质"犹文内的固有本义，"文"则为文外的无穷引申。如果读者像棘子成一般见识，"何以文为"，则读书所得仅仅止于文本原意，无可发挥，也无法开展新义，以因应变动的世情和人生的实际需要。明乎此，孔子所谓"质胜文则野，文胜质则史。文质彬彬，然后君子"(《论语·雍也》)，其诠释意义于是豁然明朗。君子必须"文质彬彬"，然后他对文献的认识才堪称"达"。"文质彬彬"就是不偏不倚的"中庸"，既不滞于文本原义，又不肆意妄作文外的新义。用孔子的话来理解，博文必须约礼，[1]否则泛滥无归。

孔子曾对比"多学而识之"与"一以贯之"的治学立场。从诠释的角度分析，其实可以得到新的启发。《论语·卫灵公》载：

> 子曰："赐也，女以予为多学而识之者与？"对曰："然，非与？"曰："非也，予一以贯之。"

---

[1]《论语·雍也》载："子曰：'君子博学于文，约之以礼，亦可以弗畔矣夫。'"

“多学而识之”，也就是孔子所讲的“多识于鸟兽草木之名”(《论语·阳货》)一类的学问，如此读书诵《诗》，即是所谓文内诠释。孔子并非不加讲究，只是他更有“一以贯之”的追求，此犹如孔子诵《诗》求“达”一般。一贯之权在孔子而不在文本，所以，“一以贯之”的学问是一种文外诠释。然而，“一”在孔子，“贯之”的“之”则指文本，所以，诠释依然是文内文外交错互融的活动。孔子所以“贯之”之“一”就是他所说的“义”。孔子尝言：“《诗》三百，一言以蔽之，曰：‘思无邪。’”(《论语·为政》)一言蔽之即“义”之所在。孔子笔削《春秋》以成其“义”，游、夏不能赞一辞，孟子引孔子曰：“其义则丘窃取之矣。”(《孟子·离娄下》)孔子所取的《春秋》之义亦即其一以贯之之所在。《公羊传·昭公十二年》曰：“其词则丘有罪焉耳。”[1]可见孔子最终关心的并非文本本身，而是内涵于文本而又必须读者以其见识针对其时代社会以及相关的特定关怀等外缘因素，加以阐发而衍生的新义。这也是他对传统文化有名的“述而不作”的立场。

马王堆帛书《要》中有一段孔子与子贡讨论学《易》的珍贵记载如下：

> 子赣曰：“夫子亦亓信筮乎？”……子曰：“《易》，我后其祝卜矣！我观亓德义耳也。幽赞而达乎数，明数而达乎德，又仁守者而义行之耳。赞而不达乎数，则亓为之巫；明数而不达于德，则亓为之史。史巫之筮，乡之而未也，好之而非也。后世之士疑丘者，或以《易》乎？吾求亓德而已，吾与史巫同涂而殊归者也。”[2]

[1]〔汉〕何休注、〔唐〕徐彦疏：《春秋公羊传注疏》卷二十二，收入《十三经注疏》，第7册，页282。

[2] 邓球柏：《帛书周易校释》(长沙：湖南人民出版社，2002年)，页573。

史巫与孔子，言筮则同涂，观义则殊归。姑无论这段记载的孔子是否历史真相中的孔子，但他论筮强调观德义，则显然与笔削《春秋》、窃取其义的孔子并无二致。在一以贯之的过程中，孔子又主张损益斟酌的工夫。《论语·子罕》载："子曰：'麻冕，礼也；今也纯，俭，吾从众。拜下，礼也；今拜乎上，泰也。虽违众，吾从下。'"这是当下的斟酌。《论语·为政》载："子张问：'十世可知也？'子曰：'殷因于夏礼，所损益，可知也；周因于殷礼，所损益，可知也。其或继周者，虽百世，可知也。'"这是亘古通今的损益。[1]三代相承，在于礼之损益斟酌，此亦三代文化的一贯所在。以此推论，继周而起者，虽百世，可知也。从诠释的角度看，子张的问题重点在未来，而且原来不一定针对礼制而发，孔子的回答借礼制作说明，这一取向本身就是一种文外的诠释。损益之所以必要，因为文内文外之畛域难有固定的分际，而文外诠释必须考虑千变万化的特殊对象和外缘情境，非斟酌则不可为功。

三、战国时代诠释面貌之鸟瞰

基于上文分析，诠释的文内和文外两种取向在《论语》中可谓都已经完全确定了。从子贡、子夏说《诗》以及曾子引《易·艮》象辞阐发夫子的言论，均可见孔门后学早已有所继承。诚然，文内文外的双向诠释并非始自孔子。孔子以前，春秋列国大夫赋诗释卦，无疑已有先例。孔子"述而不作"，显然对春秋时代士大夫的诠释文化有所继承而又加以发挥。所谓"述而不作"，其实未尝不可视作一种诠释立场，"述"者直承文本原意而不改，是谓文内诠释。"作"者别有兴创，未必尽仍旧章，是谓文外诠释。以"述"与"作"的立场言，战国

[1]《孟子·万章上》记孟子引孔子曰："唐虞禅，夏后、殷、周继，其义一也。"见朱熹：《孟子集注》卷九，《四书章句集注》，页309。虽然唐虞以至夏商周三代传位之制不同，但孔子谓其义一也。

诸子大概各有所偏。墨家出现时代较早，其学说多有征引《诗》《书》之处，而且相对于其他诸子，《墨子》的引文一般都较长而又更完整。以性质言，《墨子》引述《诗》《书》基本上多属于文内诠释，其中颇有借此说彼的例子，而较少借题发挥的情况。兹举数例以作说明。《墨子·尚贤中》：

《汤誓》曰："聿求元圣，与之戮力同心，以治天下。"则此言圣之不失以尚贤使能为政也。故古者圣王唯能审以尚贤使能为政，无异物杂焉，天下皆得其利。[1]

《诗》曰："告女忧恤，诲女序爵。孰能执热，鲜不用濯。"则此语古者国君诸侯之不可以不执善承嗣辅佐也。譬之犹执热之有濯也，将休其手焉。[2]

《墨子·所染》：

非独国有染也，士亦有染。其友皆好仁义，淳谨畏令，则家日益，身日安，名日荣，处官得其理矣。则段干木、禽子、傅说之徒是也。其友皆好矜奋，创作比周，则家日损，身日危，名日辱，处官失其理矣。则子西、易牙、竖刁之徒是也。《诗》曰："必择其所堪，必谨所堪"者，此之谓也。[3]

《墨子·非攻中》：

《诗》曰："鱼水不务，陆将何及乎！"是以三主之君，一心

---

[1] 王焕镳：《墨子集诂》（上海：上海古籍出版社，2005年），卷二，页162—163。
[2] 同前书，页146—148。篇中所引出自《诗·大雅·桑柔》。
[3] 同前书，卷一，页66—69。

戮力，辟门除道，奉甲兴士，韩、魏自外，赵氏自内，击智伯，大败之。[1]

《尚贤中》引《汤誓》是不折不扣的文内诠释，并无任何润饰、比附或借题发挥。《墨子》有《经》上下篇，而各有解说的文字，号曰《经说》上下篇。《经说》所言全属阐释性质，意在说明《经》文原旨，不加引申，可谓文内诠释。[2]《尚贤中》引《汤誓》阐释性质与《经说》可谓殊途同归。同篇引《诗·大雅·桑柔》，尽管此篇《诗序》与朱熹都认为乃"芮伯刺厉王"之作，[3]但《墨子》所引的四句诗并无直接跟厉王相关的特殊细节，节文纯属借用，颇类《庄子》所谓的"重言"。《所染》引《诗》说明良师和损友分别对国家和个人的影响；《非攻》中引《诗》评论三家分晋这一历史大事，[4]两者都是比附的文外诠释。《墨子》书中尚未有借题发挥的文外诠释。《墨子》征引坟籍的手法和目的都质朴无华，犹如墨家思想本身专注于实用实效。此孔子所谓"质胜文则野"也。

儒门内孟子也传述《诗》《书》。《孟子》书中经常引用《诗》《书》的文字，其取向仍然不出文内文外两条路径。兹略举数例，加以说

---

[1] 王焕镳：《墨子集诂》(上海：上海古籍出版社，2005年)，卷五，页432—433。

[2] 马王堆帛书《五行》分"经""说"两部分，"说"文逐句解释经文，但并没有逸出原文意旨的地方。正如庞朴所言："'经'文说理清楚，自我圆满，无须多加解说，也没有为'说'文有意留下什么；……'说'文虽然逐句解说，并没有说出什么新思想来，相反倒表现得十分拘谨，凡善可陈。"见所著：《竹帛五行篇校注及研究》(台北：万卷楼图书有限公司，2000年)，页93。《管子》书中有多篇《解》，情况雷同。《韩非子》一书中更兼有《说》和《解》两种名目，尽管两者实际都属于文内诠释。无论这些《说》与《解》到底是否后人所加，有别于其所解说的文献的作者，战国时代的《说》与《解》都是文内诠释。有关帛书《五行》篇的形制，可参看庞朴：《竹帛五行篇校注及研究》，页91—96。

[3]《诗序》的说法见《毛诗注疏》卷十八之二，页653。朱熹的说法见《诗集传》卷十八，页207。

[4] 周威烈王二十三年(公元前403年)，周天子分封魏赵韩三家为侯国。

明。《孟子·梁惠王上》载：

> 孟子见梁惠王，王立于沼上，顾鸿雁麋鹿，曰："贤者亦乐此乎？"孟子对曰："贤者而后乐此，不贤者虽有此，不乐也。《诗》云：'经始灵台，经之营之，庶民攻之，不日成之。经始勿亟，庶民子来。王在灵囿，麀鹿攸伏，麀鹿濯濯，白鸟鹤鹤。王在灵沼，于牣鱼跃。'[1]文王以民力为台为沼。而民欢乐之，谓其台曰灵台，谓其沼曰灵沼，乐其有麋鹿鱼鳖。古之人与民偕乐，故能乐也。《汤誓》曰：'时日害丧，予及女偕亡。'民欲与之偕亡，虽有台池鸟兽，岂能独乐哉？"

筑台之事，周文、梁惠前后相同，孟子引《诗》为说，直接恰当。又他引《尚书·汤誓》祝桀之辞，不加任何诠释，以引文之原意，感喻梁惠王。这无疑是一种文内诠释。以同样方式引述《诗》《书》的情况又见于孟子对齐宣王的劝谕。齐宣王自谓好货好色，孟子于是举出周先祖公刘和古公亶父好货好色之道，借以激励宣王。《孟子·梁惠王下》载：

> （齐宣）王曰："寡人有疾，寡人好货。"对曰："昔者公刘好货。《诗》云：'乃积乃仓，乃裹糇粮，于橐于囊，思戢用光。弓矢斯张，干戈戚扬，爰方启行。'[2]故居者有积仓，行者有裹粮也，然后可以爰方启行。王如好货，与百姓同之，于王何有？"王曰："寡人有疾，寡人好色。"对曰："昔者大王好色，爱厥妃。《诗》云：'古公亶父，来朝走马，率西水浒，至于岐下。爰及姜女，聿来胥

---

[1]《诗·大雅·灵台》。
[2]《诗·大雅·公刘》。

宇。’[1]当是时也，内无怨女，外无旷夫。王如好色，与百姓同之，于王何有？”

孟子的引文完全没有涉及《诗》《书》原文以外的意义，甚至连直接比附的情况都阙如。然而，《孟子》书中并不缺乏比附《诗》《书》的文外诠释例子。《孟子·尽心下》载：

貉稽曰：“稽大不理于口。”孟子曰：“无伤也。士憎兹多口。《诗》云：‘忧心悄悄，愠于群小。’孔子也。‘肆不殄厥愠，亦不陨厥问。’文王也。”

孟子先引《诗·邶风·柏舟》之篇，以况孔子。诚如朱熹所言：“本言卫之仁人见怒于群小。孟子以为孔子之事，可以当之。”[2]孟子再引《诗·大雅·緜》之篇，朱熹谓原诗“本言太王事昆夷，虽不能殄绝其愠怒，亦不自坠其声问之美。孟子以为文王之事，可以当之”。[3]

至于借题发挥的文外诠释，孟子更是直追孔门后进。《孟子·告子上》载：

孟子曰：“欲贵者，人之同心也。人人有贵于己者，弗思耳。人之所贵者，非良贵也。赵孟之所贵，赵孟能贱之。《诗》云：‘既醉以酒，既饱以德。’言饱乎仁义也，所以不愿人之膏粱之味也；令闻广誉施于身，所以不愿人之文绣也。”

孟子所引《诗·大雅·既醉》之篇，此诗作意，《诗序》云：“既醉，大

[1]《诗·大雅·緜》。
[2] 朱熹：《孟子集注》卷十四，《四书章句集注》，页368。
[3] 同前注。

(太)平也。醉酒饱德,人有士君子之行焉。”郑《笺》曰:“成王祭宗庙,旅酬下遍群臣,至于无筭爵,故云醉焉。乃见十伦之义,在(当作志)意云满。是谓之饱德。”[1]原诗首章四句曰:“既醉以酒,既饱以德。君子万年,介尔景福。”“德”,“恩惠也”。[2]朱熹说此章“言享其饮食恩意之厚,而愿其受福如此也”。[3]孟子以诗中之“德”指“仁义”,显然是他个人的特别诠释,目的在于说明人能“饱乎仁义也,所以不愿人之膏粱之味”,意谓“言在我者重,则外物轻”。[4]这无疑是借题发挥的文外诠释。孟子的诠释自有其儒家哲学立场,而此立场又有其战国时代的背景。具体言之,孟子贬斥公孙衍、苏秦、张仪之流为求富贵而甘于委屈事人的“妾妇之道”,与之相反,他提倡“富贵不能淫,贫贱不能移,威武不能屈”的“大丈夫”人生观。[5]

孟子的弟子公孙丑曾经请教他《诗·魏风·伐檀》其中一句之义。《孟子·尽心上》载:

> 公孙丑曰:“《诗》曰‘不素餐兮’,君子之不耕而食,何也?”孟子曰:“君子居是国也,其君用之,则安富尊荣;其子弟从之,则孝弟忠信。‘不素餐兮’,孰大于是?”

公孙丑所问,固然并非独拘于原诗所讲的周代文化,而毋宁更直接关乎战国的实际情况。更精确而言,公孙丑话中的“君子”不啻其师孟子。由是观之,则孟子对“不素餐兮”,未尝不可谓是文外诠释。

依此而论,他跟齐宣王讨论汤放桀、武伐纣的史事,实际上就是

[1]《毛诗注疏》卷十七之二,页603。
[2] 朱熹说,见《诗集传》卷十七,页193。郑《笺》作“惠施”解,意同,见《毛诗注疏》卷十七之二,页604。
[3]《诗集传》卷十七,页193。
[4] 尹焞说,见朱熹:《孟子集注》卷十一,《四书章句集注》,页336。
[5]《孟子·滕文公下》。

他对《尚书》的诠释。《孟子·梁惠王下》载：

> 齐宣王问曰："汤放桀，武王伐纣，有诸？"孟子对曰："于传有之。"曰："臣弑其君，可乎？"曰："贼仁者谓之贼，贼义者谓之残，残贼之人谓之一夫。闻诛一夫纣矣，未闻弑君也。"

按：成汤放桀，事见《书·仲虺之诰》，而武王伐纣，则事载《书·牧誓》。所以，孟子说"于传有之"，但他对这两件史事的解释却必定出乎齐宣王意想之外。孟子以仁、义来解释"贼"与"残"，无疑是战国时才有的时代意识。孔子不可能有此观念。换言之，以人格而不以势位论人，这是孟子的诠释宗旨。他对"不素餐兮"的解释，亦即他以德论君子的定义。然而，我们必须注意，孟子的文外诠释依然有其文内的根据。按：《书·泰誓》原有"独夫纣"一语，然则，孟子"残贼之人谓之一夫"的说法，其实亦有所本而非任意的向壁虚造。又诚如朱熹所指出："盖四海归之则为天子，天下叛之则为独夫，所以深警齐王，垂戒后世也。"[1]显然，孟子此处的文外诠释又有其特定的外缘对象而非凭空立言。

春秋以降，迄于战国，诠释文献的活动日益普遍。[2]墨家非儒，谓儒者"有强执有命以说议曰：'寿夭贫富，安危治乱，固有天命，不可损益。穷达赏罚，幸否有极，人之知力，不能为焉。'群吏信之，则怠于分职；庶人信之，则怠于从事。不治则乱，农事缓则贫。贫且乱政之本，而儒者以为道教，是贼天下之人者也。"[3]如果我们不考虑墨家存心曲解儒者的"命"义，则他们对儒者的批评无疑是由于诠释

[1] 朱熹：《孟子集注》卷二，《四书章句集注》，页221。
[2] 按：《论语·八佾》"夏礼吾能言之"章郑玄《注》："献犹贤也。"见皇侃：《论语集解义疏》卷二，页83。所以，文献在此并指传写文本和口述记录而言。
[3]《墨子·非儒》，王焕镳：《墨子集诂》卷九，下册，页934—936。

的错误。孟子也有解读墨家和杨朱学说的记录。《孟子·滕文公下》曰:“杨氏为我,是无君也。墨氏兼爱,是无父也。无父无君,是禽兽也。”这都是学者耳熟能详的掌故,但我们在此想特别强调,诸子之间互相指摘,除了学术立场和政治动机以外,他们的实际批评本身的性质其实就是诠释。从诠释学的角度看,孟子的特殊意义在于他能够对诠释本身作出反思,并且揭示一些重要的诠释原则和方法。在战国之际,孟子在诠释学方面的贡献,其历史意义必须如此观照才能得以彰显。

孔子论诠释,注重诠释者的“辞达”和“文质彬彬”,他对诠释的褒贬也多关乎诠释者的表达功夫而非领略文内本义的本领。至于子贡、子夏能够抉发《诗》文言外之意,孔子极表赞赏,并许以可以言《诗》。反观孟子则更强调读者善于体悉作者之心志和理会其文辞。这也许跟春秋、战国不同时代的国际政治外交文化嬗变有关。从思想史发展而言,战国百家蜂起,其说往往相互颉颃,辩论不辍。真正的思想交流或批评必须依赖阅读和诠释的本领。[1]再者,“天子失官,学在四夷”,如何学习承传周文,理应讲究。至于仲尼没而微言绝,七十子丧而大义乖,孔门后学,陵迟至战国,儒分为八,谁得尼父的真传,更必然与读书和诠释本领有关。[2]

孟子尝论读《诗》有言曰:“颂其诗,读其书,不知其人,可乎?是以论其世也。”(《孟子·万章下》)诵读诗书与知人论世并言,表面看来,孟子指出诵读诗书时外缘知识的重要,但实际上,外缘知识最终仍然在于寻求诗书的本义。所以,孟子又说:“故说《诗》者,不以

[1] 荀子和庄子也尝铨衡评骘战国诸子,分别见《荀子·非十二子》和《庄子·天下》。《韩非子》批评诸子更是遍见全书。

[2]《韩非子·显学》谓“孔墨之后,儒分为八,墨离为三,取舍相反、不同而皆自谓真孔墨,孔墨不可复生,将谁使定后世之学乎”,其言固非论诠释,但孔墨后学之间的争议必然跟诠释有关。引文见陈奇猷:《韩非子校释》(香港:中华书局,1974年),卷十九,页1080。

文害辞，不以辞害志，以意逆志，是为得之。”（《孟子·万章上》）读者以自己之意，逆待诗人之志，求其和合一致，这是求本义的文内诠释。文辞尽管出自文本，相对诗人之志已经属于外缘了。固执在文辞以求诗人之志，以辞害志，正如孟子所说，犹如“缘木求鱼”。《孟子》书中正有以文害辞的例子，这应该是编者（《史记》说孟子与弟子万章之徒合编）存心的安排。《孟子·告子下》载：

> 公孙丑问曰：“高子曰：‘《小弁》，小人之诗也。’”孟子曰：“何以言之？”曰：“怨。”曰：“固哉，高叟之为诗也！有人于此，越人关弓而射之，则己谈笑而道之；无他，疏之也。其兄关弓而射之，则己垂涕泣而道之；无他，戚之也。《小弁》之怨，亲亲也。亲亲，仁也。固矣夫，高叟之为诗也！”曰：“《凯风》何以不怨？”曰：“《凯风》，亲之过小者也；《小弁》，亲之过大者也。亲之过大而不怨，是愈疏也；亲之过小而怨，是不可几也。愈疏，不孝也；不可几，亦不孝也。孔子曰：‘舜其至孝矣，五十而慕。’”

《小弁》和《凯风》分别是《诗·小雅》和《诗·邶风》的篇名。据朱熹说，“周幽王娶申后，生太子宜臼；又得褒姒，生伯服，而黜申后、废宜臼。于是宜臼之傅为作此诗，以叙其哀痛迫切之情也。……卫有七子之母，不能安其室，七子作此以自责也。”[1]高子不识《小弁》作者亲亲之志，误以为诗人存心诉怨，对父母犯过，表示不满。实则父母犯过有大小，谏亲之道于是不同。高子昧于此义，以文害辞，这是未能知人论世而滞于文内字义的例子。孟子引述孔子论大舜至孝，五十而慕父母，正是他读诗能够博学而反说约，亲切体会诗人之志的

---

[1] 朱熹：《孟子集注》卷十二，《四书章句集注》，页340。

明证。

类似例子，我们再举一则以概其余。《孟子·公孙丑上》载：

> 孟子曰："以力假仁者霸，霸必有大国，以德行仁者王，王不待大。汤以七十里，文王以百里。以力服人者，非心服也，力不赡也；以德服人者，中心悦而诚服也，如七十子之服孔子也。《诗》云：'自西自东，自南自北，无思不服。'此之谓也。"

孟子所引《诗》出自《大雅·文王有声》。"自西自东，自南自北，无思不服"云云所指正是文王以德行仁的结果。朱熹说此诗是赋体，[1]也就是孟子说此诗，尽管阐发一番王霸的理论，但他完全恪守文本原旨，可谓"文质彬彬"矣。[2]明乎孟子知人论世，以意逆志的读书法，我们对他提出的"尽信书不如无书"的说法，才能深明其意。孟子说"尽信书，则不如无书。吾于《武成》，取二三策而已矣。仁人无敌于天下。以至仁伐至不仁，而何其血之流杵也？"（《孟子·尽心下》）孟子在此"以至仁伐不仁"的理据与他以霸力仁德之辩解读《大雅·文王有声》的想象完全吻合。正如程子所言，"载事之辞，容有重称而过其实者，学者当识其义而已；苟执于辞，则时或有害于义，不如无书之愈也"。[3]孟子表面忽略文内本义的"不如无书"的主张，在"文质彬彬"的诠释境界里便变得合情合理了。

---

［1］朱熹：《诗集传》卷十六，页188。

［2］荀子也曾引用《大雅·文王有声》同样三句诗论王霸之道（见《荀子·王霸》，〔清〕王先谦：《荀子集解》〔北京：中华书局，1997年〕，卷七，页215），尽管说法与孟子不尽相同。此外，荀子又借同样的诗句论述"儒士"对社会的效用（见《荀子·儒效》，同书卷四，页121）以及"人师"移风易俗的能力（见《荀子·议兵》，同书卷十，页279）。

［3］朱熹：《孟子集注》卷十四，《四书章句集注》，页364。

从上文所引《中庸》说《诗》的情况看，文外诠释在战国时代显然早已是一种共识。《韩非子·说林下》："伯乐教其所憎者相千里之马，教其所爱者相驽马。千里之马时一，其利缓，驽马日售，其利急。此《周书》所谓'下言而上用者惑也'。"[1]《周书》原文自然与伯乐无关，这是韩非对《周书》的一段节文所作的文外诠释。从某个意义上言，我们可以说战国诸子借古人之块垒以浇一己之胸臆更是一种公认的诠释行为，这与时人托古以宣扬己说当属同一性质的事情。如果我们可以勉强做一点也许过度的诠释，则战国时代思想界法先王与法后王之争辩，或可以算作一种文内诠释与文外诠释之间的颉颃。传统经过诸子的诠释，逐渐形成、固定，而载于文本，先王之成法则是其本义或意涵，而后王因应时代变化而提倡的创新改作就是衍生义或意义。孟子一再强调诗人之志的文内诠释也许跟战国文外诠释的披靡当时有一定关系。

从诠释学的角度言，战国诸子已经形成了一个诠释社群(interpretive community)，文内诠释与文外诠释两种相反又可相成的取向可谓并行不悖。这种情况也许《韩非子》的《解老》和《喻老》提供了最直接的证明。尽管两篇文字同样解释《老子》，但它们的诠释取向大致上截然不同。《解老》属文内诠释而《喻老》则属文外诠释。兹各举一例以作说明。《解老》首章如下：

---

[1] 陈奇猷：《韩非子集释》卷八，页453—454。又同样引用《周书》，《韩非子·难势》则可加以文内诠释。其文曰："……且其人以尧之势以治天下也，其势何以异桀之势也，乱天下者也。夫势者，非能必使贤者用已('已'疑作'之')，而不肖者不用之('已'疑作'之')也。贤者用之则天下治，不肖者用之则天下乱。人之情性，贤者寡而不肖者众，而以威势之利济乱世之不肖人，则是以势乱天下者多矣，以势治天下者寡矣。夫势者，便治而利乱者也，故《周书》曰：'毋为虎傅翼，将飞入邑，择人而食之。'夫乘不肖人于势，是为虎傅翼也。桀、纣为高台深池以尽民力，为炮烙以伤民性，桀、纣得乘四('乘四'当作'成肆')行者，南面之威为之翼也。使桀、纣为匹夫，未始行一而身在刑戮矣。势者，养虎狼之心，而成暴乱之事者也，此天下之大患也。势之于治乱，本未有位也，而语专言势之足以治天下者，则其智之所至者浅矣。"见《韩非子集释》卷十七，页887。

> 德者，内也。得者，外也。“上德不德”，言其神不淫于外也。神不淫于外，则身全。身全之谓德。德者，得身也。凡德者，以无为集，以无欲成，以不思安，以不用固。为之欲之，则德无舍；德无舍，则不全。用之思之，则不固；不固，则无功；无功，则生于德。德则无德，不德则有德。故曰：“上德不德，是以有德。”

此章针对《老子》第三十八章原文中的关键概念“德”，抽丝剥茧，仔细剖析，读者也许未必完全首肯《韩非子》沾染黄老色彩的看法，但我们必须承认作者存心紧扣原文的内涵，阐释其义。这是一种文内诠释。[1]

相对而言，《喻老》几乎全篇都假借或真实或虚构的故事，以敷演《老子》书中的片言只语。比如：

> 楚庄王莅政三年，无令发，无政为也。右司马御座而与王隐曰：“有鸟止南方之阜，三年不翅，不飞不鸣，嘿然无声，此为何名？”王曰：“三年不翅，将以长羽翼；不飞不鸣，将以观民则。虽无飞，飞必冲天；虽无鸣，鸣必惊人。子释之，不谷知之矣。”处半年，乃自听政。所废者十，所起者九，诛大臣五，举处士六，而邦大治。举兵诛齐，败之徐州，胜晋于河雍，合诸侯于宋，遂霸天下。庄王不为小害善，故有大名；不蚤见示，故有大功。故曰：“大器晚成，大音希声。”

楚庄王的故事到底是真是假，不得而知，但从诠释学的立场看，《韩非

[1]《解老》篇一共三十七条解释《老子》的文字，其中只有一个例外，不纯属于文内诠释。详见下文。

子》在此借故事以阐说道理，其用意昭然若揭。《老子》所讲的“大器晚成，大音希声”，原来并非针对楚庄王而发，《韩非子》的解释毋宁是作者赋予《老子》原文以一种有关治道的新颖意义。就这个意义来说，《喻老》篇假借故事阐释《老子》可能的新义，可谓一种文外诠释。[1]

必须指出，《解老》《喻老》虽然大致上反映出文内、文外两种不同取向的诠释，但这个区别并非严格和绝对的。依实情而言，《喻老》全篇共有二十一条解释《老子》的文字，其中四条并未讲述任何故事，其性质无异于《解老》篇的文内诠释。比如篇中首章如下：“天下有道，无急患，则曰静，遽传不用。故曰：‘却走马以粪。’天下无道，攻击不休，相守数年不已，甲胄生虮虱，燕雀处帷幄，而兵不归。故曰：‘戎马生于郊。’”更重要的是，《解老》《喻老》分别有一条和二条解释文字，其中包括文内和文外两种诠释，混合一体。先看《解老》篇中的孤例：

> 先物行先理动之谓前识。前识者，无缘而妄意度也。何以论之？詹何坐，弟子侍，有牛鸣于门外。弟子曰：“是黑牛也而白题。”詹何曰：“然，是黑牛也，而白在其角。”使人视之，果黑牛而以布裹其角。以詹子之术，婴众人之心，华焉殆矣！故曰“道之华也”。尝试释詹子之察，而使五尺之愚童子视之，亦知其黑牛

[1]《韩非子》另有《内储说左上》《内储说右下》和《外储说左上》《外储说右下》。这四篇文字都有一个“经”与“说”的结构。开篇先列称作“经”的几节文字，各以数字一、二、三等序目，然后又依次殿以名为“说”的相应文字。“经”文每节又各有依内容命名的标题。以《外储说右上》为例，全篇先列“经”文三节，然后各附以若干条“说”文。“经”文之始曰：“君所以治臣者有三”，然后依一、二、三条列三段“说”文。“说”文全都讲述不同故事来阐明“君所以治臣”的各种不同手段，而这些故事都先在“精”文中一一有所预告。《内储说左上》《内储说右下》和《外储说左上》《外储说右下》的经说结构与帛书《五行》篇的经说结构相同，唯一不同的是后者完全没有以故事作阐释的情形。

而以布裹其角也。故以詹子之察，苦心伤神，而后与五尺之愚童子同功，是以曰“愚之首也”。故曰：“前识者，道之华也，而愚之首也。”

这条解释文字先以“前识”这一概念的分析开始，然后引用詹何的故事以说明“前识者，道之华也，而愚之首也”的道理。实际上，詹何这个“前识者”就是“道之华，愚之首”的现实例子。《老子》原文固然非针对詹何而立言。《喻老》篇的两个例子情况不殊，兹不详引。[1]

《解老》《喻老》的诠释文字尽管性质略有不纯，但文内文外之分无论如何是划然有别的。《说文》：“解，判也，从刀判牛角。”[2]“解”就是剖析原来浑然一体的牛角以悉见其内之意。诠释求其本文之原意，是之谓“解”，也即是文内诠释。“喻”，晓也，以此明彼、即此况他之谓，故有所谓比喻、譬喻之称。诠释而不滞于本文，求以适用之义晓喻他人，是之谓“喻”。“喻”所比况之他与彼，亦即本文以外之种种外缘与引申，也就是文外诠释。以《诗》三义言之，“赋”可谓文内诠释而“比”“兴”则为文外诠释。“关关雎鸠”是文本，“君子好逑”是文外诠释。以《庄子》的语言言之，《庄子·寓言》云：“寓言十九，重言十七，卮言日出，和以天倪。”所谓“重言”，依郭象说，乃为世所重之言，“言十而七见信”。“重言”即倚赖原话的权威来取信于人，在此意义下，“重言”可谓文内诠释。“寓言”是寄言于他人之口，说话人自己则别有怀抱。他人之口、所寄之言犹如本文，托寓之意则为文外之诠释。“卮言日出”，“因物随变，唯彼之从”（郭象语），变化无定，正如上文所论，诠释往往夹杂文内文外两种性质的文字，畸重畸轻，难有定准，不啻“卮言”，然而，上乘辞达的诠释者总能够甄微善待，

[1] 陈奇猷：《韩非子集释》卷七，页396—397（扁鹊故事），页406—407（宋人与列子故事）。
[2] 段玉裁：《说文解字注》卷四下，页188。

相机而动，时而后言，则其言说正可谓“和以天倪”，拿捏得当。以上对战国时代一些有关文字解说的术语的诠释，并非故作牵强比附，真正的目的在于说明这一类术语的出现也许恰恰反映当时人不管自觉与否，其实都有一定的诠释意识。同时，对于诠释本身的性质，他们也显然有文内文外的区别。这是战国诸子对文字诠释的一种共识。在此意义下，战国诸子的确已经构成一个诠释社群了。

四、汉代诠释取向之大略

战国时代的诠释意识和共识并未因短暂的秦朝统治而改变或萎缩，事实上，汉儒显然继承了先秦诸子有关文内文外诠释的习惯，而又加以更严格的区辨。《汉书·艺文志》谓：“汉兴，鲁申公为《诗》训故，而齐辕固、燕韩生皆为之传。或取《春秋》，采杂说，咸非其本义。与不得已，鲁最为近之。”[1]申公为《诗》所作之“训故”，班固以为最近《诗》之“本义”，无疑申公的解说必定是文内诠释。按：《艺文志》云：“《苍颉》多古字，俗师失其读，宣帝时征齐人能正读者，张敞从受之，传至外孙之子杜林，为作训故。”[2]显然，“训故”就是务求古字原来的正读。同理，儒经的“训故传”必然也志在本义的著作。又《汉书·刘歆传》载：“初，《左氏传》多古字古言，学者传训故而已。及歆治《左氏》，引传文以解经，转相发明，由是章句义理备焉。”[3]师古注曰：“故谓指趣也。”[4]《汉书·儒林传》载：“申公，鲁人也。少与楚元王交俱事齐人浮丘伯受《诗》。汉兴，高祖过鲁，申公以弟子从师入见于鲁南宫。吕太后时，浮丘伯在长安，楚元王遣子郢与申公俱

[1]〔汉〕班固：《汉书》（北京：中华书局，2002年），卷三十，页1708。
[2] 同上书，卷三十，页1721。
[3] 同上书，卷三十六，页1967。
[4] 同上书，页1968。

卒学。……申公独以《诗经》为训故以教，亡传，疑者则阙弗传。”[1]师古曰：“口说其指，不为解说之传。”[2]所谓“指”，即是《诗》的本义，与“解说”性质的“传”不同。而此处所谓“解说”，当必有本文以外的种种演绎。反观齐辕固、燕韩生为《诗》所作之“传”，其解说“或取《春秋》，采杂说”，而班固认为两家都不得《诗》之“本义”。齐、燕的《诗》说都是文外诠释，则又可知。[3]

《艺文志》载录汉儒的《诗经》著作如下：

《鲁故》二十五卷。

《鲁说》二十八卷。

《齐后氏故》二十卷。

《齐孙氏故》二十七卷。

《齐后氏传》三十九卷。

《齐孙氏传》二十八卷。

《齐杂记》十八卷。

《韩故》三十六卷。

《韩内传》四卷。

《韩外传》六卷。

《韩说》四十一卷。

《毛诗》二十九卷。

《毛诗故训传》三十卷。

---

[1]〔汉〕班固：《汉书》(北京：中华书局，2002年)，卷五十八，页3608。按：《汉书·儒林传》谓丁宽“作《易说》三万言，训故举大谊而已”，颜师古注曰：“故谓经之旨趣也。它皆类此。”见同书同卷，页3597—3598。可见汉儒的“训故”或“故训”都是指“大谊”或“本义”而言。

[2] 同前书，页3609。

[3]《汉书·儒林传·辕固传》载其与黄生争论汤武受命而王之事，由古史而观照汉高祖代秦始皇而起的时事，可见他不泥古而能变通。因此，他为《诗》所作的《传》，料应多为本文以外新义的阐发。同前书，页3612。

从书名看，可见汉儒说《诗》，性质和体裁大抵分作“故”“说”“传”“杂记”“内传”“外传”和“故训传”。[1]上述书目，尽管今天仅存《韩诗外传》和《毛诗故训传》（当即今传《毛诗》）两种，其余的实际情况不得而知，然而，根据班固对鲁、齐、燕三家《诗》说的评论以及上文的分析，我们有理由相信，所谓“故”或“故训”当指诠释《诗》原文“本义”的著作，而“说”“传”“杂记”则都非关乎“本义”的诠释。尤有进者，所谓“传”，汉儒更再细分为“内传”与“外传”两种；“内传”与“外传”之别则在于《诗》文本“本义”与“非其本义”之分际。换言之，“内传”乃文内诠释的著作而“外传”则为文外诠释的文字。仔细观之，齐、鲁、韩三家各有“故”、[2]“说”（或称“传”）以及“内传”、“外传”两类不同的著作，显然，文内文外两种不同诠释，汉儒是严格判辨的，而同一家法内有不妨兼治文内文外两种诠释。[3]

兹以西汉文帝时博士韩婴所撰《韩诗内传》和《韩诗外传》为例，

[1]《艺文志》所录汉儒有关其他几种儒经的著作，从书名看，著作的性质大抵都有同样的区分。当然，这一区分也并非绝对不容例外的。《汉书・儒林传》谓丁宽“从周王孙受（《易》）古义，号《周氏传》。景帝时，宽为梁孝王将军，……作《易说》三万言，训故举大谊而已。今《小章句》是也”。师古注曰：“故谓经之旨趣也。”可见丁宽从周王孙所受古义，当是《易》本义，而其书则曰《周氏传》。丁宽本人所撰《易说》三万言，“训故举大谊而已”，可见其书所讲同样是《易》之本义，亦即颜师古所谓的“经之旨趣”。无论如何，丁宽一例，在汉代实属罕见。

[2]“传”本身指文外诠释，所以《毛诗故训传》的命名目的应该在于清楚说明此书所作乃“故训”之“传”，与一般非求本义的“传”性质不同。《艺文志》《易经》下载录《古杂》八十篇、《杂灾异》三十五篇、《灾异孟氏京房》六十五篇等有关《易经》的著作。从书名看，显然作者同样强调自己著作的特点在于借《易经》以说明灾异，而非阐释《易经》的本义。

[3]内传、外传两种不同诠释取向的经训并不限于《诗经》而言，《汉书・艺文志》载《尚书》有《欧阳章句》《大、小夏侯章句》及《大、小夏侯解故》当属内传之作（章句为内传性质，可以现存赵岐《孟子章句》和王逸《楚辞章句》作证），而《欧阳说义》、刘向《五行传记》及许商《五行传记》则为外传之发挥。至于《春秋》类，《公羊外传》和《谷梁外传》两种，顾名可以思义。《公羊董仲舒治狱》则又为汉儒通经致用之记录，自然是文外诠释。关于汉儒通经致用的经典诠释，参看本书第十章。

略作说明。《内传》早佚，但从清人宋绵初五卷的辑佚本可以清楚看出，韩婴说《诗》完全遵守汉代经师训释本义的传统，基本上并不借事立说。[1]比如，《诗·大雅·文王有声》："王公伊濯。"《韩诗内传》曰："濯，美也。"[2]《诗·大雅·灵台》："蒙瞍奏公。"《韩诗内传》曰："无目曰蒙，珠子具而无见曰瞍。"[3]又如《诗·生民之什·凫鹥》："凫鹥在亹。"《韩诗内传》云："亹，水流进貌。"[4]《诗·大雅·荡》："天不湎尔以酒。"《韩诗内传》曰："夫饮之礼，不脱屦而即序者，谓之礼。跣而上坐者谓之宴。能饮者饮之、不能饮者已，谓之醧。齐颜色、均众寡，谓之沉。闭门不出者谓之湎。故君子可以宴，可以醧，不可以沉，不可以湎。"[5]《内传》所云，不出训诂文字，解释制度。

反观《韩诗外传》十卷，全书都是借用与《诗》本文无关的他事说《诗》。表面看来，所记皆借事阐说《诗》，往往引及其他经传，其中包括《论语》。实际上，《外传》乃引《诗》以说事。必须注意的是，《外传》所引之《诗》及经传，大多断章取义，因为只有如此才能借《诗》

---

[1] 按：《诗·小雅·巷伯》："投畀有北。"《韩诗内传》释曰："孔子为鲁司寇，先诛少正卯，谓佞道已行，乱国政也。佞道未行，章明远之而已。"根据《诗序》，《巷伯》乃"刺幽王也。寺人伤于谗，故作是诗也。"见《毛诗注疏》卷十二之三，页428。韩婴的说法似乎是一种引申，而非本义。又《诗·周颂·载见》："鞗革有鸧。"《韩诗内传》释曰："鸧鸹胎生，孔子渡江，见而异之。"（原见卢辩《大戴礼注》十三）此说又见《广韵》卷五，曰："孔子渡江见之异，众莫能名。孔子尝闻河上人歌曰：'鸹兮鹘兮，逆毛衰兮，一身九尾长兮，鸧鸹也。'"引文分别见于〔清〕宋绵初：《韩诗内传征》，收入《续修四库全书》（上海：上海古籍出版社，1995年），第75册，卷三，页105；卷四，页115。（按："尾长"疑当作"首"，因为鸧鸹是九头鸟。又按：《周颂·载见》韩婴说引自《大戴礼记·易本命》，但《四库全书》本谓其说出自《韩诗外传》。见《四库全书》，第128册，页537—538。再者，《广韵》所引并未指明出自《内传》。无论如何，《内传》释本义，《外传》断取《诗》句及所引其他经典章节，阐释他事，这个文本以内和文本以外的诠释分别，汉儒显然是有自觉的认识的。）

[2] 宋绵初：《韩诗内传征》卷四，页111。

[3] 同前注。

[4] 同前注。

[5] 同上书，页112。

及经传说事。《四库全书总目》《韩诗外传·提要》云:“其书杂引古事古语,证以诗词,与经义不相比附,故曰《外传》。所采多与周秦诸子相出入。班固论三家之诗,称其或取《春秋》、采杂说,咸非其本义,殆即指此类欤?”[1]试看以下两个出自《韩诗外传》卷二的例子:

> 商容尝执羽籥,冯于马徒,欲以伐纣而不能。遂去,伏于太行。及武王克殷,立为天子,欲以为三公。商容辞曰:“吾尝冯于马徒,欲以伐纣而不能,愚也。不争而隐,无勇也。愚且无勇,不足以备乎三公。”遂固辞不受命。君子闻之曰:“商容可谓内省而不诬能矣。君子哉!去素餐远矣。《诗》曰:‘彼君子兮,不素餐兮。’商先生之谓也。”[2]
>
> 晋文侯使李离为理,过听杀人,自拘于廷,请死于君。君曰:“官有贵贱,罚有轻重。下吏有罪,非子之罪也。”李离对曰:“臣居官为长,不与下吏让位,受爵为多,不与下吏分利。今过听

[1]〔清〕永瑢等撰:《四库全书总目》(北京:中华书局,1983年),上册,页136。从班固所言,证以《韩诗外传》,可知汉儒说经确有文本以外之诠释这一传统。又传本《诗·小雅·巷伯》:“哆兮侈兮,成是南箕。”毛《传》:“哆,大貌。南箕,箕星也。侈之言是必有因也。斯人自谓辟嫌之不审也。昔者颜叔子独处于室,邻之厘妇又独处于室。夜,暴风雨至而室坏。妇人趋而至,颜叔子纳之而使执烛,放乎旦而蒸尽,缩(缩,依孔颖达疏,当作摍)屋而继之,自以为辟嫌之不审矣。若其审者,宜若鲁人然。鲁人有男子独处于室,邻之厘妇又独处于室。夜,暴风雨至而室坏。妇人趋而托之。男子闭户而不纳。妇人自牖与之言曰:‘子何为不纳我乎?’男子曰:‘吾闻之也,男子不六十不间居。今子幼,吾亦幼,不可以纳子。’妇人曰:‘子何不若柳下惠然。妪不逮门之女。国人不称其乱。’男子曰:‘柳下惠固可,吾固不可。吾将以吾不可,学柳下惠之可。’孔子曰:‘欲学柳下惠者,未有似于是也。’”见《毛诗注疏》卷十二之三,页428。毛《传》在注释这两句诗的时候讲了两个故事,这是全书唯一的例子。可见汉儒兼治内传外传,有时难免双管齐下,共冶一炉。以《诗·小雅·巷伯》为例,毛《传》先释训诂,再说诗旨,然后才说故事。必须指出,毛《传》所举的事例目的不在阐发原文言外之新意。在此意义下,毛说仍然是文内诠释。

[2]〔汉〕韩婴撰、许维遹校释:《韩诗外传集释》(北京:中华书局,1980年),卷二,页53—54。

> 杀人而下吏蒙其死,非所闻也。”不受命。君曰:“子必自以为有罪,则寡人亦有罪矣。”李离曰:“法,失刑则刑,失死则死。君以臣为能听微决疑,故使臣为理。今过听杀人,臣之罪当死。”君曰:“弃位委官,伏法忘国,非所望也。趣出!无忧寡人之心。”李离对曰:“政乱国危,君之忧也。军败卒乱,将之忧也。夫无能以事君,闇行以临官,是无功以食禄也。臣不能以虚自诬。”遂伏剑而死。君子闻之曰:“忠矣乎!《诗》曰:‘彼君子兮,不素餐兮。’李先生之谓也。”[1]

上文讨论孟子回答弟子公孙丑问《诗》,正是《诗·魏风·伐檀》“不素餐兮”一句。孟子借此诗句发挥了“君子居是国也,其君用之,则安富尊荣;其子弟从之,则孝弟忠信”的义理,此君子之所以“不素餐”。韩婴则举出“不素餐”的具体例子,而商容与李离“不素餐”的理由以及其所展现的人格也跟孟子所讲的君子并非全然相同。[2]孟子与韩婴对同一诗句的诠释唯一共同之处就是他们都选择了文外的取向。事实上,汉儒整理先秦坟籍时,往往乘机对相关文献大事其文外诠释的本领,情况又如韩婴采杂说以说《诗》而成其《外传》。其中,刘向编撰的《说苑》《新序》和《列女传》最为代表。兹不详论。

五、余　　论

汉代以后,魏晋时期王弼注《老子》《周易》《论语》与郭象注《庄

---

[1]〔汉〕韩婴撰、许维遹校释:《韩诗外传集释》(北京:中华书局,1980年),卷二,页54—56。

[2] 必须指出,韩婴以具体人物作证的诠释法,早已见于战国时代。事实上,上文讨论孟子举孔子和文王以说《诗·邶风·柏舟》和《诗·大雅·绵》,手法跟韩婴以商容和李离说“不素餐兮”,如出一辙。

子》都是中国思想史上划时代的著作。从诠释学而言，不管王弼是借道释儒抑或援儒入道，他的三部经典注释都牵涉文内和文外两个诠释取向。至于郭象的《庄子注》更可谓是中国经典诠释史上的一个重要分水岭，因为郭《注》存心假借《庄子》为自己立言，而不仅仅注释《庄子》而已。换言之，郭《注》中文内诠释和文外诠释糅合为一，同时又企图建立独自一套思想体系。这与魏晋以前文外诠释多半限于片面的比附或局部的断章取义，借题发挥大不相同。职是之故，中国思想史上便留下一段有名的公案：到底是郭象注《庄子》抑或《庄子》注郭象？宋代无著妙总禅师尝言："曾见郭象注《庄子》，识者曰却是《庄子》注郭象。"[1]

与无著同时的陆象山讲"六经当注我，我何注六经"，[2]但这是他本人的读书法。所谓"注我"其实是陆象山所讲的"先立乎其大"的"大我"或德性之我，而非泛指的"我"或阅读"六经"的读者本人。陆象山对《论语・里仁》"苟志于仁"章有如下的解释：

> "苟志于仁矣，无恶也。"恶与过不同，恶可以遽免，过不可以遽免。贤如蘧伯玉，欲寡其过而未能。圣如夫子，犹曰"加我数年，五十而学《易》，可以无大过矣"。况于学者岂可遽责其无过哉？至于邪恶所在，则君子之所甚疾，是不可毫发存而斯须犯

[1]〔宋〕普济：《五灯会元》(北京：中华书局，1984年)，卷二十，页1348。有关这段公案的一些说法，可参看刘笑敢：《"六经注我"还是"我注六经"：再论中国哲学研究中的两种定向》，见刘笑敢主编：《中国哲学与文化》第五辑(桂林：广西师范大学出版社，2009年)，页32—36。

[2]〔宋〕陆九渊著、钟哲点校：《陆九渊集》(北京：中华书局，2008年)，卷三十六《年谱》，页522。有关一些历史上对陆象山"六经注我"的说法的介绍，参看刘笑敢：《"六经注我"还是"我注六经"：再论中国哲学研究中的两种定向》，页30—32。

也。苟一旦而志于仁，斯无是矣。[1]

象山读《论语》此章，从技术上言，他引用《论语》另外两章作互证，这是以经释经的内证。在此文献内证基础上，他说“苟一旦而志于仁”，则不会犯“可以遽免”的“恶”。而他推断“至于邪恶所在，则君子之所甚疾，是不可毫发存而斯须犯也”，则似乎是他“先立乎其大”的立场必然的结论。象山对《论语》此章的理解不啻就是他以《论语》来注“我”了。然而，这不但与《论语》此章不生龃龉，甚至可说完全合乎孔子思想精神。可见象山的“六经注我”读书法并不必然妨碍他了解经典原意。我们或者可以说，象山的读书法其实隐隐证明，在他心眼中，文内与文外的畛域既划然有别而又必须浑然为一。如此，六经才可能注“我”。

尽管“六经注我”原来只是象山的读书法，但在这个提法中，“我”与“六经”无疑构成一种主客关系。“我”为主，“六经”为客。从这个意义讲，陆象山的读书法往往被视为一个文外诠释策略。从某个意义上看，“六经注我”与“我注六经”也可算是一种文内诠释与文外诠释的分辨。所谓“我注六经”就是以了解六经本义为诠释的目的，而“六经注我”则旨在自抒胸臆。换言之，文内与文外之分际也可以看作文本本义与读者发挥文外之意的诠释区别。

众所周知，朱熹与陆象山论学有不可弥缝的差异，然而，关于读书和诠释立场，其实两人并非截然不同。朱熹有名的《四书章句集注》最能具体展示他对诠释立场的看法。关于此书的注释体例，朱在（即朱熹之子）《过庭所闻》曰：“《集注》于正文之下，正解说字训、文义，与圣经正意。如诸家之说有切当明白者，即引用而不没其姓名。如《学而》首章，先尹氏而后程子，亦只顺正文解下来，非有高

[1] 陆九渊：《论语说》，《陆九渊集》卷二十一，页263。

下去取也。章末用圈而列诸家之说者，或文外之意，而于正文有所发明，不容略去；或通论一章之意，反复其说，切要而不可不知也。”[1]朱熹以小圆圈区隔两种不同的注文；小圈前的注文“正解说字训、文义，与圣经正意”而小圈后的注文则“列诸家之说者，或文外之意，而于正文有所发明”。由是观之，朱熹显然认识到诠释有文内与文外两种不同取向，而文外的诠释也非一概不可取。事实上，对朱熹而言，“于正文有所发明”的“文外之意”与合乎“圣经正意”的文内诠释可谓融为一体了。

[1] 见录于〔元〕马端临《文献通考》卷一八四所载朱在《过庭所闻》，收入《朱子全书》，第26册，页511。

第二章
"朋"字的一个思想史考察
——以《论语》注释为例

一、前　　言

借鉴西方诠释学(hermeneutics)的概念研究中国古代经典文献,不容忽视的一点是,所谓哲学的诠释研究,应该兼顾文化与历史的层面进行探讨。这里,我们不妨借用克罗齐(Croce)那个"一切真实历史都是当代史"的著名命题。依照克罗齐的观点,历史学家总是从他当前所面临的现实关怀来考察以往的历史。以此类推,那些古代经典的诠释者也同样站在这样的历史出发点。他们的思想和视点将不可避免地受到特定的历史时空与文化环境的制约。因此,所谓经典诠释学的研究,毫无疑问,应该立足于思想文化和历史的语脉之中,所谓文化和历史的语脉包括经典本文产生的时代以及诠释经典者本人的时代。经典本文的时代是诠释者考索经典本义的必要根据,而诠释者本人的时代则可以触发经典本义所可能具有的文外意义。本文将通过对《论语》中一个鲜为人注意的语汇——"朋"字的语义追踪,进一步阐明此立场。

"朋"字在《论语》中首先出现于开篇第一章:"子曰:'有朋自远方来,不亦乐乎?'"对于现代读者来说,"朋"在此处的语义不言而喻，毫无歧义，更无所谓哲学内涵。然而，如果从《论语》注释的发展脉络来考察，我们将发现“朋”在《论语》中出现有其特定的时代意义；而且，它曾在相当长的一段历史时间里，受到诠释者的特别关注，不断被再诠释。本文将通过对汉唐以来，直至清初的《论语》诠释的研究，重新阐释这一被广泛误解的语词，从历史和思想文化的脉络中，考察“朋”的最初语义及其衍变过程，从而揭示这一过程背后所隐含的时代关怀。

二、“同门曰朋”——包咸与汉代经学诠释

在讨论之初，让我们先把“朋”字放回《论语·学而》的本文：

> 子曰：“学而时习之，不亦说乎？有朋自远方来，不亦乐乎？人不知而不愠，不亦君子乎？”

作为《论语》开篇之首，此章宋儒郑汝谐称为“孔门入道之要”。[1]在这个三段式的话语结构中，孔子似乎在描述三种不同的人生情态。或许他是从个人的生活体验出发来阐释三种导向精神愉悦的人生实践，而这三者之间显然具有一种内在的相关性：从“悦”→“乐”→“君子”，在精神层面上存有明确的进阶式的关系。我们亦完全可以将之视作个人修身的学习进程。因此，在这一语境中，“学而时习之”“有朋自远方来”“人不知而不愠”这三种情况不应孤立看待；相反，它们彼此环环相扣，呈阶梯状通向三个境界。我们不妨作这样的描述：第一层的“悦”是通过“学而时习之”这一纯粹的个人实践和努力所达到的。第二层的“乐”则显然植根于一种

[1]〔宋〕郑汝谐：《论语意原》卷一，《四库全书》，第199册，页113。

人际交往之中，它的产生源自“学而时习之”的实践主体与远来之“朋”的思想交流和观摩。当然，交流未必能够尽如人意，“人不知”的情况难免发生。面对这种无奈的际遇，一种更高的精神境界于是由“不愠”这一心境得以彰显出来。

由以上分析来看，在这个三段式的描述中，孔子所谓的“有朋自远方来”并非指一般意义上的人际交往。在这个话语结构中，“朋”显然针对特定的人伦对象。然而，正如上文所述，现代读者往往脱离具体语境的考虑，将此句抽离出来，断章取义。于是，他们理所当然地将此处的“乐”简单视作与远道而来的朋友的欢聚。这种说法不啻为一种合情合理的表达，因而很自然地得到人们普遍的认可。然而，如果把时间倒溯两千年，我们将意外地发现，在汉代经学家的注释里，“朋”有一个迥然不同的解读。何晏[1]的《论语集解》一书收录了汉代经学家包咸对“朋”所下的注解——“同门曰朋”。[2]这显然与通常意义上的“朋友”概念有本质的区别。下文的讨论将沿此一线索延展。

考察《论语》一书，“朋”共出现九次，散见于八个章节。[3]其中，仅在《学而》第一章中，“朋”是以单音节名词出现，而其余八次，“朋”均与“友”连用，表面上似乎构成一个双音节词组——“朋友”。然而，《论语》中这种“朋友”连用的情形，实际上表达了“朋”和“友”两个不同的概念，作为“朋友”义的“友”字在《论语》

---

[1] 何晏的生年有数说，参看郑欣：《何晏生年考辨》，《文史哲》1998年第3期，页46—52。郑欣认为何晏生于公元194年到199年之间，而以196年最为可能。王晓毅认为何晏生于建安十二年（207），见所著：《王弼评传》（附《何晏评传》）（南京：南京大学出版社，1996年），页345—346。王氏考证中又讨论了近人其他的看法，值得参考。本文暂时遵从学术界一般的看法。

[2] 皇侃：《论语集解义疏》卷一，页2。

[3]《论语·学而》“学而时习之”章、“吾日三省”章、“贤贤易色”章，《里仁》“事君数”章，《公冶长》“各言尔志”章（两次），《乡党》“朋友死无所归”章，《子路》“何如斯可谓之士”章。

中是以单音节词出现的。[1]如果进一步考察汉以前的文献，“朋”与“友”连用的情况鲜见于非儒家的著作之中。[2]事实上，汉代经学家在注释先秦的儒学经典时，一直有意识地将“朋”与“友”作语义上的严格区分——所谓“同门曰朋，同志曰友”，这一说法屡见于汉人的著述中。[3]由此看来，包咸在《论语·学而》第一章中所作的“同门曰朋”的注解绝非偶然，也断不是一家之言。[4]他在此处明确界定了“朋”的语义，显然是要给读者一个清楚的指示：“朋”与“友”是两个完全不同的概念。根据《后汉书》记载，包咸在东汉光武帝（25—57年在位）受聘入朝为皇太子讲授《论语》，他的《论语章句》应该成于此时。[5]作为官方认可的《论语》教材，其著述的权威性可想而知。另外一个例子可参见唐初徐彦的《春秋公羊传注疏》。其中，他引用了汉代蒙书《仓颉篇》中的一段记载，同样是说“同门曰朋，同志曰友”。司马迁因李陵事件见罪于汉武帝（公元前141—87年在位）而惨遭宫刑，武帝曾大惑不解地对太史公说：“李陵非汝同门之朋，同志之友。”[6]根据此段记载，“朋”与“友”分别代表两种不同的人伦关系，这种看法大概已存在于西汉人的日

[1]《论语·泰伯》“以能问于不能”章，《子罕》“主忠信”章，《颜渊》“子贡问友”章、“君子以文会友”章，《卫灵公》“工欲善其事”章，《季氏》“益者三友”章、“益者三乐”章，《子张》“吾友张也”章。

[2] 直到公元前三世纪，“朋友”才作为一个语义确定的双音节词见于《荀子》和《韩非子》。“儒家”作为一个学术流派的名称始见于西汉初年，本文所谓汉代以前的“儒家”与“非儒家”，只是根据西汉以后的说法而做的一个方便的区分。

[3]〔唐〕徐彦《春秋公羊传注疏》卷二十五引〔汉〕何休注，页321。另外，此一表述也见于《礼记》以及郑玄的《周礼》注。详见下文。

[4] 在何晏《论语集解》中，“朋”字的注解仅收录了包咸一家的说法，但这并不代表他是“朋”唯一的注家。一种合理的推测是：何晏《集解》略去了其他类似的说法。

[5]〔南朝宋〕范晔：《后汉书·儒林列传》（北京：中华书局，1973年），卷七十九下，页2570。

[6] 徐彦《春秋公羊传注疏》卷二十五引何休注，页322。必须说明的是，今本《史记》和《汉书》均无此记载。

常生活之中了。

然而，当我们明白汉人对“朋”与“友”所做的判别之后，一个新的问题随之产生：在“同门曰朋”这一语境中，“门”显然是一个表义不明的指谓，它的模糊性使我们无法精准地把握“朋”的确切语义。换言之，何谓“同门”？这是正确理解“朋”的关键所在。

这里，我们有必要参照东汉著名的经学大师郑玄注解《周礼》时所提出的更为明确的说法：

> 同师曰朋，同志曰友。[1]

根据郑玄的注解，所谓“同门”即为“同师”，所以，“同门”之“门”当理解为“师门”。“师门”的说法并不见于《论语》一书，[2]不过孔子另有一类似的个人化的提法，《论语·先进》：

> 子曰：“由之瑟，奚为于丘之门？”门人不敬子路。子曰：“由也升堂矣，未入于室也。”

在这段文字中，“门人”毫无疑义指称的是“弟子”。[3]当然，我们难以确切考证，孔子是否因为教学的需要而建立了一个具有空间意义

---

[1]〔汉〕郑玄注、〔唐〕贾公彦疏：《周礼注疏》卷十，收入《十三经注疏》，第3册，页159。郑玄本人又有“仲尼之门”的说法，详见下文。

[2]“师门”一词大约在东汉初期一世纪左右出现。详见下文。

[3]“门人”这一提法在《论语》中共出现四次，另外三次分别见于《论语·里仁》“一以贯之”章，《述而》“互乡难与言”章，《先进》“颜渊死”章。此外，“门人”自称“弟子”显然也非必然的事实，而实际乃反映出“门人”尊奉孔子犹如己父。换言之，孔门不啻一个大家庭。相对而言，孔门以外之从学者，未必尊奉其师为父而自称弟子，道家正是一例。《庄子·庚桑楚》云：“老聃之役有庚桑楚者，偏得老聃之道，以北居畏垒之山。”则老聃之门徒大概没有自称“弟子”。而师徒关系似乎更像主仆。见〔清〕郭庆藩撰、王孝鱼点校：《庄子集释》（北京：中华书局，1985年），卷八上，页769。

的“丘之门”，而孔子描绘弟子学业进阶时所使用的“升堂”“入室”的说法，是否仅仅是一种隐喻的表达，抑或是一种符合客观事实的描述？但从“门人”作为“弟子”的代称来看，“师门”这一观念在孔门中应该已经形成了，尽管它作为一个专有名词还没有正式确立。因此，到战国末年，荀子便有“仲尼之门”的说法，[1]而郑玄在说明“同师曰朋”的同时也提出“仲尼之门”的说法。[2]

也许是为了避免读者对“同门”之“门”产生误解，南朝梁皇侃在《论语集解义疏》中，对“同门曰朋”作了一个更为清楚的表述：

> 同处师门曰朋，同执一志曰友。朋犹党也，共为党类在师门也。[3]

根据皇侃的疏解，包咸所谓的“同门”即“同学”已极其显明。由此，汉代经学家们所竭力区分的“朋”“友”之别已清晰可辨。然而，正如上文所述，“朋”在汉以前，鲜见于儒家以外的文献，并且也不作为“同学”这一概念的标记出现。[4]事实上，如果我们承认孔子是中国平民教育的开山鼻祖，那么，我们完全有理由相信，“同学”这一具有

---

[1]《荀子·仲尼》，王先谦：《荀子集解》卷三，页105。西汉陆贾和董仲舒继承这个说法，分别见陆贾：《新语·术事》，王利器：《新语校注》(北京：中华书局，1986年)，卷上，页44，以及班固：《汉书·董仲舒传》卷五十六，页2524。董仲舒的说法又见《春秋繁露·对胶西王越大夫不得为仁》，见〔清〕苏舆撰、钟哲点校：《春秋繁露义证》(北京：中华书局，2002年)，卷九，页268。

[2]范晔：《后汉书·郑玄传》卷三十五，页1211。郑玄对应劭说：“仲尼之门，考以四科，回、赐之徒，不称官阀。”

[3]皇侃：《论语集解义疏》卷一，页4。

[4]“朋”在甲骨文和金文中的字形是两串并列的贝壳，原指装饰品，最晚不过周代，“朋”便成为商品交换的货币的指称。参见于省吾编：《甲骨文字诂林》(北京：中华书局，1999年)，第4册，页3285—3289。

广泛意义的人伦关系在孔子之前还没有真正形成。[1]由于孔子大开教育之门，广授门徒，客观上造成了一种新的局面：来自四方的一群弟子追随同一个老师共同起居学习。于是，两种人伦关系在此生成：师与徒、徒与徒。而后者作为一种社会新生事物，自然还没有一个确切的指称。根据汉代经学家的注释，“朋”被理解为孔子为这一新兴的人伦关系所作的“正名”。[2]然而，在这个“正名”的过程中，“朋”何以中选？换言之，孔子在作这一选择时，有怎样的考虑？[3]如果我们依照甲骨文与金文来考察，“朋”的字形原象征两串并列的贝

[1]《尚书·洛诰》载周公命成王曰：“汝受命笃，弼丕视功载，乃汝其悉自教工。孺子其朋，孺子其朋，其往。”《传》曰：“少子慎其朋党，少子慎朋党，戒其自今已往。”见旧题〔汉〕《孔安国传》、〔唐〕《孔颖达正义》：《尚书注疏》卷十五，收入《十三经注疏》，第1册，页226。此处，“朋”字作“朋党”解，可见周初“朋”字尚未有“同学”之意。《列女传》载盖将之妻引《周书》曰：“先君而后臣，先父母而后兄弟，先兄弟而后交友，先交友而后妻子。”见〔汉〕刘向：《古列女传》卷五，收入《四库全书》，第448册，页46。此处，“交友”显然即朋友之意，但《周书》不作“交朋”。这亦可反证“朋”字在周代不作“朋友”解。按：“同学”一词也未见于先秦文献。《论语·子罕》中有“共学”的用法，但并非名词。孔子之前，中国已有“六艺”之学，但在古代王官之学的制度中，学生都属贵族，数目有限，因此，“同学”这一关系尚未能在观念上引起人们广泛的重视。孔子本人曾经追随师襄子学琴，这显然是王官学传统的遗风。见《史记·孔子世家》，〔日〕泷川龟太郎：《史记会注考证》(台北：宏业书局，1977年)，卷四十七，页736—737。此外，时间比孔子略早的鲁国士师展禽（柳下惠）似乎也招收过学生，他们亦称“门人”。见刘向：《古列女传》卷二，页23。孔子对国人柳下惠有所认识，见《论语·微子》“柳下惠为士师”章。

[2]“正名”一词出自《论语·子路》“正名章”。学界一般认为，孔子重视“正名”，但是也有学者对此提出异议。例如阿瑟·韦利（Arthur Waley）曾发表论文，质疑《论语》此章的可靠性。参见 *The Analects of Confucius* (New York: Vintage Book, 1938), pp.21–23。最近，美国学者布里安·范·诺登（Bryan Van Norden）也进一步支持此一观点。参见“The Dao of Kongzi”，手稿，pp.9–11。然而，尽管“正名章”的可靠性尚可商榷，但这种质疑并非推翻孔子强调“正名”的有力证据。事实上，在《论语·雍也》“觚不觚”章，孔子也清楚地表达了此一立场。而韦利和诺登并未怀疑《论语·雍也》的真实性。参见 Bryan Van Norden ed., *Confucius and the Analects: New Essays* (Oxford, New York: Oxford University Press, 2002), p.18。

[3]这并不意味着孔子就一定是首先用“朋”来表示“同学”之义的人。“朋”作为“同学”义的用法在孔子以前的王官学时代可能已经在一定场合中被使用，但正如上文所言，这种用法当时大概尚未广泛流行。

壳，代表装饰物。[1]据此，我们很难将“朋”的原义与“同学”挂钩。“朋”既然是一起生活和学习的同学，这也许就是并列的贝壳所引申的含义。无论如何，孔子何以对“朋”情有独钟，已难知晓。不过，汉朝人显然不认为“朋”与同学的名实关系只是一个纯粹的偶然，他们以独特的视角发现了二者之间的联系。

根据皇侃的疏文，“朋犹党也，共为党类在师门也”。所谓“朋犹党也”的说法，并非皇侃首创。此乃继承东汉许慎《说文解字》和班固《白虎通义》对“朋”所下的定义：

> 古文凤，象形。凤飞，群鸟从以万数，故以为朋党字。[2]

以“朋”在甲骨文中的字形作为参照，许慎对“朋”字本义的解释似乎纯属猜测，不足为信。然而，这一猜测本身却为我们揭示出“同学”这一人伦关系在汉人意识中一个形象化的反映。许慎将“朋”视作“凤”的象形，大概是基于“凤”为神鸟这一神话观念。《礼记·礼运》有所谓“四灵”的说法，即为“麟”“凤”“龟”“龙”。其中，“凤以为畜，故鸟不獝”。[3]凤鸟振翅高飞，群鸟尾随其后，这一生动形象的画面大概就是许慎构想“朋”字语义时的蓝本。如果我们把这一画面切入《论语》本文，透过汉人的注解，我们不难想象，孔子在汉人心目中的形象无疑就是一只展翅高翔的凤鸟，而孔门弟子们恰如众鸟紧紧相随。这里，最耐人寻味的一点是：由“朋”所衍生的寓意恰在《论语》中有本可依。根据《论语·微子》记载，楚国狂士接舆曾将

---

[1] 皇侃：《论语集解义疏》卷一，页4。

[2] 段玉裁：《说文解字注》卷四上，页150。《白虎通义》的类似说法可见于〔清〕陈立：《白虎通疏证》(北京：中华书局，1994年)，卷八，页376。

[3]《礼记·礼运》，见〔汉〕郑玄注、〔唐〕孔颖达正义：《礼记注疏》卷二十二，收入《十三经注疏》，第5册，页436。

孔子比拟为“凤鸟”。[1]另外，传说中跟孔子同时的长辈老子，孔子曾经喻之为“龙”，[2]鲜为人知的是老子竟视孔子为“凤”。[3]可见将孔子比拟作“凤”似乎是春秋时期的一种共识。事实上，孔子自己似乎也曾以“凤凰”自拟。[4]有趣的是，孔子的弟子有若也曾经说过：“麒麟之于走兽，凤凰之于飞鸟，太山之于丘垤，河海之于行潦，类也。圣人之于民，亦类也。出乎其类，拔乎其萃，自生民以来，未有盛于孔子也。”[5]这似乎也是意料中事了。我们很难确知前人以凤拟孔子这一观念是否对汉人产生某种心理暗示，又或许这只是一个跨越时空的不谋而合。但无论如何，“朋”与“凤”的联系至少在汉代已经确立了。[6]

汉人对“朋”的关注使“朋”在语义上与“友”做了区分。前者指代“同学”，后者称呼“朋友”。[7]尽管这样的区分并不妨碍它们形成两个外延交叉的概念，即“同学”与“朋友”完全可能重合。事实上，在实际运用中，“友”本是一个涵盖面更为宽泛的概念。但是，当“同学”这一新颖的人伦关系产生之后，“友”显然无法指涉这种众多

[1]《论语·微子》“楚狂接舆”章。

[2]《老子韩非列传》，《史记会注考证》卷六十三，页833。

[3]《艺文类聚》卷九十引庄子曰：“老子见孔子从弟子五人，问曰为谁。对曰：‘子路为勇，其次子贡为智，曾子为孝，颜回为仁，子张为式。’老子叹曰：‘吾闻南方有鸟，其名为凤，所居积石千里，天为生食，其树名琼枝，百仞，以璆琳琅玕为实。天又为生离珠，一人三头，递卧递起，以伺琅玕。凤鸟之文，戴圣婴仁，右智左贤。’”见〔唐〕欧阳询：《艺文类聚》（上海：上海古籍出版社，1982年），页1558。（按：《困学纪闻》卷十引此文，“子张为式”作“子张为武”。）

[4]《孔子世家》，《史记会注考证》卷四十七，页737。

[5]《孟子·公孙丑上》，朱熹：《孟子集注》卷三，《四书章句集注》，页235。

[6]根据《说文》，“凤”的古文字形正作“鹏”。可见许慎对“朋”字本义的说法并非纯粹臆测。

[7]这种语义区分一般在“朋”字单独使用时特别受到强调，而当“朋”“友”连用时，所构成的双音节词有时被看作一个偏义的复合词。如，郑玄注《诗经》中“朋友”一词为“群臣同志好者也”。见《毛诗注疏》卷十七之二，页605。这里，词义主要偏向于“友”。不过，在汉代文献中，表达“朋友”义更多使用的词是“友”或“友人”。这种情形也见于《论语》。详见上文。

弟子追随同一老师共同学习的社会现象。西汉初年，贾谊称他的同学为“门人学者”，同时又呼之曰“诸子”“二三子”，可见汉初同学之间的互相称谓似乎还未有固定的叫法。[1]到东汉初包咸作《论语》章句时，他大概已凭着敏锐的直觉观察到“朋”与“友”之间的细微差别。

另外，包咸对“朋”字的兴趣更可能源于一个切身的现实关怀，即孔子所开创出的教育新局面在汉代得到继承和发展。[2]汉武帝以后博士制度以及学校制度的建立，使孔门这一教学模式在一定范围内得以推广。到了东汉初期，也就是包咸的年代，“师门”这个新词已应运而生。[3]这固然不会是个巧合。事实上，“师门”的出现无疑是一个重要的标志：由一个老师带领众多弟子所构成的学习群体渐渐已成为一个备受关注的社会单位。经师门下的弟子都称作“门徒”。[4]到东汉中叶，“孔子门徒”的说法更直接出现了。[5]作为这一社会群体的重要成员，包咸对这种新的人伦关系恐怕有更为现实的考虑。如何处理师与生的关系？如何指点弟子之间的人际交往？这大概是包咸必须面对且亟待解决的切身问

[1]〔汉〕贾谊：《新书·劝学》，阎振益、钟夏校注：《新书校注》(北京：中华书局，2000年)，卷八，页296—297。

[2]《后汉书·儒林传》卷七十九下，页2588。

[3]《后汉书·桓荣传》卷三十七，页1251和《刘般传》卷三十九，页1304。“师门”一词在西汉的文献中尚未出现，司马迁的《史记》、班固的《汉书》和荀悦《前汉纪》均无记录。荀悦是东汉人，但他撰写西汉历史，根据的是西汉文献，“师门”一词不见于《前汉纪》，其书可谓实录。

[4]牟融与包咸同时，史称他“少博学，以《大夏侯尚书》教授，门徒数百人，名称州里。”见《后汉书·牟融传》卷二十六，页915。值得注意的是，跟“师门”一样，“门徒”一词也不见于西汉文献。这自然也不会是巧合。(按：依汉代的情况，经师的学生统称门徒或门人，细辨则高弟称弟子，可升堂而得经师面授，而其余则谓门徒或门人，仅可从高弟问学。然而，我们不可以单凭汉代经师授徒的情况反推而概及孔门讲学的初貌。参看《后汉书·郑玄传》。)

[5]〔汉〕王充：《论衡·幸偶》，黄晖撰：《论衡校释》(北京：中华书局，1995年)，卷二，页37。按：王充与包咸同时，“孔子门徒”出自其书，相信也不会是巧合。

题，而《论语》无疑是一个极具参考价值的文本。从孔门师生、弟子之间的对话和交往中，包咸汲取了可资借鉴的经验。所谓“同门曰朋”固然是对《论语》经文的注解，又何尝不是对门下弟子的提示！与此同时，包咸似乎有意识地要将自己所带领的这个新的学习群体与孔门进行类比，从而提醒弟子们在处理彼此之间的关系时注意参考孔门建立的范式。比如，他曾对子夏和子张关于人际交往的议论，做了如下点评："友交当如子夏，泛交当如子张。"[1]此处注文流露出明显的人生指导意味，而针对的对象恐怕正是他本人的弟子门徒。

在包咸去世十四年之后，即东汉章帝建初四年(79)，“同学”这一人伦关系在钦命召开的白虎观会议中正式得到了官方的认定，并且作为“三纲六纪”之一写入班固所编定的《白虎通义》之中。“朋”与“友”的语义得到明确界定："朋者，党也；友者，有也。"[2]班固在此引用《礼记》“同门曰朋，同志曰友”[3]的说法进一步强调二者之别。同时，《论语》作为重要的文献根据也在《白虎通义》中出现。为了说明所谓“朋友之道”，《白虎通义》引用了《论语》中的三个章节加以论证。[4]这与上文包咸的做法如出一辙，即将孔门中的人际交往原则纳入汉代经师的“师门”体制中。

如果说面对汉代教学体制下产生的新问题，包咸还只是凭个人敏锐的时代触觉去关注和尝试处理，那么，到白虎观会议召开之时，“同学”关系作为其中的一项议题，显然已在学术领域和政治领域受到人们普遍重视了。

---

[1]《论语·子张》“子夏门人问交”章的注文。皇侃：《论语集解义疏》卷十，页665—666。值得注意的是，包咸在这里并没有使用“朋”字。

[2]〔汉〕班固撰：《白虎通·三纲六纪》，陈立：《白虎通疏证》卷八，页376。

[3] 同前注。

[4] 分别为《论语·公冶长》“各言尔志”章、《乡党》“朋友死无所归”章、《先进》“有父兄在”章。同前注，页377—378。

三、重振“师道”——韩愈、刘敞与唐宋之变

由于何晏《论语集解》的收录，随后的七八百年间，包咸“同门曰朋”的注释继续流通于世。与此同时，汉末传入的佛教也正在中国社会全面快速发展。到唐代，禅风日炽，已渗透社会各阶层，包括文人士大夫。无论是物质生活还是精神层面，佛教的影响无所不在。在此意义上，中国已近乎一个佛教国度。[1]如影随形，禅师也受到来自社会各阶层的广泛尊重，而自汉代形成的“师门”体制不可避免地受到了这一新文化的巨大冲击。经师的地位逐渐被禅师所取代。到佛寺寻师问道，甚至是消遣光阴已经成为一种社会时尚，[2]而且有愈演愈烈之势。安史之乱（755—763）后，这种情况更是每况愈下。生于安史之乱后、殁于唐代宗年间的李绛的一道论事疏就足以说明问题的严重性。文曰：

> 顷自北方骚动（指安史之乱），乘舆西幸，中夏凋耗，生人流离，儒硕解散，国学毁废，生徒无鼓箧之士，博士有倚席之讥。马厩园蔬，殆恐及此。伏惟陛下挺超代之姿，发振俗之令，复崇太学，重延儒硕，精选生徒，奖宠博士，备征天下名德专门之士，增饰学中屋室厨馔之制，殿最讲习之优劣，彰明义训之得失，明立科品，使有惩劝，拔萃出群者，縻之以禄。废业怠教者，寘之以

[1] Charles Hartman, *Han Yü and the T'ang Search for Unity* (Princeton, N. J.: Princeton University Press, 1986), p.5. 另见 Stanley Weinstein, *Buddhism under the T'ang* (Cambridge: Cambridge University Press, 1987)。

[2] 李涉，洛阳人，宪宗时（805—820年在位）为太子通事舍人、文宗太和中（827—835）为太学博士，有诗题为《题鹤林寺僧舍》，曰：“终日昏昏醉梦间，忽闻春尽强登山。因过竹院逢僧话，又得浮生半日闲。”可见唐代中叶，佛教、佛寺以及佛教文化对时人日常生活的影响。见〔宋〕李昉等编：《文苑英华》（北京：中华书局，1966年），卷二三六，页1189。

刑。自然儒雅日兴，经典日重，先王之道日盛，太学之训日崇，陛下垂拱明廷，受厘清禁，使师氏教德不独美于周时，桥门观礼，岂复谢于汉日。伏希天造，特览愚言，起兹废坠，弘于教化，冀禆圣政，少助皇风。上于是宣付中书门下，令修起国学。执事者以为虚文，不能将明主上之意，遂因循而已。[1]

李绛所陈自然是政府体制内部的设置问题，但制度上的缺失当然也跟时代风气息息相关，甚或即是风气的具体反映。儒学不受尊崇，儒者未得敬仰，这一情势的不断恶化引起了唐中叶以后儒家学者的关注与忧虑。比如，韩愈的《师说》正为此而发。他开篇即宣称“古之学者必有师”，并为师之职责重新正名为“传道、授业、解惑”，以批评当时的社会现状。韩愈叹道：

嗟乎！师道之不传也久矣！欲人之无惑也难矣！古之圣人，其出人也远矣，犹且从师而问焉；今之众人，其下圣人也亦远矣，而耻学于师；……彼童子之师，授之书而习其句读者也，非吾所谓传其道，解其惑者也。……士大夫之族，曰师、曰弟子云者，则群聚而笑之。[2]

韩愈显然清醒地意识到，经师地位的动摇势必造成儒道的沦丧。为此，他又撰写了《原道》一文。在此篇中，他坚称儒家思想才是华夏文明的根基，但由于佛、道的兴盛而备受冲击。对于两者的混淆视听，他予以严厉抨击，而佛教更是他主要的矛头所指。为了挽救儒学，他主张采取极端的方式，彻底摧毁佛教在中国的传播：

---

[1]〔唐〕李绛：《论国学疏》，〔唐〕蒋偕编：《李相国论事集》卷二，收入《四库全书》，第446册，页220—221。按：疏文末数语当非李绛原话而为编者所加。

[2]〔清〕董诰编：《全唐文》（北京：中华书局，1987年），卷五五八，页5645。

> 不塞不流，不止不行。人其人，火其书，庐其居，明先王之道以道之，鳏寡孤独废疾者，有养也，其亦庶乎其可也。[1]

在抵制佛教的同时，韩愈强调对儒学传统的承续。他创发性地提出了一个儒道承传的世系表：即尧—舜—周公—孔子—孟子，指出儒道自孟子之后，已日渐式微。仔细观察，我们不难发现，韩愈在此流露出强烈的时代使命感，他显然自觉地担当了孟子的继承人。韩愈提倡儒学道统的灵感显然来自禅宗的启示。他以追本溯源的方式来试图重新确立儒学至高无上的地位，为儒道的承传提供有迹可循的脉络。这一思路为宋代新儒学的开展奠定了基础。

为了儒道传统的发扬光大，教师的威信必须重新建立，而传统的“记问之学”，在韩愈看来，自然难以承担“传道”之重任。因此，他给予教师职责以新的定位。针对《论语·为政》“温故而知新，可以为师也”一句，他作了如下诠释：

> 先儒皆谓寻绎文翰，由古及新，此是记问之学，不足为人师也。吾谓故者，古之道也，新谓己之新意，可为新法。[2]

毫无疑问，韩愈强烈反对死记硬背与盲从学步的治学方式。他提倡创造性地吸收前人的智慧成果，而他所做的大胆尝试便是对《论语》

[1]〔清〕董诰编：《全唐文》(北京：中华书局，1987年)，卷五五八，页5650。

[2]〔唐〕韩愈、〔唐〕李翱：《论语笔解》卷上，收入《四库全书》，第196册，页5。旧疑《论语笔解》并非出自韩愈、李翱之手，但自《四库》馆臣以来，学者大多以为可信。有关讨论，可以参考末冈实：《韩愈、李翱的〈论语笔解〉——唐代古文运动的精神》，收入松川健二编，林庆彰、金培懿、陈静慧、杨菁合译：《论语思想史》(台北：万卷楼图书有限公司，2006年)，页153—155。英国学者T.H.巴特利特(T. H. Bartlett)的态度则是宁愿存疑，见所著*Li Ao: Buddhist, Taoist, or Neo-Confucian?* (Oxford, New York: Oxford University Press, 1992), pp.88-90。

的创新诠释。[1]在他与李翱合著的《论语笔解》一书中，处处可见其“新意”。有时，为了让文本迁就于新颖的解读，他甚至不惜改动经文，削足适履。[2]可以想象，何晏的《论语集解》自然成为他主要的攻击对象。对于《集解》收录的前人注解，韩愈往往以毋庸分辨的态度予以否决，并代之以他本人创新的诠释。

如果说包咸等汉代经师的努力方向在于尽量还原历史的真实，那么韩愈则试图摆脱文本语境的约束，而尝试给出一种全新的个人见解。然而，极具反讽意味的是，这种追求创新的思维模式显然与孔子“述而不作”[3]的承传理念背道而驰。对此矛盾，韩愈亦有所察觉。先儒一致认为“述而不作”只是“仲尼谦词”，而韩愈则一言蔽之，断然否定旧说为“失其旨矣”！[4]这种极具主观的个人诠释为宋代经学的发展开辟了新的道路。当然，这种“新法”也最为清代学者所诟病。[5]

事实上，韩愈为恢复儒学传统所作的努力在当时并未见成效，他所大力倡导的排佛运动也未能遏制佛教的发展。随着唐王朝的解体，政治纷争所造成的人心惶惑，更加剧了禅风的蔓延之势。五代十国（907—979）时期，学者与禅师的交往更为密切。北宋时，尽管仍有人对“耻学于（经）师”的现象进行谴责，[6]但禅师作为精神导师的地位却已难以撼动了。当时的人们似乎已形成这样的一种观念：佛

---

[1] 韩愈曾撰有十本的《论语注》（已佚），并与李翱合著《论语笔解》（二卷）。

[2] 如对《论语・为政》“思无邪”章、《公冶长》“不欲人之加诸我”章、《先进》“回也其庶乎”章等章节，韩愈都以传抄错误为由加以更正。末冈实列出更多的改字例子，见所著《韩愈、李翱的〈论语笔解〉——唐代古文运动的精神》，页166—168。

[3]《论语・述而》“述而不作”章。

[4]《论语笔解》卷上，页9。

[5] 参本文第五部分。

[6] 如石介斥之为“学者之大弊也”。见〔宋〕石介：《师说》，收入《徂徕石先生文集》（北京：中华书局，1984年），页258—259。按：此文现仅存片段，但其效法韩愈的痕迹依然清晰可见。

教对于修身养性而言，胜过儒学。据宋儒罗从彦记载，宋太宗（976—997年在位）曾与宰相赵普就儒学与佛教交换过意见：

> 太宗尝谓宰相曰："朕于浮屠氏之教，微言宗旨。凡为君治人，却是修行之地。……若梁武帝之所为，真大惑耳！书之史册，为后世笑。"赵普曰："陛下以尧舜之道治世，以浮屠之教修心。圣智高远，洞悟真理，非臣下所及。"[1]

从对话中可以清楚地看出，赞许佛教"微言宗旨"的宋太宗并不认同梁武帝屡次"舍身"佛门的行径。而赵普的回答则清楚说明"尧舜之道"与"浮屠之教"各有所辖，泾渭分明——前者"治世"，后者"修心"。由此，我们不难联想到赵普的另一句名言——"半部《论语》治天下"。[2]在太宗和赵普的认识中，儒学为经世之学与佛教为修心之教这一分判，显然已经是不言而喻的共识了。

尽管对儒学治世功能的强调客观上推动了儒学的复兴，然而，对于儒学和佛教的界限划分却并未能消除两者之间的紧张对立。北宋初期，佛教在精神领域的主导地位越来越受到儒家学者的质疑。对于赵普将"治世""修心"截然两分的做法，罗从彦大不以为然。他对太宗和赵普的谈话作了如下评价：

> 佛氏之学，端有悟入处。其言近理，其道宏博。世儒所不能窥。太宗之言是已。然绝乎人伦，外乎世务，非尧舜孔子之道也。夫治己治人，其究一也。……故尧舜之世，垂拱无为，而天下大治。若赵普者，乃析而二之，盖不知言者也。[3]

---

[1]〔宋〕罗从彦：《罗豫章集》(上海：商务印书馆，1937年)，卷二，页25。
[2]《排韵增广事类氏族大全》卷十五，收入《四库全书》，第952册，页426。
[3] 罗从彦：《罗豫章集》卷二，页25—26。

毫无疑问，罗氏反对将儒学的功用局限于“治世”这一范畴。他认为“治己治人，其究一也”，不可“析而二之”。事实上，这种主张重新确立儒学的正统地位、恢复经师地位的呼声在北宋初期便已开始逐渐高涨。韩愈所创建的儒家道统此时已受到宋儒广泛的认可。刘敞在他的著作《公是七经小传》中即表达了此一认同：“天道者，天命也。圣人所独知也。尧授舜，舜授禹是也。”[1]

此外，刘敞对于《论语・学而》“吾日三省吾身”一节的注解也颇耐人寻味。何谓“传不习乎”？刘敞注曰：

> 传者，传所受于师之道。今无乃不习而以教人乎？为误人尔。[2]

对比何晏的注释：“言凡所传之事，得无素不讲习而传之乎。”[3]我们不难发现，两人对于传授内容的理解存在明显分歧。刘敞释作儒道之传，而何晏的“所传之事”恰是韩愈所贬斥的“记问之学”。这里，刘敞“传道”的概念显然是继承韩愈而来的。他在解释《子张》篇“君子之道，孰先传焉？孰后倦焉？”一句时，重申了此一观点：

> 此言传道之难也。孰有不试而轻以教人乎？孰有既知其可传而传之反倦怠乎？[4]

像韩愈一样，刘敞对于“传道”表现出高度的热忱和强烈的历史使命

[1]〔宋〕刘敞：《公是七经小传》卷下，收入《四库全书》，第183册，页33。
[2] 同前书，页31。
[3] 皇侃：《论语集解义疏》卷一，页10。
[4] 刘敞：《公是七经小传》卷下，页43。

感，而能否传道的关键正取决于人。于是，“师”这一角色再次成为关注的焦点。刘敞对《论语》首章的解读正是此一现实关怀的具体体现：

1.“学而时习之，不亦说乎？”
刘注：温故而知新。
2.“有朋自远方来，不亦乐乎？”
刘注：朋，众也。可以为师而众归之。
3.“人不知而不愠，不亦君子乎？”
刘注：不患人之不己知。[1]

刘敞借用了《论语》中的两段经文来注释这个三段式话语。而且，他巧妙地拆分了《为政》篇“温故而知新，可以为师也”一句，分别放置在“学而时习之”和“有朋自远方来”的注文中，使这两种情况无形之间建立了某种因果关联。尤其耐人寻味的是，刘敞在这里还借用了一个具有佛教意味的字眼——“归”。这的确是一个颇具匠心的选择。在佛教中，“归”所表达的是人在信仰上的皈依，而刘敞此处的借用似乎暗示了儒教才是学者真正的心灵归所。由此，我们可以想象，他摒弃包咸“同门曰朋”的说法，将“朋”释作“众也”，显然是一个刻意的安排。这一新颖的解读明白无误地展示了一个崭新的时代关怀。如果说汉代经师的注意力集中于同门弟子之间的关系，那么宋儒则更关心教师在文化承传中所扮演的角色及其作用。

对教师职能的强调，以及重树经师威信的呼声引发了北宋教学体制的改革。当时，推动此改革的还有一个更为急迫的现实问题：面对周边的外族政权（主要是北方的契丹和西部的党项）的威

[1] 刘敞：《公是七经小传》卷下，页31。

胁，相对柔弱的北宋政权急需培养一批新的人才，组建一个更为强大的朝廷。因此，当刘敞等人正积极捍卫经师地位之时，民间书院也在全国各地兴起。

在这次变革中，有两个值得注意的关键人物——范仲淹和胡瑗。胡瑗曾在泰山道观中苦学十年，而后受聘于当时的苏州知守范仲淹，为府学教授。后又到湖州任教职。在此期间，他将儒学课程设计为“经义”与“治事”两科。这一别出心裁的分科教学法被后人誉之为“苏湖教法”。尔后胡瑗受聘于太学，其教学法亦受中央政府采纳。胡氏教学时间前后二十年，门生弟子多达一千七百余人。[1]

经过北宋初期学者们的努力，到十一世纪中叶，尊师重道的社会风气已经逐渐形成。我们可从一些史料中窥其端倪。据《河南程氏外书》载：

> 游、杨初见伊川，伊川瞑目而坐，二子侍立。既觉，顾谓曰：“贤辈尚在此乎？日既晚，且休矣。”及出门，门外之雪深一尺。[2]

“程门立雪”可谓尊师重道的一个生动范例。而程颐坚持为哲宗（1086—1100年在位）坐讲一事则更直接地体现了北宋儒者对师道尊严的维护。他曾上书皇帝谓“特令坐讲，不惟义理为顺，所以养主上尊儒重道之心”。[3]这里，程颐所坚持的理由是“尊儒重道”，这也是他一贯固守的原则：

---

[1] 钱穆：《宋明理学概述》（台北：台湾学生书局，1975年），页2—5。

[2]《河南程氏外书》卷十二，收入〔宋〕程颢、〔宋〕程颐撰，王孝鱼点校：《二程集》（北京：中华书局，1984年），第2册，页429。另外，吕祖谦的《近思录》亦有收录。

[3]〔宋〕程颐：《论经筵第三札子》，见《河南程氏文集》卷六，收入《二程集》，第2册，页539。

古之人所以必待人君致敬尽礼而后往者，非欲自为尊大，盖为尊德乐道，不如是不足与有为也。[1]

故此，程颐处处“以师道自居”，史载其“侍上讲，色甚庄，以讽谏，上畏之”。[2]一日，正在讲学之际，哲宗一时玩兴大发，伸手从窗外折下一枝柳条。程颐即刻上前制止，曰：“方春发生，不可无故摧折。”[3]以上事例均显示，相较韩愈的时代，北宋经师的地位已得到显著提升。

师道之尊在二程之后一代，也许更见其深微。马涓和吕进伯两人的事例足以说明“师”作为一个社会流品的尊严和意义。《伊洛渊源录》卷八载：

马涓巨济状元及第，为秦州签判，初呼“状元”。吕进伯为帅，谓之曰：“‘状元’云者，及第未除官也，既为判官，不可曰‘状元’也。”巨济愧谢。进伯又谓巨济曰：“科举之学既无用，修身为己之学其勉之。”时谢良佐显道作州学教授，显道为伊川程氏之学。进伯每屈车骑，同巨济过之。谢显道为讲《论语》，进伯正襟肃容听之，曰：“圣人言行在焉，吾不敢不肃。”又数以公事案牍委巨济详覆，且曰：“修身为己之学，不可后，为政治民，其可不知？”巨济自以为得师。后立朝为台官有声，每叹曰：“吕公教我之恩也。”[4]

[1]〔宋〕程颐撰：《周易程氏传》卷一，《蒙》卦注。收入《二程集》，第3册，页719。
[2]《河南程氏外书》卷十二，《二程集》，第2册，页423。
[3]〔宋〕朱熹：《伊川先生年谱》，见《河南程氏遗书》附录，收入《二程集》，第1册，页342。
[4]〔宋〕朱熹：《伊洛渊源录》卷八，收入《朱子全书》，第12册，页1034—1035。

另外，我们还需注意的一点是：由于北宋政治局势的危急，学者大多以积极的态度投身于政治领域，主张切近人事之论，反对玄虚妄诞之辞。故以往的清谈之风渐趋消减。正如欧阳修在《答李诩第二书》所说：

> 夫性，非学者之所急，而圣人之所罕言也。……六经之所载，皆人事之切于世者，……《论语》所载七十二子之问于孔子者，问孝、问忠、问仁义、问礼乐、问修身、问为政、问朋友、问鬼神者有矣，未尝有问性者。[1]

欧阳修以敏锐的触觉把握了时代的脉搏，而他的观点似乎再次确认了太宗和宰相赵普的谈话内容，即将儒学界定为“治世之学”。至少在当时的国际形势下，政治变革已成为学者的当务之急。相比之下，个人精神修养似乎只是次要的考虑了。

四、“圣人与我同类”——朱熹与宋代理学的发展

十一世纪中叶，志在图强的王安石变法却意外地导致了士林的分裂，而不得不以失败告终。但这次变法却让许多学者从中明白了一个道理：政治改革的成功与否在一定程度上取决于参与者的道德修养。正如王安石所言：“王之与霸，其所以用者同，而其所以名者异，盖以其心异而已矣。”[2]这次政治斗争的惨痛教训，促使儒者的学术兴趣发生了一个重大转向。这里体现了已故刘子健教授所说的

---

[1]〔宋〕欧阳修撰、李逸安点校：《欧阳修全集》(北京：中华书局，2001年)，卷四十七，页669。

[2] 钱穆：《宋明理学概述》，页19。

"向内转",[1]即由对政治的革新转向对人性的哲学思考。迄至南宋,人性问题终于成为儒家学者关注的焦点所在。生活在这一社会氛围下的朱熹对《论语》作了迥异于前人的解读。他关于"朋"的解释如下:

> 朋,同类也。自远方来,近者可知。程子曰:"以善及人,而信从者众,故可乐。"[2]

朱熹所关注的是"朋"之间本质上的共性,而非人伦关系的界定。曾有门生请教《学而》篇首章大义,朱熹答曰:"善不是自家独有,人皆有之。我习而自得,未能及人,虽说未乐。"[3]由此,我们可理解他为何在注释中着意强调"朋"之"自远方来",尽管它并非原文的重点所在。按照朱熹的看法,维系"朋"之间的纽带的并非物质利益或社会关系,而是他们在精神上或道德上的共通性。他引程子语也正是为了说明——"善"是形成"朋"这一关系的结合点或共同基础。[4]在这个意义上,"朋"似乎等同于汉人之"友"。事实上,朱熹的确曾用"友"来解说《学而》首章的"朋"。[5]毫无疑问,在指称这类精神层面的同道关系时,朱熹认为,"朋"与"友"是同义的。

根据朱熹与弟子的答问,何晏的《论语集解》曾是他们讨论的话题。[6]由此可推想,朱熹对于包咸"同门曰朋"的说法必有所知。然

[1] James T.C. Liu, *China Turning Inward: Intellectual-Political Changes in the Early Twelfth Century* (Cambridge, Mass.: Council on East Asian Studies, Harvard University: Distributed by Harvard University Press, 1988).

[2] 朱熹:《论语集注》卷一,《四书章句集注》,页47。

[3] 黎靖德编、王星贤点校:《朱子语类》卷二十,页454。

[4] 程颐曾曰:"人之与圣人,类也。"见《周易程氏传》卷一,收入《二程集》,第3册,页701。

[5] 〔宋〕朱熹:《四书或问》卷六,收入《朱子全书》,第6册,页610。

[6] 《朱子语类》卷十九,页428—445。

而,他倾毕生精力所撰写的《四书集注》却未取此义,个中缘由,我们可从他的话语中窥见端倪。

据史料记载,朱熹并不完全认可汉魏“只是训诂”的解经之法,而主张“《论语》须是玩味”。[1]尽管清儒批评朱熹不重训诂,但事实上,朱熹关于“朋”的解释,确有训诂上的实据。三国张揖的《广雅》就以“类”训“朋”。[2]然而朱熹释“朋”为“同类”,并非纯粹出于训诂的考虑。“同类”一词,实出自《孟子》一书:

> 故凡同类者,举相似也。何独至于人而疑之?圣人与我同类者。……心之所同然者何也?谓理也,义也。圣人先得我心之所同然耳。[3]

不过,孟子此处并非讨论同学关系,而是在广义上宣称“圣人与我同类”,其根据是人人具有“心之所同然者”,即“理”或“义”。此乃以道德标准划分的“类”,而非对某种社会关系组合的概括。这也正是朱熹在“朋”的诠释中所表达的观念。

事实上,朱熹之所以从孟子这里借用“同类”这一概念,完全基于他对《论语》第一篇的整体把握。他认为《学而》篇的主旨在“学”,概括言之,“此为书之首篇,故所记多为务本之意,乃入道之门,积德之基”。[4]此看法在《语类》中也有所记载:“此一篇……都是先说一个根本。”[5]而《论语》首章正是在逐步展现从入门开始,不断进阶之学习过程。[6]

---

[1]《朱子语类》卷十九,页434。
[2]〔清〕王念孙:《广雅疏证》(北京:中华书局,1983年),卷三上,页81。
[3]《孟子·告子上》,朱熹:《孟子集注》卷十一,《四书章句集注》,页329—330。
[4] 朱熹:《论语集注》卷一,同前书,页47。
[5]《朱子语类》卷二十一,页488。
[6] 宋儒郑汝谐亦持同样看法,见《论语意原》卷一,页113。

美国学者贾德讷(Daniel K. Gardner)曾做过一个精当的概括:"朱熹毕生事业的核心在于对'学'之精义的阐释与传述。"[1]正如韩愈一样,朱熹对记问之学亦不以为然。他曾引程门弟子尹和靖之言曰:"学者,所以学为人也。学而至于圣人,亦不过尽为人之道而已。"[2]可见朱熹之"学"并不止于书本知识,而是"为人之道"。对朱熹而言,唯有儒家的教育方式才能体现真正意义上的学习,故他说:"欲通道,则舍儒者之学不可。"[3]他认为,"学"是一个通过效法先贤来汲取知识和不断塑造自我的动态过程。他在《论语集注》首章即开宗明义说:"学之为言效也。"[4]然后又进一步阐述:"人性皆善而觉有先后,后觉者必效先觉之所为,乃可以明善而复其初也。"[5]在此,学习是助人"明善复其初"之转变过程。根据朱熹的性理学,"学"可以使人重回道德本体的原初状态,正是站在道德同一性的立场上,人人皆与圣人同类。

其实,在某种意义上,孟子所谓"圣人与我同类"的说法正与包咸的"同门曰朋"的注解背道而驰。包咸的理解乃基于人伦关系的考虑,即处于同一师门之下的人,才可能构成"朋"这一关系,但是孟子则试图破除这种人为的界限区分,仅以内在德性作为判断人类本质同一之依据。当朱熹决定以"同类"取代"同门"时,他想必已清楚地意识到,这两种说法的本质区别。根据朱熹的注解,"朋"不再是同门中弟子之间关系的一种指称,而不啻平添了某种形而上的意义。它不仅阐述了性善的理念,同时表明人人具有达至圣人的道德

[1] Daniel K. Gardner, *Learning to be a Sage* (Berkeley: University of California Press, 1990), p.13.

[2] 朱熹:《答张敬夫问目》,《晦庵先生朱文公集》卷三十二,收入《朱子全书》,第21册,页1401。

[3] 同前注。

[4] 朱熹:《论语集注》卷一,《四书章句集注》,页47。

[5] 同前注。

潜质。

朱熹曾一再告诫弟子:“看注解时,不可遗了紧要字。……某下一字时,直是称轻等重,方敢写出。”[1]因此,他也要求弟子不可放过《集注》中的每一个字,尤其那些看似无关紧要的字。他说:“那个无紧要闲底字,越要看,自家意里说是闲字,那个正是紧要字。”[2]由此,我们不难想象,朱熹对“朋”所下的注释必是经过深思熟虑的结果。那么,我们不禁要问:究竟出于何种考虑,他要做这一新的诠释?又以何为据?欲解答此问,须由朱熹所处的社会环境入手。

如前文所述,北宋初年之刘敞所关注的是如何恢复儒学经师的地位。经过北宋诸儒近一个半世纪的努力,到南宋(1127—1279)初年,儒学书院已遍布全国,士子无须再深入山林或寺庙去求学。在政府资助的书院中有儒家学者主持讲学。这种社会氛围与北宋初年已不可同日而语。朱熹曾坦言,若不是通过程氏兄弟的著作,他根本不能想象两代以前竟有学生不信任老师的情况。[3]这显示,在朱熹的时代,儒家学者的导师地位已相当牢固了。同时,随着书院在全国的兴建,士子人数逐年上升,同学关系变得越来越普遍。此外,南宋时期,由于不同书院之间,常有互相的交流切磋,因此,相较于严守师法的汉儒而言,南宋书院的“同学”关系已不是严格意义上的“同门”了。换言之,“同门”已经成为一个更为宽泛的概念。既然如此,就没有必要对这一司空见惯的现象做特别的说明了。实际上,在北宋真宗咸平二年(999)钦定的标准教材《论语注疏》中,疏者邢昺就已放弃汉儒的旧注,而将“朋”“友”视为同一概念范畴,认为二者差别只表现为关系的密切程度,即所谓“朋疏而友亲”。[4]

[1]《朱子语类》卷十一,页192;及卷一〇五,页2626。
[2]同前书,卷十九,页437—438。
[3]同前书,卷九十六,页2460。
[4]邢昺:《论语注疏》卷一,页5。

然而，我们必须注意到，尽管宋代逐渐建立起来的书院体系使儒家学者的导师地位得以恢复，但是，这一地位毕竟曾被禅师取代了几百年。如前所述，佛教在精神领域里长期占据主导优势，儒学只被局限在社会领域发挥它的"治世"功能，许多北宋儒者本身也抱持这样的看法。欧阳修就是一个显例。随着书院的发展及儒学的复兴，这种分治的局面越来越不合时宜。正是在此历史关头，朱熹接续了宋初开启的重写儒家道统的工作。受佛教形上思考的启发以及重读《四书》后的体会，他试图以一种全新的视角重塑儒家人文精神。为此，他有意将《四书》置于《五经》之上，并反复强调《论语》应是人人必读之书——"盖其中无所不有"。[1]这里，他独具慧眼地发掘了《四书》与人类生活之息息相关，于是以儒学之道来重新规划和指导人生成为他热切追求的目标。为了宣扬《四书》乃人生指导之书，朱熹意识到重新诠释《四书》之必要性，而他对《学而》篇第一章的解说，正是明确体现了他的观念："圣人与我同类。"因此，可以这么说，朱熹关于人性的哲学立场是以道德平等主义为其基调的。

五、毛奇龄的"门户"之见

元皇庆二年（1313），朝廷诏定以朱熹《四书章句集注》试士子。此一科举范式历经元明清三代，不断巩固朱学的官学地位。尽管如此，朱子释经的权威性依然不可避免地遭遇来自学界的质疑与挑战。清代学者毛奇龄的《论语稽求篇》即明目张胆为攻击朱熹的《论语集注》而撰。[2]在他看来，朱注的最大问题在于其"与圣门之所记，稍有龃龉"。[3]究其缘由，毛氏以为，汉代"去古未远"，尚有各家口

[1]《朱子语类》卷一二〇，页2891。
[2]《论语稽求篇·提要》，收入《四库全书》，第210册，页133。
[3]〔清〕毛奇龄：《论语稽求篇·序言》，同前书，页135。

耳相授之师法，承袭圣人之所遗，不许更篡一字；至魏何晏作《论语集解》，乃“本老氏之学，不习众说”，故已偏违圣意。“而宋朱氏注则又仅见何氏一书，别无他据，旁汇以同时学人之言”，更是去圣弥远。[1]故而毛氏标举汉注来针砭朱注。《四库全书》馆臣谓之“学博而好辨，遂旁采古义，以相诘难”，而其书不免有“强生支节者”“半是半非者”“全然无理者”，但亦有“考据特详”之处。[2]下文仅就《论语·学而》“有朋自远方来”一节管窥毛氏的诠释原则及其考据之学，并对汉注“同门曰朋”作一补充解读。

正如上文所言，朱熹释《学而》首章“有朋”一节谓“朋，同类也”，然而，东汉包咸《注》则曰“同门曰朋”。毛奇龄据包说驳斥朱子，并谓“此是古注，自《说文》及《诗注》《左传注》《公羊传注》皆然”。[3]相较之下，他指责朱子所谓“同类”的释义，则“无可考”。[4]在毛氏看来，虽然孟子确曾有“圣人与我同类”的说法，但所谓“同类”，不过是“凡人泛称，非朋矣”。[5]两相对照，毛氏清楚地表明了自己诠释经典的立场——稽古求真。换言之，即以考据为法，奉古注为宗。然而，值得注意的是，尽管毛氏极力推崇汉注，却并非照单全收。他对汉注的甄别与择取更能凸显其诠释理念。

就在毛氏以汉注“同门曰朋”来驳斥朱注“朋，同类也”的同时，他亦明确地反对东汉经学大师郑玄注《周礼》时所谓“同师曰朋”的说法，以为“不如同门之当”。[6]理由是“朋是门户之名”，“故朋为同门，此是字义本尔，不可易也”。[7]毛氏强调的诠释原则是要从训

[1]《四库全书》，第210册，页134—135。
[2]《论语稽求篇·提要》，同前书，页133—134。
[3] 毛奇龄：《论语稽求篇》卷一，页136—137。
[4] 同前书，页137。
[5] 同前注。
[6] 同前注。
[7] 同前注。

诂的角度来精确考察语词的本义。虽然“同门”与“同师”所指称的人伦关系并无二致，但毛氏厚此薄彼的原因恰恰在于：若以“同师”替代“同门”，则抹杀了“朋”为“门户之名”这一字的本义所在。此外，尤为重要的一点是，毛氏对于皇侃将“同门”之“门”解为“师门”也颇不以为然。依他之见，在“同门曰朋”这一语境中，“门”指称的乃是“学僮居处”。他以《礼记·学记》“敬业乐群”和《礼记·檀弓》“离群索居”为参考依据，推论出古之学僮在党庠学习期间，当有群居共处之生活，因此“学僮居处”必然是一客观存在，故有“朋为同门”之谓。[1]

这里，毛氏无疑为我们描绘出一条“朋”→“同门”→“同学”的转喻轨迹。尽管他在论述中并没有提供直接而确凿的论据来证明所谓“学僮居处”的存在，但他的推测不乏合理性。循此思路，我们或许可以对孔门教学环境的设置有进一步的了解。事实上，正如上文所言，我们可以在《论语》经文中找到“丘之门”作为“师门”的佐证，同样，我们也可以在其中发现“学僮居处”的痕迹。根据《论语·为政》记载，孔子对颜回作了一段时间的观察之后，不无感慨地说：“吾与回言终日，不违如愚。退而省其私，亦足以发。回也不愚。”[2]毫无疑义，孔子所谓“回也不愚”的评价是基于他对颜回“退而省其私，亦足以发”的耳闻目睹。这里隐藏着一个基本的客观事实：在孔门授课场所之外，必然还存在着一个可供颜回与同学之间相处与交流的私人空间，即孔子观察颜回私行的场所。而孔子能够如此方便地在此观察到弟子们私下的言行，似乎也暗示我们，这个场所应该不会与孔府相距太远。这一推论还可以从《礼记》中找到文本依据。《学记》篇里有所谓“退息必有居”[3]的提法，而唐孔颖达

[1] 毛奇龄：《论语稽求篇》卷一，页137。
[2]《论语·为政》“吾与回言终日”章。
[3]《礼记注疏》卷三十六，页651。

的注解则为我们下了一个明确的论断:“谓学者退息必有常居之处,各与其友同居,得相谘决,不可杂滥也。”[1]诚然,孔氏可能是以唐初学子求学的情况来解释孔门的规制,但他的说法也极合情理。无论如何,根据孔疏,毛奇龄所谓“学僮居处”的说法理当有据可查,有本可依,实非凭空构想。事实上,根据孔子在南宋的后裔孔传所编的《东家杂记》,孔门弟子退息有常居,应该是毋庸置疑的了。该书卷下云:“先圣学堂,泗水缠其北,洙水由其南。《皇览》云:‘诸弟子房舍井瓮犹存。’”[2]按:《皇览》乃三国魏文帝黄初七年(226)使诸儒根据经传编撰的类书。其时孔门诸弟子的“房舍井瓮犹存”,这是文物的证据。至于这些房舍是否属于孔子则不得而知。但是,《礼记·檀弓》载:“宾客至,无所馆。夫子曰:‘生于我乎馆,死于我乎殡。’”[3]看来孔子所谓的“馆”未尝不可以包括他弟子的宿舍。

诚然,毛氏关于“同门”之考辨并无助于《论语》“有朋自远方来”一句的义理阐发。此外,“门”究竟为“师门”抑或“学僮居处”也无碍于“同门”作为“同学”的代名词,况且,即使是“学僮居处”,也仍然可以是孔子的物业。在此意义上,“学僮居处”还是可以称为“师门”。无论如何,对于现代读者来说,毛氏对“同门”的陌生化诠释(defamiliarization)并非只有训诂学的意义,它的确提供了一些重要的历史信息——不仅让我们对“朋”的语义形成与发展脉络有进一步的了解;同时,对于孔门的教学生活的实况也有更全面的认识。另外,我们更不可忽略的是,这种考据学本身所体现的时代意义——作为一个十七世纪的学者,毛奇龄以他特殊的诠释视角为我们展现了特定历史和文化语境下的学术发展趋势,也就是清初“以古文献为本,以抨击朱子为宗”的学术研究。

[1]《礼记注疏》卷三十六,页651。
[2]〔宋〕孔传:《东家杂记》,《四库全书》,第446册,页86。
[3]《礼记注疏》卷八,页149。

六、结　　语

毛奇龄批评宋儒如朱熹罔顾孔子原意，而将一己之见强加于《论语》本文。毛氏身处指斥宋明理学为虚浮之学的明末清初，他本人重训诂而轻义理的历史关怀以及他对宋明理学的偏见，我们自然都可以同情。然而，正因为如此，他的诠释视域就难免自设局限，而他对于同样尊重历史诠释学的学者如朱熹也无法予以谅解。至于朱熹本身的历史关怀，他更像是毫不知情。毛氏本人的文献诠释，正如他所批评的朱熹，乃至刘敞、韩愈和包咸等人的注解一样，依然深深刻着历史文化的烙印，尽管他的文化考虑和义理关怀竟然可以与前贤大异其趣。哲学家关心的也许是超越时空的普遍真理，但是，他的思索却无可奈何地受到自身的时代关怀的启发、指引以及制约。最终，他只能在他特定的历史文化脉络中去思索和追寻超越时空的普遍真理。

本文尝试借《论语》首章为例，探讨哲理追求本身和启发整个思索动机以及影响思考方式乃至思考结果的历史文化因素，两者之间的孪生关系。哲学诠释也许永远都找不到任何足以涵盖和统贯所有历史探索的整体。在考究哲学家在历史反复多变的巨流中，追寻普遍真理时所经历的思索和挣扎过程的时候，思想史家必须抵抗诱惑，避免“依照某种紧密无间的构式来组织史实”，“惟其如此，他的历史想象才可以奠基于近似历史真貌的事实上”。[1]他必须尊重包咸和韩愈之间，或者朱熹和毛奇龄之间的诠释分歧，而尝试从各人独特的历史脉络和文化关怀来体谅和欣赏他们的见解。如此，也许我们都可以比较清楚地认识哲学家所思索的真理。

---

[1] H. Stuart Hughes, *Consciousness and Society: The Restoration of European Social Thought 1890–1930* (New York: Vintage Books, 1977, revised edition), p.23.

乙、文内之诠释

第三章

以明乎？已明乎？

——释《庄子》的"明"义

一、前　　言

"莫若以明"这一短语两见于《庄子·齐物论》。[1]此处，"以明"一词可从两个意义不同而又互相关涉的层面加以解读。首先，就知识论而言，"以明"意味着一种判断庄子时代诸子百家思想的是非的方法，在这个意义上言，"以明"也可说是一种探索真理的方法。其次，在行为实践层面，"以明"也可具体指示一个弃黜聪明知觉的精神修养过程，以达致庄子所谓"与道为一"的"玄冥"[2]境界。能够与混沌不分的道冥合为一，修道者也就具有"玄德"。[3]长期以来，中外学者对于"莫若以明"这一短语的理解并无二致；"以"者，用也。"以明"就是"用明"。基本上，传统注家和当代中外学者普遍认同这一看法。然而，庄子的真理观崇尚朦胧混沌，不主凝滞胶固，他是否

[1] 郭庆藩撰、王孝鱼点校：《庄子集释》卷一下，页63、66。"以明"一词在《齐物论》中另外出现一次，见页75。"莫若以明"一语或"以明"一词均不见于《庄子》其他篇章。

[2]《秋水》，同前书，卷六下，页601。

[3]《天地》，同前书，卷五上，页424。"玄德"也是《老子》中的重要概念，在书中出现三次（第十章、第五十一章、第六十五章）。

真的鼓励我们“用明”来了解和把握混沌不分的道？考察《庄子》一书，我们将发现，“明”在很多情况下并非一个具有一般正面意义的语汇。事实上，它甚至颇具贬义。依庄子之见，“明”的存在往往导致是非争辩而模糊了真相。

本文将以《齐物论》为主要文献根据，集中探讨“明”及与其相关的“光”“照”“冥”“混沌”等一组概念在《庄子》一书中的义涵，目的在于论证庄子所谓“明”很可能是针对儒家思想而孕育出来的一个概念。在儒家的文献中，“明”包含着一种积极的道德意义，而《庄子》中的“明”却并不具有道德意味。事实上，庄子所赞赏的“明”，其极致却反讽的是“冥”，而非明亮。然而，这种“冥”却括囊明亮。我们一般所用的“明”全赖有限的知觉和思辨能力，而庄子则勉励他的后学借“以明”来求真知。如此，他们才能够达致七窍未凿、浑沌而玄冥的境界。入“冥”的工夫，与其说是“以明”，毋宁说是“已明”。

二、早期儒家文献中的“明”

《尔雅·释言》释“明”为“朗”，[1]而《释训》则云：“明明，斤斤，察也。”[2]据此，“明”的字义来源与“光”相关。基于光源与物体之间存在着照明与被照明的关系，因此，“明”可视作光照的明亮程度，而通过“明察”，可使事物毫发毕现。值得注意的是，在“明察”的过程中，事物之间的差别与界限必然被凸显，因为清楚地显示事物之间的细微差别正是“明”的功能。

早期的儒家文献揭示，人伦秩序与礼仪规范是儒家思想中的两

[1]〔晋〕郭璞注、〔宋〕邢昺疏：《尔雅注疏》卷二，收入《十三经注疏》，第8册，页40。

[2] 同前书，卷四，页55。

个重要基石。儒家一方面强调人与人之间因身份和等序而产生的种种人伦关系，另一方面又强调礼仪是规范各种人伦关系而使之有序的重要手段。因此，在儒家的观念中，人与人之间的差别以及由此产生的人伦秩序是界限分明、不可逾越的。是与非就是守礼与违礼的道德称谓；是非即在于肯定礼仪所定的伦序与否。在《礼记》一书中，"明"的使用与这种伦序分明的礼仪规范密切相关。

从《礼记》可见，认可与接受儒家礼制观念的前提是，个人必须具有某种潜在的道德倾向。然则，这种道德意识究竟是先天禀赋还是后天习得的呢？毋庸置疑，经过一段时期的历史发展，儒家的论述主流认为，人的这种道德意识是上天赋予的。不仅如此，人还与生俱有一种"明德"，以孕育这种道德意识。正是这种先天禀赋的道德意识促使我们不断学习，成长为真正意义上的人，而唯有这样的人，才堪称儒家礼制下的精神典范。

最能体现这一观点的早期儒家文献是《礼记・大学》，而《大学》一篇的完成年代可能与《庄子》相近。"明"是一个贯穿《大学》全篇的关键字眼，它不仅屡次出现，而且始终具有鲜明的道德指向。《大学》开篇即言："大学之道，在明明德，在亲民，在止于至善。"[1]在此所谓的修身"三纲领"中，"明"字出现了两次。作为形容词的第二个"明"字描述了先天之"德"本身为"明"的性质，而作为动词的第一个"明"字则概括了儒者所不断追求的目标——使自身的先天之"德"显现无遗，而其"明"则恒久不晦。显然，这句话流露出强烈的道德意味，而这一"明明德"的思想又贯彻了整篇《大学》。

事实上，在《尚书》《论语》《孟子》这些年代比《大学》更早的儒家经典文献中，"明"便早已具有道德属性了，它常被用以概括古代圣贤的德性。比如，《尚书・尧典》形容儒家道德典范的上古贤君

[1]《礼记注疏》卷六十，页983。

帝尧，便谓“曰若稽古，帝尧曰放勋，钦明文思安安”。孔《传》曰：“能顺考古道而行之者。勋，功、钦，敬也。言尧放上世之功化而以敬、明、文、思之四德，安天下之当安者。”[1]孔《传》以前，孔子其实早已用光明来形容帝尧。《论语·泰伯》载子曰：“大哉尧之为君也。……巍巍乎！其有成功也；焕乎，其有文章。”朱熹注曰：“焕，光明之貌。”[2]至于帝尧的继承人大舜，《尚书·舜典》则谓：“帝舜曰重华，协于帝，濬哲文明，温恭允塞。”伪孔《传》曰：“华谓文德，言其光文重合于尧，俱圣明。濬，深、哲，智也。舜有深智文明，温恭之德。”[3]与之类似，禹曾以“明”来评价皋陶的才干。《尚书·大禹谟》载禹谓皋陶曰：“汝作士，明于五刑，以刑五教。”[4]可见“明”是儒家一种特别的政治道德隐喻，而这一隐喻大概来自光照的启示，所以圣贤之“明”所具有的影响力也常以“光”作譬喻。比如，《尚书·尧典》称赞帝尧之德“光被四表，格于上下”。[5]类似的话亦见于《尚书·洛诰》，成王表扬周公，说“惟公德明，光于上下，勤施于四方”。[6]

值得注意的是，在《诗经》《左传》《易经》《周书》《礼记》等这些儒家经典中，“明”不仅是一个具有道德寓意的语汇，同时它也具有阶级性。根据文本分析，“明”的使用几乎总是与政治话题相关。它代表的是贵族阶级的一种道德属性，以及由此所产生的道德影响力。换言之，明君与百姓之间存在着道德级差，正如“光”可照明事物，圣君之“明”亦可使百姓“昭明”。《尚书·尧典》赞扬帝尧说：“克明俊德，以亲九族，九族既睦，平章百姓。百姓昭明，协和万邦，黎民于

[1]《尚书注疏》卷二，页19。
[2] 朱熹：《论语集注》卷四，《四书章句集注》，页107。
[3]《尚书注疏》卷三，页34。
[4] 同前书，卷四，页55。
[5] 伪孔《传》：“光，充。”同前书，卷二，页19。
[6] 同前书，卷十五，页228。

变时雍。”[1]而周成王称颂他的叔叔周公则谓：“惟公德明，光于上下，勤施于四方。”伪孔《传》曰：“言公明德，光于天地，勤政施于四海万邦。四夷服仰公德而化之。”[2]上述诸例中的道德形容和影响，关键无疑都在光的比喻。

“明”的道德意味同样流露于《诗经》《左传》《易经》《周书》以及《礼记》等书。在这些经典中，“明”几乎都是统治阶级特有的道德专利，而它的描述又经常与政治相关，因此，“明”可说具有一种贵族的性质。具体而言，“明”往往指称统治者对被统治者的道德影响，因此，“明”之光源与受照者之间便隐然存在着一重道德等序。

此外，“明”的重要性亦体现在儒家教育之中。孔子强调君子有“九思”，其一便是“视思明”。[3]而关于“明”，孔门中曾有具体的讨论，《论语·颜渊》：

> 子张问明。子曰：“浸润之谮，肤受之愬，不行焉，可谓明也已矣。浸润之谮、肤受之愬不行焉，可谓远也已矣。”

在这个例子中，“明”不仅被概括为一种敏锐的洞察力，足以识透细微的影响，更重要的是，它强调这种修养取决于个人的道德内省和平和心态。这里，“明”已经从原来的贵族的阶级性质转化为一个更具普遍性和个人意味的性质。换言之，“明”不再专指贵族特有的道德影响之“光源”，它已经演变为任何个体所能具有，人人皆可得之“明”。

继此之后，与庄子同时的孟子在其著作中再次强调“明”的政治

[1]《尚书注疏》，卷二，页20。
[2]《尚书·洛诰》，同前书，卷十五，页228。
[3]《论语·季氏》“君子有九思”章。

属性与道德属性。[1]在他看来，所谓“王者之堂”，即为“明堂”。[2]在以下的引文中，他虽未直接使用“明”字，但却采用了“光辉”的比喻，暗示了其与“善”“信”的关联：

> 可欲之谓善，有诸己之谓信。充实之谓美，充实而有光辉之谓大，大而化之之谓圣，圣而不可知之之谓神。[3]

除了强调“明”与“善”的关系，孟子亦强调了“明”与“诚”的关系。他说：

> 不明乎善，不诚其身矣。是故诚者，天之道也；思诚者，人之道也。[4]

在此，“明”与“善”关系直接。人能显善尽善则谓之“明”。能“明”乃所谓“诚其身矣”。从修养工夫来考虑，这也即是《大学》所讲的“明明德”。[5]《礼记·中庸》不仅重复了孟子这一思路，并进一步发展出一套“自明诚”的人文之教。其言曰：

> 自诚明，谓之性；自明诚，谓之教。诚则明矣，明则诚矣。[6]

显然，“明”与“诚”在这里已是一体之两面。这对概念后来成为儒

---

[1]《孟子·公孙丑上》《滕文公上》《离娄下》，朱熹：《孟子集注》卷三、卷五、卷八，《四书章句集注》，页235—236、255、293—294。

[2]《孟子·梁惠王下》，同前书，卷二，页218。

[3]《孟子·尽心上》，同前书，卷十四，页370。

[4]《孟子·离娄上》，同前书，卷七，页282。

[5] 按：《大学》所讲的“明明德”其实乃专指贵族而言，所以，“明明德”与“亲民”并言。但从修养而言，“明明德”即孟子所讲的“明善诚身”的工夫。

[6]《礼记注疏》卷五十三，页894。

家道德形而上学的基础。与《论语》一样,《孟子》和《中庸》中的“明”亦不具有阶级性质,而是人人具有之特性。这也与孟子性善说完全一致。概括言之,儒家对于“明”的基本看法是：人若能“明”善,不仅能使己“诚”,亦能影响他人,即孟子所谓“贤者以其昭昭,使人昭昭”。[1]这跟帝尧能够“克明俊德,以亲九族,九族既睦,平章百姓。百姓昭明”的政治道德并无二致。正是基于这种对“明德”作为人性之普遍存在的信念,《大学》所标显的“明明德”与“亲民”亦具有了理论和事实依据。

三、《道德经》中的“明”

“明”是《道德经》中的一个核心概念,在书中十章中一共出现十一次。书中对于“明”义亦屡有界定。毫无疑问,这些释义亦从“光”的隐喻而来。如第二十二章所言：

> 曲则全,枉则直,洼则盈,敝则新,少则得,多则惑。是以圣人抱一为天下式,不自见故明。

此话的言外之意是,大智若愚的圣人其实就处身于人群之中,但他“不自见”,若存若亡,其隐晦的存在状态谓之“明”。这无疑是个反讽的说法。从修养的角度看,这种求“曲”、求“枉”、求“洼”、求“敝”的工夫,《道德经》第二十七章又称之为“袭明”。(按：袭,《说文》卷八上段玉裁《注》云:“小敛、大敛之前,衣死者谓之袭。……袭字引申为凡掩袭之用。”[2]可见“袭明”即是掩盖“明”的意思,所

[1]《孟子·尽心下》,朱熹:《孟子集注》卷十四,《四书章句集注》,页368。
[2] 段玉裁:《说文解字注》卷八上,页395。

以第二十二章说“不自见故明”。另一方面，“袭”又有继承、因袭之意。因此，“袭明”也可以隐含“取明于身”的意思。“明”犹如衣服，圣人“袭明”犹如加衣在身。）

总而言之，《道德经》所讲的“明”本身就是一种反讽。圣人之“明”正在其能韬光养晦，“明”正在于“晦”。求“明”实即求“晦”。这层意思又可从《道德经》借镜譬喻圣人之心见得。圣人之“明”是谓“玄览”。[1]从修养工夫而言，圣人所要做的正是使其“玄览”“无疵”。[2]这里，“玄览”这一新颖的构词看似一种矛盾的修饰组合。《说文解字》卷四下：“玄，幽远也。”[3]“玄览”指的是隐蔽而又远离所映照的对象的镜子，也可以说是一面不具有映照功能的镜子。然而，正如第四十一章所言——“明道若昧”。换言之，“玄览”之“疵”恰恰在“明”。一旦“玄览”变得明亮，它就不足以为“玄览”了。根据《道德经》的描述，如果圣人之心如“玄览”，那也就意味着，他具有“玄德”。[4]第二十二章那些看似矛盾的话语，清楚地表明圣人唯有掩盖“明”才能真正维护它。若是试图彰显“明”的存在，恰恰是“不明”的表现。即所谓“自见者不明”。[5]因此，圣人之“明”在于“浑其心”[6]“和其光”“同其尘”，[7]故其“光而不耀”。[8]这种自我隐藏的方式也许可用“知其白，守其黑，为天下式”[9]一句作为概括。

《道德经》第二十二章“曲则全”一节紧接上文“圣人抱一”的说法

[1]《道德经》第十章。

[2] 同前书。

[3] 段玉裁：《说文解字注》卷四下，页161。

[4]《道德经》第十章、第五十一章、第六十五章。按：《大学》所谓“明德”的观念极可能是针对道家的“玄德”而言。这正反映了儒家对于“明”的强调。

[5] 同前书，第二十四章。

[6] 同前书，第四十九章。

[7] 同前书，第四章、第五十六章。

[8] 同前书，第五十八章。

[9] 同前书，第二十八章。

而来，由此可见，圣人一旦“自见”，他就会显露其“明”。这也暗示圣人自有其一套明晰的好恶取舍标准（如“知其白，守其黑”），而同时他又可能因种种原因（如为他人树立楷模，或纯粹为自私考虑）向人显露其标准。若然，圣人便会丧失其“一”而不再复“全”。“一”兼备黑与白于一身，这也就是“曲则全”之“全”。显然，作者认为，圣人一旦显露了“明”，也就同时遗失了它，这将会破坏人原来浑然一体的完整性，即无法维持“一”或“全”。圣人要守其“全”则必须“曲”，而所谓“曲”就是韬光养晦。晦与光兼具，晦即光，光即晦，此之谓“一”。因此，圣人总是显得大智若愚。相对于俗人之“昭昭”，圣人则看似“昏昏”。[1]

那么，如何能够防止“明”的流失而保持“昏昏”之状呢？《道德经》第五十二章曰：

> 塞其兑，闭其门，终身不勤。开其兑，济其事，终身不救。见小曰明，守柔曰强；用其光，复归其明；无遗身殃，是谓习常。

换言之，当人处于一种“关闭”状态，才能避免照耀外在世界，从而防止内在之“光”的丧失。当然，绝对的“关闭”似乎不太可能。因此，《道德经》警告世人尽量减少用明，所以说“用其光”，但必须“复归其明”，而非照亮外界。这里的言外之意是，人应该让“光”向内收敛而毋使其向外照耀。圣人正是因为拥有这种“复归”之“明”，故能“自知不自见”。[2]而这种最终指向自我的“明”，《道德经》又称之为“微明”。[3]“微明”即是既晦且明，足以为“天下式”的“一”。这种说法暗示，照亮外在世界的种种细节的耀眼之“明”是不可取的，是谓“见小曰明”。那么，《道德经》中的“明”究竟何指？先看下面一段话：

---

[1]《道德经》第二十章。
[2] 同前书，第七十二章。
[3] 同前书，第三十六章。

> 夫物芸芸，各复归其根，归根曰静，是谓复命。复命曰常。[1]

结合第五十五章“知常曰明”的说法，我们可以清楚地了解所谓“明”，指的正是一个人“归其根”“复其命”的内省修养境界。显然，这是一个不同于儒家观念的“明”。在《道德经》的论述中，“明”并不归属于道德范畴。它主要的关联在于知识而不在于道德。这是一种纯粹精神层面的内向之“知”，而非运用于政治、礼仪等实践层面上的外用之“知”。因此，所谓“明”的对象是指自己，而非他人。正如第三十三章所说：“知人者智，自知者明”。职是之故，《道德经》所讲的“明”是一个人人可修而致的精神境界，而非某个阶级的政治专利；它不像儒家所讲的“明”一般强调的物我关系和人伦秩序。事实上，《道德经》从根本上反对圣人与庶民之间存在所谓“明”与“被明”的关系。《道德经》第六十五章曰：“古之善为道者，非以明民，将以愚之。”圣人治民的理想政策是“其政闷闷，其民淳淳”；反之，则是“其政察察，其民缺缺”。[2]这一立场显然与儒家“明德”“亲民”的目标迥异。

四、《庄子》中的“明”

“明”在《庄子》全书中屡见不鲜，而主要集中于内篇和外篇。其中，表达“清楚”“明亮”或“使之清楚”这类语义的“明”共出现七次，分布在内七篇中的三篇，而单单在《齐物论》便出现五次。这五次中，有三次是以“以明”这个短语形式出现的。另两次则出现于“彼非所明而明之”[3]一语中。除此之外，这类用法又见于内篇《大宗

[1]《道德经》第十六章。
[2] 同前书，第五十八章。
[3]《齐物论》，《庄子集释》卷一下，页75。

师》和《应帝王》两篇。

《大宗师》谓儒家圣君尧向意而子说教，要他“躬服仁义而明言是非”，是非必须明辨，而且又与仁义连言。[1]这是上文所分析的典型儒家“明”义。根据《应帝王》所言，老聃谓“物彻疏明，学道不倦”之人乃是“劳形怵心者”，不足以为“明王”。真正的“明王”则“功盖天下而似不自己，化贷万物而民弗恃。有莫举名，使物自喜。立乎不测，而游于无有者也”。[2]这即《道德经》所讲的“不自见”而“其政闷闷，其民淳淳”的圣人。与《道德经》类似，《庄子》中的“明”也是面向自身的内心世界的。外篇《骈拇》中假托的庄子云：“吾所谓聪者，非谓其闻彼也，自闻而已矣。吾所谓明者，非谓其见彼也，自见而已矣。”[3]对于庄子来说，他关注的是“明己”而非“明天下”。[4]因此，相对于儒家的“明堂”，他则选用“玄宫”作为圣人居所。[5]由是观之，“明”并非庄子所期许的。这与目前中外学者对于“以明”一词的理解似乎背道而驰。要解开这个迷惑，不妨先来考察一下“明”在《庄子》其他篇章中的使用情况。

在《庄子》外篇和杂篇中，“明”一般有两种表述：一是比较正面地形容日月之明、[6]天之明，[7]或“大明”；[8]二是指人人皆有的“原于

[1]《大宗师》，《庄子集释》，卷三上，页279。
[2]《应帝王》，同前书，卷三下，页295—296。
[3]《骈拇》，同前书，卷四上，页327。
[4]《胠箧》，同前书，卷四中，页353。
[5] 在《大宗师》中，庄子称颛顼“处玄宫”。同前注，卷三上，页247。
[6]《胠箧》，同前书，卷四中，页359；《天道》，同书卷五中，页479；《天运》，同书卷五下，页504。
[7]《天道》：“明于天，通于圣，六通四辟于帝王之德者，其自为也，昧然无不静者矣。”同前注，卷五中，页457。
[8]《在宥》：“至道之精，窈窈冥冥；至道之极，昏昏默默。无视无听，抱神以静，形将自正。必静必清，无劳女形，无摇女精，乃可以长生。目无所见，耳无所闻，心无所知，女神将守形，形乃长生。慎女内，闭女外，多知为败。我为女遂于大明之上矣。”同前书，卷四下，页381。

一”[1]的先天之明。这种先天之明似乎是人与生俱来而具有形而上意义的内明。与先天之明相对应的是人的耳目之明。耳目之明也就是《养生主》中庖丁所讲的“官知”。[2]耳目之明逐外，所知有限，而且惯于区别与争辩。所以，庖丁解牛，“官知止而神欲行”。在庄子看来，耳目之明将破坏“道”的整体合一。因此，他提倡以“坐忘”或“心斋”的修炼，务求“离形去知”。[3]在外篇《骈拇》中，作者以“骈拇枝指”来比喻仁义之“明”，认为这样的“明”将导致“擢德塞性”的后果。[4]

总体观之，“明”在《庄子》一书中与“知”密切相关。庄子强调“大知”与“小知”之别，所谓“去小知而大知明”。[5]他亦以“浑沌之死”[6]的寓言来揭示此一道理。七窍凿就是耳目开，运用耳目之明的小知，这正如《道德经》第五十二章所讲的，“塞其兑，闭其门，终身不勤。开其兑，济其事，终身不救。见小曰明”，两者道理互通。尤其值得注意的是，出于善意替浑沌开窍的南帝倏与北帝忽，两位好友的名字其实出自庄子一番精心的安排。（按：《楚辞·远游》：“视倏忽而无见兮，听惝恍而无闻。”王逸《注》：“倏忽，目瞑眩也。”[7]“倏忽”即目视不明之意。）根据道家的观点，人应该小心翼翼地维护内在的先天之“明”，也就是“含其明”。外篇《胠箧》篇曰：

> 彼人含其明，则天下不铄矣；人含其聪，则天下不累矣；人

[1]《天下》，《庄子集释》，卷十下，页1065。
[2]《养生主》中，庖丁阐释自己解牛时，“官知止而神欲行”。这里“官知”与“神欲”是相对而言的。同前书，卷二上，页119。
[3]《大宗师》，同前书，卷三上，页284。
[4]《骈拇》，同前书，卷四上，页314。
[5]《外物》，同前书，卷九上，页934。
[6]《应帝王》，同前书，卷三下，页309。
[7] 何锜章编：《王逸注楚辞》（台北：黎明文化事业股份有限公司，1973年），页106。

含其知，则天下不惑矣；人含其德，则天下不僻矣。[1]

按庄子之意，借助“含其明”的工夫，人方可达到“不知”的“浑沌”状态。[2]下面一则寓言正从根本上否定了“知”之用：

黄帝游乎赤水之北，登乎昆仑之丘而南望，还归，遗其玄珠。使知索之而不得，使离朱（即离娄）索之而不得，使吃诟索之而不得也。乃使象罔，象罔得之。黄帝曰：“异哉！象罔乃可以得之乎？”[3]

按：罔象，无形象之意。无形象乃由于光的阙如，而光则代表思虑聪明。成玄英《疏》曰：“罔象，无心之谓。离声色，绝思虑。”[4]据郭象《注》，黄帝求珠的寓言喻旨在于“明得真之所由”，[5]而有趣的是，黄帝所求者乃玄珠。换言之，“真”本身即藏于玄，欲求玄则不可用明。罔象正是不用耳目聪明之谓，亦即浑沌之意。类似的罔象的寓言还见于《知北游》：

光曜问乎无有曰：“夫子有乎？其无有乎？”光曜不得问而孰视其状貌：窅然空然。终日视之而不见，听之而不闻，搏之而不得也。光曜曰：“至矣，其孰能至此乎！予能有无矣，而未能无

[1]《胠箧》，《庄子集释》卷四中，页353。所谓“含其明”，就是《在宥》所讲的“无解其五藏，无擢其聪明”，同书卷四下，页369。

[2]《在宥》：“堕尔形体，吐尔聪明，伦与物忘；大同乎涬溟，解心释神，莫然无魂。万物云云，各复其根，各复其根而不知；浑浑沌沌，终身不离；若彼知之，乃是离之。”同前书，卷四下，页390。

[3]《天地》，同前书，卷五上，页414。

[4] 同前书，页415。

[5] 同前书，页414。

无也。及为无有矣，何从至此哉！”[1]

对于无有，光曜“终日视之而不见，听之而不闻”，自叹不如无有。光曜只能有无，而未能无无，此即“明”不如“冥”也。由此可见，内在之明必须在韬光养晦的情况下才能发生作用。暴露内明则犹如求玄珠而使知与离朱索之，必然劳而无功。一旦用明，我们就会离析混一的大道。庄子在《齐物论》中称这种破坏性之明为“滑疑之耀”。[2]

有趣的是，庄子强调“昭昭生于冥冥”，[3]昭生于冥；冥为主，昭为从。冥可以括囊昭，昭足以耗损冥。与此相反，表示晦暗的词汇不见于《论语》，而在儒家文献中也甚鲜见。确切地说，“玄”“冥”这类概念在儒家文献中极为罕见。[4]这恰恰反映出儒、道两家对“明”的认识根本相异。对儒家而言，人内在的先天之“明”照耀外在世界以及万物。“明”帮助人们清楚地界定一切等级与人伦秩序，因此，它不能包容事物之间的模糊不清。反观道家圣人却塞兑闭门，摒弃一切感官功能，罢黜聪明，从而在内心世界中铸造一面玄览，深根宁极。虚敞的灵府能够包容模糊，广纳众理。最终，内明返照，圣人的精神境界复归一种原初的“浑沌”状态。于是，“伯昏无人”这样的圣人之名称才可能在内篇《德充符》出现。[5]

---

[1]《知北游》,《庄子集释》，卷七下，页759—760。

[2]《齐物论》，同前书，卷一下，页75。同样的说法又见于外篇《刻意》(圣人“光矣而不耀”)，见同书卷六上，页539。内篇《人间世》云：“闻以有知知者矣，未闻以无知知者也。”“以无知知者”，正是不用明之意。见同书卷二中，页150。又外篇《知北游》云：“孰知不知之知？”所谓“不知之知”，也是不用明之意。见同书卷七下，页757。

[3]《天地》：“视乎冥冥，听乎无声。冥冥之中，独见晓焉；无声之中，独闻和焉。”同前书，卷五上，页411。

[4]《说文》卷四下：“玄，幽远也。”段《注》曰：“圣经不言玄妙。”见段玉裁：《说文解字注》，页161。

[5]《德充符》,《庄子集释》卷二下，页196。“伯昏无人”又见外篇《田子方》，见同书卷七下，页724。

事实上，根据《庄子》一书对儒家一贯的揶揄和嘲讽，我们似乎有理由相信，道家对“明”的非道德阐释也许正是针对儒家道德诠释的一种反动。而对“冥”的强调更像是一种刻意的挑战。[1]以“冥”来对应“明”或许可视作庄子的幽默表达。而下文将要论证的正是，《齐物论》中反复强调的“以明”恰恰体现了道家对儒家所采取的极富创造性的回应方式。

五、“物化”与“丧我”

《齐物论》彰显了万物作为个体的独特性与相互依存性。这种相互依存的关系被视为一个不断流动的动态构成。事实上，在庄子看来，万物皆处于流行大化之中。作为“道”的体现形式，万物彼此相关，又不断转化。而在不断转化的过程中，体现个体之间差异的界限将不断地打破。因此，庄子强调事物的个性与区别只是暂时的。所以，《秋水》曰：“夫物，量无穷，时无止，分无常，终始无故。”又曰：“物之生也，若骤若驰，无动而不变，无时而不移。”[2]“庄周梦蝶”的故事即对此物化关系的生动解说。庄周自言，“周与蝴蝶，则必有分矣”。然而，周梦蝶未尝不可以同时是蝶梦周，“此之谓物化”。[3]事物之间的区分寓涵着事物各自的独特性，但《齐物论》似乎要强调，在通而为一的大道中，万物在本体上是互为一体的，因此，所有的区别和独特性都随时而异，难免短暂。万物既彼

[1] 事实上，《齐物论》即以强于日光之明来形容尧德。“昔者尧问于舜曰：‘我欲伐宗、脍、胥敖，南面而不释然。其故何也？’舜曰：‘夫三子者，犹存乎蓬艾之间。若不释然，何哉？昔者十日并出，万物皆照，而况德之进乎日者乎！’”同前书，卷一下，页89。此外，必须指出，庄子所讲的“冥”与一般意义上的无知糊涂不同，对此，他别称之为“黮闇”。见《齐物论》，同书卷一下，页107。

[2]《秋水》，同前书，卷六下，页568、585。

[3]《齐物论》，同前书，卷一下，页112。

此依存又相互转化。在这个意义上,万物之间不存在绝对永恒的界限,所有界限都是待定的,因此所谓是与非、善与恶、美与丑,都不过是相对而言的概念。《大宗师》曰:“夫知有所待而后当,其所待者特未定也。”[1]只有得道的“真人”才能够无时无刻不明了知之所待。

道无所不在。所谓“道恶乎往而不存”,[2]甚至道“在屎溺”,[3]如此,万物都是道的完满充实的体现;在此意义下,万物平等。物论亦然。物论若能得大道之一端,则以道观之,亦互相平等。《齐物论》以“厉与西施”为例,说明美丑无定,“恢恑憰怪,道通为一”。[4]《秋水》曰:“知东西之相反而不可以相无,则功分定矣。”[5]其意相通。故此,任何事物若强调自己的独异与特殊,而忘其与道通为一的本体,这不但于理不可能,即或可能,事物本身便与道相隔了。这似乎是《齐物论》开篇形容天籁的一个道理。

天籁乃山林中万树众窍怒号的结果。万窍齐鸣所形成的天籁之音宛如一曲浑然天成的交响乐。庄子认为,这一和谐乐章的构成在于没有任何一窍为了彰显自己的独特音响而试图淹没其他窍穴发出的声音。天籁是众窍各以其本然自在的状态随风吹奏,浑然天成的。“夫吹万不同,而使其自己也。”[6]众窍自然而然,而“怒之者”也并不存在。换言之,这首交响乐并没有指挥家,没有人为。天籁之所以可能而得其全,关键正在于此。《齐物论》所举昭氏鼓琴一例,适可说明天籁所以得全之意。庄子说:“昭氏之鼓琴也,

[1]《大宗师》,《庄子集释》,卷三上,页225。
[2]《齐物论》,同前书,卷一下,页63。
[3]《知北游》,同前书,卷七下,页750。《齐物论》:“道恶乎往而不存。”见同书卷一下,页63。
[4]《齐物论》,同前书,卷一下,页70。
[5]《秋水》,同前书,卷六下,页577—578。
[6]《齐物论》,同前书,卷一下,页50。

无成与亏，故昭氏之不鼓琴也。”[1]不管昭氏琴技如何高超，鼓琴则必有所亏，这就无可避免地变成人籁了。乐器的演奏不可避免地制造了音符之间的差别，而任何一首乐曲一旦奏出便已构成了其自身的特殊性。是此则非彼，乐曲一旦陷入二元化的分析之中，缺失便在所难免。不鼓琴即是无为。“无成与亏”就是说昭氏之琴乐超越了二元的对立，得道之全，可谓天籁。借天籁为喻以作观照，任何思想学说之间也不存在绝对的是非对错，而是各以某种“方”（形式）或“术”（途径）来探求终极的“道”。[2]以道观之，异见的争论是毫无意义的，只会亏损“道”——“是非之彰也，道之所以亏也。”[3]

然则，人如何能超越二元论以外、达至此浑然之境呢？庄子曰“丧我”。[4]有趣的是，《齐物论》中，“丧我”也作“丧耦（偶）”。[5]这似乎意味着“我”与个体自身之间构成了一个二元组合。而“丧我”在此意味着放弃一切身体的、知觉的以及智力的功能，只以“气”融入宇宙大化之中。这也就是庄子强调“心斋”的目的。在内篇《人间世》中，他曾借孔子之口来解释“心斋”：

> 若一志，无听之以耳而听之以心；无听之以心而听之以气。耳止于听，心止于符。气也者，虚而待物者也。唯道集虚。虚者，心斋也。[6]

---

[1]《庄子集释》卷一下，页74。昭氏，《齐物论》又称作昭文。（按：此人不见经传，历代《庄子》注家也不明其底蕴，因此，他很可能是庄子虚构的人物。若然，昭氏的名字也许值得参究。）庄子自言，“昭昭生于冥冥”，显然“昭昭”不足取。昭氏不鼓琴，则其乐得其全，意谓“明”不用则无成毁、无偏颇的真知便可得而致。

[2]《天下》：“天下之治方术者多矣。”同前书，卷十下，页1065。

[3]《齐物论》，同前书，卷一下，页74。

[4] 同前书，页45。

[5] 同前书，页43。

[6]《人间世》，同前书，卷二中，页147。

由此可知，南郭子綦之所以能够欣赏天籁，正由于其能丧我弃偶，绝聪明，黜心智，超越二元，甚至超越吾我，一任其虚气待物。

六、“明”与分崩离析之“道”

“天籁”固然只是《庄子》书中的一个隐喻。“天籁”之音是浑然天成的宇宙本体，它象征作者心目中的相辅相成、浑然一体的“道”，其中不容人为的畛域存在。然而庄子所处的正是百家争鸣的战国时代，家言纷立，且各执己见，出主入奴，争论不休。正如庄子所言，“夫言非吹也，言者有言”，[1]而立言的目的正在于区别人我之分歧，排斥异己。《齐物论》中随着优美的天籁之音之后的一段文字，正是描绘诸子百家之间可悲的党同伐异，其中尤以儒、墨二家为烈。反讽的是，百家对自己的学术立场和观点了如指掌，但其明晰适足以蔽其见识，致使各不相知，亦不见在道之观照下，异说可以互通为一。庄子对此深不以为然。在他看来，每一种学说各有其独特价值，更有其局限性，亦即各有成毁，各有可与不可，各有是非。而所谓学术异见，其实是相互依存的关系——“彼出于是，是亦因彼”。[2]彼是合而为一，即是杂篇《天下》篇作者所缅怀未“为天下裂”之“道”。诸子百家欲独揽一是，互相陷入无谓的是非之争中，“天下之人，各为其所欲焉以自为方”，于是出现百家之别，“道术将为天下裂”。[3]

面对这一现象，庄子在《齐物论》中提出了质疑：“道恶乎隐而有真伪？言恶乎隐而有是非？”[4]以观点论，诸子百家各自囿于自己的

[1]《齐物论》，《庄子集释》，卷一下，页63。
[2] 同前书，页66。
[3]《天下》，同前书，卷十下，页1069。
[4]《齐物论》，同前书，卷一下，页63。

独见，而不见大道之全。此即庄子所谓的“小成”。[1]依庄子所见，“物无非彼，物无非是。自彼则不见，自知则知之”。[2]正因为百家立场不一、视角不同，故各成彼此之是非。“小成”实际上由各家学说自己固守的畛域所致。自限于“小成”这种思维和心态，庄子称之为“成心”。[3]“成心”是僵死的，所以，庄子慨叹，“哀莫大于心死”。[4]“成心”不足以体悟变动不居、通而为一之“道”。《齐物论》曰：

> 道隐于小成，言隐于荣华。故有儒墨之是非，以是其所非而非其所是。[5]

庄子视“荣华”为掩盖“言”的罪魁祸首。在这一语脉中，具有光照意义的“荣华”无疑隐含贬义。“荣华”正是诸子百家各自对言说的精明分析，它营造出看似清晰的表面图景，在事物之间划分出截然的界限，但实质上却是各种是非争端的起源。

那么，如何才能解除这种是非分明的僵持呢？针对“荣华”，釜底抽薪，庄子“莫若以明”之说正在此语脉中首次提出。他说：“有儒墨之是非，以是其所非而非其所是。欲是其所非而非其所是，则莫若以明。”[6]如果按传统的理解，将“以明”解为“用明”，这与庄子对“明”的否定态度显然背道而驰。诸子百家之争辩正由于各自固守自己学说坚明的畛域，欲息辩而用明，不啻火上加油，适得其反。这种不合逻辑的“用明说”难免令人费解。郭象注《庄子》时已敏锐地注意到这一问题的症结：

---

[1]《庄子集释》卷一下，页63。
[2] 同前书，页66。
[3] 同前书，页56。
[4]《田子方》，同前书，卷七下，页707。
[5]《齐物论》，同前书，卷一下，页63。
[6] 同前书。

已困于知而不知止，又为知以救之，斯养而伤之者，真大殆也。[1]

如何解决这种看似矛盾的"莫若以明"说呢？前人多有尝试。如王先谦将之理解为"莫若即以本然之明照之"。[2]王氏将"明"释作"本然之明"，赋予了"明"以形而上的本体意义。显然，这是有意识地将庄子之"明"提升到形而上的层面而尝试超出知识论的局限。王氏试图告诉我们，庄子所谓"明"不同于一般意义上智能的"明"。它并不表示一种明晰的是非判断，而是一个超越知识论的二元对立的概念。这种关于"明"的本体论诠释如果放在儒、墨之争的语境中，的确可以成立。然而，我们必须注意的是，在《齐物论》以及《庄子》内七篇中，"明"并不具有这种本体意味。事实上，正如前文所述，仅在外篇和杂篇中，"明"才具有正面的形而上意义。

七、"明"与变动不居的物际

当庄子提出"以明"之后，紧接着讨论了事物之间以及是非之间的相互依存性，并引入了"天"的概念。

物无非彼，物无非是。自彼则不见，自知则知之。故曰：彼出于是，是亦因彼。彼是方生之说也。虽然，方生方死，方死方

[1]《养生主》："已而为知者，殆而已矣。"郭象《注》。《庄子集释》卷一下，页116。
[2]〔清〕王先谦：《庄子集解》（台北：三民书局，1974年），页9。值得注意的是，即使这种具有形而上本体意义的"本然之明"，其作用最终仍然复归于浑沌的玄冥。外篇《天地》："上神乘光，与形灭亡，此谓照旷。致命尽情，天地乐而万事销亡，万物复情，此之谓混冥。"见《庄子集释》卷五上，页443。

> 生；方可方不可，方不可方可；因是因非，因非因是。是以圣人不由，而照之于天，亦因是也。是亦彼也，彼亦是也。彼亦一是非，此亦一是非，果且有彼是乎哉？果且无彼是乎哉？彼是莫得其偶，谓之道枢。枢始得其环中，以应无穷。是亦一无穷，非亦一无穷也。故曰：莫若以明。[1]

显然，庄子在此试图解构人们分析判断事物与是非的二元思维，而强调事物之间以及是非之间的相互依存关系。引文中“照之于天”一语的意义有必要特别澄清。此语重点在于强调映照之来源在“天”，而不在人。《齐物论》曰“圣人和之以是非，而休乎天钧”[2]同样是说是非必须以“天钧”为准，而非以人的聪明智慧为据。[3]用郭象的话讲，此正是“天光”与“人耀”之别。[4]因此，“照之于天”实即叫人不要用“人耀”之明。正如南郭子綦在“丧其偶”的状态下才能够欣赏到“天籁”的和谐之美，只有消除了二元对待，方可见万物共存的本然之真。庄子的圣人同样需要借“天”来观照万事万物的真相，如此，是是非非之间不可相容的封畛才可能在“无动而不变、无时而不移”“终始无故”的大道中得以消解，而互通为一，在此意义下，“万物一齐”。[5]所谓是非总是相对的，且处于不断转化之中。为了说明此一观点，庄子在《齐物论》中以生动的比喻，从不同方面来论证这种相关性。在庄子看来，事物永远处于发展变化的过程中，且不断地与它的对立面相互吸纳、融合，因此事物之间并不存在着泾渭分明的分

---

[1]《齐物论》,《庄子集释》卷一下，页66。

[2] 同前书，页70。“天钧”同篇又称作“天倪”，见同书同篇，页108，以及杂篇《寓言》，见同书卷九上，页947。

[3]《在宥》:“不明于天者，不纯于德。不通于道者，无自而可。”同前书，卷四下，页398。

[4]《庚桑楚》:“宇泰定者，发乎天光。”郭象《注》语。同前书，卷八上，页791。

[5]《秋水》，同前书，卷六下，页584。

界。这一跨越物际的观点在篇末“庄周梦蝶”的寓言中又再得到发人深省的表述。

在上述基础上，我们将不难理解庄子所谓“照之于天”的说法。显然，庄子认为，只有放弃个人的立场，将观照点放在“天”这一统摄万物的层面上，方可摒弃个人的是非偏见。能够达此境界的，便是庄子所谓的圣人。一旦“照之于天”，我们就能够像庄子所讲的“达者”一样，“知通为一”，而无须“劳神明为一而不知其同也”。[1]

不知“道未始有封”[2]而“劳神明为一而不知其同”的人显然在“用明”。这无疑是不可取的。内篇《大宗师》曰：“不以心捐道，不以人助天，是之谓真人。”[3]“心”即聪明所在，而“以人助天”即非“照之于天”，也就是“劳神明”了。这即是《秋水》的警告：“无以人灭天”。[4]杂篇《天下》则云：“以天为宗，以德为本，以道为门，兆于变化，谓之圣人。”[5]这才是“照之于天”。毋庸置疑，庄子所描述的圣人是一个处于“丧我”状态的人，他好比一个三棱镜，可以吸纳来自不同方向和角度的光线，然后汇合为一。[6]圣人亦“知通为一”，[7]其“用心若镜，不将不迎，应而不藏，故能胜物而不伤”。[8]另外，庄子又将圣人之心比作“天府”，“注焉而不满，酌焉而不竭”。[9]以上种种皆强调圣人能够摒弃个人的有限视界，而站在“天”的立场来观照万物，即“照之于天”。“明”的真正来源是“天”，而非人，因为个体

[1]《齐物论》，《庄子集释》，卷一下，页70。
[2] 同前注，页83。
[3]《大宗师》，同前书，卷三上，页229。
[4]《秋水》，同前书，卷六下，页590—591。
[5]《天下》，同前书，卷十下，页1066。
[6]《徐无鬼》：“古之真人以天待之，不以人入天。”同前书，卷八中，页866。又曰：“尽有天，循有照。冥有枢，始有彼。则其解之也似不解之者，其知之也似不知之也，不知而后知之。”见同书同篇，页873。
[7]《齐物论》：“唯达者知通为一。”同前书，卷一下，页70。
[8]《应帝王》，同前书，卷三下，页307。
[9]《齐物论》，同前书，卷一下，页83。

之“明”显然并不可信赖，即使圣人亦不例外。故此，若将“以明”理解为“用明”，正与庄子本意相悖。《秋水》中，魏牟对公孙龙形容庄子的大知说：“彼方跐黄泉而登大皇，无南无北，奭然四解，沦于不测，无东无西，始于玄冥，反于大通。”同时，他也指斥公孙龙道：“子乃规规然而求之以察，索之以辩，是直用管窥天，用锥指地也。不亦小乎？”[1]“始于玄冥，反于大通”即是不用明；无南无北，无东无西，而与道为一。魏牟可谓深知庄子其人。

事实上，庄子不仅反对“用明”，更主张“葆光”，[2]正如《道德经》所言，圣人不过是一面晦暗的“玄览”，所以，圣人之德称为“玄德”。[3]庄子眼中的圣人并没有异常之“明”，足以辨别是非，[4]而庄子也从万物“终始无故”的立场上否定是非的判断。在他看来，“道未始有封”，一切都处于流动变化之中。如果一味强调“用明”，只会人为地制造分歧、产生无谓的争辩。庄子在《齐物论》中以好辩的惠施为反例，[5]反衬圣人之“不言之辩”“不道之道”，说明“道昭而不道，言辩而不及”[6]之理。

综上所述，我们似乎可以得出这样一个结论：庄子一再地提醒

---

[1]《秋水》，《庄子集释》，卷六下，页601。

[2]《齐物论》，同前书，卷一下，页83。

[3]《天地》：“合喙鸣。喙鸣合，与天地为合，其合缗缗，若愚若昏，是谓玄德，同乎大顺。”同前书，卷五上，页424。外篇这一节历来甚少学者注意，内容其实启发自《齐物论》的天籁一节。此处，作者不论众窍生风而说群鸟和鸣，但两者同为天籁，均与“天地为合”。最值得注意的是，此处作者接着说，“其合缗缗，若愚若昏，是谓玄德，同乎大顺”，重点显然在“天地之合”的本质在“缗缗”和“愚昏”。这种说法当然也不主张用明。

[4] 外篇《缮性》云：“缮性于俗，俗学以求复其初；滑欲于俗，思以求致其明，谓之蔽蒙之民。”同前书，卷六上，页547。庄子认为，刻意竭精殚思以求明，适得其反，求者最后沦为“蔽蒙之民”。

[5]《齐物论》，同前书，卷一下，页74—75。

[6] 同前书，页83。“道昭而不道”也就是道本身是“明”的，要见其明，我们只能“照之于天”。否则，正如郭象《注》所言，“以此明彼，彼此俱失矣”。见同书同篇，页87。

人们放弃"明"而不是使用"明"。所以，他说："滑疑之耀，圣人之所图也。为是不用而寓诸庸，此之谓以明。"[1]"滑疑之耀"正是"明"，圣人设法摒弃而不用。庄子明言，这才是"以明"的真义。我们这样解释"莫若以明"，显然更符合《齐物论》的内在理路。[2]当然，除了逻辑的分析推理之外，我们还可以找到训诂的依据。在上古文献中，"以"与"已"虽然同音异义，但常可通用。[3]比如，《礼记·檀弓》："尔以人之母尝巧，则岂不得以？"郑玄《注》曰："以，已字。……以与已字本同。"[4]事实上，两字互假，《庄子》一书本身即有其例。杂篇《庚桑楚》云："且夫尊贤授能，先善与利，自古尧、舜以然，而况畏垒之民乎！"[5]"以然"即"已然"。因此，依训诂而言，"莫若以明"完全可以理解为"莫若已明"。

除了以上的论据之外，我们还有一个不容忽视的考虑。倜傥不群、游戏人间、玄妙莫测的庄子绝非一个固执一端的哲人，他似乎总是在不停地转换着他的视角，他的言论犹如"卮言日出"，随说随

[1]《庄子集释》卷五上，页75。

[2] 西晋有非常人孙登，无家属，于郡北山为土窟居之。好读《易》，抚一弦琴，见者皆亲乐之。性无恚怒，人或投诸水中，欲观其怒。登既出，便大笑。晋文帝闻之，使阮籍往观，既见，与语，亦不应。嵇康又从之游，三年，问其所图，终不答。康每叹息，将别谓曰："先生竟无言乎？"登乃曰："子识火乎？火生而有光，而不用其光，果在于用光。人生而有才，而不用其才，而果在于用才，故用光在乎得薪，所以保其耀。用才在乎识真，所以全其年。今子才多识寡，难乎免于今之世矣。子无求乎？"康不能用，果遭非命，乃作《幽愤诗》曰："昔惭柳下，今愧孙登。"见〔唐〕房玄龄等撰：《晋书》(北京：中华书局，1974年)，卷九十四，页2426。从孙登对嵇康的劝诫可见，他对庄子"以明"的理解，当与本文的分析一致。此外，唐代上清第十三代天师司马承祯在《天隐子》自序中说："归根契于伯阳，遗照齐于庄叟。"见《正统道藏》(北京：文物出版社、上海书店、天津古籍出版社，1988年，本书下文省称《道藏》)，第21册，页699。显然，他也认为庄子主张"遗照"，亦即是不用明。

[3] 裴学海：《古书虚字集释》(上海：商务印书馆，1935年)，页13—41。

[4]《礼记注疏》卷十，页188。

[5]《庚桑楚》，《庄子集释》卷八上，页772—773。

扫，[1]如“天府”一般，“注焉而不满，酌焉而不竭”，同时又“和以天倪”，“照之于天”，不以他一己之私见为准。[2]依“物，量无穷，时无止，分无常，终始无故”的立场，庄子的认知态度必然如此。因此，对他而言，“莫若以明”与“莫若已明”也许本来就不是对立的命题。也许庄子想说，闭黜“滑疑之耀”的聪明固然不可取，但面对“终始无故”、变动不居的浑沌，我们必须“照之于天”，始得其真。[3]而选择具有多重意义的“以”字来表达此意，正是他匠心独运之处。[4]

---

[1]《齐物论》曰：“有始也者，有未始有始也者，有未始有夫未始有始也者。有有也者，有无也者，有未始有无也者，有未始有夫未始有无也者。俄而有无矣，而未知有无之果孰有孰无也。今我则已有谓矣，而未知吾所谓之其果有谓乎，其果无谓乎？”《庄子集释》卷一下，页79。庄子这种看似犹豫不定，其实正是他尝试“和以天倪”的表现。

[2]杂篇《寓言》：“卮言日出，和以天倪。”同前书，卷九上，页947。

[3]上文分析，庄子“已明”之意，与《道德经》相同，事实上，此意早见于先秦其他道家典籍。比如，《文子·微明》曰：“能游于冥冥者，与日月同光。无形而生于有形，是故真人托期于灵台而归居于物之初。视于冥冥，听于无声；冥冥之中，独有晓焉。寂寞之中，独有照焉。其用之乃不用，不用而后能用之也。其知乃不知，不知而后乃能知之也。”“能游于冥冥者，与日月同光”，此即庄子“照之以天”之义。“视于冥冥，听于无声；冥冥之中，独有晓焉。寂寞之中，独有照焉。其用之乃不用，不用而后能用之也。其知乃不知，不知而后乃能知之也”，即为庄子“以明”之义。见彭裕商：《文子校注》（成都：巴蜀书社，2006年），页145。

[4]一语双关的情况《庄子》中并不罕见。比如，外篇《秋水》载庄子与惠子游于濠上的对话即有一例。庄子回答惠子道：“请循其本。子曰‘汝安知鱼乐’云者，既已知吾知之而问我，我知之濠上也。”《庄子集释》卷六下，页606—607。历来注家鲜有特别说明此处“安”字的双关义。“安”有“如何”义与“何处”义。庄子答语无疑兼备两义。

第四章

本义的追求

——朱熹论《论语》“唯女子与小人为难养”章

一、前　　言

自从二十世纪初新文化运动以来，孔子一直备受严厉斥责，被指歧视女性。批评者的根据不约而同、毫无例外都以《论语·阳货》“唯女子与小人为难养”章（以下简称作“女子与小人”章）为张本。事实上，在二十世纪以前，这种纯粹从性别角度所作的解读可谓凤毛麟角。性别角度无疑是现代学者特有的考虑。时代的观点显然影响着学者对《论语》此章的理解，因而造成文本原意与诠释之间的落差。朱熹诠释古籍，务求深得作者“本义”，而他以为“女子与小人”章中“女子”与“小人”实指“臣妾”而言，不关性别。朱说精当简要，然独有断语而未陈论证。本文将从概念范畴、语用分析、文脉内证、文际互证乃至义理通贯各方面，尝试为朱子说补充理据，并以此章为例，略述朱子诠释学的一二。

二、从性别偏见说起

二十世纪新文化运动的其中一个主要目的在于批判以孔子为

鼻祖的孔教儒家思想，批判者的一个预设立场就是中国自古以来就存在着性别歧视，男尊女卑，女性一直遭受男性欺压。毫无疑问，这个预设立场本身是否能够成立必须加以独立的论证。事实上，即便中国古代存在着性别歧视，这本身并不能证明孔子必然也歧视女性。然而，由于批判者这个性别歧视的预设立场，孔子的言论几乎毫无例外都沾染了一层性别欺压的阴霾。早在一九一七年，高素素就在新文化运动的旗舰刊物《新青年》上征引《论语·阳货》，言之凿凿，说：

> 孔子曰："唯女子与小人为难养也，近之则不孙，远之则怨。"曰养、曰不孙、与小人同论，孔子不认为女子有人格，是其明证，不仅吾之推测謷语已也。[1]

陈东原先生是二十世纪初中国妇女研究的开山祖之一，他在其名著《中国妇女生活史》中说：

> 女子生来即被歧视，既嫁之后，又有一朝被弃或失欢之惧：社会的不公平，总算够了。偏偏我们还说女子天生不是好东西。什么"唯女子与小人为难养也"（孔子的话）……都认为女子有天赋的弱点。[2]

高、陈两人的说法可谓沆瀣一气，更重要的是，对于他们而言，"女子与小人"章的文义好像不言而喻，毋烦多论。"女子"指的绝对就是所有的女性。

---

[1] 高素素：《女子问题之大解决》，《新青年》第3卷第3期（1917年5月），页2。
[2] 陈东原：《中国妇女生活史》（台北：台湾商务印书馆，1981年），页13。

从文义而言，二十世纪以来《论语》译本几乎不约而同都以“女子”作“女性”或“妇人”解，均是泛称，不管中译、英译可谓鲜有例外。杨伯峻的《论语译注》在中文译本中堪称佼佼者，而杨译“女子与小人”章却似乎别有玄机，并无任何注解，至于译文则保留《论语》原文之“女子”与“小人”，不作翻译。[1]杨译此章没有提出任何具体见解，在全书中可谓绝无仅有的情况，杨译这种负责任的缄默实际上也许正要说明，读者不宜从性别角度为此章强作解人。

然而，强作解人者比比皆是。比如，李泽厚《论语今读》就将“女子”翻译作“妇女”，而所谓“妇女”即是女性的泛称。李教授特别指出，“把‘小人’与‘妇女’连在一起，这很难说有什么道理”。[2]尽管如此，他并没有怀疑“女子”在原文中可能并非“妇人”之义。无论如何，李教授敢于逆对《论语》此章的主流解读，他以为“这句话（指孔子此章中的评论）相当准确地描述了妇女性格的某些特征。对她们亲密，她们有时就过分随便，任意笑骂打闹。而稍一疏远，便埋怨不已。这种心理性格特征本身并无所谓好坏，只是由性别差异产生的不同而已；应说它是心理学的某种事实，并不必含褒贬含义”。[3]总而言之，李教授的新颖说法仍然脱离不了性别诠释的窠臼。

当代美国学者保罗·拉基塔·戈尔丁（Paul Rakita Goldin）甚至坚持，对于“女子与小人”章，凡是不遵从性别解读的人都有意为孔子隐讳回护，故作饰词。他举出朱熹和英国著名学者及翻译家阿瑟·韦利（Arthur Waley）为例，[4]但他却并没有指出朱熹以及跟从朱

[1] 杨伯峻：《论语译注》（北京：中华书局，1965年），页198。

[2] 李泽厚：《论语今读》（合肥：安徽文艺出版社，1998年），页418。李教授译文如下：孔子说：“只有妇女和小人难以对付；亲近了，不谦逊；疏远了，又埋怨。”

[3] 同前书，页418。

[4] 近代中国学者中，钱穆先生也接受朱熹的读法而似乎并不尽同。钱先生说：“此章女子小人指家中仆妾言。妾视仆尤近，故女子在小人前。因其指仆妾，故称养。……善御仆妾，亦齐家之一事也。”钱说似乎以“妾”为妻妾之“妾”，不过，“妾”字本来就有仆人之义，与朱《注》并无矛盾。见钱穆：《论语新解》（转下页）

《注》的韦利的说法本身有何不妥。[1]他批评朱熹和韦利故意将本章的性别色彩淡化，但是，我们到底有何根据可以采取这样一种先验立场，认定孔子的话必然是以性别为出发点。如果这个先验的假设不能够成立，朱熹和韦利自然也就没有什么故作饰词的行为，因为《论语》原文本来就没有什么性别色彩可以淡化。事实上，戈尔丁这种批评本身恰恰清楚反映了批评者本人的立场，也就是本章的确有一个性别问题，但《论语》本文是否可以支援这样的看法，实在需要证明。我们不能一厢情愿地以现代人的观点和兴趣去代替古人说话，甚至用循环论证，证成自己先验的观点。《论语》本文能否以性别解读，与孔子原来是否针对性别而论断"女子"与"小人"的性格，本来是完全不同的两件事情。

《论语集注》意在简洁，因此甚少引经据典，详细论证，但这并不等于朱熹的说法纯粹出于武断，毫无文献根据。事实上，朱熹的注释往往直接或间接继承汉儒的旧说，语必有据，几乎无一字无来历。这

(接上页)(香港：新亚研究所，1963年)，下册，页618。英译中，史密斯·利斯(Simon Leys)采取朱熹说而略有不同，译文如下：Women and underlings are difficult to handle: be friendly, and they become familiar; be distant, and they resent it。见所著：*The Analects of Confucius* (New York: W. W. Norton & Company, 1997), p.89，并参看p.204相关注文。利斯认为"女子"指"妇女"，但并非女性的泛称而指的是孔子家中所有妇女。此说非朱熹原意，值得商榷。至于"小人"，利斯则完全赞成朱熹的说法。

[1] 戈尔丁的说法见所著："The View of Women in Early Confucianism," Chenyang Li ed., *The Sage and the Second Sex: Confucianism, Ethics, and Gender* (Chicago and La Salle, Illinois: Open Court, 2000), p.156，注21。韦利的翻译如下："The Master said, Women and people of low birth are very hard to deal with. If you are friendly with them, they get out of hand, and if you keep your distance, they resent it." 见Arthur Waley, *The Analects of Confucius* (New York: Vintage Books, 1938), p.216–217。按：韦利在此章的注脚特别说明他采用刘宝楠《论语正义》的说法，以"女子"为"妇人"。不过，他的译文强调"女子"是出身低贱的妇人，因此惹来戈尔丁的非议。必须指出，根据戈尔丁的论文，他本人似乎并非性别诠释论者。换言之，戈尔丁似乎认为"女子与小人"章的性别解读是有充分的文献证据支持的。利斯的英译本比戈尔丁的论文早一年面世，不知戈尔丁为何未对其说有所论述。

已经是许多学者的共识。“女子与小人”章朱《注》曰：

> 此小人亦谓仆隶下人也。君子之于臣妾，庄以莅之，慈以畜之，则无二者之患矣。[1]

朱熹以“女子”为“妾”而“小人”为“臣”，所谓“臣”，即是“仆隶下人”。《说文解字》卷三下：“臣，牵也，事君者，象屈服之形，凡臣之属皆从臣。”[2]又卷三上：“妾，有罪女子给事之得接于君者。”[3]朱《注》显然有坚实的训诂根据。表面看来，朱《注》并无任何性别意味。这也正是戈尔丁的批评所在。然而，朱《注》是否能够成立，必须要从文义的正确与否说起，而与先验的性别立场无关。换言之，要辩证朱《注》可靠与否，我们至少要从训诂的立场考虑。事实上，当今的性别解读同样也应该需要坚实的训诂证据，然后方可立说。从性别角度考虑，本章的关键词自然是“女子”。到底“女子”在“女子与小人”章是否可作女性的泛称，这是一个训诂问题，必须有文献证据来断案，而读者本人的特殊的意识形态于此无济于事。

三、概念范畴不合

在检查有关“女子与小人”章的文献证据之前，我们可以先从概念范畴来分析“女子”一词在原文是否应作女性的泛称。正如下文所述，这似乎也是朱熹认识此章中“女子”与“小人”之义的初步工作。不管“女子”一词是否专指女性的泛称，从词义而言，“女子”绝

---

[1] 朱熹：《论语集注》卷九，《四书章句集注》，页182。

[2] 段玉裁：《说文解字注》卷三下，页119。按“臣”在甲骨文和金文中已有“奴仆”义，详见于省吾主编：《甲骨文字诂林》，第1册，页628—637。

[3] 段玉裁：《说文解字注》卷三上，页103。

对不能作“男子”或“男性”解。尽管“女子”一词有生理性别的含义，但其使用却并不一定针对生理性别而言。换言之，从语用而言，“女子”可以针对性别以外的其他女子属性。

“妇孺皆知”是一句常用的成语，在这句话中，“妇孺”并列，其取意无疑是相对于成年男性而发的，因为“孺”的意涵包括男童和女童。由于中国古代教育不普及，在一般情况之下，有机会接受正式教育的人大多是男性，而有知识学问者则为成年男性，因此，成年女性和孩童常常都被视为知识贫乏的两类人。由此可见，在“妇孺皆知”一语中，“妇孺”并列的取意并不在于生理性别(sex)。如果“妇孺”取意在于生理性别，则“妇”跟“孺”两个范畴的意指就有所重复，而比较准确的说法将会是“女性与男童皆知”。然而，这个“精确”的说法是从来没有人使用过的，可见“妇孺皆知”这一说法取意并不在于“妇”与“孺”的生理性别属性，而在于两者的“无知”。

从词义而言，“妇”字(“生理意义上的女性”)的意义十分清楚，不会造成什么误会。然而，“妇”字所代表的“女性”作为一个文化观念则可有数之不尽的属性(gender attributes)。“女性”的取意可以是“性别”，但也可以是“无知”“美丽”“柔弱”“慈爱”，甚至是“狠毒”，不一而足。具体的所指则全在乎作者在一定情况和语脉中的用意。“女墙”和“女布”的“女”跟女性本身并无关系；《荀子·赋》曰：“此夫身女好而头马首者与！”[1]此谓蚕体柔弱，头状似马。“女好”之“女”亦与女性本身无涉。同样说“妇孺”，“妇孺皆知”取意在“无知”，而在危难中救人的时候，“妇孺优先”则取意在“柔弱”。因此，我们不应该也不可以一看到“妇孺”两字就马上断定其中的“妇”字必然取意于“性别”这一属性。在“妇孺皆知”一语中的“妇”字，其取意在于女性在一般人心目中欠缺许多成年男性所具有的知识和学

[1] 王先谦：《荀子集解》卷二十六，页478。杨倞《注》曰：“女好，柔婉也。”

问，而不在于她们的性别，而“妇”之所以欠缺知识和学问乃由于古代的特殊历史情况所致。[1]

现在，我们再分析孔子所说的“唯女子与小人为难养也”一语的含义。必须强调，同一个词汇的语义指谓（semantic meaning）和语用意义（pragmatic meaning）可以不同。语用意义必须由语境（context）来决定，而所谓语境又包括说话人的社会身份、说话场合、心理状态以及思想信仰等许多语言以外的考虑。语用学（pragmatics）的主要研究对象正是在会话语境中的话语（utterances）意义，目的在于理解说话人的原意（speaker's meaning）。尽管“女子与小人”章的说话场合今天已不可知，我们仍然可以肯定此章所载是孔子所说的一段话语，因此，要理解孔子话语的原意，我们必须要注意此章每一个关键词语的语用意义。

不管“女子”一词在语用上的取意是否在于泛指的性别，它在语义上必然包含生理性别的区分，因为除非有可靠的文献证据作证，“女子”在语义上绝不可能指称男性。至于“女子”在语用上的取意何在，则必须由本文的语脉约定，而“小人”一词的语用意义尤其重要。“小人”乃“君子”之反义，在《论语》中，“小人”一词可指道德品位，也可指社会地位。不管“小人”取意在于道德品格还是社会地位，“小人”本身是不分男女的。此章既已先说“女子”，然后又连及“小人”，如果从性别考虑，则两个关键字的意指有所重复，因为“小人”已经包括“女子”（女性）在内。要避免意指重复，“小人”必然不包括任何女性。换言之，不管其取意何在，相对于“女子”的性别意义来说，“小人”一定专指男性而言。当然，我们必须强调，“小人”一词在一般情况下的语义确实可以兼指男女而言，但在此

[1] 古书中论及“无知”也并非独限于“妇孺”，“夫妇之愚”（始见于《礼记・中庸》）和“愚夫愚妇”（始见于《尚书・五子之歌》）也是常见的说法，可见我们不能简单地以性别歧视的角度来理解“妇孺皆知”一语。

章与“女子”相对时，则其语用取意必然专指男性。正如“子”字独称时可以兼指子女，[1]但与“女”或“女子”相对时，则必然专指“儿子”，而“女”或“女子”则专指“女儿”。如果这个论断可以成立，则“小人”必定是一个特别的专称，同时，“女子”也确然是一个相对于“小人”而设定的专称，而非泛指女性，因为只有在这样的语脉中，“女子”与“小人”才能够构成两个概念相称而意指又不重复的范畴。[2]

反过来说，“女子”如果在语义上真的泛指女性，则与之概念相称的范畴理应也是同样泛指男性，但除非有可靠的文献证据支持，“小人”在语义上绝不可能是作为泛称的“男子”的同义词。换言之，不管“小人”的具体意指为何，由于缺乏文献证据，“小人”在语义上不会是男性的泛称，而在语用上是一个特殊的范畴；“小人”只可以是“男性的小人”。如果“女子”在语用上在此泛指女性，那就是一个普遍范畴，而“小人”则是一个特殊范畴，两者显然互不相称，因此，“女子”也不会是女性泛称。朱《注》谓“小人亦谓仆隶下人”，其实，他想指出“小人”在《论语》此章中的语用意义在于“仆隶下人”，而不在于“道德品格”。[3]《注》文中的“亦”字目的在于强调“女子”与“小人”两词互相界定语用意义的事实。

必须一提，《论语·宪问》有这样的一段记载：“子曰：‘管仲相桓

---

[1]《论语·公冶长》：“子谓公冶长，‘可妻也。虽在缧绁之中，非其罪也’。以其子妻之。”文中“其子”之“子”指的就是女儿。

[2] 如果“女子”与“小人”在概念范畴上没有本文所指出的重复问题，按理则文献中应该有“男子”与另一兼指两性的名词并列的例子。然而，检索《景印文渊阁四库全书》电子版的结果显示并没有这样的用例。与“男子”并列者只有“妇人”和“内宫眷属”两词，而两者自然都独指女性。

[3]“小人”专指男性仆隶，后世也有用例。《世说新语·贤媛》载桓豁女历声骂伯父桓温之门阍曰：“是何小人，我伯父门，不听我前！”见〔南朝宋〕刘义庆撰，〔南朝梁〕刘孝标注，余嘉锡疏证，周祖谟、余淑宜整理：《世说新语笺疏》（北京：中华书局，1983年），卷下之上，页695。

公，霸诸侯，一匡天下，民到于今受其赐。微管仲，吾其被发左衽矣。岂若匹夫匹妇之为谅也，自经于沟渎而莫之知也。'"[1]有趣的是，这是《论语》中罕有的提及女性的三章之一。在孔子对管仲的赞语中，"匹夫匹妇"固然都是泛指；"夫"专指"男性"而"妇"则专指"女性"。关键的是，"匹夫"和"匹妇"是两个概念相称的范畴，而且意指并无重复。至于孔子最常并举的君子与小人之别，这一对范畴配合得天衣无缝，就更毋庸多论了。在列举名目和类别的时候，概念必须相称而意指并无重复，这似乎是孔子说话的习惯。[2]朱熹无疑非常清楚古人和孔子这个说话习惯，所以，他解释"女子与小人"章时似乎从这个见解着眼，借以确定"女子"与"小人"互相界定这一事实。饶具趣味的是，"女子"与"小人"恰巧就是从两者在原文中的生理性别来互相界定各自的语用意义的。

四、"臣妾"的具体意涵与文献证据

现在，我们分析"女子"与"小人"两个范畴的具体意涵。虽然孔子在"女子与小人"章对"女子"与"小人"的评论充满道德色彩，但"女子"和"小人"两词本身的取意却并不在道德地位或道德品格。然而，此章的性别解读却假定"小人"的取意正在其道德品格。

[1] 按："匹夫匹妇"一语最先见于《尚书·咸有一德》，其文曰："后非民罔使，民非后罔事。……匹夫匹妇不获自尽，民主罔与成厥功。"见《尚书注疏》卷八，页121。春秋时，子产亦尝言之，曰："匹夫匹妇强死，其魂魄犹能冯依于人，以为淫厉。"见《左传·昭公七年》(前535年)，《春秋左传注疏》卷四十四，页764。孔子之后，孟子也屡说"匹夫匹妇"，见《孟子·滕文公下》及《孟子·万章上》，引文从略。

[2] 这并不表示孔子说话时必然提及至少一对的概念。《论语·子罕》："子曰：'三军可以夺帅也，匹夫不可以夺志也。'"在此话中，由于三军只有男性，所以，孔子在比喻中只言"匹夫"而不及"匹妇"。当然，这也并非由于孔子歧视女性。

依此读法，此章的主语就是“所有女人与男性的无德之人”。事实上，道德品格义的“小人”本身已经包括男性和女性，所以，依照性别解读，此章根本就不必另外标出“女子”。同时，既然《论语》原文确实“女子”与“小人”相提并论，那么，“小人”在“女子与小人”章乃指社会地位而言，也就是与“君子”相对的所谓“下人”。既然“女子”与“小人”互相对称、互相界定，那么两者应该同属于一个社会流品，如此，“女子”与“小人”两者的取意才不会重复。“女子”既然与“小人”同属一个类别，那么，“女子”在此应该也是指“下人”而言。具体而论，“女子”与“小人”分别各指“婢仆”“妾媵”和“奴仆”“臣下”之类的人物。这个分析正合朱《注》的说法。[1]

男仆女婢并称在古代乃常见之事，不足为奇。《尚书·费誓》曰：“马牛其风，臣妾逋逃，勿敢越逐。……窃马牛，诱臣妾，汝则有常刑。”孔《传》曰：“役人贱者男曰臣，女曰妾。……军人盗窃马牛，诱偷奴婢，汝则有犯军令之常刑。”[2]由此可见，最迟在西周初年，“臣妾”并称，已经习以为常，而所谓臣妾，即是下贱的“役人”。《左传·僖公十七年》(公元前643年)：“卜招父与其子卜之，其子曰：‘将生一男一女。’招曰：‘然。男为人臣，女为人妾，故名男曰圉，女曰妾。’”[3]春秋中叶，臣妾依然并称，而直到春秋末年沿用不绝。《吕氏春秋·察微》：“鲁国之法，鲁人为人臣妾于诸侯，有能赎之者，取其金于府。子贡赎鲁人于诸侯，来而让不取其金。孔子曰：‘赐失之矣。自今以往，鲁人不赎人矣。’”[4]然而，语言随时嬗

[1] 按：近人吕思勉亦主张女子小人乃指臣妾，并据先秦古籍举例证明古代多有臣妾并言的情况。见氏著：《蒿庐札记》“释唯女子与小人为难养也”条，收入《论学集林》(上海：上海教育出版社，1987年)，页660。

[2]《尚书注疏》卷二十，页312—313。

[3]《春秋左传注疏》卷十四，页237。杜预《注》曰：“圉，养马者，不聘曰妾。”

[4] 旧题〔秦〕吕不韦撰、陈奇猷校释：《吕氏春秋新校释》(上海：上海古籍出版社，2002年)，卷十六，页1012。

变，孔子称“役人”之女者为“女子”，而男者为“小人”。[1]正如下文所言，孔子如此称呼仆隶下人，可能是他个人使用的一种昵称。

到汉代语言又再演变。臣妾开始称奴婢。《古文孝经·闺门章第十九》：“子曰：‘闺门之内，具礼矣乎？严亲严兄，妻子臣妾，繇百姓徒役也。”孔《传》曰：“臣谓家臣仆也，故家人有严君焉，父之谓也。父谓严君而兄为尊长，则其妻子、臣妾，犹百姓徒役。是故君子役私家之内而君人之礼具矣。”[2]此处，孔安国谓“臣谓家臣仆也”，而“臣妾”即一家之中的“徒役”，也就是“奴婢”。孔《传》特别指出“臣妾”就是“奴婢”，以西汉人熟悉的语言来解释《尚书》。太史公撰《史记》，引用《尚书》时往往也用汉代文字改写经文。孔安国以“奴婢”“徒役”解释“臣妾”，这并非他个人独特的说法。东汉末应劭《风俗通》曰：“古制本无奴婢，即犯事者或原之，臧者，被臧罪没入为官奴婢，获者，逃亡获得为奴婢也。《说文》曰：‘男入罪曰奴，女入罪曰婢。’”[3]应劭明言“奴婢”原非古制，而许慎则显然用的是东汉通行的语言了。

尽管“奴婢”的称谓在汉代已经出现，“臣妾”一词仍然沿用不绝，两者并行不悖。事实上，由西汉直到东汉末年乃至南宋朱熹以

[1] 男性仆隶称小人，后世显有其例。见第105页注3。又〔唐〕道世《法苑珠林》卷八十五之三《六度篇·忍辱部·引证》：“《新婆沙论》云：‘曾闻过去此贤劫中有王名羯利，时有仙人号为忍辱，住一林中，勤修苦行。时羯利王除去男子与内宫眷属，作诸妓乐，游戏林间，纵意娱乐，经久疲厌而便睡眠……’”见高楠顺次郎、渡边海旭合编《大正新修大藏经》（东京：大正新修大藏经刊行会，1968年，本书下文省称《大正藏》），第53册，页896。文中“男子”显然指宫中男性侍仆，与“内宫眷属”相对。饶具意味的是，“宫中眷属”本身可以兼指两性，而在引文的语脉中却只能针对侍婢而言，这个词义互相界定的情况正好与“女子与小人”章一样。值得注意的是，“男子”在此亦不能作男性的泛称解。

[2]《古文孝经孔氏传》，收入《四库全书》，第182册，页16。

[3]《风俗通》引文见〔唐〕徐坚等撰：《初学记》（北京：中华书局，1980年），卷十九，页463。又《说文》卷十二下：“奴，奴婢皆古之罪人。《周礼》曰：‘其奴男子入于罪隶，女子入于舂槁。’”见段玉裁：《说文解字注》，页622。

前，奴婢、徒役称作“臣妾”，比比皆是。以下略举数例，以资说明。《春秋繁露·顺命》：

天子受命于天，诸侯受命于天子，子受命于父，臣妾受命于君，妻受命于夫，诸所受命者，其尊皆天也，虽谓受命于天，亦可。[1]

《史记·鲁周公世家》引《尚书·费誓》：

马牛其风，臣妾逋逃。

裴骃《集解》引郑玄曰：“风，走逸。臣妾，厮役之属也。”[2]《周礼·天官》：

大宰之职……以九职任万民，一曰三农，生九谷……八曰臣妾聚敛疏材……

郑玄《注》：

臣妾，男女贫贱之称。

唐贾公彦《疏》：

八曰臣妾聚敛疏材者，谓男女贫贱，号为臣妾者，所为事业，

[1] 苏舆撰、钟哲点校：《春秋繁露义证》卷十五，页412。
[2] 泷川龟太郎：《史记会注考证》卷三十三，页555。

聚敛百草根实而已。……释曰……云臣妾，男女贫贱之称者，或奴戮之余胤，或背德之质子。[1]

《孝经·孝治章第八》：

治家者不敢失于臣妾，而况于妻子乎？故得人之欢心，以事其亲。

唐明皇《注》曰：

理家谓卿大夫，臣妾，家之贱者，妻子，家之贵者。卿大夫位以材进，受禄养亲。若能孝理其家，则得小大之欢心，助其奉养。

北宋邢昺《疏》引刘炫说云：

遗谓意不存录，侮谓忽慢其人，失谓不得其意，小国之臣位卑，或简其礼，故云不敢遗也。鳏寡，人中贱弱，或被人轻侮欺陵，故云不敢侮也。臣妾营事产业，宜须得其心力，故云不敢失也。[2]

《古文孝经·孝治章第九》：

治家者不敢失于臣妾之心，而况于妻子乎？故得人之欢心，以事其亲。

---

[1]《周礼注疏》卷二，页29—30。
[2]《孝经注疏》卷四，收入《十三经注疏》，第8册，页34。

孔《传》曰：

> 卿大夫称家臣之与妾贱人也。妻之与子，贵者也。接贱不失礼，则其敬贵必矣。[1]

上述例证出自常见之书。以朱熹的淹博，无疑他都曾经仔细研究参详。朱《注》谓"此小人亦谓仆隶下人也。君子之于臣妾，庄以莅之，慈以畜之"，注文中先总说"小人亦谓仆隶下人"，意谓"女子"亦为"仆隶下人"，而下文所说的"臣妾"则分指"小人"与"女子"。注文中"臣妾"两字正从《尚书》孔《传》中"役人贱者男曰臣，女曰妾"的说法而来，渊源有自，有根有据。

朱《注》谓"小人亦谓仆隶下人"，其中"亦"字吃紧，由"亦"字可以看出，朱熹显然以"女子"作"仆隶下人"解；"女子"并非女性的泛称。朱熹在此下这一关键的"亦"字，根据不在文献而在义理。对于朱熹的读法，当时也许真的有人提出过疑问，《论语或问》中记录了以下一段问答。

> 或问："(《阳货篇》)二十五章之小人，何以知其为仆隶下人也？"(朱熹)曰："若为恶之小人，则君子远之，惟恐不严，怨亦非所恤矣。"[2]

由此可知，朱熹可能是先从孔子平生所讲的道理着眼，从宏观的视野来领会"女子与小人"章中问题以及其所寓藏的道理(详下文)。在微观的层面，朱熹从此章的"远""近"两字所提供的语脉来确定"女

[1]《四库全书》，第182册，页11。
[2] 朱熹：《四书或问》卷十七，收入《朱子全书》，第6册，页889。

子”与“小人”的语用意义。他无疑认为“女子”与“小人”两词的语用意义在《论语》本文中是互相界定的。这个情况正如“奴婢”一词中“奴”与“婢”的语用含义互相界定一样。“奴”字本身兼指男女而言，[1]但“奴”“婢”对言的时候，“奴”则专指男性而“婢”则独指女性。远从《尚书·费誓》开始，不管是“臣妾”抑或“奴婢”，古人在泛称“仆隶下人”时，习惯男女连称，这是不可否认的事实。这也是朱《注》中“女子”与“小人”两词互相界定的文献证据。

从“女子”一词在西周和春秋时期的语义观察，“女子”的基本词义一般指的就是“女性”的“孩子”，这是相对于男性的孩子而来的。[2]引申而言，“女子”则指年轻的少女，这是相对于成年的妇人而言。又古代女子未嫁者通称“女子”，而及笄已嫁者则通称“妇”。《论语·泰伯》云：“舜有臣五人而天下治。武王曰：‘予有乱臣十人。’孔子曰：‘才难，不其然乎？唐虞之际，于斯为盛。有妇人焉，九人而已。’”这是《论语》中提到女性的第三章。朱熹认为此章的“妇人”指的是文王母，那固然是成年人，而且是已嫁的“妇人”。为

[1]《汉书·刑法志》李奇《注》曰：“男女徒总名为奴。”见〔汉〕班固：《汉书》(北京：中华书局，2002年)，卷二十三，页1092。又《周礼·司厉》：“其奴，男子入于罪隶，女子入于舂槁。”郑司农《注》云：“谓坐为盗贼而为奴者，输于罪隶，舂人、槁人之官也。由是观之，今之为奴婢，古之罪人也。故《书》曰：‘予则奴戮汝。’《论语》曰：‘箕子为之奴’，罪隶之奴也。……(郑)玄谓奴从坐而没入县官者，男女同名。”见《周礼注疏》卷三十六，页543。《说文》卷三上：“童，男有罪曰奴；奴曰童，女曰妾。”见段玉裁：《说文解字注》，页103。(又按：“臣”字在甲骨文似乎也可以男女兼指。参看于省吾说，见于省吾主编：《甲骨文字诂林》，第1册，页634。“臣”在西周则无疑可以兼指男女了。《诗·小雅·正月》：“民之无辜，并其臣仆。”毛《传》：“古者有罪不入于刑，则役之圜土，以为臣仆。”郑《笺》云：“辜，罪也。人之尊卑有十等，仆第九，台第十。言王既刑杀无罪，并及其家之贱者，不止于所罪而已。”见《毛诗注疏》卷十二之一，页397—398，臣妾、奴婢、女子小人三组同义词中都有一词在独称时可以兼指男女，这应该不是巧合。)

[2]《诗·小雅·斯干》：“大人占之，维熊维罴，男子之祥；维虺维蛇，女子之祥。”见《毛诗注疏》卷十一之二，页387。诗中所说的“男子”与“女子”正是新生的男孩和女孩。

人“婢仆”和“妾媵”的女性，通常都是未嫁者。“女子与小人”章中称“女子”而不称“妇人”，这个区别对于“女子”作为“婢仆”和“妾媵”解应该可以提供另一个佐证。“女子”一词固然可以泛指女性，但必须视乎情况而定。[1]

古书中两性的泛称通常是“男”与“女”或者是“男子”和“女子”。比如，《礼记·内则》：“礼始于谨夫妇，为宫室，辨外内。男子居外，女子居内，深宫固门，阍寺守之，男不入，女不出。”[2]在比较少见的情况下，“丈夫”与“女子”亦可对言。比如，《列女传·末喜》：“末喜者，夏桀之妃也。美于色，薄于德，乱孽无道，女子行，丈夫心，佩剑带冠。桀既弃礼义，淫于妇人，求美女积之于后宫……”[3]最重要的是，在大多数情况之下，上述三对称谓都是同时并称的。“女子”一词单独使用的时候，一般不作女性的泛称解，[4]而往往指的是年轻未嫁的少女的总称或个别特定的年轻女人。[5]

必须指出，大多数时候，两性对言都是针对男女在礼仪（如丧制）的规定各自应该遵守的行为和服制，或者是两性的生理机能的差异，而并不牵涉男女两性独特的品德。在孔子以前的文献中，特别标榜

[1]《礼记·曲礼上》：“女子许嫁，缨，非有大故，不入其门。”郑玄《注》曰：“女子许嫁系缨，有从人之端也。大故，宫中有灾变若疾病，乃后入也。女子有宫者，亦谓由命士以上也。”孔颖达《疏》曰：“女子，妇人通称也。”见《礼记注疏》卷二，页37。（按：郑玄，东汉人，并未以“女子”为“妇人之通称”，孔颖达，唐初人，自为此说。然而，正因为孔《疏》依然特别作此注明，可见“女子”为“妇人之通称”，唐初尚未成共识。）

[2]《礼记注疏》卷二十八，页533。

[3]《古列女传》卷七，收入《四库全书》，第448册，页64。

[4]“女子”独称时作女性泛称解者，比如，《左传·僖公元年》：“女子，从人者也。”《注》：“言女子有三从之义，在夫家有罪，非父母家所宜讨也。”见《春秋左传注疏》卷十二，页199。

[5]姑且各举一例，以资说明。《仪礼·士昏礼》：“女子许嫁，笄而醴之，称字。”见〔汉〕郑玄注、〔唐〕贾公彦疏：《仪礼注疏》卷六，收入《十三经注疏》，第4册，页60。《史记·秦本纪》：“于是孝王曰：‘昔伯翳为舜主畜，畜多息，故有土赐姓嬴。今其后世，亦为朕息马。朕其分土为附庸，邑之秦，使复续嬴氏祀，号曰秦嬴，亦不废申侯之女子为骆适者，以和西戎。’”见《史记会注考证》卷五，页85。

“女德”的记录只有一条，但这条证据其实并不可以用来讨论古人如何贬抑女性。《左传·僖公二十四年》（前636年）：

夏，狄伐郑，取栎。王德狄人，将以其女为后。富辰谏曰："不可。臣闻之曰：报者倦矣，施者未厌。狄固贪惏，王又启之，女德无极，妇怨无终，狄必为患。"[1]

富辰是鲁国大夫，生于僖公之世，早于孔子大约一百年。他当时劝谏僖公，关键在狄人贪惏，而他顾虑“报者倦矣，施者未厌”，所以希望阻止僖公迎娶狄女为后。他说“女德无极，妇怨无终”，其实很可能只是一种托词。即使富辰真的认为“女德无极，妇怨无终”，那只是他个人的意见，但这并不能证明整个春秋时代的人对“女德”的看法。更重要的是，富辰所讲的“女德”原来并非指女性的品德。“女德”指的是女色。证据见于有关晋公子重耳的一段记载。重耳早年流亡，后为晋文公，在位年期（前636—前628年）与富辰同时。《史记·晋世家》谓重耳流亡在齐：

爱齐女，毋去心。赵衰、咎犯乃于桑下谋行。齐女侍者在桑上闻之，以告其主，其主乃杀侍者，劝重耳趣行。重耳曰："人生安乐，孰知其他，必死于此，不能去。"齐女曰："子一国公子，穷而来此，数士者以子为命。子不疾反国报劳臣而怀女德，窃为子羞之。"[2]

“怀女德”显然是贬义，而“德”无疑亦非“品德”。依文脉，“女德”当指“女色”。（按：《汉书·杜周传》："（杜）钦为人深博有谋。自上

[1]《春秋左传注疏》卷十五，页257。
[2] 泷川龟太郎：《史记会注考证》卷三十九，页616。按：重耳事出孔子降生之先，但《史记》则晚出于孔子。《史记》固然可信，但并非孔子以前文献。

为太子时，以好色闻。及即位，皇太后诏采良家女。钦因是说大将军凤曰：'……故后妃有贞淑之行则胤嗣有贤圣之君，制度有威仪之节则人君有寿考之福。废而不由，则女德不厌，女德不厌，则寿命不究于高年……'"颜师古《注》曰："女德不厌，言好色之甚也。"[1]杜钦所用"女德"一词无疑典出富辰和齐女之口。可见富辰谓"女德无极"，其实说的是女色对人有无限的吸引力，而"妇怨无终"则指已婚妇人之妒忌怨恨。富辰说的是内宫难免的争宠现象，而非女性本质上的缺德。

先秦又有所谓"妇德"的说法，见于《周礼》。由于《周礼》晚出，孔子以前"妇德"之说大概尚未出现。《周礼·九嫔》："掌妇学之法，以教九御。妇德、妇言、妇容、妇功，各帅其属而以时御，叙于王所。"郑玄《注》："妇德谓贞顺。"[2]所谓妇德，其实是针对已婚妇人而言的品德。"妇德"之"妇"非女性泛称，因此，不管郑玄的说法正确与否，妇德并非概称女性的品德。

总而言之，"女德"与品德无关，而"妇德"也并非概然的女性品德，因此，如果孔子真的在"女子与小人"章忽然独倡新论，高谈女性的品德，实在有违于当时的文化论述。针对"女子与小人"章的本文，从概念范畴而言，朱熹的说法完全可以成立，相反，当今的性别解读则凿枘不通。从历史事实而言，朱熹的说法同样证据确凿，性别解读则罔顾历史事实而作超越时空的哲学诠释或意识形态的渲染。

五、本文内证与以经释经

除"女子"与"小人"外，"女子与小人"章中另外一组关键词就

---

[1] 班固：《汉书》卷六十，页2667—2668。
[2]《周礼注疏》卷七，页116。

是“远”“近”二字。有关这一点，如上文引述，朱熹在《论语或问》已经指出，现在依朱子之意，加以阐释及推衍。首先，如果“女子”和“小人”都有他们的品德，那么，孔子对他们不应该有所谓“远之”和“近之”的问题。对于有德行的人，孔子总是劝勉他的弟子多亲近。他说：“弟子入则孝，出则弟，谨而信，泛爱众，而亲仁。”（《论语·学而》）[1]又说：“里仁为美，择不处仁，焉得知？”（《论语·里仁》）对于跟一般人相处，孔子的说法是“与人交”，[2]而并非以“远近”而论。既然与“女子”和“小人”相处必须斟酌“远近”的问题，由此可进一步证明，“女子”和“小人”都不指道德品格。“女子”和“小人”只是君子“泛爱众”的对象之一。再者，对于作为“奴仆”和“臣下”的“女子”和“小人”，因为主仆的关系，双方同处一家，自然难免会有“远之”和“近之”的情况。相反，如果“女子”泛指女性，则“远之”和“近之”似乎就无从说起了，因为对于陌生的女性，孔子根本就没有所谓“远之”或“近之”可言。“远之”和“近之”显然针对家居日常生活而言。春秋时代男女之间社交生活不甚频密，至少在士大夫之间应该如此。而孔子在此正是站在士大夫的立场来说话的，与“女子”和“小人”相对的正是作为“君子”的士大夫。换言之，“女子”和“小人”都是就社会地位而言的。

最后，本文中“不逊”和“难养”两词也十分吃紧。如果“女子”是泛称，为何孔子会期求“女子”必须逊顺？同时，“女子”又应该对谁逊顺？反观，作为在上位的“君子”，如果孔子要求在下位的“小人”逊顺则是完全合理的。最为关键的是，孔子在此同时也要求“女

---

[1]《论语·学而》载有子曰：“因不失其亲，亦可宗也。”其意与亲仁而远小人之旨一致。

[2]《论语·公冶长》：“晏平仲善与人交，久而敬之。”新近湖北出土郭店楚简《五行》亦云：“以其外心与人交，远也。远而庄之，敬也。敬而不懈，严也。严而畏之，尊也。尊而不骄，恭也。恭而博交，礼也。”见李零：《郭店楚简校读记》（北京：北京大学出版社，2002年），页80。

子”逊顺。换言之,“女子”作为“下人”也应该跟“小人”一样对在上的“君子”逊顺,这是春秋时代的人讲究的上下之序所包含的共识,也就是所谓“礼”。[1]这种上下有序的“礼”的共识,其精神并不在于要求所有女性对男性必须逊顺。

我们应该最少假定孔子是一个讲人情、讲道理的人。有关这一点,《论语》中证据甚多,毋烦缕举。孔子既然期求“女子”和“小人”在对待君子的时候,在态度和行为上要逊顺,自然有他的一番道理。如果用今天的观念,我们甚至可以说孔子作为一家之主,一定有他如此要求的权利;否则,他不就是无理取闹了吗?根据《论语》的记载,相信孔子不至于如此不近人情。

根据《论语》的记载,孔子从来没有以性别来概括一个人的才能和品格。孔子常常拿君子和小人对比,说君子如何,小人如何;他有时又说有德者如何;可见,他更多地是从具体的行为来论人。据此,我们就明白他只会说“巧言令色,鲜矣仁”(《论语·学而》)和“非其鬼而祭之,谄也。见义不为,无勇也”(《论语·为政》)一类的话。他强调以人本身的品德而论人,而不以性别来决定他对人对事的判断。一般人对马匹的要求往往着重体能,因为强壮的马匹才能够负重致远。不管是雌马还是雄马更有力量,重视体能其实就难免会以性别来判断马匹的价值了。然而,孔子偏偏特别声明:“骥不称其力,称其德也。”(《论语·宪问》)如果我们单凭先验的性别歧视立场,坚持孔子论人,必然只会以性别来一概而论,评骘和贬低女性的品

---

[1] 陈祥道《论语全解》解释“女子与小人”章曰:“女子、小人,不知礼义者也。不知礼,故近之则不孙。不知义,故远之则怨。”见〔宋〕陈祥道:《论语全解》卷九,收入《四库全书》,第196册,页212。按:祥道为北宋哲宗时人,他的《论语全解》流行于当时的场屋,为士子诵习。祥道并未解释女子与小人的意义,而着意于说明女子小人难养的原因在于其“不知礼”。事实上,陈祥道的说法早已由《古文孝经》孔《传》发嚆。孔《传》云:“君子役私家之内而君人之礼具矣。”犹有进者,孔《传》的说法又本于孔子本人和曾子的看法。详见下文。

格，这无论如何都不能够算作持平之论。

《论语》本文中“女子与小人难养”是结论，而“近之则不逊，远之则怨”则是“难养”的实际内容或者原因。孔子说：“三人行，必有我师焉。”（《论语·述而》）同理，三人行中，也很可能有“近之则不孙，远之则怨”的人。对于这样不逊多怨的人，孔子可能也会称他们为“小人”（道德品格义），但他大概不会说这样的人“难养”，理由有二。

首先，孔子主张辞必须达意（《论语·卫灵公》），而达意又必须在乎能够“正名”（《论语·颜渊》）。太史公称孔子作《春秋》，“笔则笔，削则削，子夏之徒不能赞一辞。弟子受《春秋》。孔子曰：‘后世知丘者以《春秋》，而罪丘者亦以《春秋》’”。[1]可见凡是牵涉名分的语言，孔子都特别注意，非独作《春秋》如此。《韩诗外传》有一段记录最足以说明孔子对正名的讲究。记曰：“孔子侍坐于季孙。季孙之宰通曰：‘君使人假马，其与之乎？’孔子曰：‘吾闻君取于臣谓之取，不曰假。’季孙悟，告宰通曰：‘今以往，君有取谓之取，无曰假。’孔子曰：‘正假马之言而君臣之义定矣。’”[2]君臣之名份系于“取”与“假”之不同，孔子绝不容许混淆。

其次，孔子说“唯女子与小人为难养也”，“唯”字是关键所在。“唯”表示意涵的外延限制，也就是“只有”的意思。既然只有“女子”与“小人”（社会地位义）才称得上“难养”，其他人即使真的不逊多怨，我们也不能说他们“难养”。为什么只有“女子”与“小人”才称得上“难养”呢？“难养”的前提就是说话的人需要“养”他们，因此才有“难养”的问题。为什么说话的人要“养”“女子”与“小人”？理由十分简单，“女子”与“小人”都是说话的君子家里的奴仆臣妾。

---

[1] 泷川龟太郎：《史记会注考证》卷四十七，页745—746。孔子实在远具先见之明；当今性别诠释论者正执孔子所谓“女子”与“小人”，大放厥词而“罪丘”者众矣。

[2] 韩婴撰、许维遹校释：《韩诗外传集释》卷五，页200—201。

君子对自己的臣仆有畜养的义务。[1]此章中的“养”字针对名分而言，其关键意义，于此可见。此外，学者分析“女子与小人”章从来都忽略“养”又有役使之意。《广雅·释诂》卷一下：“养，使也。”[2]孔子说女子与小人难养，除畜养之义外，或许亦有两者难以役使之意。范晔《后汉书·宦者列传》论曰：“将以其体非全气，情志专良，通关中人，易以役养乎？”[3]其中谓宦者“易以役养”，宦者当然也是下人。针对“女子与小人”章中的“养”字，朱熹的解释应该就是“役使”义。按：《孟子·万章下》云：“孟子曰：‘仕非为贫也，而有时乎为贫。娶妻非为养也，而有时乎为养。”朱子注曰：“养，去声。仕本为行道，而亦有家贫亲老，或道与时违，而但为禄仕者。如娶妻本为继嗣，而亦有为不能亲操井臼，而欲资其馈养者。”[4]由“养”字的役使义看，我们孔子所言的女子与小人指的是家中的臣妾下人，当无异议。

事实上，古代贵族大夫之家畜养臣妾最为常事，因此，如何畜养家中臣妾也是一件十分值得讲究的事。[5]《周易》中就至少有两卦直

[1] 孔子时代的人讲孝，“养”父母是孝子的基本义务。《论语·为政》载孔子曰：“今之孝者，是谓能养。至于犬马，皆能有养，不敬，何以别乎？”可见孔子在《论语》中讲“养”都包含义务之意，因此，“养”都有具体对象而非泛指。西蒙·利斯也注意到“女子与小人”章中“养”字的关键意义，从而断定本章所论的“女子”与“小人”均仅就孔子家中之妇女和仆人而言。见所著：*The Analects of Confucius*, p.204。

[2] 王念孙：《广雅疏证》，页40。

[3] 范晔《宦者传论》张铣注曰：“养，使也。”见《六臣注文选》卷五十，收入《四库全书》第1331册，页327。

[4] 朱熹：《孟子集注》卷十，《四书章句集注》，页320—321。

[5] 明万历间冯从吾《四书疑思录》曰：“人多加意于大人君子，而忽于女子小人，不知此两人尤是难养者，可见学问无微可忽。”又汪烜《四书诠义》云：“此言修身齐家者不可有一事之可轻，一物之可慢。毋谓仆妾微贱，可以惟我所使，而忽以处之。安上治民，莫善于礼，而礼必本于身，以惠爱之心，行天泽之礼，乱本弭矣，所谓‘庄以莅之，慈以畜之’也。君无礼让则一国乱，身无礼则一家乱，女戎宦者之祸天下，仆妾之祸一家，皆恩不素孚，分不素定之故也。夫子言之，其为天下后世虑者至深且远也。”引文俱见程树德撰，程俊英、蒋见元点校：《论语集释》卷三十五，页1244—1245。冯、汪说虽然针对《论语》，但其理则更先见于《周易》。由此亦可见《周易》与《论语》论臣妾与女子小人意旨相通而两书所针对的对象亦相同。

接提到臣妾在日常生活中的重要性，并借此申衍卦爻之义和处世之道。[1]《易·旅》："六二，旅即次，怀其资，得童仆贞。"《象》曰："得童仆贞，终无尤也。""九三，旅焚其次，丧其童仆贞，厉。"《象》曰："旅焚其次，亦已伤矣。以旅其下，其义丧也。"[2]"旅"卦承"丰"卦，讲羁旅厄滞之义，而旅之亨贞与否关键竟然在身处厄滞的主人是否"得童仆贞"和如何对待"童仆"。若态度失当，轻视"童仆"，不把"童仆"看作自家人（"旅其下"，"下"指下人童仆），则"童仆"亦将视主人如过客，后果自然是"丧其童仆贞，厉"了。

《易·遁》："九三，系遁，有疾厉，畜臣妾，吉。"王弼《注》："在内近二，以阳附阴，宜遁而系，故曰系遁。遁之为义，宜远小人，以阳附阴，系于所在，不能远害，亦已惫矣。宜其屈辱而危厉也。系于所在，畜臣妾可也。施于大事，凶之道也。"《象》曰："系遁之厉，有疾惫也。畜臣妾，吉。不可大事也。""九四，好遁，君子吉，小人否。"王弼《注》："处于外而有应于内，君子好遁，故能舍之。小人系恋，是以否也。"[3]"遁"卦言君子退避小人，所以，《象》曰："天下有山，遁，君子以远小人，不恶而严。"此处，君子、小人对称，"小人"乃道德品格义，

---

[1] 按：《说卦》："'兑'……为刚卤，为妾，为羊。"钱大昕考证"羊"当作"养"，厮养也。见所著《十驾斋养新录》（商务印书馆：出版年地不详），卷一"兑为妾为养"条，上册，页9。据此，"兑"卦也讨论厮养臣妾的问题。又"剥"卦也谈到"臣妾"的问题，不过，所讲专指"宫人"。《易·剥》曰："六五，贯鱼，以宫人宠，无不利。"王弼《注》曰："处剥之时，居得尊位，为剥之主者也。剥之为害，小人得宠，以消君子者也。若能施宠小人于宫人而已，不害于正，则所宠虽众，终无尤也。贯鱼谓此众阴也。骈头相次，似贯鱼也。"见〔魏〕王弼注、〔唐〕孔颖达正义：《周易注疏》卷三，收入《十三经注疏》，第1册，页64。又程颐曰："宫人，宫中之人，妻妾侍使也。以阴言，且取获宠爱之义；以一阳在上，众阴有顺从之道，故发此义。"见程颐：《周易程氏传》卷二，收入程颢、程颐著，王孝鱼点校：《二程集》，第3册，页815。朱熹则曰："鱼，阴物；宫人，阴之美而受制于阳者也。五为众阴之长，当率其类，受制于阳，故有此象，而占者如是，则无不利也。"见〔宋〕朱熹：《周易本义·周易上经第一》，收入《朱子全书》，第1册，页51—52。

[2]《周易注疏》卷六，页128。

[3] 同前书，卷四，页85。

与九三所言的“臣妾”不同。程颐说“遁”九三曰：

> 阳志说阴，三与二切比，系乎二者也。遁贵速而远，有所系累，则安能速且远也。害于遁矣，故为有疾也。遁而不速，是以危也。臣妾，小人女子，怀恩而不知义，亲爱之则忠其上。系恋之私恩，怀小人女子之道也。故以畜养臣妾，则得其心为吉也。然君子之待小人，亦不如是也。三与二非正应，以昵比相亲，非待君子之道。若以正，则虽系不得为有疾。[1]

程颐直言“臣妾”即“小人女子”，毫无疑问，他是参考“女子与小人”章来解读“遁”卦。[2]所谓“怀恩而不知义”，即孔子所讲的“近之则不逊，远之则怨”。[3]

朱熹对《易》也有研究，撰《易本义》。《易本义》的说法与程颐《易程传》不尽相同，对于“遁”卦的解释，朱熹继承程子，虽然在个别地方提出异说，但大旨仍然一致。[4]《周易本义》论“遁”卦九三曰：

---

[1] 程颐：《周易程氏传》卷三，《二程集》，第3册，页867—868。

[2] 李光地《周易折中》对“遁”的按语云：“孔子曰：‘唯女子与小人为难养也。近之则不逊，远之则怨。’然则不远不近之间，岂非不恶而严之义乎！故当遁之时，有所系而未得去者，待小人以畜臣妾之道则可矣。”李氏同样以“女子与小人”章解释“遁”卦，而他对此章的理解显然遵守朱《注》。见〔清〕李光地：《御纂周易折中》卷五，收入《四库全书》，第38册，页144。

[3] 朱熹四十三岁时编纂《论孟精义》，在“女子与小人”章下胪列了北宋五家的说法，其中三家都以《易》来说《论语》。见〔宋〕朱熹：《论语精义》卷九上，收入《论孟精义》，《朱子全书》，第7册，页593。

[4] 朱熹尝对弟子评论《易程传》曰：“大抵程《传》所以好者，其言平正，直是精密，无少过处，不比他处有抑扬，读者易发越。如上蔡《论语》，义理虽未尽然，人多喜看，正以其说有过处，启发得人，看者易入。若程《传》则不见其抑扬，略不惊人，非深于义理者，未易看也。”见黎靖德编、王星贤点校：《朱子语类》卷一一七，页2814。针对“遁”卦，朱子说：“程说虽善，而有不通矣。……某窃以为不然。”见《朱子语类》卷七十二，页1823。

下比二阴，当遁而有所系之象，有疾而危之道也，然以畜臣妾则吉。盖君子之于小人，惟臣妾则不必其贤而可畜耳，故其占如此。[1]

臣妾与主人同居，尽管不贤，但不可不畜，不可不养。当弟子问及程颐对“遁”卦的解释，朱熹答道：

君子小人更不可相对，更不可与相接。若臣妾是终日在自家脚手头，若无以系之，则望望然去矣。[2]

又弟子潘子善问：“‘遁’：‘九三，畜臣妾，吉。’（程颐）《传》曰：‘系恋之私恩，怀小人女子之道也，故以畜养臣妾则得其心为吉也。小人女子，近之则不孙，远之则怨。若专以私恩怀之，未必不有悔吝，而此爻以为吉。何耶？’”朱子答曰：

此爻不可大事，但可畜臣妾耳。御下而有以怀之，未为失正，但恐所以怀之者失其正耳。[3]

朱子的说法一以贯之，强调一家之内，主仆朝夕相处，无可避免这一客观事实。

朱熹实事求是，从切身的生活经验去领略“遁”卦寓藏的人生实情，所以，他又告诉弟子，说：“《易》中详识物情，备极人事，都是实有此事。今学者平日只在灯窗下习读，不曾应接世变，一旦读

[1] 朱熹：《周易本义·周易下经第二》，收入《朱子全书》，第1册，页61。
[2]《朱子语类》卷七十二，页1823。
[3] 朱熹：《答潘子善问〈易传〉〈近思录〉》，《晦庵先生朱文公文集》卷六十，收入《朱子全书》，第23册，页2902。

此，皆看不得。某旧时也如此，即管读得不相入，所以常说《易》难读。”[1]读《易》的必备条件是丰富的人生经验，必须指出，朱子的说法也许可谓他的诠释理论，但这个“理论”其实是他本人的人生经验的结晶，而不是玄思冥想的发明。朱子在另外一个场合又对弟子说：

> 此书（指《易传》）自是难看，须经历世故，多识尽人情物理，方看得入。盖此书平淡，所说之事皆是见今所未尝有者。如言事君及处事，变患难处，皆未尝当着，可知读时无味。盖他说得阔远，未有底事预包在此。学者须先读《诗》《书》他经，有个见处，及曾经历过此等事，方可以读之，得其无味之味。此初学者所以未可便看。某屡问读《易传》，人往往皆无所得，可见此书难读。[2]

显然，朱子释经，强调生活体验，又要求读者必须能够咀嚼书中的“无味之味”，而并非只讲究纸面上的训诂而已。[3]他编辑《近思录》，其中卷十题为《临政处事之方》正收录程颐解释遁卦的言论，朱子本人对遁卦的理解也可以思过半矣。[4]从义理方面看，朱熹认为，主人之

[1]《朱子语类》卷七十二，页1823—1824。

[2] 同前书，卷一一七，页2813—2814。朱子也坦然承认，自己读《易》，所得亦少。他在《与陈丞相书》中说：“然此书（指《易》）难读，今之说者多是不得圣人本来作经立言之意，而缘文生义，硬说道理，故虽说得行而揆以人情，终无意味。顷来盖尝极意研索，亦仅得其一二，而所未晓者尚多。”见《晦庵先生朱文公文集》卷二十七，《朱子全书》，第21册，页1196。

[3] 朱熹曾说：“学固在乎读书，而亦不专在乎读书。”即此理。见《朱子语类》卷一一七，页2814。又说：“朋友来此，多被册子困倒，反不曾做得工夫。何不且过此说话？彼皆纸上语尔。有所面言，资益为多。”见同书同卷，页2809。

[4]《近思录》卷十《临政处事之方》：“遁之九三曰：‘系遁，有疾厉，畜臣妾，吉。’（程颐）《传》曰：‘系恋之私恩，怀小人女子之道也，故以畜养臣妾则吉。’”见《四库全书》，第699册，页320。

于臣妾，“庄以莅之，慈以畜之”，必以其道，这无疑正是《古文孝经》孔《传》所谓的“君子役私家之内而君人之礼具矣”的道理。另一方面，朱熹无疑也是以“女子与小人”章来阐发“遁”卦之义，或者，我们也可以说，朱熹也是以“遁”卦之义来阐发“女子与小人”章。无论如何，这是以经释经的诠释方法。

根据上述的分析，孔子对“女子”和“小人”期求逊顺，这应该是跟两者的社会地位有关。再者，孔子话中所指很可能只限于他自己家里的“女子”与“小人”，因此，我们不能随便将他的话的含义无限地延展外伸，泛指天下所有的“女子”与“小人”，更不要以为夫子蓄意痛骂世间所有的女性。也许正因为孔子无心泛指，所以，他称呼自己家中的婢仆为“女子”与“小人”，其实不啻是一种昵称。[1]至于孔子何以先“女子”后“小人”，其中未必有何深义，可能孔子感情上对家中“女子”更觉亲密，又或者因为“女子”中有妾媵一类陪嫁的侍从，她们的身份比一般的婢仆略高之故。钱穆先生认为“女子小人”指家中“仆妾”，而“妾视仆犹近，故女子在小人前”。[2]此亦可

[1] 孔子对弟子有时也用昵称，呼作“小子”。《论语·公冶长》：“子在陈曰：‘归与！归与！吾党之小子狂简，斐然成章，不知所以裁之也。’”《论语·先进》：“季氏富于周公而求也为之聚敛而附益之。子曰：‘非吾徒也。小子鸣鼓而攻之可也。’”又《论语·阳货》：“子曰：‘小子何莫学乎《诗》？”此外，《韩诗外传》曰：“孔子游于景山之上，子路、子贡、渊从。孔子曰：‘君子登高必赋。小子愿者，何言其愿？丘将启汝。’”韩婴、许维遹校释：《韩诗外传集释》卷七，页268。又《礼记·檀弓上》：“孔子在卫，有送葬者而夫子观之，曰：‘善哉为丧乎！足以为法矣。小子识之。’子贡曰：‘夫子何善尔也？’”见《礼记注疏》卷七，页130。反观，先秦其他典籍中出现的“小子”一词，或与“小人”同义，或为谦称（《论语·尧曰》引《尚书》即有一例），而并无用作昵称的例子。再者，先秦及两汉典籍中，孔子呼“小子”者，都不可能指“小人”或作“谦称”，而只可能是昵称或戏称。由于孔子跟弟子关系亲如父子，戏用昵称，所以，弟子在夫子面前也习惯自称“小子”。《论语·阳货》记子贡曰：“子如不言，则小子何述焉？”应该指出，“小子”作亲昵的称谓在孔门第二代师弟之间仍用不绝，可算是孔门传统。见《论语·泰伯》及《论语·子张》。（又按：东晋人又以“阿子”作昵称者，见《世说新语·贤媛》，《世说新语笺疏》卷下之上，页694刘孝标《注》。）

[2] 钱穆：《论语新解》，页618。

备一说。要之，“女子”与“小人”在此章之先后，不必深究可也。

孔子讲究所谓“正名”，他希望当时社会上下都能够做到君君、臣臣、父父、子子（《论语・颜渊》）。因此，他很有理由同样希望“女子”与“小人”也能够“名正言顺”，做到“女子”与“小人”的本分，也就是在行为和态度上能够逊顺。[1]由此可见，当孔子说“唯女子与小人为难养也”的时候，他所指称的必然是特定人际关系中的人，而不是泛指的性别。孔子讲究人伦，“女子”与“小人”应该也是人伦的一环而已。

至于孔子对“女子”与“小人”的观察到底是否准确和公平，我们只能从广泛的实际经验去检证，而不能够诉诸个人的情绪、信仰或先验的预设。[2]孔子自称他是一个“众好之，必察焉；众恶之，必察焉”的人（《论语・卫灵公》）。如果我们能够持平一点，我们至少要承认他之所以说“唯女子与小人难养”，是因为在他的生活经验里，这些“下人”的确是“近之则不逊，远之则怨”。我们有理由相信，他的这个判断一定是经过长期在家中跟“女子”与“小人”相处，有感于自己的亲身经验和仔细观察而来的。这是名副其实的“夫子自道”（《论语・宪问》）。

六、结　　论

《论语》记载“女子与小人”章，目的绝非在于交代孔子对女性

---

[1] 郭店楚简有《六德》篇，所谓“六德”即“夫夫，妇妇，父父，子子，君君，臣臣”。见李零：《郭店楚简校读记》，页131简23—24，页132简34—36。

[2] 清康熙帝尝以其生活经验来印证孔子所言。他说：“孔子云：‘唯女子与小人为难养也。近之则不孙，远之则怨。’此言极是。朕恒见宫院内贱辈，因稍有勤劳，些须施恩，伊必狂妄放纵，生一事故，将前所行是处尽弃而后已。及远置之，伊又背地含怨。古圣何以知之而为是言耶？凡使人者，皆宜深省此言也。”见《圣祖仁皇帝庭训格言》，收入《四库全书》，第717册，页629。

的偏见，而实际上跟孔门平日所讲究的学问有关。《孔子家语·好生第十》有以下一段记载，足以支持我们对“女子”和“小人”的分析：

> 曾子曰:“狎甚则相简，庄甚则不亲，是故君子之狎，足以交欢，其庄足以成礼。”孔子闻斯言也，曰:“二三子志之。孰谓参也不知礼也?”[1]

曾子所讲的“狎”和“庄”实际上正是孔子所讲的“近”和“远”。“相简”就是态度随便易慢，不讲究礼节，这是孔子所讲的“不逊”。[2]“不亲”就是互相疏远，貌合神离，这就是孔子所讲的“怨”。对于进退得当的君子而言，他能够做到“狎足以交欢，庄足以成礼”。[3]曾子所针对的“狎”与“庄”的对象不明，但他并未说到“难养”的问题，所以相信他所指的是一般人，其中自然也包括“女子”和“小人”。曾子所言，重点在于君子的行为，而不在于行为的具体对象。他所说的君子行为正好可以用来对治孔子所面对的“女子”

---

[1] 杨朝明主编:《孔子家语通解》(台北: 万卷楼图书有限公司, 2005年), 页124。

[2] 明吕坤谈士君子与“仆隶下人”的区别时也曾说:“士君子之偶聚也，不言身心性命，则言天下国家; 不言物理人情，则言风俗世道; 不规目前过失，则问平生德业。傍花随柳之间，吟风弄月之际，都无鄙俗媟嫚之谈，谓此心不可一时流于邪僻，此身不可一日令之偷惰也。若一相逢不是亵狎，便是乱讲，此与仆隶下人何异? 只多了这衣冠耳。”见〔明〕吕坤、〔明〕洪应明著，吴承学、李光摩校注:《呻吟语·菜根谈》(上海: 上海古籍出版社, 2000年), 页93。尽管吕坤在此并非讨论《论语》，但他用的正是朱熹所说的“仆隶下人”一语，而他们的特点也正在于曾子所讲的“亵狎”。

[3]《论语·泰伯》载曾子临终曰:“君子所贵乎道者三: 动容貌，斯远暴慢矣。正颜色，斯近信矣。出辞气，斯远鄙倍矣。笾豆之事，则有司存。”这段话与《孔子家语》所记足以互相发明，虽然并未指明对象，但道理与孔子解释女子与小人所以难养完全相通。

和“小人”，而关键则在于“礼”。[1]

对读曾子对君子的企想和孔子对“女子”和“小人”的无奈，我们更能够欣赏孔子为什么特别拈出曾子话中所包含的“礼”。毕竟，作为一家之主的君子在对待身为婢仆的“女子”与“小人”时，必须讲究的还是进退之间的礼节分寸。分寸拿捏得当，全家上下可以融洽欢乐。《易》的“旅”卦和“遁”卦强调主仆关系之相得，其理在此。儒家讲究齐家治国，道理也如是。孔门弟子特别在《论语》中记录夫子对“女子”与“小人”的看法，相信也正因为孔子平日讲学必定论及齐家治国的道理。《论语·为政》云：“或谓孔子曰：‘子奚不为政？’子曰：‘《书》云：“孝乎惟孝，友于兄弟，施于有政。”是亦为政，奚其为为政？’”孔子此言固然别有含义，但家事与国政未尝截然为二，这番深意应该是不容置疑的。

当今对“女子与小人”章的性别解读是一种未经证实的先验立场。从概念范畴、古代语言习惯、《论语》本文的内在关联抑或孔子思想的精神各方面来检证，无一不可以暴露其牵强附会、凿枘不通之处。南宋钱时解释“女子与小人”章时说：

[1] 郭店楚简《五行》亦有记载与孔子和曾子相似的言论。《五行》云：“不远不敬，不敬不严，不严不尊，不尊不恭，不恭无礼。”又云：“以其外心与人交，远也。远而庄之，敬也。敬而不懈，严也。严而畏之，尊也。尊而不骄，恭也。恭而博交，礼也。”见李零：《郭店楚简校读记》，页79。作者无疑也是谈“与人交”的问题，换言之，对象并不针对家中的“女子”与“小人”，而所讲的“庄”“敬”“恭”“严”正承自《周易》，同时又合于孔子所言。《国语·楚语》下记载：“（叶公）子高曰：吾闻之，唯仁者可好也，可恶也，可高也，可下也。好之不逼，恶之不怨，高之不骄，下之不惧。不仁者则不然，人好之则逼，恶之则怨，高之则骄，下之则惧。”见〔吴〕韦昭注、上海师范大学古籍整理组校点：《国语》（上海：上海古籍出版社，1978年），卷十八，页586—587。“仁者”与“不仁者”对言，而所谓“不仁者”，“人好之则逼，人恶之则怨”，正如孔子所讲的“近之则不逊，远之则怨”。不过，叶公子高（与孔子同时）所讲的“仁者”与“不仁者”乃从道德品格而言。以仁来区分君子与小人，孔子也有类似的说法。《论语·宪问》载子曰：“君子而不仁者有矣夫，未有小人而仁者也。”此处，“小人”指道德品格，与孔子在“女子与小人”章从社会地位而讲“女子”与“小人”不同。

> 不必专言仆妾。凡女子、小人皆然也。近之既不孙，远之则又怨，将安所处乎？夫子此语，正是欲人就其中思所以处之。身不行道，不行于妻子，反己而求，庶乎其可矣。[1]

钱时认为"女子"与"小人""不必专言仆妾。凡女子、小人皆然"，这个说法也可算是性别诠释了。[2]然而，钱时提出此说别有用心，因为他受学于陆九渊之再传弟子杨简，讲学坚持门户之见，处处与朱子学说立异。[3]钱说纯粹从义理上立论，文献证据则完全阙如。当今的性别诠释论者同样从义理上立论，而又同样缺乏文献证据。钱时囿于门户之见，不知当今的性别诠释论者抱持其先验立场，强词夺理，其动机又为何？

对于当今性别诠释论者从先验立场立论这一毛病，朱熹早已预见并有所批评。他说："今学者不会看文章，多是先立私意，自主张已说，只借圣人言语做起头，便自把已意接说将去，病痛专在这上，不可不戒。"[4]读书最忌"先立私意，自主张已说"，这是朱子毕生苦口婆心，警惕世人的劝告。比如，他说："今人观书，先自立了意后方观，尽率古人语言入做自家意思中来，如此只是推广得自家

---

[1]〔宋〕钱时：《融堂四书管见》卷九释"女子小人"章，见《四库全书》，第183册，页667。

[2]《左传·僖公二十四年》："富辰谏曰：'……女德无极，妇怨无终。'"杜预《注》："妇女之志，近之则不知止足，远之则忿怨无已。"见《春秋左传注疏》卷十五，页257。杜预说似乎也是从《论语》得到启发的。当今性别诠释论者大概也会引杜预为同道。戈尔丁曾根据富辰这两句话来分析古人对女性的看法，以"女德"之"德"为女性性欲要求的魅力（potency），不可为训。见所著：*The View of Women in Early Confucianism*, p.143。

[3]《融堂四书管见·提要》谓钱时阐释《大学》，"《大学》但析为六章，不分经传。盖时之学出于杨简，简之学出于陆九渊，门户迥殊，故不用程朱之本"。见《四库全书》，第183册，页579。由此推见，钱时对《论语》的解释恐怕也有故意与朱熹立异的地方。

[4]《朱子语类》卷一一七，页2811。

意思，如何见得古人意思？”[1]又说：“大抵看文字，须是只就他里面看，尽有意思。公今未见得本意是如何，却将一两句好言语裹了一重，没理会在里面。此是读书之大病。”[2]当今的性别诠释论者往往正是“未见得本意是如何，却将一两句好言语裹了一重”；他们的“好言语”当然就是有关性别研究的时髦理论。这些理论本身也许原来别有所据，未尝不可帮助我们认识一些历史现象，但如果在阅读《论语》之前，理论自成一种“私意”，而诠释者又“只借圣人言语做起头，便自把己意接说将去”，如此，理论便成为一种尚待核证的先验论。

要避免“私意”，朱子认为，学者“须得退步者，不要自作意思，只虚此心，将古人语言放前面，看他意思倒杀向何处去，如此玩心，方可得古人意，有长进处”。[3]所谓“虚心”，指的是态度问题，就是不可“先立私意，自主张己说”。从工夫上言，朱子说：“凡观书，且论此一处文义如何，不必它说。”[4]又说：

> 大凡人读书，且当虚心一意将正文熟读，不可便立见解。看正文了，却著深思熟读，便如己说，如此方是。今来学者一般是专要作文字用，一般是要说得新奇，人说得不如我说得较好。此学者之大病。譬如听人说话一般，且从他说尽，不要剿断他说，便以己意见抄说。若如此，全不见得他说是非，只说得自家底，终不济事。……须是将本文熟读，字字咀嚼教有味。若有理会不得处，深思之，又不得，然后却将注解看，方有意味。如人饥而后食，渴而后饮，方有味。不饥不渴而强饮食之，终无

[1]《朱子语类》卷十一，页180。
[2] 同上书，卷四十六，页1176。
[3] 同上书，卷十一，页180。
[4] 同上书，卷四十四，页1120。

益也。[1]

"将本文熟读，字字咀嚼教有味"，听起来简单，实践却并不容易。以"女子与小人"章为例，性别诠释论者固然专注于"女子"一词而忽略孔子原话的其他部分，事实上，即使"存心淡化原文性别意味"的学者对于此章同样疏忽大意。比如，学者一般都忽略孔子话中的"养"字。韦利的英译特别加注说明自己对"女子"一词的解读，然而，对于"养"字，他只草率地译作"to deal with"，既欠准确，而又完全丧失原文在此章的关键意涵。[2]李泽厚的译文作"只有妇女和小人难以对付"，同样漠视"养"字，不啻是韦利英译的中译。[3]戈尔丁则译"养"为"nourish"，比较接近原义。[4]然而，他只照顾到"养"的字译，而并未注意到"养"字在此章中的正确含义。[5]

要"字字咀嚼教有味"，朱子建议，"须是且就他本文逐字剔碎了，见这道理直透过，无些子窒碍"。[6]他说："考论文义，且只据所读

---

[1]《朱子语类》卷十一，页191。

[2] 按：韦利说大概本于刘宝楠《论语正义》。《正义》曰："养，待也。"见〔清〕刘宝楠撰、高流水点校：《论语正义》（北京：中华书局，1998年），卷二十，页709。然而，《说文》卷五下："养，供养也。"段玉裁：《说文解字注》，页222。依训诂言，"养"之本义为物质之豢养，本无"待"义，因"养"而遂有"待"，"待"乃引申义。邢昺《论语正义》以"养"为"畜养"，可谓的诂。见《论语注疏》卷十七，页159。

[3] 即使杨伯峻译本，也失精确。杨译作："只有女子和小人是难得同他们共处的，亲近了，他会无礼；疏远了，他会怨恨。""共处"二字意旨含糊。见杨伯峻：《论语译注》，页198。钱穆的译文作："只有家里的妾侍和仆人最难养。你若和他们近了，他将不知有逊让，你若和他们远了，他便会怨恨你。"见钱穆：《论语新解》，下册，页618。事实上，《论语》此章"养"字，古今义相同，无须翻译。钱氏的做法最可取。

[4] 戈尔丁并未注意到"养"字有厮养之义。

[5] 戈尔丁认为儒家修身理论中有"养心"之说，因此，此章"养"字可能针对女性缺乏"养心"的能力而言。臆说无据，尚不如郢书燕说。见所著 *The View of Women in Early Confucianism*, p.139。

[6]《朱子语类》卷四十六，页1176。

本文，逐句逐字理会教分明，不须旁引外说，枝蔓游衍，反为无益。”[1]总之，“读书最忌以己见去说，但欲合己见，不知非本来旨意，须是且就他头说，说教分明，有不通处，却以己意较量”，[2]但不可“于文义外寻索”。[3]朱子甚至认为，“就本文理会”，“从文义上寻”，“世间也只有这一个方法路径，若才不从此去，少间便落草，不济事”。[4]我们可以肯定，朱子必然反对所有的先验论的诠释。

根据上述的读书原则，朱子非常扼要地概括了自己的诠释学。他说：“某寻常解经，只要依训诂说字。”[5]这是他所谓的“随文解义”。[6]朱子又说：“大抵某之解经，只是顺圣贤语意，看其血脉通贯处，为之解释，不敢自以己意说道理也。”[7]本文从概念范畴，语用分析、文脉内证、文际互证乃至义理通贯，都遵循朱子本人所揭示的诠释义法，亦步亦趋。对于自己所作的经解注释，朱子尝言：“某下一字时，直是称轻等重，方敢写出。”[8]又说：“某所集注《论语》，至于训诂皆子细者，盖要人字字与某着意看，字字思索到，莫要只作等闲看过了。”[9]针对“女子与小人”章，朱子其实着力于解释“女子”与“小人”两词在本文的原意，这是训诂工作，但朱子的训诂寓藏义理，《论语》原书及《周易》均可启发互证。换言之，朱子的义理诠释亦寓

[1]《朱子语类》卷五十二，页1237。朱子又说：“且就本文理会，牵傍会合，最学者之病。”见同书，卷一一八，页2841。

[2] 同上书，卷一一七，页2834。

[3] 朱子曰：“读书须从文义上寻，次则看注解。今人却于文义外寻索。”同上书，卷十一，页193。

[4] 朱子曰：“某尝说学者只是依先儒注解，逐句逐字，与我理会，着实做将去，少间自见。最怕自立说笼罩，此为学者之大病。世间也只有这一个方法路径，若才不从此去，少间便落草，不济事。”同上书，卷四十，页1037。

[5] 同上书，卷七十二，页1812。

[6] 同上书，卷十一，页193。

[7] 同上书，卷五十二，页1249。

[8] 同上书，卷十一，页192。

[9] 同上书，页191。

藏于训诂之中。朱子尝言:"程先生经解,理在解语内。某集注《论语》,只是发明其辞,使人玩味经文,理皆在经文内。"[1]他这段自述用来形容"女子与小人"章的诠释实在最为贴切。[2]

限于《集注》的著作体例,朱子未能详细交代他对"女子与小人"章的诠释和相关理据,然而,本文分析此章,正依据朱《注》,尝试"字字与某着意看,字字思索到"。如果本文所论能够成立,我们也许真的可以遵循朱子自述的诠释义法,重构他对"女子与小人"章的解读及其理据。至于当今风行一时的性别诠释论或许有郢书燕说之功,而实际则未得此章的原意。"女子与小人"章并不能证明孔子歧视女性。事实上,自从清代崔述以来,对《论语》成书问题感兴趣的学者不少认为《阳货》篇后出。[3]如果此说能够成立,则孔子对女子与小人的评论,无论究作何解,最终可能跟孔子本人对女性的看法无关。

---

[1]《朱子语类》卷十九,页438。

[2] 朱子又说:"某所以做个《集注》,便要人只恁地思量文义。晓得了,只管玩味,便见圣人意思出来。"同上书,卷二十一,页484。

[3] 主张此说最力者则莫如当代美国学者白牧之夫妇,两人的相关代表作为E. Bruce Brooks and A. Taeko Brooks, *The Original Analects* (New York: Columbia University Press, 1999)。有关《阳货》篇后出之说,参看同书p.240。

丙、文化史中的文外诠释

第五章
借题发挥
——从《注维摩诘经》看中古佛教讲经

一、前　言

自从敦煌藏经洞重见天日，学术界对敦煌佛经经卷的研究繁富，俨然成为显学。经过一个世纪的努力，今天我们对唐代佛教和尚讲经活动和形式渐渐得到确实的认识。根据敦煌佛教变文的启示，我们现在所知的佛教讲经情况最早可以追索到七八世纪。显然，七世纪的佛教讲经活动绝对不会是一个突然的历史现象，七世纪以前，佛教和尚必定已经有讲经的习惯，尽管他们的讲经习惯不必与后来的完全相同。我们也许可以说，七世纪以前的佛教讲经情况实际上就是变文的前历史。长久以来，这一段变文前历史一直都没有受到学者的充分注意。其实，自从佛教在一世纪传入中国以后，佛教徒可以说一直都在进行传教的工作。[1]开始的时候，佛教徒不一定通过什么严格的讲经形式来宣扬佛教，但是，最晚在五世纪初佛教大师鸠摩罗什抵达长安以后，这种情况就开始改变了。诚然，有关唐代以前中

[1] 有关南朝佛教的说经情况，我另有专书研究，目前已发表者见Yuet Keung Lo, "The Drama of Numskulls: Structure, Texture, and Functions of the *Scripture of One Hundred Parables*," *Early Medieval China* 12 (2006): 69–90。

国的佛教讲经情况，我们今天能够看到的资料实在十分有限。但是，我们依然可以通过一些少为人注意的材料，管窥蠡测，由此推想佛徒早期在中国的讲经活动。本章尝试根据鸠摩罗什的《注维摩诘经》窥探中国中古时期佛教讲经的一些面貌。

研究鸠摩罗什多半着重他的译经活动，而甚少注意他对佛经所作的注解。[1]本章将通过对什公《注维摩诘经》的仔细分析，探讨这位五世纪的佛教翻译大师如何以注疏形式宣讲佛教故事。本章将论证什公深明故事演说对宣扬佛家教义的重要性，同时又进一步指出什公演说故事率多随机应变，因而他所讲的故事与经文原意未必相关。什公所演说的故事往往刻意出奇，引人入胜，[2]似在娱人，实欲宣教。

二、说书人兼讲经家鸠摩罗什

众所周知，佛祖释迦牟尼本人喜用故事和譬喻说法。事实上，佛藏中无数经典基本上就是由寓言故事和佛祖本人的前世因缘组成。虽然五世纪以前，大量佛经已经译成汉文，但有趣的是，与此同时，外国佛教僧人却并没有将佛经的注疏通过翻译介绍到中国，至于他们本人撰述的注疏则更是凤毛麟角了。[3]相反，五世纪以

[1] 本人曾发表英文论文讨论鸠摩罗什《注维摩诘经》，内容与本文不尽相同，而更着重论证什公注的口述性质，可参考。见Yuet Keung Lo, "Persuasion and Entertainment at Once: Kumārajīva's Buddhist Storytelling in His Commentary on the *Vimalakīrti-sūtra*",《中国文哲研究集刊》第21期（2002年9月），页89—116。

[2] 什公刻意出奇的叙述技巧对唐代兴起的传奇有一定的影响，有关论述见拙文：《唐传奇的佛教影子——从叙事结构说起》，收入古正美主编：《唐代佛教与佛教艺术》（新竹：觉风佛教艺术文化基金会，2006年），页332—333。

[3] 孙吴时期的支谦注《了本生死经》，而康僧会则注《安般守意经》《法镜经》以及《道树经》数种。俱见〔梁〕慧皎：《高僧传·康僧会传》卷一，收入《大正藏》，第50册，第2059种，页325及页326。

前中国本土的僧人却撰写过佛经的注解，其中两种一直流传至今，分别是孙吴时期陈慧所撰的《阴持入经注》和西晋释道安所撰的《人本欲生经注》。[1]此外，汉魏时期至少还有两个汉人所作的注本。一为安世高出家弟子临淮人严浮调（又作严佛调）曾经为其师所译的《沙门十慧》作的一部《沙弥十慧章句》。不过，此书久佚，现在只有严氏本人的一篇序文遗留下来。[2]安世高在汉桓帝初年来华，时在公元二世纪中叶，因此，严浮调的《沙门十慧章句》较之陈慧的《阴持入经注》成书尚早二三十年。[3]另一汉人佛经注本为东吴时支谦所译的《了本生死经》，他的汉人弟子河南支恭明曾为之“作注解”。这个注本今已亡佚，不过，西晋道安时犹存，而道安更因为“童曚之伦，犹有未悟，故仍前迹，附释未训”。[4]

关于这些中国僧人所作的佛经注解，有两点最值得注意。首先，这些著作甚早出现，时间都在二世纪末、三世纪初。这个时间十分关键，因为此前两三百年，汉代儒家经师已经发展了一套章句注经的传统。其次，根据《阴持入经注》和《人本欲生经注》的内容，中国僧人的注解都是忠实地依据佛经原文，逐句注释，继而联句成章，其间可谓绝无注者自己阑入的见解。读者所得的印象是，注者本人好像只是根据他所听受的说法，笔录成书。这种情况尤以陈慧的《阴持入经注》最为明显。陈慧是东吴时期来华的康居僧人康僧会的弟子，他在注解中亲自声明自己的见解完全遵守师说。陈慧在《阴持入经序》中谓“因间麻缌，为其注义。差次条贯。缕释行伍。令其章断句

[1] 两书分别见于《大正藏》，第33册，第1694种和第1693种。

[2] 见〔梁〕僧祐：《出三藏记集》卷十，《大正藏》，第55册，第2145种，页69—70。

[3] 道安《经录》谓“汉灵帝光和中（178—183），有沙门严佛调共安玄都尉译出《法镜经》及《十慧》等”。见慧皎：《高僧传·晋常山竺佛调传》卷九，页388。

[4]〔晋〕道安：《了本生死经序》，《出三藏记集》卷六，页45。然而，根据慧皎：《高僧传·康僧会传》，作注者乃支谦。见卷一，页325。

解，使否者情通，渐以进智。才非生知，扬不尽景”。[1]他一方面说自己的注义不外是“差次条贯。缕释行伍。令其章断句解，使否者情通”，另一方面又特别声明自己“才非生知，扬不尽景”。[2]这固然是谦敬的表示，但确实也反映出他谨守师法之微意。具体而言，陈慧的《阴持入经注》只是将其师康僧会的说法“训故举大义而已”，这种注经方式其实就是西汉已经成立的“小章句”。[3]所谓“训故”，即文内诠释。此外，陈慧《注》备列《阴持入经》原文，这即是汉人经说中所谓的“具文饰说”。[4]严浮调在《沙弥十慧章句序》则谓“调以不敏，得充贤次，……不敢自专，事喻众经”。《沙弥十慧经》乃后汉时安世高所出，严浮调以弟子身分，注解上师译作，而明言“不敢自专”，可见他的立场和注解方式应该跟陈慧相若。虽然我们今天已经无法看到《沙弥十慧章句》原书的内容，不过，由于严浮调跟陈慧同时，而他作注又以“章句”命名，他所作的注解相信也借鉴了汉代经师以章句说经的文内诠释传统。单从形式上考虑，逐句注释、联句成章的做法无疑是受到汉代儒家经师以章句方式说经的影响。同时，汉代经师说经又是必须严守家法的。从这个观点考察，汉末魏晋最先出现中国僧人撰述的佛经注解，实际上已经暗藏了中国人以中国本土的方

[1]《阴持入经序》,《阴持入经注》，页9。

[2] 同前注。

[3]《汉书·儒林传》:“宽作《易》说三万言，训故举大谊而已。今‘小章句’是也。”（卷八十八，页3597—3598）有关汉代章句之学的讨论，可参看蒋天枢:《论〈楚辞章句〉》，收入氏著:《楚辞论文集》(台中: 蓝灯文化实业公司，1987年)，页213—227，特别页213—217。作者感谢悉尼大学陈伟强教授惠赐蒋天枢一文。兹举陈慧注中数例以说明所谓“训故以举大义”的情况。《阴持入经注》卷下，“无利”，注云:“德修而累耗，谓之无利。”“名闻”，注云:“德馨远香，谓之名闻。”“不名闻”，注云:“行备德高，为群邪所遏，谓之不闻矣。”“命已竟毕”，注云:“谓不复受生死寿命。”页18。

[4]《汉书·夏侯胜传》谓夏侯建“从五经诸儒问，与《尚书》相出入者，牵引以次章句”，复言建“具文饰说”(卷七十五，页3159)。蒋天枢认为，所谓“具文”，即指“章句书具列全部经文；饰说则言其牵引众说以次章句，繁饰其辞而为之说也”。见《楚辞论文集》，页216。

式去认识和了解佛教的契机。此后大概一百年之内，中国僧人就开始以本土的儒、道思想中的概念去附会佛教的名相，因而发展出一套独特的格义方法来。[1]

中国历史上，外国僧人为佛经撰写注解，几乎可谓绝无仅有。[2]个中原因自然难得确解，不过，外国僧人无疑更重视佛经本身的翻译工作。相对于佛教的经、律、论而言，僧人自己的言论和见解显然是次要的；传扬佛祖本人的教义才是他们来华传教的最终目的。况且，僧人自己的见解往往已经通过讲经这种更为直接的方式表达出来了。由此推断，外国僧人实在没有自己为佛经撰作注解的必要。著书立说原来并非外国僧人来华的最终目的。据我所知，现存的外国僧人所作的佛经注解只有一种，就是苻秦时期署名鸠摩罗什的《注维摩诘经》。

在今天学术界中，鸠摩罗什已然是尽人皆知的佛教翻译大师。在什公五世纪初来华之前，中国本土虽然已经有众多的佛典译成汉

---

[1] 西晋时，中国僧人帛法祖注《首楞严经》，其弟帛法祚则注《放光般若经》，可惜均佚，其体例不得而知。见慧皎：《高僧传·帛远传》卷一，页327。有关格义的最新研究，可参看 Victor H. Mair, "What Is Geyi, After All?" in Alan K. L. Chan and Yuet-Keung Lo eds., *Philosophy and Religion in Early Medieval China* (Albany: SUNY Press, 2010), pp.227–264。

[2] 东吴时康僧会曾经为安玄口陈、严浮调笔受的《法镜经》作过"注义"，可惜今已佚。见《法镜经序》，《法镜经》，《大正藏》，第12册，第322种，页15。必须指出，康僧会为《法镜经》作注，理由是他觉得安、严两人的译本"义壅而不达"。换言之，如果译本能够达义，也就没有作注的必要了。又康注有人认为颇有乖异，因此加以纠正。《法镜经·序》云："康氏谷德，博达心聪，为作注解，敷演义方。辞语雅美，粲然焕炳，遗诲后进，以开童蒙，于学有益，以为献呈。乘意绸缪，诚可嘉也。然夫上圣之妙旨，厥趣幽奥，难可究息。余察其大义，颇有乖异，惧晚学者，以此为真，而失于正义。彼此俱获其愆矣。余反复历思，理其阙者，有七十八事。谨引众经，比定其义，庶令合应，不为疣赘。又经本字句，多渐灭除去，改易其字，而令句读不偶，音声不比，义理乖错，不相连继，甚失其宜也。"可惜我们今天以不知后序作者为何人，不过，从序文看来，作者并没有另作注解。此外，作者又指出经本字句，多渐灭除去，则康注原来也像陈慧《阴持入经注》和严浮调《沙门十慧章句》一样，都是"具文饰说"，将注文附列于经文之下。《法镜经后序》，引文见《法镜经》，页22。

文，但是，这些佛经翻译往往不甚精确，因而直接影响中国人对佛教教义的理解和领受。在某种意义之下，格义佛教其实就是翻译语言未尽精确的结果。鸠摩罗什来华以后，不但翻译了不少中国人前所未闻的佛经，同时，又不满于好些旧译佛典，因此重新再译。什公的翻译成就至少间接地促成了中国人以佛教本来的语言和概念来认识佛教，因此，佛教慢慢在中国变成一套独立自存的学问。职是之故，什公在中国佛教史上最大的贡献无疑是他毕生的翻译事业。学者研究鸠摩罗什几乎毫无例外地都集中在他的佛经翻译，这自然无可厚非。然而，署名鸠摩罗什的《注维摩诘经》却可谓从来没有受到学者的注意。

自从在东汉译成汉文以后，《维摩诘经》一直在中国都极受欢迎。从严浮调灵帝中平五年（188）的首译开始，[1]先后一共有七个不同的译本出现，而其中一种即出自鸠摩罗什之口。自从面世以来，什公的译本可说完全取代了以前的五个译本，即使以后玄奘法师更为精确的译本也无法减损什公译本的魅力。什公的译本继续风行，一直到今天。事实上，什公本人居然会为《维摩诘经》作注，这件事情本身就证明了这部佛经的重要性。我们知道，从四五世纪开始，中国的佛经翻译就出现了译场制度，翻译的时候习惯上由外国僧人担任宣经者而笔受者则由中国信众充当。[2]笔受者一般都是宣经人的弟子。宣经人在译经的同时往往也会对所宣译的佛经作讲解，这就是所谓“译讲同施”的习惯。正因为译讲同施的缘故，所以，翻译

---

[1] 根据法国已故佛学权威艾蒂安·拉莫特（Étienne Lamotte）的说法，严浮调的译本只是中国人自己以讹传讹，原来并不存在。参看Étienne Lamotte, *The Teaching of Vimalakīrti (Vimalakīrtinirdeśa)*, trans. Sara Boin (London: Pali Text Society, 1976), pp.lxxxix-xci. 法文原著原题 *L'Enseignement de Vimalakīrti,* Bibliothèque du Muséon, vol. 51 (Louvain: Institut Orientaliste, 1962)。

[2] 有关佛教译场制度，参看王文颜：《佛典汉译之研究》（台北：天华出版事业股份有限公司，1984年），页129—201，特别页131—141。

进行的时候，译场常常挤满数以千计的善男信女，聆听佛理。除了听经以外，这些善信还可以当场提问，而宣经人又会实时作出回应。由此看来，译讲同施其实是一个宣经人与听众完全互动的过程。由于笔受者必然有澄清经文原意的需要，所以，他们无疑也一定参与这个互动过程。僧肇《维摩诘经序》说什公在翻译《维摩诘经》时“一言三复，陶冶精求，务存圣意”。[1]作为《维摩诘经》的笔受者，他这番说法最能够说明宣经人与笔受者之间往复的互动过程。鸠摩罗什的《注维摩诘经》极有可能就是在这种译讲同施的情况之下产生的作品。必须指出，什公翻译《维摩诘经》的时候曾经得到他的中国弟子的帮助，这些弟子中最为显著的包括所谓四大弟子僧肇、僧叡、道融、道生。尤有进者，什公这些弟子中竟然也为《维摩诘经》作注，而且大都流传至今。由于这段幸运的历史因缘，我们今天可以拿鸠摩罗什本人的《注维摩诘经》跟他的弟子们所作的注解互相比较。通过这样的比较，我们可以进一步认识什公注的一些特色。

四大弟子中，僧肇、僧叡和道生的注解今天完好幸存，而道融的注解今仅存一则。[2]前三者的注解性质上完全是哲学的论述，写法与魏晋玄学中王弼的《老子注》和郭象的《庄子注》极为相类。僧肇等人的注解对佛教的哲学概念甚为关注，至于与哲学无关的史实细节和名物解释，他们都可谓漠不关心。综合而言，什公的《注维摩诘经》在内容上跟他的弟子所作的注解分别不大，但是，什公注却有一些形式上的特点为弟子注所无。

首先，什公有时候会在注中指出经中某句梵本原文，而他指出梵本异文的原因在于告诉中国读者汉文译本与原文不尽相同。比如，卷一《佛国品》什公译文作“譬如有人，欲于空地，造立宫室，随意无

[1]〔后秦〕鸠摩罗什：《注维摩诘经》卷一，《大正藏》，第38册，第1775种，页327。
[2] 同前书，卷五，页371—372。

碍。苦于虚空，终不能成”。在这句下，什公自注曰“梵本云：空中造立宫室，自在无碍。空不可用为宫室，如是，不离众生，得净国也”。[1]显然，什公在注中除了义理的阐释以外，还指出文本的不同。根据什公注，汉译文字似乎比较有条理，前后相应，而梵本则语脉略显不明。正因为什公注意到他的弟子对译文的修饰，所以，他在宣译的时候就特别注明梵本的原貌。有时候，什公又会特别花心思在注中详细说明一些音译的梵文佛教术语和人物的名字。还有一种比较少见的情况，就是什公会交代《维摩诘经》中所用的佛经典故。比如，在注释卷一《佛国品》中“阿修罗”一词时，什公说：“秦言不饮酒。不饮酒因缘，出《杂宝藏》。此是六趣，男丑女端正，有大势力，常与天共斗也。”[2]

其次，什公有时候会为阐明一个佛教概念而列举一连串的定义；这种做法跟小乘佛教的阿毗达磨经典中的名数甚为相类。什公本人在皈依大乘佛教以前对阿毗达磨经典是非常谙熟的。比如说，在解释“波旬”一词时，什公曰：“波旬，秦言杀者，常欲断人慧命，故名杀者，亦名为恶中恶。恶有三种，一曰恶；二曰大恶；三曰恶中恶。若以恶加己，还以恶报，是名为恶。若人不侵己，无故加害，是名大恶。若人来供养恭敬，不念报恩，而反害之，是名恶中恶。”[3]

最后，跟他的弟子不同，什公对掌故事实颇为关注，他常常会介绍外国的一些风俗习惯来说明义理；目的显然是希望他的读者或者听众更容易理解他的讲解。比如，在讨论自己的翻译原则时，他就向读者和听众介绍梵文文学的一些艺术特点。[4]在阐说“修福”这个

[1]〔后秦〕鸠摩罗什：《注维摩诘经》卷一，页335。

[2]《注维摩诘经》卷一，页331。有关阿修罗与天共斗的故事，什公此处并没有道出，但是，他在注卷二《方便品》时则和盘托出。详见下文引。

[3] 同前书，卷四，页365。

[4]《高僧传·鸠摩罗什传》卷二，页333。

佛教概念时，什公曰："外国法：从生至终，所作福业，一一书记。若命终时，傍人为说，令其恃福，心不忧畏也。"[1]我们可以想象，这些外国掌故很可能还是吸引听众的噱头。毕竟，南北朝时期中国本来特别着迷于奇谈逸闻，当时文人笔之于书，于是乃有所谓志人志怪一类的小说。什公本人来自西域，现身说法，津津乐道于外国风俗，对于听众来说，必定有其魅力。

从上述三种注解情况来看，什公作注固然有他自己的主张，但是，无可否认，这些做法却只有像他那样对梵文佛经了如指掌，同时又熟悉西域各国风俗民情，方可为功。在这些方面，他的中国弟子即使心想见贤思齐，也只能够慨叹末由也矣。然而，什公注与他弟子所作的注解真正的差异尚不在于此。真正的差异在于什公注经时常常讲故事。事实上，如果他的弟子愿意效法，这个真正的差异倒可以完全消除。但事实证明，什公的弟子并没有效法他们的老师这个做法。由此可见，这个差异是自觉选择的结果，而这种差异也许正可以看出中国注经传统与佛教的注经习惯不同。必须强调，我们并不是说中国古人并不会讲故事，或者他们不爱讲故事。中国人可能只是在注释经典的时候，没有以讲故事的方式来解说经文的习惯，[2]又或者他们同样也以讲故事方式解说经文，但是，在把注文书写下来的时候习惯上却会删除解说性的故事。[3]

---

[1]《注维摩诘经》卷五，页375。

[2]先秦诸子如孟子、庄子都善用寓言说理，而《韩非子·喻老》更是通篇用故事说理的最典型例子。

[3]学者往往认为《韩诗外传》是以故事说经的作品，但是，这只是一个误会。《韩诗外传》其实是以诗句来说明故事，而非以故事来解释诗句。这就是所谓"外传"的做法。虽然如此，汉代经师说经的时候，有时候也会借用故事。今存郑玄《诗·小雅·巷伯》："哆兮侈兮，成是南箕。"毛《传》在注释这两句诗的时候讲了两个故事，本书第一章已有论述。相信毛氏对弟子讲解《诗经》时必定说过不少故事，只是在写定他的注解的时候，他大概并没有把这些故事保留下来。由此可见，汉代经师说经也许并非不讲故事，然而，训传的写定杀青则另有传统，也就是内传与外传之别。

根据现存的《注维摩诘经》，鸠摩罗什在注中一共讲了近三十个故事。这些故事的篇幅长短不一，长者一千多字，短者不过数十言。反观他的弟子所作的注解，却没有一个人用过一个故事。这绝对不会是巧合。诚然，《维摩诘经》的经文本身就类比、譬喻、寓言累牍盈篇，什公和他的弟子都分别在他们自己的注解中借用这些修辞技巧来阐释经文。实际上，这是非常吻合《维摩诘经》原来的精神的。正如僧肇在《维摩诘经序》中所说："此经所明，统万行则以权智为主。"[1]类比、譬喻和寓言无疑都是"权智"的方便技巧。事实上，由于众生根性不同，因此，这些修辞手法有时候更是诱导善信深入理解佛义的必要工具。什公就非常明了个中道理，他说：

> 若（经文）直明法空，则乖于常习，无以取信，故现物随心变，明常无定性。物无定性，则其性虚矣。菩萨得其无定，故令物随心转，则不思议乃空之明证。将显理宗，故以为经之标也。[2]

为了要因应众生利钝不一的根性，什公认为说经时不宜因人废言，而应该想方设法，针对听众的领悟能力，因材施教，以求言出而悟生，功不唐捐。什公说：

> 随其利钝，故说有广略。譬如大树，非一斧所倾。累根既深，非一法能除。或有虽闻无常，谓言不苦，则为说苦。既闻苦，便谓有苦乐之主。故说无我及空也。不说毕竟寂灭。[3]

---

[1]《注维摩诘经》卷一，页327。
[2] 同前注。
[3] 同前书，卷五，页375。

如果众生不信万法无常，而说经人劈头就说“毕竟寂灭”，众生一定不明所以，也不会信服。所以，什公主张讲佛理必须穷极方便，因时制宜，随缘说法，不能勉强一蹴即就。有趣的是，在提出因材施教的讲经方便的同时，什公就漫不经意地暗用了一个众生“累根既深”的比喻，让听众可以在不知不觉的情况之下领悟佛理。什公这种灵活的讲经手法，其实就是仿效大乘佛教中的菩萨方便。《维摩诘经》卷一《佛国品》谓菩萨大士“诸有所作，亦不唐捐”。僧肇《鸠摩罗什法师诔并序》称赞什公“乘时以会，错枉以正，……蕴怀神宝，感而后动，……尽重玄之妙，闲邪悟俗；穷名教之美，言既适时，理有圆会，故辩不徒兴，道不虚唱”。[1]显然，他特别注意其师讲经的非凡技巧。更重要的是，什公讲究讲经技巧，最终目的与其说是解说经文，倒不如说在于起信。他说“若直明法空，则乖于常习，无以取信”，所指固然是《维摩诘经》本文，但同时也不期然道出他本人讲经说法的目的。换言之，什公讲经原非为作哲学辩解或者注释经典，他的用意与其弟子为《维摩诘经》作注，大异其趣。

鸠摩罗什到底如何运用他的讲经方便，以图起信？在此我们姑举两例，以资说明。在阐释《维摩诘经》卷三《弟子品》中“摧诸外道”一语时，什公曰：“出家不以摧物，而诸恶自消，犹如日出，众冥自灭也。”[2]针对“摧诸外道”一语，什公举出“日出冥灭”的比喻，显然他是在尝试用比较形象的语言来说明出家的目的并不在于有心摧灭外道，“诸恶自消”只是出家之后自然而然的结果。因此，虽然经文中并没有“日出冥灭”的说法，什公别出心裁，借用这个比喻来说法，也可谓无可厚非。

---

[1]〔唐〕道宣：《广弘明集》卷二十三，《大正藏》，第52册，第2103种，页264。
[2]《注维摩诘经》卷三，页358。

然而，在阐释卷四《菩萨品》中“汝等已发道意，有法乐可以自娱，不应复乐五欲乐也”一段话时，什公曰：

> 夫鱼之为性，惟水是依。女人之性，唯乐是欲。初发道意，自厉修善，未能乐也。积德既淳，则欣乐弥深。经难不变，履苦愈笃。内心爱乐，外无余欢。令其以此自娱，则厌天乐。自此以下，列万法者，旨取法中之乐，不取法也。[1]

在这段说经中，什公劈头先讲了两个比喻。“鱼水”之喻和“女人乐欲”之喻都不见于经文，而且这两个比喻都跟经文原意并没有直接关系。经文原意谓菩萨既发道意，自然可以以法乐自娱，而无须再沉湎于五欲之乐。这层意思什公本人的注文后段解说得非常清楚，因此，他劈头所讲的两个比喻其实只是画蛇添足。什公画蛇添足的目的大概是要强调菩萨发道意后所享受的法乐，仿如游鱼得水、女人好欲，实属自然这一事实，因为经文原来并没有这个意思。

什公的阐释是否正确固然可以商榷，不过，他这种看似无缘无故，随意借用比喻说法的行为，很可能暗示了什公实际上是因应着当时译场宣经人与听众两者之间具体的互动关系。如果我们再仔细阅读经文，我们就不难发现，什公所讲的意思其实在经文中本来就不言而喻了。那么，为什么什公仍然觉得有必要再画蛇添足，无缘无故阑入两个无关宏旨的比喻呢？

我们推想，经文的所谓“不言而喻”，比喻的“无缘无故”，其实可能只是二十一世纪受过高等教育的知识分子一厢情愿的看法而已。五世纪的中古中国的“愚夫愚妇”不一定会认同，而在当时鸠摩

---

[1]《注维摩诘经》卷四，页366。

罗什在长安的有名译场逍遥园澄玄堂中数以千计的听众中，[1]一定包括了不少这样的“愚夫愚妇”。对于这些听众而言，什公劈头的两个比喻无疑起过不可或缺的启发作用。如果我们再认真思考一下为什么什公要劈头就先说两个比喻，我们就更能想象什公的苦心。我们甚至可以想象他当时很可能只是回应听众提出的一个什么具体问题，而为了要帮助听众了解这段经文，他就匠心独运，劈头先说两个连“愚夫愚妇”也必定能够听懂的比喻。这种看似“无缘无故”的比喻在什公弟子的注解中，全付阙如。由此可见，从形式上考量，什公注重这种以“画蛇添足”的比喻说经方式，在一定意义上显出他的非中国本土式的阐释方法，而这个讲经方法当然跟听众的教育水平有密切的关系。事实上，什公的非中国本土式的阐释方法最显著的特色还不在于“画蛇添足”的比喻，而在于他运用故事讲经的做法，因为正如上文所言，什公弟子的注解中完全没有运用故事讲经的情况。

三、鸠摩罗什如何讲故事

鸠摩罗什到底在《注维摩诘经》中讲了一些什么样的故事？他讲故事的目的何在？首先需要指出，什公所讲的故事通常都旨在鼓励人心向善。他讲故事的目的一般都在阐释经文中的要点，而他的

---

[1] 僧肇《维摩诘经序》谓什公于弘始八年（406）在长安大寺翻译《维摩诘经》时，有义学沙门千二百人在场。如果这个数目并未包括一般听众，那么，听经人的总数更超过一千二百人。见《注维摩诘经》，页327。〔北魏〕崔鸿《十六国春秋》卷五十七谓“逍遥宫，殿庭左右，有楼阁，高百尺，相去四十丈”。见《四库全书》，第463册，页786。据此可知逍遥园面积的大小。（按：《四库全书》馆臣认为今本《十六国春秋》已非崔鸿原书，而可能是明万历以后人根据十六国史料辑成的，见同书页315—316。不过，由于所据史料可靠，所以，有关逍遥园的记载还是可信的。同样的记录又见于〔宋〕宋敏求《长安志》卷五，《四库全书》，第587册，页111。）

宗教意图几乎毫无例外地都是要发起听众的信仰心，劝谕听众皈依我佛。有时候，什公并没有直接把故事和盘托出，他只是提及这个故事。这自然是一个值得注意的现象。比如说，在评论卷一《佛国品》中“降伏魔怨，制诸外道”两句话时，什公就说：

> 魔，四魔。得无生忍，烦恼永断，故降欲魔。得法身则更不得身，故降身魔。无身则无死，故降死魔。无三魔则波旬不得其便，故降天魔也。伏外道如令舍利弗与外道论议，七日七夜，然后得胜。斯其类也。[1]

注文对经文中“魔”字解说清晰详尽，但是，对于“制诸外道”一语，什公却没有解释其中“外道”一词的含义，[2]而采用另一种注解方式，就是讲故事。这个阐释策略上的改变，个中原因今天实在很难了解，相信大概跟当时现场听众的理解需要有关。如果我们对照他的弟子僧肇对同样两句话的注释，我们就更能够看出什公注的特色。僧肇曰：“魔，四魔也。外道，九十六种道也。……九十六种外道，各有部众，故言诸也。”[3]僧肇一本正经说明“魔”和“外道”的意思，并进一步解释“诸”字的含义，此外并无剩语，可谓要言不烦。由此可见，什公借用舍利弗与外道论议的故事，无疑是一个有意的安排。不过，什公在引用故事的同时，却又没有把故事的情节说出，这里似乎又有耐人寻味的底蕴。

我们推想，什公这个做法大概是由于有关故事在当时实在家喻户晓，因此毋庸赘言。另一个可能就是讲经是一个漫长的过程，动辄

[1]《注维摩诘经》卷一，页329。

[2] 有趣的是，鸠摩罗什在《注维摩诘经》卷四《菩萨品》中却替“外道”一词作出定义解说。他说：“异学能大论议者，名外道也。”同前书，卷四，页367。

[3] 同前书，卷一，页329。

事涉经月。在经年累月的讲经过程中，什公可能已经给听众讲过这个故事无数次了。[1]既然听众对有关故事早已耳熟能详，什公自然只须提及这个故事而没有必要废辞了。

当什公把故事和盘托出的时候，他的用意可以是举例说明经文中某些情况。比如说，他可以借故事阐明经文所提及的一些物件的隐义。卷九《菩萨行品》有“有以佛衣服、卧具、而作佛事”一句话，什公说：

> 昔阎色提王，得佛大衣。时世疾疫，王以衣着标上，以示众人。众人归命，病皆得愈，信敬益深，因是解脱，此其类也。[2]

什公在此所讲的故事无关义理，但是却可以帮助听众认识佛衣服的法力，因而可以更具体地明白文中所谓的“佛事”的意义。有关经文这一句话，什公弟子的注解中都没有任何说明，只有僧肇将什公的注文照样抄入他本人的注解中。

什公讲故事的目的又可以是借类似事件来介绍经文中人物的一些背景。比如说，卷三《弟子品》中，当佛祖弟子迦叶第一次在经中出现的时候，虽然僧肇和道生都在注中用简练的语言介绍迦叶其人（僧肇注文约五十字；道生注文约一百六十字），但是，什公却花了大约三百字来讲了一个有关迦叶的故事。这里所讲的字数自然反映了笔受者僧肇的润笔；当时，什公讲经必定口若悬河，他实际所讲的故事

[1] 比如，卷二《方便品》，“游戏神通”句下，什公注曰：“因神通广其化功，亦以神通力证其辩才，如龙树与外道论议。外道问曰：‘天今何作？’答曰：‘天今与阿修罗战。’复问：‘此何以证？’菩萨即为现证，应时摧戈折刃，阿修身首从空中而坠落。又见天与阿修罗于虚空中列阵相对。外道见证已，乃伏其辩才。神通证辩类如此也。”此处，什公清楚交代龙树与外道论议的相关情节，可见上文所引舍利弗与外道论议的故事在什公初次提及的时候必定同样细节分明备悉。《注维摩诘经》卷二，页339。

[2] 同前书，卷九，页404。

绝非区区三百字所能范围。无论如何，什公是这样介绍迦叶的，他说：

> 先佛出家，第一头陀者也。
>
> 昔一时，从山中出，形体垢腻，着粗弊衣，来诣佛所。诸比丘见之，起轻贱意。佛欲除诸比丘轻慢心，故赞言："善来！迦叶。"即分床坐。迦叶辞曰："佛为大师，我为弟子。云何共坐？"佛言："我禅定解脱，智慧三昧，大慈大悲，教化众生。汝亦如是。有何差别？"诸比丘闻已，发希有心，咸兴恭敬。迦叶闻是已，常学佛行慈悲，救济苦人。
>
> 有是慈悲而舍富从贫。意将何在耶？将以贫人，昔不植福，故致斯报。今不度者，来世益甚。亦以造富、有名利之嫌故；又不观来世现受乐故；亦以富人慢恣，难开化故；亦以贫人觉苦，厌心易得故。从舍之生，必由异见，故讥其不普，诲以平等也。[1]

什公这段注文其实由三部分组成。开始一句"先佛出家，第一头陀者也"极为简单。然而，严格而言，整段注文只有这一句才真正是有关迦叶其人的注释。接着，什公花了一百一十九字讲了一个有关迦叶的故事，而讲故事的目的则在于引出注文最后长达九十二字的一部分，也就是什公要向听众宣扬的佛法。他想借迦叶的一段故事来说明布施和福报，以及两者之间的因果关系。可见什公讲这个故事最终目的不在于解释经文中提到的迦叶，而更在于借题发挥，乘机激发听众的信仰心。

有时候，什公又会借用故事来说明经文中提到的品德。比如，卷二《方便品》中提到维摩诘"辩才无碍，游戏神通"，什公随即讲了一个故事。他说：

---

[1]《注维摩诘经》卷二，页347。

> 因神通广其化功，亦以神通，力证其辩才，如龙树与外道论议。外道问曰："天今何作？"答曰："天今与阿修罗战。"复问："此何以证？"菩萨为现证，应时摧戈折刃及阿修罗身首，从空中而坠落。又见天与阿修罗于虚空中列阵相对。外道见证已，乃伏其辩才。神通证辩，类如此也。[1]

什公的故事也有专为阐释佛学概念而发的，不过，这种情况并不多见。卷六《观众生品》有如下的一段文字：尔时，文殊师利问维摩诘言："菩萨云何观于众生？"什公注云：

> 众生若有真实定相者，则不思议大士不应徒行逼试，令其受苦。以非真实，易可成就。故行恼逼也。复次，佛法有二种，一者有，二者空。若常在有，则累于想着。若常观空，则舍于善本。若空有迭用，则不设二过。犹日月代用，万物以成。上已说有，故今明空门也。观众生为若此。众生、神、主、我是一义耳。
>
> 如一痴人行路，遇见遗匣。匣中有大镜。开匣视镜，自见其影，谓是匣主。稽首归谢，舍之而走。众生入佛法藏，珍宝镜中，取相计我，弃之而去，亦复如是。亦如一盲人行道中，遇值国王子，坚抱不舍。须臾，王官属至，加极楚痛，强逼夺之，然后放舍。如邪见众生于非我见我，无常苦至，随缘散坏，乃知非我，亦复如是。如空中云，近之则无也。[2]

---

[1]《注维摩诘经》卷二，页339。

[2] 同前书，卷六，页383。按：什公所讲的痴人见匣的故事，可能语有所本。求那毗地南齐永明十年（492）译《百喻经》卷二《宝箧镜喻》所载故事，内容基本上相同。见《大正藏》，第4册，第209种，页548。虽然《百喻经》汉译晚于什公讲经之时，但是，这个佛经故事在印度和中亚应该是颇为流行的。

在此，什公一共讲了两个故事，目的都在说明“无我”这个佛教的基本概念。然而，经文原来只提到“众生”一词，而且又并非作术语使用。什公却将“众生”这个日用语一转而为佛教术语，再而引出“神”“主”“我”这一组概念。最后，他就借两个故事来阐明“众生”“神”“主”和“我”四个概念其实具有等同的意涵。相对而言，僧肇注则如实地把“众生”看作日用语，但是，他却准确地从修行的角度指出“观”字的重要意义。僧肇说：

> 悲疾大士，自调之观，微言幽旨，亦备之前文矣。然法相虚玄，非有心之所睹。真观冥默，非言者之所辩。而云何不证涅槃，与群生同疾？又现不思议，其迹无端。或为魔王，逼迫初学。斯皆自调大士之所为也。自调之观，彼我一空。然其事为喻，乃更弥甚。至令希宗者惑亡言之致，存己者增众生之见，所以无言之道，难为言也。将近取诸喻，远况真观，以去时人封言之累。故生斯问也。[1]

从注解的性质而言，僧肇注无疑是纯哲学的分疏。这一点即使注文的语言本身都能够明显地反映出来。对比起来，僧肇的文字显然华美精致，而什公的语言更近口说，虽然同样旨在阐明佛教概念，但是，最终好像更有意于娓娓道出一个动听的故事来。

也许正由于这个讲故事的冲动，鸠摩罗什说经时更多是借助故事，举例说明经文中一些情境，或者将经文中意义比较隐晦的地方加以发明，又或者列举与经文相类的故事。比如说，卷八《香积品》中记载菩萨“常省己过，不讼彼短”，什公于是举事连类，说出下面一段故事：

[1]《注维摩诘经》卷六，页383。

如一比丘林中坐禅，时至须食，持钵出林，路逢恶贼。恶贼引弓射之。比丘恕他自责，不生恶心。又指腹语贼："汝应射此。我为腹出林，故致斯恼。此腹之罪耳。"省己恕物，类如此也。不讼彼短，不如彼钝根维那，就地舐秽，求人短也。省己过，乃至求诸功德，通为一事。[1]

诚然，什公所讲的比丘故事很具戏剧性，而且又能够清楚说明犯错的时候，我们必须"省己恕物"，自承己过，不可怨天尤人。但是，必须指出，经文"常省己过，不讼彼短"八字，文义十分明白，而且也不含深奥佛理，本来似乎没有阐释的必要。再者，什公所说的故事实际上也并没有完全与经文契合的针对性。他的故事显得恰如其分，主要的原因在于经文原来"常省己过，不讼彼短"这两句话并没有针对任何具体的情境，因此，任何"省己恕物"的故事在此都会适用。

然而，一旦经文牵涉具体的情境，什公在注文中所讲的故事往往就显得迂回转折了。比如说，卷二《方便品》说维摩诘"入诸淫舍，示欲之过"，什公就借题发挥，讲了下面一段故事：

外国有一女人，身体金色。有长者子，名达慕多罗，以千两金，要入竹林，同载而去。文殊师利于中道变身为白衣，身着宝衣，衣甚严好。女人见之，贪心内发。文殊言："汝欲得衣者，当发菩提心。"女曰："何等为菩提心？"答曰："汝身是也。"问曰："云何是？"答曰："菩提性空，汝身亦空，以此故是。"此女曾于迦叶佛所，宿殖善本，修智慧。闻是说，即得无生法忍。得无生法忍已，将示欲之过。还与长者子入竹

[1]《注维摩诘经》卷八，页402。

林。入林中，已自现身死，膖胀臭烂。长者子见已，甚大怖畏，往诣佛所。佛为说法，亦得法忍。示欲之过，有如是利益也。[1]

经文中明言“淫舍”，但是什公的故事却与“淫舍”无涉。尽管如此，什公的故事还是能够指出经文中借色欲为方便，警悟世人的道理。可见他在此关注的乃经文中“示欲之过”这半句话。在注文总结故事的教训时，什公就明言“示欲之过，有如是利益也”。严格来说，什公这个故事与其说是解释文义，还不如说是借题发挥，道出经文中蕴藏的言外之意。

从这个“外国女人”的例子看出，有时候，什公所讲的故事包含的道理跟经文原意可以互不关涉。有关这一情况，我们姑举一个也许是什公注中最明显的例子。卷二《方便品》谓“是身如丘井，为老所逼”。这句话原来十分简单，说人身无常，不堪岁月所逼，必然衰老。不管是文字抑或个中道理，相信五世纪的“愚夫愚妇”应该也不难理解。然而，什公在此似乎又耐不住他讲故事的冲动，他说：

丘井，丘墟枯井也。昔有人有罪于王，其人怖罪逃走。王令醉象逐之。其人怖急，自投枯井。半井，得一腐草，以手执之。下有恶龙，吐毒向之。傍有五毒蛇，复欲加害。二鼠啮草，草复将断。大象临其上，复欲取之。其人危苦，极大恐怖。上有一树，树上时有蜜滴落其口中。以著味故，而忘怖畏。丘井，生死也。醉象，无常也。毒龙，恶道也。五毒蛇，五阴也。腐草，命根也。黑白二鼠，白月、黑月也。蜜滴，五欲乐也。得蜜滴而忘怖

[1]《注维摩诘经》卷二，页340。

畏者，喻众生得五欲蜜滴，不畏苦也。[1]

对照经文，什公的故事显得有点儿无的放矢。什公并没有讨论无常的人身为岁月所逼之苦，反而注释“丘井”这一个应该是尽人皆知的词语。再者，他解释丘井为“丘墟枯井”，显然也不准确。什公的解释目的在于营造一个活动场地（丘墟），同时又预埋伏线（枯井），好让他故事中的逃犯能够登场表演。什公这种处心积虑无疑正反映了他要借机讲故事的意图。从解经的立场来看，什公的动机似乎十分明显；他想借“丘井”之题来发挥他“五欲乐令人不畏苦”的道理。如此一来，注文便将经文中衰老这一具体的蕴苦改为广义的蕴苦。同时，注文中又特别提出五欲乐足以使人忘却蕴苦，这种注意力的转移其实是什公故事的重点，然而，经文中原来并没有这重意旨。事实上，这个意旨是由什公自己所讲的故事逼出来的。我们可以说这个意旨决定了什公选择讲述这个故事的动机，同时又主宰着这个故事的情节发展，但却没有阐释经文的原意。经文与注文的阐释性故事之间的关系因此变得十分迂回牵强。

事实上，鸠摩罗什所讲的故事一旦出口，往往就有它自己的独立生命而不再受经文原意的制约，因此，什公更会从自己所讲的故事中阐衍出一番原来并不见于经文的道理。卷二《方便品》谓维摩诘“若在庶民，庶民中尊，令兴福力”。这几句话浅白易懂，本来也应该没有注释的必要，什公却又乘机说出一段故事来。显然，他的动机应该在

[1]《注维摩诘经》卷二，页342。这个故事并非佛教的专利品，而实际见于许多不同的印度文献。鸠摩罗什本人在后秦弘始七年（405）译出的《众经撰杂譬喻》也包括这个故事。见《大正藏》，第4册，第208种，页533。不过，在这个版本的故事中，老井却代表众生的居所，而非代表生死。由此可见，什公运用佛经故事的态度基本上是因应听众的需要，随机应变，但求其方便，而并没有什么特别的义法可言。由于《维摩诘经》的译出时间为弘始八年（406），较《众经撰杂譬喻》晚一年，可见什公对佛教故事的利用是有意识的。

于讲经，因此，他所讲下面的故事实际上就是译讲同施的结果：

> 昔有一贱人，来入城邑。见一人服饰严净，乘大马，执宝盖。唱言“不好”，乃至再三。彼人怪而问曰：“我严净如是，汝何言不好耶？”贱人曰：“君宿殖德本，获此果报。威德被服，人所宗仰。我昔不种福，鄙陋如是，以我比君，犹如禽兽，故自言不好耳，非毁君也。”贱人因是感厉，广修福业。形尊悟物，所益已弘。况以道法化人哉！[1]

什公在故事最后所发挥的道理无疑乃是根据他自己所讲的故事而演绎出来的，这个道理跟经文全无关涉。然而，什公的故事却又的确是从经文敷衍而出。换言之，什公根据经文所讲的道理其实已经跟经文原意隔了两重关系了，因此，与其说什公讲经的目的在于阐释经义，毋宁说他更愿意满足自己讲故事的冲动。不过，必须强调，什公讲故事的冲动其实最终还是要满足译场中一直跟他互动的听众听经学佛的需要，这些听众的提问和质疑往往决定了什公讲经的意向和手段。从上述各例看来，即使什公所讲的故事未必与经文的义理相关，但是，他饶有趣味的故事在当时肯定引起了不少听众专心听经的兴趣。

四、结　　语

根据上文分析，鸠摩罗什虽然不主张以譬喻和寓言为阐释佛典的主要方法，但是，至少在讲经的场合，他似乎认为讲故事不失为有效的阐释方法，对于说明抽象的佛学概念，喻说性的故事未必不如纯粹的概念分析。如果我们考虑到听众的教育背景，什公的讲经方法

[1]《注维摩诘经》卷二，页340。

恐怕还是更有成效的。[1]

什公在宣经时所讲的故事，毫无例外都是外国的舶来品，其中完全没有中土的故事和掌故。即使有时故事本身并没有具体的外国场景和人物，但是故事的内容依然充满异国情调和色彩。上文所举比丘"恕他自责"的故事就是最好的例子。唐代僧人讲经时引用中国本土传说和历史故事的做法，大概是讲经后来的历史发展。

最后，我们想补充说明一下鸠摩罗什讲故事说经这一方法的渊源。佛教的叙事传统里本来就有一个譬喻法（avadāna）。譬喻是一种说经的叙事形式，这是佛教造经方法之一，为大乘和小乘佛教所共享。[2]大乘的十二种造经法最晚于三世纪已经定型。鸠摩罗什生于天竺，他九岁的时候，母亲带他到罽宾追从小乘大师盘头达多学佛，前后一共三年。[3]什公早年的佛学素养就是少时在罽宾孕育而成的，因此，他讲故事的说经方法很可能正是得自盘头达多的教导。同时，他在西域游学多年，肯定也到处看到西域僧人实际的讲经情况，耳濡目染，练就成他说经的本领。[4]什公原来也信奉小乘，不过，后

---

[1] 南方佛教大德庐山慧远曾向什公请教佛理，由于什公身在长安，二人只能书信往还论道，后人辑录成书，名《大乘大义章》。书信中论及有关般若思想的诸多深奥佛义，但有趣的是，什公从未借用故事来阐明义理。可见论学对象、场合和目的在很大程度上决定了什公讲经说法的手段。

[2] 古正美：《大乘佛教的造经方法与早期佛教文学及艺术的发展关系》，《岭南学报》新第1期（1999年10月），页137—164。

[3] 按：盘头达多当时在中国大概也是颇有名声的人物。僧祐《萨婆多部师资记》中卷一载有《槃头达多传》第四十八，而卷二题为《长安城内齐公寺萨婆多部佛大跋陀罗师宗承略传》，其中也载有《槃头达多传》第四十三。可惜《萨婆多部师资记》今逸。见《出三藏记集》卷十二，页89及页90。

[4] 按：西域僧人本有讲故事说经的传统。根据僧祐《贤愚经记》："河西沙门释昙学威德等，凡有八僧。结志游方远寻经典。于于阗大寺遇般遮于瑟之会。般遮于瑟者，汉言五年一切大众集也。三藏诸学，各弘法宝，说经讲律，依业而教。学等八僧，随缘分听。于是竞习胡音，折以汉义。精思通译，各书所闻。还至高昌，乃集为一部。"见《出三藏记集》卷九，页67。《贤愚经》今存，全书一百卷，都是譬喻故事，由此尚可见西域僧人说经情况的一二。什公本生长于西域，耳濡目染，复加以盘头达多的教导，他来华后说经演说故事，实在是最自然的事。

来他四处游学，转益多师，终于在二十七岁的时候在莎车改依大乘。其后，龟兹王对什公钦佩景仰，并恭迎他到其国，朝夕供奉；龟兹王自此更竭力推广大乘佛教。盘头达多闻讯后，即从罽宾远访他从前的小乘弟子。师徒重逢之后，什公便向他的老师阐说大乘因缘空假之义，但是，盘头达多疑窦满腹，并未信服。他于是质疑什公；《高僧传·鸠摩罗什传》记载了师徒两人的往复辩难最能看出两位外国僧人如何阐说佛理。盘头达多说：

> "汝于大乘见何异相而欲尚之？"
>
> 什曰："大乘深净，明有法皆空。小乘偏局，多诸漏失。"
>
> 师曰："汝说一切皆空，甚可畏也。安舍有法而爱空乎？如昔狂人，令绩师绩线，极令细好。绩师加意，细若微尘。狂人犹恨其粗。绩师大怒，乃指空示曰：'此是细缕。'狂人曰：'何以不见？'师曰：'此缕极细。我工之良匠，犹且不见。况他人耶？'狂人大喜，以付织师。师亦效焉，皆蒙上赏而实无物。汝之空法，亦由此也。"
>
> 什乃连类而陈之，往复苦至，经一月余日，方乃信服。师叹曰："师不能达，反启其志，验于今矣。"于是礼什为师，言"和上是我大乘师，我是和上小乘师矣"。[1]

从什公师徒两人的往复辩诘，我们清楚看出，他们的论证全在双方巧设的譬喻。值得注意的是，整个辩诘过程乃由盘头达多设喻开始，可见讲故事作论证应该是盘头达多原有的本领，而什公大概就是少时追从盘头达多学到这种他终身奉行的技艺。相信什公的这一身技艺在五世纪中国必定产生过无与伦比的启发作用。我们甚至可以想

[1] 慧皎：《高僧传》卷二，页331。

象，尽管什公的翻译成就前无古人，然而依赖他译讲同施时所讲的故事而得以度彼岸的“愚夫愚妇”，恐怕远远多于阅读他的译经的信众。对于什公本人来说，这也许才是他讲经的真正意义吧。

僧肇在《鸠摩罗什法师诔并序》中概括其师在中国的传法功绩时特别指出什公说法的伟大成就。他说什公“言既适时，理有圆会，故辩不徒兴，道不虚唱，斯乃法鼓重震于阎浮，梵轮再转于天北矣”。[1]有趣的是，僧肇并没有特别提及什公的翻译事业。显然，这位目击证人也认为什公的现场讲经是他在华传法事业中意义最为重大的功德。[2]

---

[1]《广弘明集》卷二十三，页264。

[2] 房玄龄等撰：《晋书·姚兴载记》云：“兴既托意于佛道，公卿以下，莫不钦附，沙门自远而止者五千余人。起浮图于永贵里，立波若台于中宫，沙门坐禅者恒有千数，州郡化之；事佛者十室而九矣。”（卷一一七，页2985）这样惊人的弘法成绩固然是由于国主姚兴的大力推崇，然而，事佛者既然“十室而九”，佛教显然不独流行于上层社会，而实际上已经遍及民间，其中的主要原因不得不算及鸠摩罗什引人入胜的讲经活动。

第六章

说经注我

——从无名氏《太上老君说常清静经注》看道教讲经

一、前　言

《太上老君说常清静经》(下文简称《清静经》)属于灵宝派系，元代以来，道教全真派更以此经为日常持诵功课，而在领受初真戒时也必须诵习。[1]事实上，《清静经》乃中国历史上众多道教经典中比较流行的一部，至今至少在台湾和香港地区民间依然影响未绝。信众而外，当代更有中国大陆学者将此经尊为“道家十三经”之一。[2]此经成书年代难以确定，学者多以为出自唐代。自成书以来，历代注释此经者不乏其人。此经似乎甚少有白文本，而总是附随注释而行，这至少是此经存于《正统道藏》的情况。[3]《清静经》虽然篇幅甚短，

---

[1] 任继愈主编、钟肇鹏副主编:《道藏提要》(北京:中国社会科学出版社,1991年),页448。

[2] 于平主编:《道家十三经》(北京:国际文化出版公司,1993年),页671。近年台湾学者萧登福出版了《清静经今注今译》(高雄:九阳道善堂,2004年)。

[3] 严格而言,《清静经》在《道藏》中其实也有白文本,但并非单行。今《道藏》有《太上老君说常清静妙经》一种与《太上玄灵斗姆大圣元君本命延生心经》《太上玄灵北斗本命延生真经》和《太上玄灵北斗本命长生妙经》四经并合一卷,见《道藏》,第11册,页344—345。道教徒奉诵时所使用的《清静经》都为白文本。见任继愈主编、钟肇鹏副主编:《道藏提要》,页448。估计为单行本。

区区三百九十一字，但《道藏》中保存了八种注本，[1]年代最早的是署名晚唐道士杜光庭所作，其余七种大概都成于宋、金、元三代。[2]

从诠释学的角度来看，八种注本取向不同，动机相异，各有特色。其中无名氏《太上老君说常清静经注》(下文简称《清静经注》)也许最堪注意，因为它的注解形式与一般经典注释颇不相侔，因而作者撰注的目的和动机都很值得研究和分析。从形式结构看，注文可分为三个部分。首先，注文基本上是按字逐句解释经文的字义和义理的，这完全是“我注六经”的立场。其次，注文演绎经文义理中暗寓的隐义，继而转引道家经典如《亢仓子》《庄子》，甚至“历史”故事和传说，以证明经文义理与注文所发挥的隐义原来互为表里，共成一体。最后，注文中又有冠以“论曰”的总结，进一步强调经文隐义顺理成章的正当性。这可算是一种“六经注我”的态度。换言之，无名氏一方面以“我注六经”，同时另一方面又以“六经注我”。“我注六经”不啻一种文内诠释而“六经注我”则可谓文外诠释。无论如何，这种两全的“说经注我”诠释立场，可谓是“说经注我”的“两行”诠释法。

本文尝试分析无名氏《清静经注》的行文形式、结构和内容，从而论证注者两全的“说经注我”、兼顾文内文外的诠释立场。此外，从注文成书的客观情况考虑，本文又将说明是书很可能是金、元之际

[1] 有学者谓《道藏》中有各家注本共七种，不确。见任继愈主编、钟肇鹏副主编：《道藏提要》，页447。此外，《道藏辑要》收录三种注解，而《藏外道书》则又另收录四种。

[2] 除杜光庭注外，其余七种注本依时代先后分别为：(1)〔宋〕王玠《太上老君说常清静妙经纂图解注》一卷、(2)〔金〕侯善渊《太上老君说常清静经注》一卷、(3) 原题神峰默然子著《太上老君说常清静经颂注》一卷(《道藏提要》谓〔金〕刘通微作，见页728)、(4)〔元〕李道纯《太上老君说常清静经注》一卷、(5) 原题〔宋〕白玉蟾分章正误、〔元〕王元晖注《太上老君说常清静经注》一卷、(6)〔元〕不署名《清静经注》一卷、(7)〔元〕无名氏《太上老君说常清静经注》一卷。(按：杜注年代可疑，详见第162页注[2]。)

道教讲经的记录，或者它至少也间接反映了当时道教讲经的一些客观情况。

二、年代问题

由于《清静经》和无名氏《清静经注》两书作者身份不明，因此其成书年代也都不详确。关于《清静经》的年代，学者甚少做考证工夫，但大都主张成于唐代。[1]这个说法基本上相当稳当，因为《道藏》中现存八种《清静经》注本，年代最早的是署名晚唐道士杜光庭的《太上老君说常清静经注》。据此，《清静经》成书不可能晚于九世纪，但具体的时间则学者尚没有进一步确定。[2]依我的考证，唐柳公权和唐僧怀素各书《清静经》一卷，[3]清乾隆时均藏内殿乾清宫。由此可知，则《清静经》年代至少可再上推至八世纪初。

犹有进者，无名氏的《清静经注》尽管本身的年代不明确，但反讽地间接为我们提供了《清静经》成书年代的线索。《清静经注》中屡屡引用有关《清静经》的“历史”故事和传说，而这些故事和传说

[1] 郑志明：《中国善书与宗教》(台北：台湾学生书局，1988年)，第五章《太上清静经的形上思想》，页99。

[2] 汉斯-埃尔曼·施米茨(Han-Hermann Schmidt)谓注文中提及北宋太宗时华山道士丁少微(《道藏》，第17册，页191)，所以，杜光庭注的作者身份尚有争议。尽管如此，杜光庭在其《墉城集仙录》中已经引用《清静经》，显然，《清静经》的年代不可能晚于九世纪。有关讨论，可参见Kristofer Schipper and Franciscus Verellen eds., *The Taoist Canon: A Historical Companion to the Daozang* (Chicago: University of Chicago Press, 2004), pp.332–333。Hans-Hermann Schmidt认为注文提到陈抟(《道藏》，第17册，页191)，亦可证明其非出自杜光庭手笔。(按：杜、陈可谓同时，引用并非绝不可能。)

[3] 柳公权书《常清静经》一卷见《秘殿珠林》卷十七，收入《四库全书》，第823册，页673。怀素书《老子清静经》见同书卷十六，页659。据〔宋〕周密《云烟过眼录》卷三引高子奇语，柳公权所书乃小楷《清静经》，见《四库全书》，第871册，页69。施米茨也有类似考证，见Schipper and Verellen ed., *The Taoist Canon: A Historical Companion to the Daozang*, p.728。

所记述的都是《清静经》信徒的相关事迹，其中往往都有清楚的年份，时间包括唐、宋两代。正如下文所论，这些“历史”故事和传说，其实不足以视为信史。尽管如此，这并不妨碍它们被当作历史证据。虚构材料可以出自一个可以考证的真实年代。我们不禁要问：为什么众多有关《清静经》的故事传说都只出于唐、宋两代？这也许间接说明无名氏《清静经注》大概成于金、元，而《清静经》则有可能成于南北朝时期，[1]因为唐代既然是有关《清静经》信徒的传说最早的年代背景，则是书的流传必当更早。事实上，《清静经注》中引用的故事传说也以唐代为多，而众多以唐代为背景的故事中，具体记录可考的时间包括太宗贞观（627—649）、[2]高宗麟德（664—665）、[3]玄宗天宝（742—756）、[4]代宗大历（766—779）[5]和懿宗咸通（860—874）[6]各朝。即使无名氏演说的这些故事，都纯属虚构，但故事中的年代与时间也许在他的无意识中反映了注者对《清静经》成书年代的认知，而这一看法应该也是与注者同时的人的共识。如果贞观年间的确可以作为《清静经》成书的最晚下限，那么，此书出自南北朝末期是绝对可能的。[7]由于灵宝道经最早出现于五世纪初，《清静经》的撰作年代大概介乎五世纪到七世纪初。

---

[1]《清静经注》中载有一则出自“南史时宋帝朝宰相元田夫”的故事，时间可能指的是南朝刘宋时期，但故事并不牵涉《清静经》，而且文献所载，刘宋时期并无元田夫其人，又故事末尾记道人遗留〈点绛唇〉词一阕。词体出自唐五代以后，而《点绛唇》更是宋代始有的词牌，足见无名氏此则故事向壁虚造。

[2]《道藏》，第17册，页154。

[3] 同前书，页145。

[4] 同前书，页160。

[5] 同前书，页158。

[6] 同前书，页150。

[7] 克里斯托弗·席佩尔（Kristofer Schipper）认为《太上老君内观经》（《道藏》，第11册，页396—398）的风格和内容都跟《太上老君说常清静妙经》关系密切，而他将前者的年代定在七世纪的初唐。然则，后者的年代也不能晚于七世纪，或者甚至更早。见Schipper and Verellen ed., *The Taoist Canon: A Historical Companion to the Daozang*, p.500。

《清静经》在宋代颇流行，有父子或父女累世相传，颂习其书者。[1]郑樵《通志・艺文略》著录《太上混元上德皇帝说常清静经》一卷，学者以为大概即《清静经》。此经《通志・艺文略》又著录北宋董朝奇等五家六种注本，可惜皆不传。[2]六种注本大概都是文人所作。此外，白玉蟾曾为《清静经》分章正误而王玠则撰《太上老君说常清静妙经纂图解注》，两人均是道士。[3]从思想内容而言，苏辙认为“佛说《般若心经》与道家《清净经》文意皆同”。[4]《心经》短制，全文仅二百六十一字，但括囊佛教精义，苏辙以《清静经》比拟《心经》，甚至认为两者“文意皆同”，足见北宋人眼中《清静经》在道教中的枢要地位。南宋时，卫泾在《叶云心注清静经序》中更直接说：“《常清净经》，《道藏》之上品，学道之户牖也。”[5]由于《清静经》篇幅简短，唐代书法家多写之，而宋徽宗宣和间（1119—1125）也曾写《宣和御书清静经》。[6]无名氏《清静经注》中引述宋代故事传说，则有一条关于宋神宗熙宁（1068—1077）时事。[7]正因为《清静经》在有宋一代颇为流行，金、元道教勃兴，于是注家蜂起。无名氏《清静经注》的撰作背景大致如此。由于书中并无引述元代故事，以此推

---

[1] 父子相传例见〔宋〕邹浩：《万山居士颂常清净经叙》，《道乡集》卷二十七，见《四库全书》，第1121册，页409—410。父女相传例见〔宋〕苏辙：《郑仙姑同父学道年八十不嫁》，《龙川略志》卷十，《四库全书》，第1037册，页35—36。

[2] 任继愈主编、钟肇鹏副主编：《道藏提要》，页447。

[3] 分别见《道藏》，第17册，页166—174及页195—204。

[4] 苏辙：《郑仙姑同父学道年八十不嫁》，《龙川略志》卷十，页36。

[5]〔宋〕卫泾：《后乐集》卷十七，见《四库全书》，第1169册，页709。（按：卫泾所序之叶云心《清静经注》，郑樵《通志略》未录。）

[6]〔元〕许有壬：《跋张宣相所藏织成宣和御书清静经》，《至正集》卷七十三，见《四库全书》，第1211册，页516—517。又见其《跋织成宣和御书清静经》，《圭塘小稿》卷十二，收入《四库全书》，第1211册，页670。

[7]《道藏》，第17册，页163。另外无名氏《清静经注》中又有一个关于唐人袁通的故事，谓其自幼好道，能坚定持恒，念《清静经》，得“道果”，至宋哲宗（1086—1100在位）时犹存。见同书，页147。

论，其书大概成于金、元之交。[1]此外，元代杂剧写神仙故事最多，[2]而正如下文所言，《清静经注》中所讲述的故事大多关于修真成仙的验证，这大概也可以作为注文出自金、元的一个旁证。

三、诠释结构

虽然自晚唐以来，《清静经》在民间颇为流行，讲注者也不少，但讨论分析的文字几乎完全阙如。明末白云霁《道藏目录详注》[成于天启六年（1626）]卷三洞神部本文伤字号下载有《太上老君说常清静经》，本注谓“此经谕清静二字，要人方寸虚明，独露真体，烝冲四大，天地悉皆归矣”。[3]这可算是对《清静经》罕见的概括文字。同卷是字号又收录《太上老君说常清静经注》一卷，本注云：“无名氏注解，多引《文子》之言。”[4]对于无名氏注的内容和诠释特点，白云霁可谓完全缄默。必须指出，白云霁并非不注意诠释问题，《道藏目录详注》卷三又载《太上老君说常清静经注》，本注云：“一卷，有图。”又曰：“海南琼琯子白玉蟾分章正误，终南隐微子王元晖注。太极大道章、造化自然章、贤愚见识章、应现无方章皆以图像大道，显性命之至真，见真空之妙有。”[5]白云霁能够注意到分章设图在注解中的意义，可见他撰写提要的时候是具有一定的诠释意识的。尽管如此，他对无名氏《清静经注》的按语实在乏善足陈。

---

[1] 有学者认为，注文中“词曲中有‘也啰’虚词，当为元人所作”。见任继愈主编、钟肇鹏副主编：《道藏提要》，页541。（按：此说不确，因为宋词中早已经有使用“也啰”的先例。）

[2] 臧懋循《元曲选》是一部元杂剧选集，收录元人杂剧九十四种，明初杂剧六种。流传至今的元人杂剧不过一百五六十种，绝大部分是依赖《元曲选》而得到流传的。在这一百多种杂剧中，有十四种属于神仙道化剧。

[3]〔明〕白云斋：《道藏目录详注》，《四库全书》，第1061册，页678。

[4] 同前书，页691。

[5] 同前书，页692。

依照白云霁对《清静经》的概括，无名氏《清静经注》其实并没有发挥经中“清静”的要旨，即要人明白“方寸虚明，独露真体，炁冲四大，天地悉皆归”的道理。虽然白云霁并未介绍《清静经注》的诠释特点，但注文颇为复杂的诠释结构透露了不少有关无名氏的诠释动机以及一些与此书相关的外缘情况。从体制上来看，经文和注文的字数悬殊，经文区区三百九十一字而注文则洋洋洒洒，共一万九千五百五十四字。注文把经文分成十七节，长短不一，短者只有四字；每一节都作注。经文分节情况如下：

第1节	老君曰：大道无形，生育天地。大道无情，运行日月。大道无名，长养万物。
第2节	吾不知其名，强名曰道。
第3节	夫道者，有清有浊，有动有静。
第4节	天清地浊，天动地静。
第5节	男清女浊，男动女静。
第6节	降本流末，而生万物。
第7节	清者，浊之源。动者，静之基。
第8节	人能常清静，天地悉皆归。
第9节	夫人神好清而心扰之，人心好静而欲牵之。
第10节	常能遣其欲而心自静，澄其心而神自清。
第11节	自然六欲不生，三毒消灭。
第12节	所以不能者，为心未澄，欲未遣也。
第13节	能遣之者。
第14节	内观其心，心无其心；外观其形，形无其形；远观其物，物无其物。[1]

[1] 按：依《道藏》无名氏注本，经文所分章节均提行，高出注文一格。但第14节经文并无提行高一格，看似注文。今正之。又此节经文第一句应作“内观其心”而倒数第二句应作“远观其物”。无名氏本脱“内”字和“观”字，但注文中引太上老君说此节经文则两字皆不脱。见《道藏》，第17册，页160。

（续表）

第15节	三者既悟，惟见于空。
第16节	观空亦空，空无所空，所空既无，无无亦无。无无既无，湛然常寂。
第17节	寂无所寂，欲岂能生？欲既不生，即是真道。[1]真常之道，悟者自得。得悟道者，常清静矣。

首先，必须指出，无名氏所讲的《清静经》经文，在第17节中脱漏一百五十二字，几近全经五分之二的篇幅。有关如此严重的脱漏的实际意义，下文将有讨论。

就注文的诠释结构而言，一节之内，不但每一句经文都有注，而且几乎每一个字都有交代。总体而言，一节之内的注释具有一个两重诠释结构，第一重是注者“以我注经”的文内诠释，第二重则为“以经注我”的文外诠释。下面以《清静经》首两章注释为例，阐述无名氏注的两重诠释结构。

经文第1节

老君曰：“大道无形，生育天地。大道无情，运行日月。大道无名，长养万物。”

无名氏注

1.1 老君论其大道三无之德。一者，大道一无形质而生育天地。

[1] 杜光庭注本“真道”作“真静”，《道藏》，第17册，页186。又此句后脱一百五十二字，其文曰：“真常应物，真常得性。常应常静，常清静矣。如此清静，渐入真道。既入真道，名为得道。虽名得道，实无所得。为化众生，名为得道。能悟之者，可传圣道。老君曰：‘上士无争，下士好争。上德不德，下德执德。执着之者，不名道德。’众生所以不得真道者，为有妄心。既有妄心，即惊其神。既惊其神，即著万物。既著万物，即生贪求。既生贪求，即是烦恼。烦恼妄想，忧苦身心。便遭浊辱，流浪生死。常沉苦海，永失真道。真常之道，悟者自得。得悟道者，常清静矣。”

二者，大道二无情性而运行日月。三者，大道三无名相而长养万物。

1.2 如何是一无形质而能生育天地？言大道清而至灵，静而至虚，灵虚杳邈，自然之炁，故无形质。虽无形质而能生育天地，此大道之德也。

1.3 二无情性而能运行日月。言大道又无情性，自然之炁而运行日月，能照于万象。此大道之二德也。

三无名相而能长养万物。言大道既无形质，亦无情性而能生育天地，运行日月，又无名相之呼称，一炁潜通而化生万物。

1.4 言此大道禀而行之天地者，上至顶门泥丸宫，下至足底涌泉穴。日月者，上至左目右目，下至肾。万物者，身中万神也。夫人之受身，皆从道之一炁所生，承天顺地，合化阴阳，父母生育，结成形体。是故一月为胞天；二月为胎地；三月为三魂；四月为七魄；五月生五脏；六月化六腑；七月明七窍；八月八景降；九月神降一万八千；内外相合，三万六千精光，神降形具；十月满足而受生，故知大道无其形质，元炁而能变有形之炁。有形之炁者，元气也。乃八百一十丈，保而爱之，爱则身不败失，如大道无其形质而运其真精，养其肾，精不败而目自明。又知大道无其名字而得真精之炁为其形，形为受炁之本，炁是有形之根，有其气而有其精，有其精而有其神，故知气者神之母，神者炁之子。子母不离，谓之得道，故曰："大道无形，生育天地；大道无情，运行日月；大道无名，长养万物。"人能爱形则养炁，保神则达真，常清净之道。

1.5《文中子》曰："静以思道，清以修身，如此者能清静矣。"[1]

---

[1]〔明〕白云斋：《道藏目录详注》，《四库全书》，第1061册，页143。

经文第2节

吾不知其名，强名曰道。

无名氏注

2.1 吾者，太上自称也，亦是我也。

2.2 太上言此大道虽有三无之德，一无形质而能自然生育天地；二无情性而能自然运行日月；三无名相，自然长养万物，而我不知其的实之名，谓上无复祖，唯道乃独尊，故且强呼为道，故曰："吾不知其名，强名曰道。"

2.3 言物在杳杳漠漠之际而不知名，降而显之则有焉。名者，道之用也。圣人用无名之朴治天下。

2.4《文中子》曰："用无迹之物而自化。"《易》曰："神而化之，使民宜之。"

2.5 昔唐太宗治天下，臣服万方，以无名之化，不用威刑而断死囚三百，天下无有犯于司狱。斗粟三文，道行千里，人不赍粮，此之道盛矣，而用其无名也。故太上云："吾不知其名，强名曰道。"人之修行，初无其名，修之而有其真人名也。[1]

1.1 显然都是直接解释经文的相关字眼和文句，注文甚至引用经文中原文，可见注者用意完全在于顺承经文原旨，随文解义，让读者明白经文的基本文意。这是注文的第一重诠释，其精神在于"以我注经"的文内诠释。

1.2 无疑是对1.1的发挥，说明大道何以能有所谓三无之德，而1.3又进一步对1.2深入阐释。注者从内丹学的角度解释经文

[1]〔明〕白云斋：《道藏目录详注》，《四库全书》，第1061册，页143—144。

中“天地”“日月”等意象和符号。《清静经》原来陈述的应该是宇宙生成论的问题，无名氏的诠释却从个人“爱形养炁”和“保神达真”的修身养性等内丹问题立论，显然别具怀抱，而并不能说出自经文本身，因此可以称为“以经注我”。至于经文是否可以如此诠释发挥则是另外一个问题。最后，1.4引《文中子》，目的在于证明无名氏本人的“修身”观点，而非《清静经》原来形而上的宇宙生成论。

1.1 与1.3和1.4的诠释性质显然有别，前者解释经文文义，“以我注经”，而后者则发挥经文可能蕴含的义理，“以经注我”，意旨逸出文外。1.2则有中介的作用，好像是两重诠释结构中的一道桥梁；它的性质既非纯粹的“以我注经”的文义解释，又非明确的“以经注我”的义理发挥。合而言之，《清静经注》的第一段注文具有一种两重诠释结构。

以第二节经文的注文论，2.1交代“吾”的指称，谓“太上自称也，亦是我也”。“太上”针对经文的说话人而言，也即太上老君的简称，而“我”则指的是“太上”的代名词，因此，2.1无疑是对经文的字义作解释。这是“以我注经”。2.2又是诠释上的过渡桥梁，它并非解释文义，而实际上承接2.1的字义解释，同时又扣回第一节所讲的大道的三无之德，进一步说明为何“大道无名”而只能“强名曰道”。2.3则阐发注者对“道”与“名”之间相互关系的了解，“名”乃“道”“降而显之”的结果。同时，注文又指出“圣人用无名之朴治天下”。“道”与“名”的本末关系本非经文用意所在，而“圣人用无名之朴治天下”这一点意见更根本不见于经文本身，因此，2.3也是无名氏的“以经注我”的表现。2.4引《文中子》和《易·系辞》，手法跟1.4如出一辙，重点在于证明注文“圣人用无名之朴治天下”所作的发挥，而非说明“道”只是一种无可奈何“强而名之”的称谓。2.5是新的花样，借唐太宗“以无名之化”治天下的“历史事例”来说明

“吾不知其名，强名曰道”的本体论真理。同时，又以唐太宗本人证明“人之修行，初无其名，修之而有其真人名”这一层由道生名的践道论。

总而言之，2.3到2.5都是无名氏“以经注我”的文外诠释。“道”与“名”的本末关系不见于经文，但可以借经文推衍而出，无名氏正是以细腻自然的手法，揭示这一有关本体论的关键，再由本体论蜕变出践道论，将经文的宇宙论关怀转化成为实践的工夫论，可谓偷天换日，读者不易察觉。

最能够表现无名氏不见痕迹的诠释手法者莫如两重诠释结构中的过渡桥梁，因为这一段释文往往在解释经中文字的意义的同时，暗中给读者指示对经文的阅读取向或势态，然后在承接的注文中立即顺从此暗示的取向或势态，进一步从文外诠释经文，“以经注我”。这种情况基本上是整部注文的一个特色。

必须指出，注文的表达十分灵活，所谓两重诠释结构未必一定墨守上文所分析的说经注我的先后次序。经文中有两处地方，无名氏先“以经注我”，然后再“以我注经”。[1]比如，经文第4节曰：“天清地浊，天动地静。”注曰：“言大道至无潜通，一炁之中，有清有浊。清炁凝而上升为天，浊炁流而下降为地，故天为阳，阳好动。地为阴，阴好静。动者，天之炁也。静者，地之炁也。故曰：‘天清地浊，天动地静。’”[2]这里，“天”“地”“动”“静”四字的解释显然殿后而注我为先。又第9节曰：“夫人神好清而心扰之，人心好静而欲牵之。”注云：“夫人之生也，本乃神清心静，及其长也，为情欲所牵如此者。欲，生也。故欲字从谷从欠。谷者，无漏之称。欠者，不足之号。神有所

[1] 经文中第12、13、14节都没有字义的解释，但实际上，这三节经文跟第11节连成一体，而释字工作在第11节已经完成，因此，接下三节注文中无名氏都直接以经注我了。

[2]《道藏》，第17册，页144。

爱为之情，心有所欲为之贪。”[1]此处，“欲”字的释义也是殿后，而且注者由“欲”字又牵引到“神”和“心”的解释，这都是以经说我的做法。

此外，由于《清静经》文句相当简练，并无生僻词汇，释词解字的工作无须多做，而且也难以多做。2.1解释“吾”字为“太上自称”犹有可说，但说“吾”“亦是我也”则显属赘词。大概因为这个缘故，注文有些地方根本省略了两重诠释结构中的第一重。当然，这种省略其实也就间接反映出，借题发挥文外之旨，“以经注我”，才是无名氏注的最终诠释立场。

但是，最直接表露无名氏“以经注我”的诠释立场则莫如常在每段注文最后出现而冠以“论曰”的议论文字。整部注文一共有十二段“论曰”文字，而每一段都在故事之后作为评论出现。比如，经文第8节注文“论曰”:“寂然不动，感而遂通，清静无为。田先生遵太上之经，行天之法，上感穹苍，下通后土，使天降敕北帝评冤，可谓‘人能常清静，天地悉皆归’。”[2]由是观之，无名氏其实是以故事来诠释经文的，故事中的关键人物正是经文中相关义理的灵肉体现，诠释的重点完全在于验证故事及其相关教训。比如，经文第5节的注文“论曰”:“动静相磨，阴阳相感，而万物相生。悟此道者，升为天官。窦德玄知之矣。”[3]无名氏采用的可说是证验式的诠释方法。注文中的“论曰”文字不啻乃注者对有关一段经文的最终见解，也即无名氏“以经注我”的最佳例证。

最后必须一提，作为诠释方法，尽管“以我注经”与“以经注我”的取向和势态相反，但由此而得出的诠释结论却未必互相抵牾，因为“我”与“经”并非必然不同。“我”中尽可有“经”而“经”中亦何尝

[1]《道藏》，第17册，页149。
[2] 同前书。
[3] 同前书，页146。

不可有“我”。这是一种难以避免的诠释循环。无名氏以验证说《清静经》，这似乎并非经文纯粹以哲思开展的原意，但作为道教经典，《清静经》也可以有其拯俗救世，劝人修身求真，升列仙班的作用和意义。正如下文所论，《清静经》在灵宝派系中被视为具有灵异法力的经典，无名氏只是客观地接受这一历史事实，而他所讲述的验证故事也无非劝勉世人遵从《清静经》修身养性，累功积德。尽管验证故事与经义无涉，但在道教超度世人的终极意义上，《清静经》与《清静经注》或许也可说殊途同归，互为表里。从这个意义而言，借庄子的说法，无名氏所采取的注经方法可谓是“和以天倪”而“可以蔓衍”的“两行”诠释法。

四、叙述模式

《清静经》注文的诠释结构乃注者针对书面文字内容进行分析时所采取的表达模式，目的在于解释经文义理内容和借经文以自我发挥，宣扬道教助人升仙的终极关怀。然而，两重诠释结构只是《清静经注》的诠释特点的一面，如何把所分析经文的内容和注者的自我发挥传达与受众，还必须考虑说经者与受众之间的沟通问题，而其中所牵涉的就是叙事模式。

《清静经注》的叙事模式有好几个明显的特色。在讨论叙事模式之前，我们先介绍一下表达注文本身的语言。虽然注文基本上并非以口语书写，但个别地方显然有口语的痕迹。比如，经文最后一节注云：

> 欲者，六欲也，乃六贼也。眼是一贼，爱窥观彩色妖艳，人不知妖艳是杀人性命之刀斧。耳是二贼，爱听艳乐淫声，而不知艳乐淫声是害人之鼓乐。口是三贼，爱嗜美酒肥肉，而不知

美酒肥肉是腑肠之毒药。鼻是四贼，爱悦芳香邪气，而不知芳香邪气是害人之气命。身是五贼，爱香车宝马，而不知香车宝马是招蹶之机。意是六贼，爱禄高位大，而不知禄高位大是害人之形命。[1]

另外，注文中引用了不少故事传说，其中有更多文字接近白话。比如，经文第11节注引唐贞观年间沈会的故事，其中有如下两段文字：

沈会大惊而觉之，冷汗流体，见家中人围之而皆哭泣。沈会举身而起。家中人语曰："你今死三日，唯心头微热，游气不断。"……

是时沈会乃去东海郡，有姑夫慕仁轨，果然卧疾，乃三月遍身疮疥，浓血满床，疼痛不忍。时仁轨见沈会，大喜曰："我一月前梦见汝救我，乃说地府之事，一一合同。"遂乃省其过……[2]

尽管整部注文未必同样浅白如口述，注者显然有意使用简单流畅的文字，避免运用典故，务求读者易于了解。比如，经文第6节云："降本流末而生万物。"注云："本者元炁，道生一。一者，元气为本也。末者，万物也。道生一，一生二，二生三，三生万物，大道之本。"[3]注文简易，一目了然。又如上文所引第9节注文云："夫人之生也，本乃神清心静，及其长也，为情欲所牵如此者。欲，生也。故欲字从谷从欠。谷者，无漏之称。欠者，不足之号。神有所爱为之情，心有所欲为之贪。"值得注意的是，注者解释"欲"字，随意拆字，迁就己意，发

[1]《道藏》，第17册，页162。
[2] 同前书，页156。
[3] 同前书，页146。

挥联想。他所采用的是附会字源学(folk etymology),本身固然并无实据,但却可以满足“愚夫愚妇”的求知意欲。[1]总而言之,注文不但易于阅读,我们甚至可以想象,如果注文是一个讲本,通过口述而传达其资讯,听众不会难以理解。

简易明白的文字而外,整部近二万字的注文有一个近乎一气呵成的叙事结构,至少我们可以说这是注者努力的目标。跟传统的注释文字相比,这无疑是《清静经注》的一大特色。正如上文所言,从宏观层面看,《清静经注》先把经文分成十七节,然后逐段释字解句,阐发其中义理,然后串连各段经文内容,综合出一番一以贯之的道理。这种串连的叙述模式也可说是整部注文的叙事结构。经文第2节的注文曰:“太上言此大道虽有三无之德,一无形质而能自然生育天地;二无情性而能自然运行日月;三无名相,自然长养万物,而我不知其的实之名,谓上无复祖,唯道乃独尊,故且强呼为道,故曰:‘吾不知其名,强名曰道。’”[2]注者显然要将第2节的经义跟第1节经义连缀起来,加以阐释。不但如此,经文第3节注又曰:“道者,显其大道也。老君言吾不知大道之名,且权称之道。虽无形质,虽无情性,虽无名相,而能潜通一炁。一炁之中,有清而有浊,有动而有静。修真之士,要体其道。体要清而返浊。神要静而返动。清浊动静得所,可谓道矣。”[3]这里,注者更尝试将首三节经文一气呵成地串连成一体。这种情况遍见于整部注文。

[1] 值得注意的是,北宋在钦宗靖康元年(1126)四月己未以前朝廷取士,曾用《庄子》《老子》以及王安石的《字说》。《字说》解字,用的正是附会性质的拆字法,如说“波”为“水之皮”之类。道教经典与王安石《字说》相提并论,其中也许透露了宋代道教释经特点的一些渊源所在。王安石本人也尝撰《老子注》二卷。有关钦宗一朝禁用《庄》《老》及《字说》以取士,见〔清〕毕沅:《续资治通鉴》(上海:上海古籍出版社,1987年),卷九十六《宋纪·钦宗》,页513。

[2]《道藏》,第17册,页143—144。

[3] 同前书,页144。

串连式叙事最特殊的地方莫过于经文第16节的注文。[1]在总结经文第15节的注释时，无名氏讲述了一个有关唐天宝年间进士李通的故事，但这个故事只讲了一部分，说李通妻子先后殒亡，但他却能“常日诗酒自娱”，以庄子自比。然后无名氏借太上老君之口，称许李通曰：“内观其心，心无其心。外观其形，形无其形。远观其物，物无其物。三者既悟，唯见于空也。”[2]太上老君的赞语其实即经文第15节的原文。换言之，李通故事的开始部分只是用来注释和印证第15节经文，而其余部分则继续解释经文第16节。第16节经文注云：“常寂者，道也。道既常寂，吾何有焉？遂散家财，与不足者。弃田土于邻里也。李通乃携《清静经》而入华山，拔茅累石作庵，诵《清静经》，默食药苗，而修坚志。……”[3]由此可见，李通故事分隶于两节注文之下。严格说来，李通故事的前部分实际是在第15节注文的总结部分出现的。如此的叙事结构在中国经典的注释传统中，实在前所未有。作为书写文本，这样的叙事结构也不伦不类，但如果我们想象注文是一个口述性质的讲经的底本，那么，李通故事的分段出现就一点都不稀奇了。

事实上，从效果上而言，《清静经注》不啻一部强调叙事性的讲经底本，或者甚至是一个讲经的记录，尽管它不太可能是一字一句的实录。再保守一点来说，从注文的形式和结构而言，无名氏的主要考虑无疑在于假想一个在场的听众，他注经务求达意与取信于听众，因此，他的文字浅白易懂，语脉连贯，以增强他讲经的说服力。比如，注文常常会针对假想的听众而提出明知故问的质疑。在解释经文第4节何谓“天清地浊，天动地静”之后，无名氏忽然话锋一转，向假想的听众，提出一个问题：“此经念者还有验乎？”然后他自己马

[1]《道藏》，第17册，页160。
[2] 同前书。
[3] 同前书。

上回答。[1]这种情况在注文中屡见不鲜。[2]注文中明知故问的情况还有其他形式如下：

如何是一无形质而能生育天地？言大道清而至灵，静而至虚，灵虚杳邈，自然之炁，故无形质。虽无形质而能生育天地，此大道之德也。（经文第1节）[3]

问曰："自古人能遣其欲？"答曰："有之。昔有南史时宋帝朝，有宰相元田夫……"（经文第10节）[4]

"何人能六欲不生，更得三毒消灭？"答曰："有之。昔唐贞观年间，有一人名沈会……"（经文第11节）[5]

或曰："何人不能澄心遣欲而生妄想乎？""昔有唐时刘怀珍，字道玉，太平二年……"（经文第12节）[6]

或曰："内观其心，心无其心，何人也？""昔战国时，有文贽，善医……"（经文第14节）[7]

或曰："何人能悟此三无而见于空、达道也？""昔唐时，柳子初于大历年中……"（经文第15节）[8]

或曰："何人常寂通其道？"答曰："有之。昔者，天宝年中，有进士李通……"（经文第15节）[9]

或曰："何人能知寂无所寂而不能生其欲也？""昔宋时熙宁

[1]《道藏》，第17册，页144。
[2] 经文第5、6、7、8、9各节注文，分见同前书，页145、146、147、148、150。
[3] 同前书，页143。按：《清静经注》中这种答问的情况与鸠摩罗什的《注维摩诘经》基本相同。当然，什公讲经是的确有听众在场的。
[4] 同前书，页152。
[5] 同前书，页154。
[6] 同前书，页156。
[7] 同前书，页158。
[8] 同前书。
[9] 同前书，页160。

> 元年，仪州医官聂处仁……”（经文第17节）[1]

上举诸例都关乎验证，但注文中借提问者口吻以解经却并不限于验证故事。比如，经文第14节注曰“何名三元？答曰：‘一元者，内观心识，如虚无之境界，见一切无心。既无其心，六欲之贼何由生？三毒之尸自然灭也。’”[2]验证故事也好，借人提问也好，注者在撰注时无疑都有一个假想的听众在眼前或者在心中。

五、讲经文本

尽管《清静经注》的注释方法新颖独特，但它的形成实际上有一个悠长的发展过程。如果深入分析注文的叙述结构，我们就会发现注文具有传统经注中义疏体的基本体制。义疏体的形式特点在于，先将经文分成科段，然后每段之中先释字，再释句，然后连缀字句成章，总说一章之义理，也即所谓“判义”。中国儒家经注传统中现存最早的义疏体作品为梁朝皇侃的《论语集解义疏》，以下举其书中一则义疏说明义疏体经注的一些特点。《论语》首篇《学而》第一章：“子曰学而时习之，不亦说乎？有朋自远方来，不亦乐乎？人不知而不愠，不亦君子乎？”皇侃疏云：

> 云子曰者，子者指于孔子也。子是有德之称。古者称师为子也。曰者，发语之端也。许氏《说文》云：“开口吐舌谓之为曰。”此以下是孔子开口谈说之语，故称“子曰”为首也。……云学而时习之者，此以下孔子言也。就此一章分为三段，自此

[1]《道藏》，第17册，页163。
[2] 同前书，页157。

至“不亦说乎”为第一，明学者幼少之时也。……又从“有朋”至“不亦乐乎”为第二，明学业稍成，能招朋聚友之由也。既学已经时，故能招友为次也。故《学记》云“一年视离经辨志，三年视敬业乐群，五年视博习亲师，七年视论学取友，谓之小成”是也。又从“人不知”讫“不亦君子乎”为第三，明学业已成，能为师为君之法也。先能招友，故后乃学成为师君也。故《学记》云：“九年知类通达，强立而不反，谓之大成。”又云“能博喻然后能为师，能为师然后能为长，能为长然后能为君”是也。[1]

上述摘选的皇侃疏文显示义疏体的五个特点：一、先释字义；二、再释句义；三、然后分章为段以释各段之意；四、又再串段成章以综合整章之义理；五、释字解句都引经据典。

义疏体原来是从佛教讲经演变出来的。[2]佛教来华，由于多数外国僧人对中土语文的造诣有限，出于实际需要，他们翻译佛经时往往必需汉族弟子协助，当其笔受者。此外，在南北朝时期，习惯上往往译讲同施，[3]因此，翻译过程自然由字及句，先释字义，后讲句意，然后总结一科一段的义理。从诠释的实际操作性而言，释字断句，再而析章疏义乃佛教讲经的最基本手段，而所谓义疏体便由此基本诠释结构发展出来的。唐天台沙门湛然对佛教这种断句析章的注释方法有扼要的说明，他所撰述的《法华文句记》卷第一上《释序品初》云：

[1] 皇侃：《论语集解义疏》卷一，页2—3。
[2] 牟润孙：《论儒释两家之讲经与义疏》，收入氏著：《注史斋丛稿》（北京：中华书局，1987年），页239—302。
[3] 王文颜：《佛典汉译之研究》，页129—201，特别页131—141。

言文句者，文谓文字，一部始终，故云："文即是字，为二所依。"句谓句读，义通长短，故云："名诠自性，句诠差别。"此亦不论色行等体，今但以句而分其文，故云"文句"。古之章疏，或单题疏，或单题章。章谓章藻。诗云："彼都人士，出言成章。"亦云"章段"，分段解释，成若干章。疏者，通意之辞，亦记也。[1]

必须指出，湛然对"疏"体的理解特别敏感。"通意之辞"乃指诠释目的而言，而疏"亦记也"，指的正是佛教徒讲经的记录。所谓记录，则可以在讲经事前先有草稿，或讲后有所笔录。文字记录不同口说，因此，在书写的时候有必要将口述记录加以修饰，于是源于佛教讲经的义疏体也特别讲究"章藻"，所以，由此发展而来的佛经义疏的疏文往往自成一段叙事，而个别疏文连缀一起又可合为一篇首尾一贯的叙述文字。

必须强调，正如上一章所述，译讲同施是一个集体合作的制度，而实际上是一个现场有信众在座的讲经场面。就文字而言，讲经的语言力求简明，浅白易晓。由于信众可以即场提问，因此讲经人对经文的发挥往往难以预料，而动辄由听众的质疑问难，甚至个别兴趣或需要所启发和诱导。佛教这种译讲同施的讲经习惯直接影响了佛经的注释方法，中土于是出现了大量佛经义疏一类的著作。由于义疏原来有译讲同施的口述性质，所以又称"讲疏"。

南北朝时佛经义疏和讲疏大量出现。最早的佛经义疏殆出于四

[1]〔唐〕湛然述：《法华文句记》卷一，《大正藏》，第34册，第1719种，页151。按：《法华文句》二十卷，原名为《妙法莲华经文句》，乃天台大师智𫖮于陈后主祯明元年（587）在金陵光宅寺所讲，由其门人章安灌顶笔录整理，唐贞观三年（629）削补纂成。

世纪中叶。[1]这些义疏和讲疏未必都是如实的讲经记录，但其叙述模式却往往都与实际讲经的情况相似，在此意义上，我们不妨称之为拟讲经或准讲经注本。南北朝佛教盛行，影响所及，儒者注经，其书亦往往冠以义疏或讲疏之名，《隋书・经籍志》所载甚多。年代最早者为宋大明四年（460）东宫讲《孝经义疏》一卷。[2]皇侃的《论语集解义疏》也是受佛教讲经和佛经义疏影响的一个儒门例子。

整体而言，无名氏《清静经注》同样具备这些义疏体的诠释和讲经特点。[3]无巧不成话，《清静经》全文三百九十一字，其实即太上老君一段独白，从"大道无形，生育天地"到"得悟道者，常清静矣"。这就恰如《论语》众多章节中孔子的夫子自道。从这个角度观察，《清静经注》与皇侃《论语集解义疏》的体制可谓完全一致。除了上述各种诠释体制上的共同之处外，连《清静经注》最为特殊的以故事解经的方法也见于皇侃《义疏》。在阐释《论语・公冶长》第一章时，皇疏引用了《论释》一书，[4]讲述一个有关公冶长因为识解鸟语

---

[1] 论证见牟润孙：《论儒释两家之讲经与义疏》，页248—251。按：根据《出三藏记集》卷八僧叡《毗摩罗诘堤经义疏序》，僧叡所言的《毗摩罗诘堤经义疏》当即鸠摩罗什译讲同施的产品。什公的《注维摩诘经》当时其实应该称作《毗摩罗诘堤经义疏》。僧叡说："因纸墨以记其文外之言（不必关乎经文也），借众听以集其成事之说（讲经者与听众之互动也）。烦而不简者，贵其事也（故事也）。质而不丽者（口述也），重其意也。其指微而婉，其辞博而晦（故事也），自非笔受，胡可胜哉？是以即于讲次，疏以为记（口述也），冀通方之贤，不咎其烦而不要也（故事也）。"见《大正藏》，第55册，页59。

[2] 见〔唐〕魏徵等：《隋书・经籍志》（北京：中华书局，1982年），卷三十二，页934。有关考证可看牟润孙：《论儒释两家之讲经与义疏》，页244—247。南北朝儒门讲经，其仪式亦有效法释氏讲经之处。根据牟润孙的考察，包括都讲上座诵经、讲者必升座及首有发题三端。见牟润孙：《论儒释两家之讲经与义疏》，页272—279。

[3] 杜光庭的《太上老君说常清静经注》也有析句、分段、合章、判义的诠释策略，且更在自觉层次上直接给读者或听众说明。不管杜注是否实际的讲经底本，这些诠释策略应该也是道教讲经的痕迹。事实上，对读杜注和无名氏的《清静经注》，后者显然受到前者的影响，尽管杜注专意于析理而并未以灵验说经。目前学界尚未有人注意到杜注与讲经的关系，本文作者将有专文讨论。

[4]《隋书・经籍志》《论语》类"栾肇《论语释疑》十卷"之下，附录姜处道《论释》一卷，与五种作者不同的一卷本《论语释》并列。显然，《论释》乃解释《论语》之书。《隋书》卷三十二，页936。

而遭遇的奇异故事。[1]六十年前，陈寅恪先生就曾经孤明先发，一针见血地指出，皇侃《论语集解义疏》引《论释》以解“公冶长”章，“殊类天竺《譬喻经》之体，殆六朝儒学之士渐染于佛教者至深，亦尝袭用其法，以诂孔氏之书”。[2]陈先生为皇侃《义疏》体例的佛家渊源发覆钩沉，固无可疑，但精确言之，以故事释经实际上出自西域佛教徒的讲经习惯，[3]而在中土又因译讲同施之翻译制度，进而再演变出佛经讲疏的注释体制。

事实上，《大藏经》中众多经注中引用故事说经者似乎只有义疏一体。比如，隋天台大师智顗《观音义疏》二卷，也称《观音别行义疏》，乃《法华经·普门品》的文句解释，其中屡屡征引晋谢敷作、齐陆杲续补的《观世音应验传》以举事约证。[4]值得注意的是，《观音义疏》并非笔撰，实乃智者大师亲说而由其门人灌顶记录成书。在中土，译讲同施的讲疏实例，最早见于今尚幸存署名鸠摩罗什的《注维摩诘经》。正如上一章所述，虽然传本《注维摩诘经》并非足本，篇幅不多，但其中竟然包括三十多个长短不一的故事。[5]比较《注维摩诘经》与无名氏的《清静经注》，两者体制大致相同。各种证明前者为口述记录文本的证据，分别都见于后者，包括先释字，后解句，然后总括一科一段之义，借人提问以及引用故事讲经各种手段。[6]

上文提到，《清静经注》引用证验故事说经。事实上，作为诠释方

[1] 皇侃：《论语集解义疏》卷三，页138—139。

[2] 陈寅恪：《论语疏证陈序》，收入杨树达：《论语疏证》（上海：上海古籍出版社，1986年），页2。

[3] 见本书第五章的相关论述。

[4]《大正藏》，第34册，页923—928、930。

[5] 其中十一个故事的英文翻译见于Yuet Keung Lo（劳悦强），“Stories from Kumārajīva's Homilies,” *Renditions*（《译丛》）61(2004): 7–18。

[6] 参看Yuet Keung Lo（劳悦强），“Persuasion and Entertainment at Once: Kumārajīva's Buddhist Storytelling in His Commentary on the *Vimalakīrti-sūtra*,” pp.103–113。

法，验证故事是无名氏《清静经注》的一大特色。这也许跟《清静妙经》本身在灵宝道经派系中具有灵验异能有关。[1]整部注文中一共讲述了十七个故事，除了第1节经文外，其他十六节都至少有一个验证故事。以验证故事宣教，道教早有传统，唐末杜光庭的《道教灵验记》最具代表性。[2]必须指出，以故事作注这一诠释方法基本上并非中国经典注释传统的主流。《韩非子・喻老》借先秦掌故阐释《老子》可谓例外，而这个例外足以证明主流的释经传统并非如此。因此，《清静经注》的诠释方法在中国固有注释传统中实在特殊。然而，以验证故事诠释经典却非始自无名氏《清静经注》，佛教大德讲经早有先例。

文献所及，智顗的《观音义疏》大概是佛教以灵验说经最早的一个例证。[3]此外，敦煌出土的佛经写本中往往在卷首附载灵验故事，

[1] 灵宝六斋法中的黄箓斋，目的在超度亡灵，宋代黄箓科仪所念诵的道经就包括《清静妙经》。参看Schipper and Verellen ed., *The Taoist Canon: A Historical Companion to the Daozang*, p.1005。明代祭神的三献仪也包括念诵《清静妙经》，见同书，p.1007。席佩尔（Schipper）更认为《清静妙经》属于神咒相类经典，将之比拟《太上说中斗大魁掌算伏魔神咒经》（《道藏》，第11册，页356—357）。见同书p.54。

[2] 有趣的是，杜光庭本人的《太上老君说常清静经注》并无提供任何灵验作为阐释的手段。有关杜注的研究，可参看金兑勇：《论〈太上老君说常清静经注〉》，收入氏著：《杜光庭〈道德真经广圣义〉的道教哲学研究》（成都：巴蜀书社，2005年），页198—214。又，灵验不一定限于经典。杜光庭《道教灵验记》即包括道教画像、楼观、经典、符录等各种灵验。见《道藏》，第10册，页802—855。有关《道教灵验记》的研究，可看Franciscus Verellen, "'Evidential Miracles in Support of Taoism': The Inversion of a Buddhist Apologetic Tradition in Late Tang China," *T'oung Pao* 78 (1992): 217-263。佛教的灵验传统则源于印度，可以以崇拜佛祖舍利为始。正如佛教史上被誉为"第二佛陀"的龙树所言："构之虚言，不如校以实事。"见〔后秦〕鸠摩罗什译：《龙树菩萨传》，《大正藏》，第50册，第2047a种，页185。

[3] 以中国佛教而言，最早出现的经典灵验信仰大概就是东晋出现的观世音灵验，当时有种种《观世音灵验记》的撰作。据目前所知，最早将观世音应验故事编纂成书的是东晋谢敷《观世音应验记》[成书于晋安帝隆安三年（399）以前]，而此类作品现存最早者为刘宋傅亮的《观世音应验记》。此外，南北朝志怪中亦多有其他佛教灵验的记载。难怪天台智者大师说："构之虚言，不如验之以实。"见〔隋〕智顗：《妙法莲华经文句》卷四下，《大正藏》，第34册，第1718种，页57。他的话正是从佛教悠久的证验传统自然孕育出来的。有关佛教灵验的研究，可参看刘亚丁：《佛教灵验记研究——以晋唐为中心》（成都：巴蜀书社，2006年）。

经文与故事共成一体，字体相同，行款一致，务求一起流传。[1]明显的例子包括《金刚经灵验功德记》将十九则灵验故事抄录在《金刚经》经文之前，《普贤菩萨证明经》经文之前抄录《黄仕强传》，以及《金光明经》经文之前抄录《忏悔灭罪金光明经》。[2]灵验故事目的不外在于证明受持、诵读或讲说有关佛经的信徒均可得神灵庇护，死而复生，或得延寿，或可灭罪。影响所及，道教在金、元以前早已转借佛教运用证验故事说经的做法而自成其灵验记传统。《清静经注》的灵验故事虽然并非记录在经文之首，但其以灵验故事宣讲经文的神异法力，与敦煌各种佛经写本的做法显然前后相承而又有异曲同工之效。必须指出，敦煌佛经俗讲写本并不高谈深奥佛理，而旨在以生动的灵验故事发起听众入佛的信心。无名氏注同样无意阐述《清静经》中袭自佛教的“观空亦空，空无所空，所空既无，无无亦无，无无既无，湛然常寂”的中观玄义，而通篇自始至终尽力渲染通俗的灵验故事。

根据上文分析，《清静经注》有意借鉴佛教讲经的事实已昭然若揭，但我们还有两种有趣的证据：可以进一步确定《清静经注》袭用佛教讲经的做法。首先，在解释经文第3节时，无名氏引用了一个没有注明出处的故事，[3]全文如下：

昔唐庆元中，有猎者孙寿，居于海滨，以畋猎为生。有日，于大泽之中，忽野火所烧草木，连天烟焰，草木焚尽，唯有一丛

[1] 按：依《道藏》无名氏《清静经注》本，经文所分章节均提行，高出注文一格。但第14节经文并无提行高一格，看似注文。不知注本中经文与注文是否原来并无提行高格的区别，若然，则《清静经注》的抄写形式亦如敦煌佛经写本一般。

[2] 郑阿财：《从敦煌文献看佛教传布的通俗化》，收入李丰楙主编：《文学、文化与世变》（第三届国际汉学会议论文集〔文学组〕，台北：“中央研究院”中国文哲研究所，2002年），页127。

[3] 按：《清静经注》所讲述的十六个故事，全部都没有注明出处。

草木茂盛，独不焚烬。孙寿疑而往之，乃见草木之中有道庵一所。孙寿推而入之，其里面有一老叟，年可七旬，惟于案上展经一卷读之。孙寿拜之而询曰："先生读者何也？"老叟惊曰："何人至此？"孙寿告曰："某乃一猎士，适来见炬火烧野皆尽，惟先生独燎不延。"先生曰："吾居此庵四百余年，未常见水火之变也。"寿曰："先生早来诵者何经？"先生曰："是《太上老君说常清净真经》。"寿曰："何者名为《清净经》？""居。吾语汝。夫清静者，道也，德也。故吾之宅清净者，吾之素也。清净而柔和者，吾之守也。清净应化而无穷者，吾之变也。清净而澹泊者，吾之德也。吾能守此清净而变化无穷，又何惧火灾？时清则清，时浊则浊，时动则动，时静则静。吾能行此道，何惧火焉？"孙寿闻道，乃弃弧矢而礼，授（按：疑当作"受"）其经，悟其道，亦名于世。[1]

这个证验故事用意甚明，但故事本身全属虚构。这一点当然也不奇怪，道教传统中灵验故事本来历史悠久，子虚乌有之事并不罕见。有趣的是，这个故事原来的目的竟然是宣扬佛教，验证《金刚经》之法力。诚然，道教以灵验故事宣教本来就是仿效佛教的类似做法而来的。

按：孙寿的故事最初见于唐郎余令《冥报拾遗》，后收入唐道世的《法苑珠林》（书成于668年），今所见原文如下：

显庆中，平州有人，姓孙名寿，于海滨游猎，见野火焰炽，草木荡尽，唯有一丛茂草独不焚燎。疑此草中有兽，遂以火烧之，竟不能着。寿甚怪之，遂入草间寻觅。乃见一函《金刚般若经》，其傍又见一死僧，颜色不变。火不延燎，盖由此也。信知经

[1]《道藏》，第17册，页144。

像非凡所测，孙寿亲自说之。[1]

对读即可发现，无名氏盗用《法苑珠林》的故事，将死僧变成长寿道叟，《金刚般若经》改为《太上老君说常清净真经》，再而借题发挥，大说一番他本人所理解的"清净"之道，甚至把原来唐高宗年号"显庆"改作"庆元"。[2]这一切不外是无名氏"以经注我"的手段。如此袭用佛教故事，《清静经注》中屡见不鲜。根据我的考证，至少有七个例子，其中六个都把有关《金刚经》法力的故事转化成为《清静经》的验证故事。[3]

无名氏袭取佛教的地方上尚不止于其宣教小说，明显借用佛经的至少有一处。经文第17节注文中的"论曰"如此说："道以清虚寂静为体，人以淫色为实，岂不知有经云'色即是空，空即是色'……"[4]所引经书其实乃佛教的《心经》而非道教经典。至于注文直接使用的佛教语言概念，如三毒、六贼之类，因为早已变成道教自己的一套系统，应当别论。[5]

另一方面，《清静经注》中的向壁虚造还不止于篡改和盗用佛教

[1]〔唐〕道世：《法苑珠林》卷十八，见《大正藏》，第53册，第2122种，页422。道世自注曰："出《冥报拾遗》。"按：孙寿的故事后又收录于〔唐〕孟献忠编辑的《金刚般若经集验记》卷中，书首有孟氏开元六年（718）自序。见《新编卍续藏经》（台北：新文丰出版公司，1993年，本书下文省称《卍续藏》），第149册，第1629种，页92。孟氏所记文字略有不同，而《冥报拾遗》故事中的"显庆"年号亦改作"明庆"，而且特别注明其事乃"孙寿亲自见，说之"。

[2] 按：注文中虚构故事，年号往往子虚乌有，不见于信史。

[3] 除经文第3节注文外，其余四处分见于经文第4节、第5节以及第16节注文。前三个故事都宣扬《金刚经》的神异法力。作者另有一篇未刊稿题曰《他山之石：无名氏〈太上老君说常清静经注〉中的佛教故事》，详细分析其无名氏引用佛经故事的情况及其文化意义。

[4]《道藏》，第17册，页164。

[5] 按：袭用之事，并非道教单方面向佛教撷取而已，反过来，唐代佛教俗讲借取道教思想的地方也不少。参看李小荣：《略论变文讲唱中道教之长生思想的来源与表现》，《楚雄师专学报》2000年第4期，页42—46。

故事，注文中屡屡引用《文中子》一书，总共十二次，但《文中子》乃隋唐之际儒者王通所作，原来并非道家之书。先秦道家，相传有《文子》一书，无名氏所指当属此书，所以，白云霁《道藏目录详注》谓无名氏注“多引《文子》之言”。出人意表的是，注文所引十二条《文中子》资料，完全不见于传本《文子》，更无论王通的《文中子》了。换言之，无名氏依赖《文子》的重言，不惜伪造文字以加强他自己志在宣扬的道教信仰。所谓《文中子》云云，纯属子虚乌有。明乎此，无名氏征引的《亢仓子》(一次)、[1]《庄子》(一次)、[2]《刘子》(一次)[3]、《孝经》(一次)、[4]《仙经内传》(一次)[5]和《易》(七次)，[6]经我考证，这些引文不是彻底伪造，就是断章取义，篡改原著。[7]当然，如果我们从无名氏尝试“以经注我”的观点考虑，同时，如果他假想的讲经听众是“愚夫愚妇”，则这种明显的作假欺人的行为就毫不奇怪了。明代王阳明曾经说过：“你们拿一个圣人去与人讲学，人见圣人来，都怕走了，如何讲得行？须做得个愚夫愚妇，方可与人讲学。”[8]王阳明大概比无名氏晚生两百年，他的见解在当时儒门中大有发聋振聩之效。从阳明的话声中，我们可以推想，北宋已经出现的“儒门淡薄，皆归释氏”的困境跟儒者讲学的方式不能说毫无关系。然而，这一敏锐的观察也许在两百多年前，早已了然于无名氏的胸臆。只要能把《清静经》的修身度世的目的深入民心，虚构经典，杜撰故事，对他而言，又有何不可呢？也许基于同样的理由，无名氏竟然可以省去

[1]《道藏》，第17册，页149。
[2] 同前书，页146。
[3] 同前书，页152。
[4] 同前书，页162。
[5] 同前书，页154。
[6] 分见同前书，页144—146、148、154、158、160。
[7] 注文又征引白云翁的言论，多达五次，但白云翁并非真实历史人物。
[8] 陈荣捷：《王阳明传习录详注集评》卷下，页357。

《清静经》其中五分之二的篇幅。[1]如果他的假想听众是有识之士或文人学者，恐怕这是不可思议的事。

《清静经注》的撰写受到佛教讲经启发的另一种证据就是注文中再三使用的以吟诵为主的诗词。这些诗词数目众多，一共十七首，[2]大都是在注文讲述的故事结束时出现，它们基本上都是依《清静经》修道得真之人，度世之前遗留人间的作品，内容往往都是对故事验证的道理所作的概括。诗词的作用主要在于重申故事的宗教内容。虽然叙事散文中插入韵文，早在南北朝的古小说已有先例，而在唐传奇中更是司空见惯，但在《清静经注》中，由于诗词总是在故事最后出现，而且作用在于概括故事所要宣传的修道求仙的教训，因此，诗词的实际宗教意义不同，而它们与散文叙事的结合形式也并非源于古小说和唐传奇。众所周知，敦煌变文的叙事模式大多是韵散结合而以在文末出现的韵文总结全文内容。《清静经注》的叙事模式正好与变文的韵散结构相类。尽管无名氏无缘见及长埋敦煌藏经洞中的唐代变文，但与变文关系密切的唐代佛教俗讲至少一直流行到南宋，当时“说话有四家”，其一即是“说经”，也就是“演说佛书”。[3]无名氏生于金、元之世，对于佛教俗讲自然不会陌生。

六、结　　语

事实上，道教本身也有其讲经传统，可惜有关历史上道教讲经的实际情况，似乎从来没有受到学者注意，至少相关的研究可谓完全阙

[1] 注文的遗缺当然可能是由于传抄脱漏所致，但这种严重脱漏情况，在《道藏》中似乎极为鲜见。

[2] 分见于《道藏》，第17册，页145—147、152—154、156(三见)、160(小颂三首)、162(三见)、164(两见)。

[3]〔宋〕耐得翁：《都城纪胜》“瓦舍众伎”条，收入《丛书集成续编》(上海：上海书店，1994年)，第52册，页288。

如,然而,道教讲经确实曾有其事。文献所见,最迟在唐代已经普遍流行。比如,《唐大明宫玉晨观故上清大洞三景弟子东岳青帝真人田法师玄室铭并序》载元和己亥(819)高道田素在玉晨观登坛说法,场面浩大,"每一讲说,妃嫔以下相率而听者近数千人"。[1]唐帝姓李,大兴道教,田素讲经说法,连皇室妃嫔都列席听讲,而民间听众数以千计,这并不奇怪。日本僧人圆仁于文宗开成三年(838)随日本遣唐使来华,到宣宗大中元年(847)返回日本,在唐求法巡礼,历时九年又七个月左右。根据圆仁的报道,会昌元年(841)五月一日,"敕开讲,两街十寺讲佛教,两观讲道教"。[2]这是他在京师长安目睹的情况,信而有征。同年四个月前,元月九日,圆仁又记曰:"敕开讲道教,左街令敕信从剑南道召太清宫内供奉矩令费,于玄真观讲《南华》等经;右街一处,未得其名。并皆奉敕讲。从(文宗)太和九年(835)以来废讲,今上新开。正月十五日起首至二月十五日罢"。[3]由此可知,道教讲经宣道在唐代是经常举行的法事,文宗朝废讲是例外,[4]而且所讲经典包括庄子的《南华真经》。至于讲期,则可以长达一月之久,只是我们不清楚到底一月之间所讲究竟一共有多少种道教经典。[5]

从目前的文献记录来看,道教讲经似乎都在道观之内。唐玄宗于开元十九年(731)颁布禁断佛教俗讲的诏书云:"近日僧尼,此风尤甚。因依讲说,眩惑闾阎;溪壑无厌,唯财是敛。津梁自坏,其教

[1] 樊光春:《陕西新发现的道教金石》,《世界宗教研究》1993年第2期,页102。

[2]〔日〕圆仁:《入唐求法巡礼行记》(上海:上海古籍出版社,1986年),页151。

[3] 同前注,页147。

[4] 按:唐末黄巢作乱之前,京城中道士仍然有讲经活动。长安左街兴唐观云御大师李云懿讲《太上升玄消灾护命妙经》(《道藏》,第1册,页772—773)就是一例。见杜光庭:《道教灵验记》卷十一,收入《道藏》,第10册,页839。学者认为《太上升玄消灾护命妙经》乃唐以前道书。见任继愈主编、钟肇鹏副主编:《道藏提要》,页20。

[5] 据圆仁的记载,唐代佛教讲经似乎多以一月讲一经为常。比如,《入唐求法巡礼行记》开成四年(839)正月七日条提及讲经法师璠修瑞像阁,拟讲《金刚经》筹款,以一月为期。见该书,页26。也许唐代道教讲经亦有一月讲一经之习。

安施；无益于人，有蠹于俗。或出入州县，假托威权；或巡历乡村，恣行教化。因其聚会，便有宿宵；左道不常，异端斯起。自今以后，僧尼除讲律之外，一切禁断。六时礼忏，须依律仪。”[1]可见当时佛教俗讲无处不在。由于此诏针对佛教，大概唐代道士讲经并未至于肆无忌惮地“出入州县，巡历乡村”，深入民间。

宋代注意《清静经》者似乎大都是学者文人，道士讲说此经的记录盖亦有之，但我并未经眼。明白云霁《道藏目录详注》概括《道藏》所收八种《清静经》注的内容和诠释特点，其中对无名氏注一种的说明最乏见解。本文所分析注中的两重诠释结构和口述性质的特点，白云霁似乎视而不见。然而，事实可能正好相反。白云霁对无名氏《清静经注》的诠释特点的彻底缄默，适足以证明该注的有关特点实际上乃金、元道教徒讲经时司空见惯的做法，因此，在他的认知里，所谓诠释特点，不啻是街知巷闻的常识，他自然没有必要加以说明了。换言之，尽管《清静经注》并非道教讲经的实际文本，它至少也可能是仿效讲经的方式而撰写的拟讲经文或讲经底本，情况与宋以后兴起仿效口述“说话”的拟话本小说相似。[2]这也许可以解释为

[1]〔宋〕宋敏求编：《唐大诏令集》(北京：商务印书馆，1959年)，页588。

[2]“夫小说者，虽为末学，尤务多闻。非庸常浅识之流，有博览该通之理。幼习《太平广记》，长攻历代史书……《夷坚志》无有不览……”见〔宋〕罗烨编、周晓薇点校：《新编醉翁谈录》(与〔宋〕金盈之编、周晓薇点校：《新编醉翁谈录》合刊，沈阳：辽宁教育出版社，1998年)，甲集卷之一，页3。按：罗烨生平无可考，很可能是宋代人，根据书中内证(提及元代人作品)，《新编醉翁谈录》应该是宋元间编撰完成的。《太平广记》是北宋初李昉所编，此书可谓一部故事大全，而据罗烨所记，宋代说书人几乎都必须熟读此书，以为入行的基本知识。无名氏借用的《金刚经》宣教故事每见于《太平广记》，其所引佛教宣验故事，很可能间接借自《太平广记》而非直引原著。若然，则此至少可证无名氏《清静经注》的诠释手法与说书方法有关。又据现代学者研究，“宋元话本小说在题材风格、思想倾向、艺术趣味、结构类型和叙事方式上都有其独特的地方，总的来看，它们临界于口传文学的‘说话’。都是记录‘说话’再加以润饰而成，作品反映着市井小民的经验、欲望和趣味，故事的价值在娱乐而不在道德劝惩”。见石昌渝：《中国小说源流论》(北京：生活·读书·新知三联书店，1994年)，页233。《清静经注》中所穿插的诸多故事，除了反映出注者明显的宗教意图，也许亦有相当的娱乐(转下页)

什么《清静经注》居然省略五分之二的经文，因为如果注文只是一个拟讲经文或讲经底本，而并非一部专供学者研读的经典注疏，其目的在于注者鼓其如簧之舌，演说灵验故事，以图在“愚夫愚妇”间劝信入道，则经文本身原来只是一种方便，字数的多寡自然无关宏旨。

由于敦煌变文的发现，学者对佛教讲经，尤其是俗讲的情况可说具有相当深入的理解。佛教讲经固然并非始于唐代变文，南北朝时代早已蔚然成风。相对而言，道教讲经的历史情况我们所知有限，希望本文对无名氏《清静经注》的粗浅分析有助于学者对道教讲经进一步的深入研究。

（接上页）价值。宣教和娱乐合一，本来也是佛教讲经的一个特点。见 Yuet Keung Lo, “Persuasion and Entertainment at Once: Kumārajīva’s Buddhist Storytelling in His Commentary on the *Vimalakīrtisūtra*,” pp.89–116。

第七章
儒门公案
——蕅益智旭的《论语点睛》

一、前　　言

学者每以明末为盛行三教合一思潮的时代，而其时的佛教大德蕅益智旭则为主张三教思想合一的佼佼者。姑无论何谓三教合一，抑或蕅益是否主张三教合一，可以肯定的是，他尝注解《周易》及《四书》，稍读其书，便可见他对儒书的见解显然有比附儒释的倾向，而当今学者对此也颇有论述。[1]然而，对于蕅益对儒门本身的根本认识，认真注意者则似乎罕见。换言之，如果我们先不管蕅益为佛门中人，进而把蕅益的种种佛教思想的预设暂且悬置，也许在了解蕅益对儒家思想的认识的过程中，我们比较能够减少自己对蕅益的成见，从而更能够欣赏他对儒门的认识。

事实上，本章认为蕅益大师本人也许在言论上主张三教归一，但

[1] 蔡振丰：《蕅益和尚对四书的诠释》，收入廖蔚卿教授八十寿庆论文集编辑委员会编：《廖蔚卿教授八十寿庆论文集》（台北：里仁书局，2003年），页479—502；黄俊杰：《如何导引"儒门道脉同归佛海"？——蕅益智旭对〈论语〉的解释》，收入氏著：《东亚儒学：经典与诠释的辩证》（台北：台湾大学出版中心，2007年），页279—303。

三教所归之“一”，对他来说，则大概是超越三教而非三教所能表诠的一种绝对真理。三教作为个别独立教义抑或糅合的一体，都无法表达和涵融这一绝对真理。要明白蕅益如何了解儒家思想，我们必须先要认识他这一种不囿于相对的名相而又特殊的超越三教的真理观。要认识儒家思想，最根本的做法莫如认识孔子其人，适巧蕅益尝注《论语》，名曰《论语点睛》，本章将根据此书，分析蕅益眼中的孔子以及儒家思想，而尤其关注其诠释《论语》的手段。

二、三教归一与杨叶空拳

蕅益在他的《四书蕅益解·序》中破题说了下面的一段话：

> 蕅益子年十二，谈理学而不知理。年二十，习玄门而不知玄。年二十三，参禅而不知禅。年二十七，习律而不知律。年三十六，演教而不知教。逮大病几绝，归卧九华，腐滓以为馔，糠粃以为粮。忘形骸，断世故，万虑尽灰，一心无寄，然后知儒也，玄也，佛也，禅也，律也，教也，无非杨叶与空拳也，随婴孩所欲而诱之。诱得其宜，则哑哑而笑。不得其宜，则呱呱而泣。泣笑自在婴孩，于父母奚加损焉？顾儿笑，则父母喜，儿泣，则父母忧。天性相关，有欲罢而不能者。“伐柯伐柯，其则不远。”今之诱于人者，即后之诱人者也。倘犹未免随空拳黄叶而泣笑，其可以诱他乎？[1]

他先交代自己从十二岁开始的求学过程，其间他尝试学儒、习玄、参

[1]〔明〕智旭：《四书蕅益解·序》，收入《周易四书禅解》（成都：巴蜀书社，2004年），页225。按：《四书禅解》当作《四书蕅益解》。

禅、习律、演教，但似乎一事无成。根据蕅益的自传《八不道人传》，他的求学过程其实充满种种艰苦的身心挣扎。他所追求的学问绝非纸面上的文章而已。可以想见，蕅益的学问和体验必然关乎其生命的变化，恳挚而真切。他三十八岁大病几绝，归卧九华山，自言“腐滓以为馔，糠粊以为粮。忘形骸，断世故，万虑尽灰，一心无寄，然后知儒也，玄也，佛也，禅也，律也，教也，无非杨叶与空拳也，随婴孩所欲而诱之”，这无疑是他求学过程中最关键的突破。他发现原来过去二十多年出入儒、玄、禅、律、教，分门别户，竟然是他苦学无成的根本障碍。而障碍所在恰恰在于蕅益本人一直未能明白别人假借杨叶和空拳，以诱导他悟真入道的苦心，因此，他这个“诱于人者”误以杨叶、空拳为实有。如今，自己身为“诱人者”，“伐柯伐柯”，蕅益终于明白杨叶空拳并非纯粹的教育理论问题，而不啻是终极真理必然超越相对的名相表法的本质。

注意，蕅益的觉悟并非由于他对各门学问的辨知分析，而毋宁是他身负沉疴，个人真实地面对生死关头之际的一种特殊的体悟。事实上，正因为他如此逼近生死关头，他才能够“忘形骸，断世故，万虑尽灰，一心无寄”。此时此刻，大概他平日讲究学问时的思辨分析已经不再起作用了。也许如此，他终于能够直接体验真元，洞彻一切，文字语言所区分的个别相当下消融，顿然贯通。所以，他说“然后知儒也，玄也，佛也，禅也，律也，教也，无非杨叶与空拳也”。这也就是他特别指出“伐柯伐柯，其则不远”的微意。

譬喻言之，如果蕅益是诗人，触景生情，心有所感，发而为诗，必须假借文字。文字可以不同，有中文，有英文，有梵文；体裁也可以殊别，有古体，有近体，有长篇，有短制，数之不尽，但这只是蕅益所讲的“表法”问题，并非“实事”。[1]文字媒介和体裁形式尽管殊异，诗

---

[1]《论语·乡党》“见齐衰者”章解，《论语点睛》卷上，收入《周易四书禅解》，页275。

人的情志本一。儒也，玄也，佛也，禅也，律也，教也，未尝不可以作文字殊相观之。蕅益病中所悟，理应不关文字殊相，因此，儒、玄、佛、禅、律、教，犹如杨叶与空拳，尽归虚空。蕅益在《八不道人传》开篇即云："八不道人，震旦之逸民也。古者有儒，有禅，有律，有教，道人既蹴然不敢。今亦有儒，有禅，有律，有教，道人又艴然不屑，故名八不也。"[1]如此开宗明义，其中必有寄托。现实中的蕅益大师，固然是佛门中人，但在真理世界中，恐怕没有任何名号足以称之，因为名号不外是"表法"而已。这应该是他自号"八不道人"的一种更深的微意。

晚明所谓三教归一思潮，普遍盛行，当今学者大多视蕅益大师为此潮流的产物，而他固然也助长了这一思想潮流。然而，如果我们仔细分析蕅益的言论著作，恐怕三教归一或三教会通一类的说法，对他来说，本身也不过是另一种"杨叶与空拳"而已。[2]蕅益曾说："为学日益，为道日损，人都看作两橛。若知下学而上达，则日益处，即日损处矣。"[3]从他本人求学的历程看，出入儒、释，即是其日益处，患病而彻悟诸门学问尽皆杨叶空拳，即其日损处。这是他随立随扫的上乘工夫。蕅益本人下学而上达，为学与为道，他并未"看作两橛"，所以，他能够在杨叶与空拳之中透悟出终极真理来。

在仔细交代他的求学历程以后，蕅益接着便说明他撰作《四书解》的由来。他说：

维时彻因比丘，相从于患难颠沛，律学颇谙，禅观未了。屡

[1] 僧忏法师选辑：《蕅益大师集》(台北：佛教出版社，1978年)，页1。

[2] 有关蕅益大师的超越三教以及超越三教归一的哲学立场，可以参看本人的英文论文"Change Beyond Syncretism: Ouyi Zhixu's Buddhist Hermeneutics of the *Yijing*," *Journal of Chinese Philosophy* 35.2 (2008): 273–295。

[3]《论论·宪问》"阙党童子将命"章解，《论语点睛》卷下，《周易四书禅解》，页301。

> 策发之，终隔一膜。爰至诚请命于佛，卜以数阄，须藉《四书》，助显第一义谛。遂力疾为拈大旨，笔而置诸笥中，屈指复十余年。彻因比丘且长往矣。嗟嗟，事迈人迁，身世何实。见闻如故，今古何殊。变者未始变，而不变者亦未始不变，尚何存于一分无常一分常之边执也哉？[1]

蕅益最后成书的《四书解》原来是一时机缘巧合而生的结果。彻因比丘谙律而未通禅观，蕅益几经努力，启发无由。最后，他恳诚以占卜乞灵于佛。根据指示，乃有“藉《四书》助显第一义谛”这一段因缘。换言之，蕅益并非有意在《四书解》中比附儒、释两家思想。他针对彻因比丘的这一说法手段，佛教称之曰“方便”，但蕅益大师同时认为儒门也有类似的释经方法，而且始自孔子本人。他在解释《周易·乾卦》《彖》时说：“此孔子《彖传》，所以释文王之彖辞者也。释彖之法，或阐明文王言中之奥，或点示文王言外之旨，或借文王言句而自出手眼，别申妙义。事非一概。”[2]正如下文分析，蕅益解释《论语》，同样也“事非一概”，其中有阐明孔子“言中之奥”，也有点示孔子“言外之旨”，或甚至借孔子“言句而自出手眼，别申妙义”。所谓“妙义”，亦即他说的“第一义谛”。精确而言，他在《论语点睛》中是假借儒、释思想以阐发所谓“第一义谛”。至于何谓第一义谛，对彻因比丘的求学目的而言，也许就是禅观，但对于当时为他讲解《四书》的蕅益而言，恐怕未必如是。

《四书解》序文开宗明义，强调儒、玄、佛、禅、律、教，尽皆杨叶与空拳，显然第一义谛别有所在。序文谓蕅益为彻因比丘讲解《四书》十余年后，时惟顺治四年（1647），满族入关，山河变色，而彻因早已逝

---

[1] 智旭：《四书蕅益解·序》，《周易四书禅解》，页225。
[2] 智旭：《周易禅解》卷一，收入《周易四书禅解》，页9—10。

世，蕅益搦管之际，顿感“事迈人迁，身世何实”，“变者未始变，而不变者亦未始不变，尚何存于一分无常一分常之边执也哉”。在身经历史巨变的蕅益眼中，此时此刻，连无常与常都成偏执，儒、释是否能够互融，试问更有何终极意义可言。世间的终极真理，只能以一个在明末最不具学派门户的名称来指谓，也即是“第一义谛”。

按：第一义谛原来固然是佛教概念，但具体指涉，因人而异。[1]梁昭明太子《令旨解二谛义》云：“所言二谛者，一是真谛，二名俗谛。真谛亦名第一义谛，俗谛亦名世谛。真谛、俗谛，以定体立名。第一义谛、世谛，以褒贬立目。”[2]简言之，第一义谛从其实质（所谓“定体”）而言，即是真谛。由于其真实，所以就有褒义。昭明太子的说法可以看作第一义谛的基本意义，而这一意义可以外延到佛教以外的讨论。唐宋以来，一直如此。到明末，第一义谛的通俗意义已经深入民间。跟蕅益同时的东林儒者顾宪成也曾如此使用。他说：“孔子论子路以知，而曰‘知之为知之，不知为不知，是知也’，直指本体，当下即了。其诲子路以敬，而曰‘修己以安人，修己以安百姓，尧舜犹病也’。究竟功用，到底不了，此最易简、最广大圣门第一义谛也。”[3]蕅益《四书解》序文中所说的第一义谛，也是通俗义。他存心借用通俗义的第一义谛以指称他所体悟的超越三教的终极真理。

三、儒门公案

彻因比丘求学的目的在于了解禅观，这是清楚无疑的。蕅益对

---

[1]〔隋〕智𫖮《四教义》卷二云：“一者有谛，二者无谛，三者中道第一义谛。”此以相对有无两边的中道义为“第一义谛”。见《大正藏》，第46册，第1929种，页727。这是智𫖮其中一个特殊的用法，但也未违第一义谛的通义。

[2]〔梁〕萧统：《令旨解二谛义并答问》，〔唐〕道宣：《广弘明集》卷二十一，页247。

[3]〔清〕沈佳：《明儒言行录》卷九，收入《四库全书》，第458册，页932。

他讲解《四书》，尽管自己心明第一义谛，但他的目的在于随机施教，而诱发归趣则端在禅观。（按：蕅益所谓“杨叶与空拳”，“无真实义”之意。[1]他又说：“圣人设教，曲随物情，杨叶止啼。”[2]）众所周知，学禅重在参悟，方便每在公案。由是观之，则《论语》共四百余章，书中各章未尝不可视作一则公案，以为参悟之资。彻因比丘向蕅益请教的具体时间难以确定，但蕅益三十八岁入住九华，四十一岁移居温陵，讲解《四书》当在其间三年。值得注意的是，蕅益寄住温陵之日，曾应一郭氏子问《易》之请，借佛理以讲儒书，后成《周易禅解》。他在该书《自序》中说，“吾所由解《易》者无他，以禅入儒，务诱儒以知禅耳。”[3]看来，蕅益大概是借《四书》以启发彻因比丘之禅观在先，而他本人在教学相长的过程中亦有所领悟，因此，甫移居温陵，他便在另一次意外的机缘中，尝试“以禅入儒”。这并非蕅益存心牵强比附，对他而言，儒、释同是杨叶与空拳，同是“表法”，并非“实事”。以上文的譬喻言之，儒、释是两种不同的语言，在蕅益大师这个诗人手中，都不过是言志的方便伎俩，两者不同而同，同而又不同。

公案一词，大概始于唐代，原来指官府之案牍。公案往往待判，因此，后来也称待决的事情或案件等作公案。从南宋中叶左右开始，儒门中人已经有把儒学内部种种义理问题称为公案的例子。南宋宗师朱子的陈埴甚至以《孟子》一书何不言《易》这一问题为一件“程门公案”。[4]唐代禅宗盛行，祖师机锋，片言只语，直指人心，但其中又似暗藏玄妙，有待参究，如此种种，学禅者也称作公案。元代三教老人曾经把禅门公案的用意和精神细分如下：

---

[1] 智旭：《占察善恶业报经玄义》，收入《卍续藏》，第35册，第370种，页102。

[2] 智旭：《盂兰盆经新疏》，同前书，第377种，页305。

[3] 智旭：《周易禅解·自序》，《周易四书禅解》，页4。有关《周易禅解》的研究，可看Yuet Keung Lo, “Change Beyond Syncretism: Ouyi Zhixu’s Buddhist Hermeneutics of the *Yijing*,” *Journal of Chinese Philosophy* 35.2 (2008): 273–295。

[4]〔宋〕陈埴：《木钟集》卷二，收入《四库全书》，第703册，页623。

> 尝谓祖教之书，谓之公案者，倡于唐而盛于宋，其来尚矣。二字乃世间法中吏牍语，其用有三。面壁功成，行脚事了，定盘之星难明，野狐之趣易堕，具眼为之勘辨，一呵一喝，要见实诣，如老吏据狱谳罪，底里悉见，情款不遗，一也。其次则岭南初来，西江未吸，亡羊之岐易泣，指海之针必南，悲心为之接引，一棒一痕，要令证悟。如廷尉执法平反，出人于死，二也。又其次则犯稼忧深，系驴事重，学弈之志须专，染丝之色易悲，大善知识为之付嘱，俾之心死蒲团，一动一参，如官府颁示条令，令人读律知法，恶念才生，旋即寝灭，三也。[1]

如是，公案便分修证实诣、接引指南以及专心标准三种作用。总而言之，公案就是帮助学禅者专心致志，以求悟禅的凭准和证悟的印记。对修禅者而言，公案悬而未决，永远待参。

由于禅宗的广泛影响，明代中叶以后，儒者标举《四书》书中疑窦，直称公案，更是屡见不鲜。这或许与当时三教归一思想之流行有关。比如，刘宗周与蕅益同时，尝云："《大学》止辨公私义利而不分理欲天人，《中庸》只指隐微显见而不分前后动静。此是儒门极大公案，后人愦愦，千载于今。"[2]刘宗周此例综括《学》《庸》两书，又只见判断而未陈推究之由。事实上，明末儒者解释《四书》，更多的是分章析句，书中各章俨然自成一桩禅门公案。比如，东林党人周宗建如此解说《论语·述而》"卫君"章：

> 诸生问："子贡之问夷齐，该直说出避国一事否？"宗建曰：

[1] 三教老人：《碧岩录序》，〔宋〕重显颂古、克勤评唱：《佛果圜悟禅师碧岩录》，《大正藏》，第48册，第2003种，页139。序末署"元成宗大德甲辰（1304）四月望"。

[2]〔明〕刘宗周：《学言三》，《刘子遗书》卷四，收入《四库全书》，第717册，页163。

"吾意正以不直说为佳。试看当时圣贤一问一答,全然不露,两两心照,有无限意味。若一句说破,便索然矣。国人拥辄拒聩,于道理上尽说得去,却于本心上毕竟过不去,所谓于汝安乎? 断然不能安也。故子贡推究到心上,夫子拈出一仁字,暗暗指出此公案耳。"[1]

所以,《述而》"子贡之问夷齐"章乃一公案,至于其判断理据,周宗建则直指人心,剖析入微。又如明成化年间蔡清《四书蒙引》对《论语·微子》首章"殷有三仁焉"一句有如下的判断:

孔子此句真万世之公案。盖当时此三人,或死或不死,或去或不去,疑于此是则彼非,伸此则屈彼者,故夫子即其位,揆其时,而原其心,而直断其为同出于忧君爱国之心。迹虽不同,心则一也。此等公案,非孔子谁能断之?[2]

蔡清同样仔细分析此章公案中的义理,亦即仁发自心中,显迹可以殊异,人心则会归于一。他的结论与周宗建对《述而》"卫君"章的推断,殊途同归,而两件公案都以人心为依归,以孔子的见解为判准。这可谓晚明儒者参究儒门公案的一个共同立场。[3]

蕅益《论语点睛》随处可见其论断公案的痕迹,这大概与此书的成书缘由有密切的关系,毕竟他是为了策发彻因比丘了解禅观才讲

---

[1]〔明〕周宗建:《论语商》卷上,收入《四库全书》,第207册,页456。

[2]〔明〕蔡清:《四书蒙引》卷八,收入《四库全书》,第206册,页380。

[3] 相关例子甚多,在此仅再举一则。〔明〕陈士元《论语类考》卷九《人物考》"召忽"条论曰:"召忽,公子纠臣也。忽死纠之难而《春秋》不书者,纠,弟也,桓公,兄也。桓公已立而忽乃纳纠,倚鲁称兵,乾时决战,岂非欲危社稷之计乎? 此纠之所以得罪于齐而见杀也。孔子比之匹夫匹妇,自经沟渎而莫之知也,可以为万世之公案矣。"见《四库全书》,第207册,页184—185。

解《四书》的，而且选书的决定出自卜阄，并非预谋。《论语》本身基本上是对问体，从体裁看，颇类禅门的语录，因此，《点睛》原来就隐隐然视之为禅门公案。蕅益点破《论语》的公案性质，大致上有五种方法。

首先，正如上文所引刘宗周综括《大学》《中庸》两书异同，判为“儒门极大公案”，蕅益读儒书，已有类似的眼光。《论语·子罕》“唐棣之华”章：“唐棣之华，偏其反而，岂不尔思，室是远而。子曰：‘未之思也。夫何远之有？’”蕅益解曰：“此与‘思无邪’一语参看，便见兴于《诗》的真正学问，亦可与佛门中念佛三昧作注脚。”[1]“思无邪”一语见于《论语·为政》。在此章下，蕅益说：“此指示一经宗要，令人随文入观，即闻、即思、即修也。若知《诗》之宗要，则知千经万论，亦同此宗要矣。”[2]蕅益所谓“一经宗要”，其实极似禅宗话头，所以，他说“唐棣之华”章“可与佛门中念佛三昧作注脚”。他的《论语》注名为《论语点睛》用意正在于此。点睛即指点宗要所在，画龙点睛，而宗要的表述形式，在蕅益眼中，实在莫善于类似禅师话头的片言只语。这当然只是针对表达形式而言。[3]《点睛》中这类指点话头的例子甚多，在此姑且再举一例。《论语·宪问》：“子张曰：‘《书》云：“高宗谅阴，三年不言。”何谓也？’子曰：‘何必高宗，古之人皆然。君薨，百官总己以听于冢宰三年。’”蕅益解曰：“‘古之人皆然’一句，伤今思古，痛甚痛甚。”事实上，孔子本人在“思无邪”章正好也是说“《诗》三百，一言以蔽之，曰‘思无邪’”。纯粹从表述形式考虑，“一言以蔽之”不正像禅宗的话头了吗？[4]蕅益也许就是从此悟

[1] 智旭：《论语点睛》卷上，《周易四书禅解》，页271—272。

[2] 同前书，页233。

[3]《论语·季氏》“君子有三戒章”蕅益解曰：“有戒则能御血气，无戒则被血气使。一部《易经》，三戒收尽。”他以三戒概括《易经》之宗要。同前书，卷下，页309。

[4] 朱熹“思无邪”章注曰：“然其言微婉，且或各因一事而发，求其直指全体，则未有若此之明且尽者，故夫子言《诗》三百篇，而惟此一言足以尽盖其义，其示人之意亦深切矣。”见朱熹：《论语集注》卷一，《四书章句集注》，页54。

入，贯通儒释两家掌握真理的一种方法。

其次，《点睛》中最常见的公案痕迹就是蕅益直接提醒读者如禅僧一般去参究《论语》本文。试看以下诸例：

子曰："知之者不如好之者，好之者不如乐之者。"（《论语·雍也》）

蕅益解曰："知个甚么，好个甚么，乐个甚么？参。"[1]

子钓而不纲，弋不射宿。（《论语·述而》）

蕅益解曰："现同恶业，曲示善机，可与六祖吃肉边菜同参。"[2]

子曰："由之瑟，奚为于丘之门？"门人不敬子路。子曰："由也，升堂矣，未入于室也。"（《论语·先进》）

蕅益解曰："收之则升堂，拣之则门外。可参。"[3]

子曰："予欲无言。"子贡曰："子如不言，则小子何述焉？"子曰："天何言哉？四时行焉，百物生焉。天何言哉？"（《论语·阳货》）

蕅益解曰："无言岂是不言？何言却是有言。说时默，默时说。参。"[4]

子曰："博学于文。约之以礼。亦可以弗畔矣夫。"子曰："君子成人之美。不成人之恶。小人反是。"（《论语·颜渊》）蕅益解曰："请各各自思之。"[5]

上述五章《论语》，蕅益都直呼读者去参究其中大义。换言之，《论

[1] 智旭：《论语点睛》卷上，《周易四书禅解》，页254。
[2] 同前书，页260。
[3] 同前书，卷下，页278。
[4] 同前书，页314。
[5] 同前书，页286。

语》如禅门公案，不言而喻。

蕅益第三种点破《论语》的公案性质的表法就是比附儒、释义理。比如，《论语·为政》记载了孔子对子路的一段话：

> 子曰："由，诲女知之乎？知之为知之，不知为不知，是知也。"
>
> 蕅益解曰："子路向能知、所知上用心，意谓无所不知，方名为知，不是强不知以为知也。此则向外驰求，全昧知体，故今直向本体点示，只要认得自己真知之体，更无二知。此与知见立知，即无明本，知见无见，斯即涅槃之旨参看，方见圣人道脉之妙。若舍此而别求知，不异丙丁童子求火，亦似骑牛觅牛矣。"[1]

此章并无对话，蕅益从孔子所言参究"圣人之道脉"，而此"道脉"又与涅槃之旨相通。丙丁童子求火乃一桩有名禅宗公案，[2]《论语》的公案性质昭然若揭。

有时候，蕅益直接指出《论语》文字暗寓禅机。比如，《论语·雍也》"宰我问"章："宰我问曰：'仁者虽告之曰井有仁焉，其从之也。'子曰：'何为其然也？君子可逝也，不可陷也。可欺也，不可罔也。'"试看蕅益如何阐释此章：

> 此问大似禅机。盖谓君子既依于仁，设使仁在井中，亦从而依之乎？夫子直以正理答之，不是口头三昧可比。[3]

又《微子》"齐景公待孔子"章载：

---

[1] 智旭：《论语点睛》卷上，《周易四书禅解》，页235。
[2]《佛果圜悟禅师碧岩录》，页147。
[3] 智旭：《论语点睛》卷上，《周易四书禅解》，页255。

齐景公待孔子曰:“若季氏,则吾不能。”以季孟之间待之。曰:“吾老矣,不能用也。”孔子行。齐人归女乐,季桓子受之,三日不朝。孔子行。楚狂接舆歌而过孔子曰:“凤兮凤兮,何德之衰。往者不可谏,来者犹可追。已而已而,今之从政者殆而。”孔子下,欲与之言。趋而辟之,不得与之言。

蕅益解曰:“又是圣人一个知己。趋而辟之,尤有禅机。”[1]

蕅益明言宰我所问“大似禅机”,而接舆趋避孔子的举动更是“尤有禅机”,显然他视此章若公案了。

《点睛》中,最直接以公案陈词的莫如《颜渊问仁》章。为了方便说明问题,以下照录原文如下:

颜渊问仁。(僧问和尚:“如何是佛?”)子曰:“克己复礼为仁。一日克己复礼,天下归仁焉。为仁由己,而由人乎哉?”(和尚答曰:“只你便是。”)颜渊曰:“请问其目。”(僧又问曰:“如何保任?”)子曰:“非礼勿视,非礼勿听,非礼勿言,非礼勿动。”(和尚答曰:“一翳在目,空华乱坠。”)颜渊曰:“回虽不敏,请事斯语矣。”(僧礼拜。)[2]

从形式上言,孔、颜对话,依蕅益分析,俨然一则公案。师徒之间,一问一答,蕅益都逐一解析,孔子仿如禅师,颜渊则似和尚,问仁比拟参禅。这样直接比拟儒、释的诠释手段,《点睛》一书中,至少还有一处,[3]见《微子》“长沮桀溺”章,兹引录全文如下:

---

[1] 智旭:《论语点睛》卷下,页316。按:蕅益在此合三章为一章。

[2] 同前书,页282。

[3]《阳货》“宰我问章”和《子张》“子夏门人小子”章亦有依句解析的形式,但并没有明确的比拟禅门的举似公案。同前书,分见页314、320。

> 长沮、桀溺耦而耕，孔子过之，使子路问津焉。长沮曰："夫执舆者为谁？"子路曰："为孔丘。"曰："是鲁孔丘与？"曰："是也。"曰："是知津矣。"（好赞词。）问于桀溺。桀溺曰："子为谁？"曰："为仲由。"曰："是鲁孔丘之徒与？"对曰："然。"曰："滔滔者，天下皆是也，而谁以易之？且而与其从辟人之士也，岂若从辟世之士哉？"耰而不辍。（辟人之士，错看孔子。）子路行以告。夫子怃然曰："鸟兽不可与同群，吾非斯人之徒与而谁与？（可见不是辟人之士。）天下有道，丘不与易也。"（菩萨心肠，木铎职分。）子路从而后，遇丈人以杖荷蓧。子路问曰："子见夫子乎？"（问得满撞。）丈人曰："四体不勤，五谷不分。孰为夫子？（答得清楚。）植其杖而芸，子路拱而立。止子路宿，杀鸡为黍，而食之。见其二子焉。（露出马脚，惹出是非。）明日子路行以告。子曰："隐者也。"使子路反见之。（赵州勘婆子。）至则行矣。（勘破了也。）子路曰："不仕无义，长幼之节，不可废也。君臣之义，如之何其废之？欲洁其身，而乱大伦。君子之仕也，行其义也。道之不行，已知之矣。"[1]

《点睛》一书，蕅益本人的解说都附列《论语》每章之后，唯独上述两章在章后解说外，更直接析句作解，比拟禅门举似公案。比如，在《微子》"长沮桀溺"章后，蕅益解曰："此数句绝不似子路之言，想是夫子教他的。幸得丈人不在，不然却被丈人勘破。"[2]上述两章，也许在形式和禅味两方面，尤其神似禅门公案，所以蕅益逐句分析，直接从体裁作比拟，犹如在导演一幕儒门公案短剧。

---

[1] 智旭：《论语点睛》卷下，页317。
[2] 同前注。

四、文字血脉论

禅宗祖师好言血脉，所谓血脉，一方面指宗乘之授受，即祖师之间不立文字的以心传心，所以又称血脉相传。根据《六祖坛经》的记载，五祖弘忍的禅堂前就有一幅《五祖血脉图》。丁福保《笺注》曰："五祖，谓自初祖达摩大师之五祖弘忍大师也。血脉，体内流通血液之经络也。今借此图以形容嗣续列祖之传。《五祖血脉图》谓传受列祖之奥旨，而记其相承之名也。"[1]《五祖血脉图》针对祖师之间的宗嗣而言，其前提当然就是各祖师本人自有其血脉。禅门相传有《达摩大师血脉论》一卷；此书固然是后人伪造，而非达摩原作。最重要的是，尽管书名虚构，但却准确表达出禅学精神。禅师各有血脉，初祖达摩大师固然不会例外。然而，《达摩大师血脉论》卷首有署名右朝奉郎通判建昌军事赐绯鱼袋任哲宋高宗绍兴癸酉二十三年（1153）序，[2]则其书大概宋代已经流行。有宋一代，所谓"曹洞血脉"[3]和"临济血脉"[4]等说法，相继出现，信非偶然。

祖师血脉之说，明末禅门中依然流传。与蕅益同时的永觉元贤和尚尝言："近日学人，见十二分教，则呵为拭疮疣纸，见五宗言句棒喝，则奉为镇海明珠。不知这个不在十二分教上，亦不在五宗言句棒喝上。若只向言句棒喝之下钻研，求通宗师血脉，则全成邪见。"[5]宗

[1]〔唐〕法海录、丁福保笺注：《六祖坛经笺注》（台北：文津出版社，1978年），页70。

[2]《达摩大师血脉论》，收入《卍续藏》，第110册，第1218种，页809。

[3]〔清〕道霈重编：《永觉元贤禅师广录》卷四，收入《卍续藏》，第125册，第1437种，页453。是书卷首有崇祯庚辰（1640）秋八月既望日赐进士出身中顺大夫常州府知府归安弟子陈瑄序，崇祯癸未（1643）孟夏四月佛诞日曹谷序，以及清顺治十四年丁酉（1657）仲冬下浣嗣法弟子道霈序。

[4]〔宋〕惟白集：《建中靖国续灯录》卷十四，收入《卍续藏》，第136册，第1556种，页215。是书前有宋徽宗建中靖国元年（1101）八月十五日赐序。

[5]道霈重编：《永觉元贤禅师广录》卷六，页472。

师血脉亦称“命脉”，紫柏尊者大师尝言“纲宗乃宗门之命脉”。[1]血脉不离文字，但亦不拘泥于文字。所谓祖师血脉，实指祖师的思想信仰而言，所以，《达摩大师血脉论》不啻初祖的禅学思想和信仰。与蕅益同时的紫柏曾经在一次公开法语上说：

> 楞严会上，佛告阿难：“一切众生，从无始来，生死相续，皆由不知常住真心，性净明体，用诸妄想。此想不真，故有轮转。”诸仁者，此一段经，有两种血脉。一是四圣血脉，一是六凡血脉。遮个关头辨析不真，管取十人举心动足，五双错了。常住真心，性净明体，此便是四圣血脉。此想不真，故有轮转，此便是六凡血脉。四圣者，佛、菩萨、声闻、缘觉是也。六凡者，天、修罗、人、傍生、饿鬼、地狱是也。[2]

语中可见，四圣、六凡皆有血脉，而所谓血脉，即其思想信仰。思想信仰固然未必见诸文字，但据紫柏所言，佛祖的血脉即见于他在楞严会上的一番法语。佛祖的血脉，以心传心，不绝如缕，亦即紫柏所谓的“纲宗”。诚然，紫柏所谓血脉本来就是禅家自创的讲法，而非传自印度释祖。执著名相以求血脉精神，固成邪见，但血脉精神未尝不可现于名相。思想信仰一旦见于文字，禅门中人就有文字血脉之说。由是言之，一本佛经有一本佛经之血脉。[3]以文本拟肉身，意谓文字自有精神而并非古人糟粕而已。

从本体论而言，紫柏认为佛教的最高智慧般若本来就可以见诸

[1]〔明〕紫柏真可：《寄沈德舆》，《紫柏尊者全集》卷二十三，收入《卍续藏》，第126册，第1452种，页1036。

[2]《法语》，同前书，卷七，页755。

[3]〔唐〕宗密：《圆觉经大疏释义钞》卷十三之上，收入《卍续藏》，第15册，第245种，页40。紫柏讲解《心经》，认为“心，此经大部之纲骨。如人一身，虽有五脏百骸，惟心为主”。见《心经说》，《紫柏尊者全集》卷十一，页821。

文字。他说：

> 般若有三种，如实相、观照、文字是也。实相般若即人人本有的心。观照般若即心上光明，能悟达，则心光发朗。凡吐一言一句，长篇短什，足为万古灯明，用除痴暗，故称文字般若。[1]

既然般若可以见诸文字，则文字的终极意义在于显示般若，而不在于文字本身。与他同时的永觉和尚批评当时学人，“见十二分教，则呵为拭疮疣纸，见五宗言句棒喝，则奉为镇海明珠”，针对这个普遍现象，紫柏更大力提倡由宋代禅师慧洪觉范首先揭示的所谓“文字禅”，企图力挽狂澜，导人重回祖师文字中去悟禅。他说：

> 予以是知马鸣、龙树、谷隐、东林与圆明大师，皆即文字语言而传心，曹溪则即心而传文字语言。即文字语言而传心，如波即水也。即心而传文字语言，如水即波也。波即水，所谓极数而穷灵。水即波，所谓穷灵而极数。极数而穷灵，则法相，法性之波也。穷灵而极数，则法性，法相之水也。故石门以“文字禅”名其书。文字，波也。禅，水也。如必欲离文字而求禅，渴不饮波；必欲拨波而觅水，即至昏昧，宁至此乎？[2]

文字如波，禅如水，本来一体，舍文字以求禅，断无是理。所以，紫柏又说：

> 凡佛弟子，不通文字般若，即不得观照般若。不通观照般

[1] 紫柏真可：《心经说》，《紫柏尊者全集》卷十一，页821。
[2]《礼石门圆明禅师文》，同前书，卷十四，页887。

若，必不能契会实相般若。实相般若，即正因佛性也。观照般若，即了因佛性也。文字般若，即缘因佛性也。今天下学佛者，必欲排去文字，一超直入如来地，志则高矣，吾恐画饼不能充饥也。且文字，佛语也。观照，佛心也。由佛语而达佛心，此从凡而至圣者也。由佛心而达佛语，则圣人出无量义定，放眉间白毫相光，而为文字之海，使一切众生，得沾海点，皆得入流亡所，以至空觉极圆，寂灭现前而后已。若然者，即语言文字，如春之花，或者必欲弃花觅春，非愚即狂也。有志于入流亡所者，当深思我释迦文，以文设教所以然之意。如其明之，即文字语言可也。离文字语言可也。如其未明，即文字与离文字皆不可也，非即非离亦不可也。[1]

紫柏一言三复，不外是强调文字即祖师血脉所在，亦即般若之化身，学者求悟禅，必须参究文字，切不可“弃花觅春”。

禅宗乃讲求实际生命的学问而并非纸面上的知识，[2]儒门学问亦然，因此，禅宗血脉的说法直接影响到宋明理学家所讲究的儒门道统说以及他们的读书理论。理学家强调读书法，恐怕无如朱熹。众所周知，朱熹解释《大学》，分析为经一传十的结构，但他的其中一个重要理据正在于《大学》本文的文字血脉，这一点学者较少注意。《大学章句》经一章下朱注曰：“凡传文杂引经传，若无统纪，然文理接续，血脉贯通，深浅始终，至为精密，熟读详味，久当见之。”[3]由于朱子认为经一章乃“孔子之言而曾子述之”，而“传十章则曾子之意

[1]《法语》，《紫柏尊者全集》，卷一，页645。

[2] 紫柏主张：“过去诸佛、现在诸佛、未来诸佛及十二部经。皆以僧为本源也。故曰：‘僧者，佛法所从出。’”见紫柏真可：《法语》，同前书，卷四，页707。“僧为本源”即学最终在人身，不在文字。

[3] 朱熹：《大学章句》，《四书章句集注》，页4。

而门人记之”，[1]因此，经传不啻分别代表孔子和曾子师徒两人，而经传之间的关系也就是以心印心的证明。朱熹说传十章“血脉贯通”，其实也就是指曾子之意得孔氏真传，儒门道统因而得以接续。[2]事实上，心印的说法确实出自朱熹本人之口。程颐的弟子尹焞谈读书时曾说过：“耳顺心得，如诵己言。功夫到后，诵圣贤言语，都一似自己言语。”对此，朱熹的回应是：“佛所谓心印是也。印第一个了，印第二个，只与第一个一般。由印第三个，只与第二个一般。唯尧、舜、孔、颜方能如此。”[3]众所周知，自韩愈倡言的儒学道统说，本来就启发自禅门。必须指出，心印的讲法其实亦倡自禅门。《达摩大师血脉论》云：“自西天二十七祖，只是递传心印。……前佛后佛只言传心，更无别法。”[4]在发扬儒学道统说的时候，朱熹并非人云亦云，高唱口号而已。他本人自有他的一番研究和心得，其中一点即是他的文字血脉心印论。

蕅益毕生敬仰紫柏大师，[5]认为大师“学淹三藏，果证无生，道高德厚，杲日丽天”。蕅益甚至公开表明，“吾眼见耳闻诸善知识，唯紫柏大师一人，已证无生，已得自在”。[6]他又言紫柏“一生绝不上堂，不讲经传戒，只令人真参实究，深入经藏”，[7]因此，对于紫柏所提倡的文字禅，蕅益当有会心而必能认同。蕅益曾说：

> 禅、教、律三，总非心外有法。是故分执之，固谬也；合求之，亦谬也。分执，斗诤滋生；合求，泛滥无统，皆由不知痛为生

---

[1] 朱熹：《大学章句》，《四书章句集注》，页4。

[2] 蕅益反对朱子的看法，他认为曾子实在未得孔子之真传。详下文。

[3] 黎靖德编、王星贤点校：《朱子语类》卷十，页174。

[4]《达摩大师血脉论》，页814。

[5] 智旭：《答比丘戒五问》，《灵峰宗论》（北京：北京图书出版社，2005年），页217；《为大治》，见同书，页240。

[6] 智旭：《祖堂幽栖寺丁亥除夕普说》，同前书，页226。

[7] 智旭：《为大治》，同前书，页240。

死，直趋菩提，所以图名不图实，图枝末不图根本耳。夫禅、教、律，皆名也。真能自觉觉他，乃其实也。机锋转语，偈颂拈提，禅之枝末也。透脱识情，禅根本也。消文衍义，章句名相，教之枝末也。观心入证，教根本也。着衣持钵，锡杖芒鞋，律之枝末也。断有漏法，律根本也。苟依禅透脱识情，何患不观心入证，断有漏法乎？苟依教观心入证，何患不断有漏法，透脱识情乎？苟依律断有漏法，何患不透脱识情，观心入证乎？不惟分无可分，亦且合无可合。分无可分，故古来大圣大贤，无不贯通三学者，合无可合，故古来真实知识，无不各专一门者。[1]

蕅益此处所说，虽然针对禅、教、律三分而实一的道理，但他对语言名相的看法，显然与紫柏一致。更重要的是，他直称禅、教、律三学之真精神为“血脉”。[2]

蕅益《四书蕅益解·序》中说：“佛祖圣贤，皆无实法系缀人，但为人解粘去缚。今亦不过用楔出楔，助发圣贤心印而已。”[3]显然，他也认为《四书》中可见儒门师弟之间传授心印的痕迹。事实上，心印的传授甚至也并不限于儒门。《论语·八佾》载：“子曰：‘周监于二代，郁郁乎文哉，吾从周。’”蕅益解曰：“花发之茂，由于培根。礼乐之文，本于至德。至德本于身，而考于古，即是千圣心法，故从周，只是以心印心。又从周，即从夏商，即从太古也。”[4]千圣可出生在孔子以前，甚至可以上溯太古。从空间上言，也可降世于中国以外。因是之故，儒、释不但可以互融，更可以同归终极“一理”。依蕅益看，对于“古来大圣大贤，无不贯通三学者”而言，儒、释事实上不但可合，

---

[1] 智旭：《为大治》，《灵峰宗论》（北京：北京图书出版社，2005年），页239。
[2] 同上书，页240。
[3] 智旭：《蕅益四书解·序》，见《周易四书禅解》，页226。
[4] 智旭：《论语点睛》卷上，《周易四书禅解》同前注，页240。

更且也"合无可合"，因为儒、释本体原来就是"一理"，无所谓分合。《论语·述而》首章蕅益解曰："述而不作，只因信得理无可作。既信得及，自然好古。此夫子真道脉、真学问也。"[1]既然"理无可作"，即是太古以来，只有"一理"，无分儒、释，不拘名相。以儒释佛或援释入儒都不外是"用楔出楔，助发圣贤心印"，因为"佛祖圣贤"原来"皆无实法系缀人，但为人解粘去缚"而已。

千圣所传之心印，针对儒门而言，即是个人之血脉，蕅益也称之为"道脉"或"学脉"。《子罕》"子畏于匡"章蕅益解曰："道脉流通，即是文，非谦词也。如此自信，何尝有畏。"[2]斯文在夫子身上即为其道脉，因此，斯文也就是蕅益所讲的"儒者道脉"。[3]由于夫子生而好古，敏学以求，所以，蕅益也称其所学所传为"圣贤学脉"。[4]夫子所学者斯文，夫子所传者亦是斯文，对蕅益来说，夫子个人的血脉以及他所传的斯文的道脉自然就必须在圣贤遗留的文字上追寻参究了。这也就是文字血脉论的理论根据。

五、好学是孔子真面目

蕅益学禅，渊源有自，他读书也非常注重文字血脉。他的《论语点睛》中屡屡提出血脉的说法。书中对《论语》的解释在在可见他独具法眼，颇能掌握孔子为学为人的真精神。关于《学而》篇首章，蕅益道：

此章以"学"字为宗主。以"时习"二字为旨趣。以"说"

[1] 智旭：《论语点睛》卷上，页257。
[2] 同上书，页268。
[3] 智旭：《中庸直指》，收入《周易四书禅解》，页325。
[4]《论语·里仁》"士志于道"章解，智旭：《论语点睛》卷上，《周易四书禅解》，页244。

字为血脉。“朋来”及“人不知”皆是“时习”之时。“乐”及“不愠”皆是“说”之血脉无间断处。盖人人本有灵觉之性，本无物累，本无不说，由其迷此本体，生出许多恐惧忧患。今学即是始觉之智，念念觉于本觉，无不觉时，故名“时习”。无时不觉，斯无时不说矣。此觉原是人所同然，故朋来而乐。此觉原无人我对待，故不知不愠。夫能历朋来、人不知之时，而无不习、无不说者，斯为君子之学。若以知不知二其心，岂孔子之所谓学哉？[1]

按：《论语》首篇从来学者都认为孔门弟子编纂之时别具用心。比如，朱熹针对《学而》篇说：“此为书之首篇，故所记多务本之意，乃入道之门、积德之基、学者之先务也。”[2]而入道、积德关键则在于学。因是之故，学者大多认为首篇以“学而时习之”章居先，用意正在于此。明周宗建《论语商》更认为《学而》首章“宛是夫子自序”。[3]蕅益尝读《论语商》，并采用其说（见第219页注［2］），周宗建的“夫子自序”说或许对他也有影响。

蕅益解释《学而》首章，破题即谓“此章以‘学’字为宗主”，见识与朱子相似。但从诠释手段而言，蕅益的分析概念和结构似乎暗藏玄机。本章注文环绕“宗主”“旨趣”和“血脉”三个概念立说。合而言之，三个概念其实是一组隐喻，而喻旨即是孔子其人。“宗主”指其人本身，“旨趣”指其人之趋向，而“血脉”则指其人之精神。司马迁说：“余读孔氏书，想见其为人。”蕅益读《论语》，以书论书，他着眼于孔子其人，所见完全合乎儒学传统。正由于蕅益着眼于孔子其人，所以，《点睛》中也不止一次以“像赞”来概括《论语》中相

［1］《论语·里仁》“士志于道”章解，智旭：《论语点睛》卷上，《周易四书禅解》，页229。
［2］朱熹：《论语集注》卷一，《四书章句集注》，页47。
［3］周宗建：《论语商》卷上，收入《四库全书》，第207册，页433。

关章节。比如,《述而》"子温而厉"章:"子温而厉,威而不猛,恭而安。"蕅益解曰:"像赞。"[1]又《子张》"君子有三变"章曰:"子夏曰:'君子有三变,望之俨然,即之也温,听其言也厉。'"蕅益解只有两个字:"像赞。"[2]他对儒门这两则公案的判词全在勾画孔子和君子其人。

孔子自言他并非"生而知之者",而毋宁是个"好古敏求"的人。他"发愤忘食,乐而忘忧,不知老之将至"。事实上,孔子最引以为豪的大概就是他的好学,《论语·公冶长》记载他说:"十室之邑,必有忠信如丘者焉,不如丘之好学也。"对于这一章,蕅益解曰:"孔子之忠信与人同,只是好学与人异。好学二字,是孔子真面目。"[3]如此说来,蕅益说"学而时习之"章以"学"为宗主,可谓确论。孔子自述一生,从"十有五而志于学"到"七十而从心所欲,不逾矩",本身就是一段锲而不舍的求学和成长历程。这也就是他自我描述几十年"下学而上达"的"时习"过程,而贯注这悠长的求学历程的动力与内涵正是孔子其人的血脉。由于宗主在学,所以血脉又可称作学脉,而所学为道,故又称道脉。蕅益说"时习"为《学而》首章的"旨趣",所言不差。(按:"趣",趋向之意,下学上达正是一个趋向,孔子一生求学之趋向,其大旨就是在于"时习"。)正如上文所论,蕅益本人毕生刻苦求学也是一个锲而不舍的下学上达的"时习"过程。他以"好学"二字为"孔子真面目",也许其中蕴含着他本人对孔子的景仰和认同。下文谓孔子所学与蕅益的人性本体始觉论有关,而此人性观实即其一生数十年下学上达的觉悟和力行所致。

何谓好学?《论语·泰伯》载:"子曰:'笃信好学,守死善道。危邦不入,乱邦不居。天下有道则见,无道则隐。邦有道,贫且贱焉,耻

[1] 智旭:《论语点睛》卷上,《周易四书禅解》,页262。
[2] 同上书,卷下,页320。
[3] 同上书,卷上,页251。

也。邦无道,富且贵焉,耻也。'"蕅益解曰:"信得人人可为圣贤,名笃信。立地要成圣贤,名好学。假使铁轮顶上旋,定慧圆明终不失,名守死善道。危邦不入四句,正是守死善道注脚,正从笃信好学得来。邦有道节,正是反显其失。"[1]好学即是要"立地要成圣贤",[2]这自然是明代阳明学流行以后的儒门宗旨。至于他说"信得人人可为圣贤,名笃信",又说"假使铁轮顶上旋,定慧圆明终不失,名守死善道",这些都是他从夫子话中领悟的心得,话中似乎沾染佛教气息,但基本精神未出儒学矩矱。读者不宜误会。蕅益的目的端在策发彻因比丘个人之禅悟而已。

好学如此根本,所以,蕅益又认为,学者若不好学,则他所追求的仁智诸德,尽皆虚名。《论语·阳货》"六言六蔽"章蕅益解曰:"若不好学,则仁、知等皆虚名耳。言者,但有虚名,非实义也。蔽却是实病矣。"[3]《论语·子张》记载两段子夏论学的言论如下:

子夏曰:"虽小道,必有可观者焉,致远恐泥,是以君子不为也。"

子夏曰:"日知其所亡,月无忘其所能,可谓好学也已矣。"

蕅益定夺此子夏公案说:"此便是子夏之学,不是孔子之学,所谓小人儒也。"[4]显然,他极为关心孔门师弟所追求讲究的"学",同时,尽管身处缁流,但跟明代儒者一样,他仍然是以孔子为判案依准的。而所谓孔子依准,毕竟就在笃信好学、笃信人人可为圣贤以及好学以为圣贤。此即蕅益所讲的孔子血脉、学脉与道脉。

至于孔子所学本身,蕅益的看法则以他本人所认识的人性本质

[1] 智旭:《论语点睛》卷上,《周易四书禅解》,页265。
[2] 禅宗有立地成佛之说,蕅益"立地要成圣贤"的说法大概渊源有自。
[3] 同前注,卷下,页312。
[4]《论语·子张》"虽小道"章解,智旭:《论语点睛》卷下,《周易四书禅解》,页319。

为根据。他认为“人人本有灵觉之性”，亦即是人性的本体。这个灵觉之性原来并无物累，因此，原来亦无所谓不悦，但此本体受染入迷，便会“生出许多恐惧忧患”。学即是复求此“始觉之智”，若能“念念觉于本觉”，以至“无不觉时”，这就是蕅益所谓的“时习”。能达致“无时不觉”的境界，便可“无时不说矣”。同时，由于“此觉原是人所同然，故朋来而乐”。又由于“此觉原无人我对待，故不知不愠”。

其实，从训诂而言，“学”本来就有“觉”义。《白虎通·辟雍》：“学之为言觉也，以觉悟所不知也。”[1]至于“学”的目的在“觉”，此说则朱熹早已指出。《论语集注》云：“学之为言效也。人性皆善，而觉有先后，后觉者必效先觉之所为，乃可以明善而复其初也。”[2]朱子言觉有一前提，即人性皆善，亦即《大学》所谓的“明德”。学又由“效”而言，后觉效先觉之所为方能明善复初。换言之，学而时习之就是模仿先觉以求明明德的过程。蕅益谓“学即是始觉之智”，他强调的是学所求的“智”，而非如朱子所重视效法先觉的求学工夫。由于“始觉”只是灵觉之性，所以并无所谓善恶可言。求“智”的目的在藉智致悟，以复其始觉，务使时时刻刻本觉常在。朱熹释“朋”为“同类”，意谓人皆有善性，圣人与我同类，因此，在双方学而时习的前提下，朋来则可乐。从理论形式上言，蕅益也认为“觉原是人所同然，故朋来而乐”。大致上，朱熹与蕅益的说法也并非截然对立。王阳明晚年提倡的四句教，首两句揭示“无善无恶是心之体，有善有恶是意之动”之说，颇具禅味，在王学后人中掀起诸多争议。天泉桥上，阳明亲自对弟子作了一番解释。他说：

人心本体原是明莹无滞的，原是个未发之中。利根之人，一

---

[1] 陈立：《白虎通疏证》卷六，页254。

[2] 朱熹：《论语集注》卷一，《四书章句集注》，页47。

悟本体,即是功夫,人己内外,一齐俱透了。其次不免有习心在,本体受蔽,故且教在意念上实落为善去恶,功夫熟后,渣滓去得尽时,本体亦明尽了。[1]

蕅益服膺阳明学,[2]他的著作中屡屡提及阳明,《论语点睛》中就有好几处。他所说的“人人本有灵觉之性,本无物累”,与阳明所讲原是明莹无滞、无善无恶的人心本体似乎无大差异。一旦本体受蔽,阳明教人“在意念上实落为善去恶,工夫熟后,渣滓去得尽时,本体亦明尽了”。反观蕅益则主张借学以求“始觉之智”,以图“念念觉于本觉,无不觉时”。曾经有人问阳明:“人皆有是心,心即理,何以有为善,有为不善?”阳明答道:“恶人之心,失其本体。”[3]所谓“失其本体”,至于为不善,也可说是“本体受蔽”,失其“始觉”之“明莹无滞”。阳明在另一场合又说过:“‘格物’如孟子‘大人格君心’之‘格’,是去其心之不正,以全其本体之正。但意念所在,即要去其不正,以全其正,即无时无处不是存天理,即是穷理。天理即是明德,穷理即是明明德。”[4]“无时无处不是存天理”,显然也契合蕅益“念念觉于本觉”的思路。阳明说利根之人,一悟本体,“人己内外,一齐俱透了”,而蕅益则谓又“此觉原无人我对待,故不知不愠”。两说声气相通。纯粹从人心本体之灵觉而言,阳明与蕅益也未见不同。

事实上,即使朱熹也承认“心”也有“虚灵知觉”,[5]所不同者,朱子尚讲性理。四句教的后两句均涉及修养工夫,谓“知善知恶是良知,为善去恶是格物”。蕅益《学而》首章未谈修养工夫,但《论语

[1] 陈荣捷:《王阳明传习录详注集评》卷下,页359—360。

[2] 比如,蕅益接受王阳明的看法,认为古本《大学》并非如朱熹所言,分为一经十传,而且亦无错简。见《四书蕅益解·序》,《周易四书禅解》,页225—226。

[3] 陈荣捷:《王阳明传习录详注集评》卷上,页72。

[4] 同上书,页39。

[5] 朱熹:《中庸章句序》,《四书章句集注》,页14。

点睛》中有关论述却并不罕见。《里仁》“吾道一以贯之”章载：“子曰：‘参乎！吾道一以贯之。’曾子曰：‘唯。’子出。门人问曰：‘何谓也？’曾子曰：‘夫子之道，忠恕而已矣。’”蕅益解曰：“此切示下手工夫，不是印证，正是指点初心。须向一门深入耳。忠恕真实贯得去，亦是有个省处，乃能如此答话。”[1]从实践忠恕求深入，自然也可算是阳明所讲的“为善去恶”的“格物”工夫。

从思想内涵而言，《论语点睛》所揭示的最终仍然是孔子精神。朱子《为政》“思无邪”章注云：“凡《诗》之言，善者可以感发人之善心，恶者可以惩创人之逸志，其用归于使人得其情性之正而已。”[2]蕅益说《诗经》之宗要“令人随文入观，即闻、即思、即修”，而“闻”“思”“修”三者，皆不出儒家矩矱，尽管“随文入观”的说法颇染天台和禅宗气味。他在《子罕》“唐棣之华”章又引李贽云：“人之所以异于禽兽，全在思。人之所以可为圣贤，全在思。故力为辩之，不但为一诗翻案而已。”[3]可见蕅益最终关心的是超越门户宗派而异于禽兽的人。上引《宪问》“子张问”章蕅益特别注重“古之人皆然”一句正可证明他着眼于孔子其人，而他关心的毋宁是夫子同乎他人之性情，而非他可以分门立户的思想。上文已经提及，也正由于蕅益着眼于孔子其人，所以，《点睛》中也不止一次以“像赞”来概括《论语》中相关章节。论断字数寡，适见其眼光独到之处。

六、儒门判教

由于蕅益坚信好学是孔子的真面目，无怪他以此为标准来评骘孔门弟子。根据《论语》本文，孔子独称颜渊好学，这是尽人皆知的。

[1] 智旭：《论语点睛》卷上，《周易四书禅解》，页245。
[2] 朱熹：《论语集注》卷一，《四书章句集注》，页53。
[3] 智旭：《论语点睛》卷上，《周易四书禅解》，页272。

蕅益的判断依据完全合乎历史事实，至于他对好学的理解，自然受到他自己的本体始觉论所影响。《雍也》“哀公问弟子”章载：“哀公问弟子孰为好学。孔子对曰：‘有颜回者好学，不迁怒，不贰过，不幸短命死矣。今也则亡，未闻好学者也。’”蕅益解曰：“无怒、无过，本觉之体。不迁、不贰，始觉之功。此方是真正好学。……有所断，故名为不迁、不贰。若到无所断时，则全合无怒、无过之本体矣……”[1]显然，蕅益认为，颜回的好学与否，端看他的修养工夫。颜回已臻不迁、不贰之功，蕅益说这是他的“始觉之功”，至于本觉之体则无怒、无过。这也就是蕅益所说“人人本有的灵觉之性”。

此灵觉本性，蕅益又称之为“仁体”。《颜渊》“颜渊问仁”章蕅益解曰：

> 克，能也。能自己复礼，即名为仁。一见仁体，则天下当下消归仁体，别无仁外之天下可得，犹云十方虚空，悉皆消殒，尽大地是个自己也，故曰由己。由己，正即克己。己字不作两解。夫子此语，分明将仁体和盘托出，单被上根，所以颜子顿开妙悟，只求一个入华屋之方便，故云请问其目。目者眼目，譬如画龙须点睛耳。所以夫子直示下手工夫。正所谓流转生死，安乐涅槃，惟汝六根，更非他物。视听言动，即六根之用，即是自己之事，非教汝不视不听不言不动。只要拣去非礼，便即是礼。礼复，则仁体全矣。古云：“但有去翳法，别无与明法。”[2]经云：“知见立知，即无明本。知见无见，斯即涅槃。”立知，即是非礼。今勿视、勿听、勿言、勿动，即是知见无见也。此事人人本具，的确不由别人，只贵直下承当，有何利钝可论，故曰：“回虽不敏，请事

[1] 智旭：《论语点睛》卷上，《周易四书禅解》，页252。

[2] 蕅益此章的读法显然启发自周宗建的《论语商》对同一章的解释，见《论语商》卷下，页475。

斯语。”从此三月不违，进而未止，方名好学，岂曾子、子思所能及哉？[1]

《论语》此章对蕅益有特殊意义。他二十岁那一年诠解《论语》，至此章“天下归仁”一句不能下笔，废寝忘餐三昼夜，然后“大悟孔颜心法”。[2]将近二十年后，他为彻因比丘讲解《论语》下此判案。对他而言，“天下归仁”意即“一见仁体，则天下当下消归仁体，别无仁外之天下可得，犹云十方虚空，悉皆消殒，尽大地是个自己也”。“十方虚空”以及下文“流转生死，安乐涅槃”云云，名相固然出自佛教，但这些表法其实不应该、也并没有妨碍蕅益对孔门本质的理解。[3]他所引的佛经谓“知见立知，即无明本。知见无见，斯即涅槃”，不外是属种种比附儒、释的例子之一，对于他别有目的的听众如彻因比丘，这些比附自然可有特殊的启发之功，但如果对之存而不论，我们实际上更能够认识蕅益对孔门的理解。正如《点睛补注》所言：“孔子称颜渊好学，即在不迁怒，不贰过。颜渊死而叹曰：‘今也则亡’，可知博极群书，身兼众艺，而不免于迁怒屡过者，不得谓之好学也。孔门正学，止是从心性入门，从修身致力，从过勿惮改起行。”[4]蕅益对好学的具体诠释自然有其佛教色彩，但其基本指向依然合乎孔门切实求学的精神。

《点睛》中，蕅益对颜回好学一节，再三致意，并称赞他独得孔子的血脉真传。与此同时，他也不断强调曾子、子思未得其传。正如

---

[1] 智旭：《论语点睛》卷下，《周易四书禅解》，页282。

[2] 僧忏法师：《蕅益大师集》，页1。

[3] 上文已指出，王阳明认为“心本体原是明莹无滞的，原是个未发之中。利根之人，一悟本体，即是功夫，人己内外，一齐俱透了”。此说无疑乃蕅益觉悟的灵感泉源。

[4]《论语·雍也》“哀公问弟子”章解，见〔明〕智旭撰、江谦补注：《论语点睛补注》（台北：艺文印书馆影印《无求备斋论语集成》本，1966年），页41。

《雍也》“哀公问弟子”章蕅益解所言：“无怒、无过，本觉之体。不迁、不贰，始觉之功，此方是真正好学。曾子以下，的确不能通此血脉。孔子之道，的确不曾传与他人。”[1]又如《颜渊》“颜渊问仁”章蕅益解曰：“从此三月不违，进而未止，方名好学，岂曾子、子思所能及哉？”他坚持孔门中“惟颜子好学，亦惟颜子好德耳”。[2]

对于曾子不得孔子之血脉真传，《点睛》中的直接排斥和批评也不止一见。《泰伯》“士不可以不弘毅”章载：“曾子曰：‘士不可以不弘毅，任重而道远，仁以为己任，不亦重乎？死而后已，不亦远乎？’”蕅益解曰：“弘毅二字甚妙，横广竖深。横竖皆不思议，但‘死而后已’四字甚陋。孔子云：‘朝闻道，夕死可矣。’便是死而不已。又云‘未知生，焉知死’便是死生一致。故知曾子只是世间学问，不曾传得孔子出世心法。孔子独叹颜回好学，良不诬也。”[3]又《先进》“季康子问”章载：“季康子问弟子孰为好学。孔子对曰：‘有颜回者好学，不幸短命死矣，今也则亡。’”蕅益解曰：“说了又说，深显曾子、子思不能传得出世道脉。”[4]曾子、子思仅得“世间学问，不曾传得孔子出世心法”与“出世道脉”，可见蕅益的判案依据仍然在其本体始觉说。颜回三月不违仁，修得“不迁、不贰，始觉之功，此方是真正好学，曾子以下，的确不能通此血脉”。

颜、曾之辨如此严谨肃杀，儒门中似乎未见。众所周知，程朱的道统说认为曾子得孔子之真传。蕅益的说法显然是有为而发的，这当然与蕅益本人服膺阳明学有密切的关系。《先进》“颜渊死”章载：“颜渊死，子哭之恸。从者曰：‘子恸矣。’曰：‘有恸乎？非夫人之为恸而谁为？’”蕅益解曰：“朝闻夕死，夫复何憾？只是借此以显道脉

[1] 智旭：《论语点睛》卷上，《周易四书禅解》，页252。
[2]《论语·子罕》“吾未见好德如好色者也”章解，同前书，页270。
[3] 同前书，页264。
[4] 同前书，卷下，页277。

失传，杜后儒之冒认源流耳。若作孔子真如此哭，则呆矣。”[1]这里所指的冒认源流的后儒无疑就是程朱及其后学了。至于蕅益判别孔门颜回和曾子，不啻如佛家的判教。

七、结　　语

朱子曾谓“后世之解经者有三”，其一即是“禅者之经”，他举了同时的张子韶作例。[2]其实，程颐门下谢良佐说经早就有禅学倾向，朱熹也曾指出其病在过于高明。[3]重要的是，朱子并未排斥谢、张二人的儒者身份。上文提到，蕅益说《雍也》“宰我问”章“大似禅机”，但他却同时强调孔子回答宰我是“直以正理答之，不是口头三昧可比”。他所谓的“正理”，则见于他在此章所引友人陈旻昭之言：

> 宰我此问，深得夫子之心。盖在夫子，设使见人坠井，决能跳下井中救出，但此非圣人不能，不可传继，故夫子直以可继可传之道答之。如大舜方可浚井，以听父母之揜，彼有出路故也。若寻常孝子，小杖则受，大杖则走矣。[4]

可见蕅益论断公案，亦重剖析，而且强调“正理”，所以他反对“口头三昧”。所谓口头三昧，实指人云亦云，空言禅悟的谈柄。必须指出，

[1] 智旭：《论语点睛》卷下，页277。

[2]《朱子语类》卷十一，页193。按：张子韶的著作今不传，但《朱子语类》保留了一段有关他的以禅说经的珍贵介绍，见同书卷十二，页215。有关张九成的研究，可参看松川健二：《张九成〈论语百篇诗〉——充满禅味的思想诗》，收入松川健二编：《论语思想史》，页281—298。

[3] 朱熹认为谢上蔡论仁，“说得觉字太重，便相似说禅”。见《朱子语类》卷六，页118。有关谢上蔡的《论语》见解，可参看山际明利：《谢良佐〈谢显道论语解〉——“仁”说的一展开》，收入《论语思想史》，页229—253。

[4] 智旭：《论语点睛》卷上，《周易四书禅解》，页255—256。

他对此章的阐释完全是地道的儒家思想。今天，如果我们能够抛弃儒、释门户成见，甚至尝试从蕅益超越三教的视野来认识他的《论语点睛》，也许他的这部辅助他人学禅而讲解的《论语》注释，与其说是存心会通儒、释二道的作品，毋宁说是一部“禅者之经”。蕅益在书中所讲的毕竟还是孔子当年传授的学问，至于他的心得是否确实得到孔子的心印，那自然另当别论。

第八章

攻乎异端

——刘宝楠父子对朱熹的爱恨情结

一、前　　言

刘宝楠生于清代乾隆末年，生平跨越嘉庆和道光两朝，卒于同治初年。从学术史的发展而言，乾、嘉乃所谓清代考据学的盛期。由于考据学的治学宗旨在于尊崇汉儒义训，所以又称汉学；汉学反对臆说，所以又称朴学，[1]取其朴实，忠于经文之意，也就是文内诠释。如此宗旨鲜明的汉学由吴中（苏州）惠氏发端，而以惠栋为承上启下的关键人物。[2]刘宝楠虽然晚生，但他的家乡江苏宝应乃汉学

---

[1] 按："朴学"一词本出自汉人，《汉书·儒林传》曰："(儿)宽有俊材。初见武帝，语经学。上曰'吾始以《尚书》为朴学，弗好，及闻宽说可观，乃从宽问一篇'。"班固：《汉书》卷八十八，页3603。"朴学"与"说"对言，前者针对《尚书》本文，为文内诠释；后者乃讲经者对经文的解说和发挥，属于文外诠释。

[2] 张素卿：《"经之义存乎训"的解释观念——惠栋经学管窥》，见林庆彰、张寿安主编：《乾嘉学者的义理学》(台北："中央研究院"中国文哲研究所，2003年)，上册，页281—318。按：余萧客亦乾隆时期的汉学家，早年曾治《尔雅》，"采《注疏》及《太平御览》诸书中犍为舍人、孙炎、李巡旧注而为之释，书未成，先成《注雅别钞》八卷，专攻陆佃《新义》《埤雅》及罗愿《尔雅翼》之误，兼及蔡卞《毛诗名物解》。沈宗伯德潜见其书，折节下交。年二十二，以《注雅别钞》就正于松崖先生。先生曰：'陆佃、蔡卞乃安石新学，人人知其非，不足辨。罗愿非有宋大儒，亦不必辨。子读书撰著，当务其大(转下页)

兴盛之地;[1]他的父亲刘履恂本人服膺汉学,有《秋槎杂记》一卷,汪廷珍许为“朴学家”,又称其书中“说经史各条皆参互群言,博稽独断,以求一是,契勘雅故,献酬群心”。[2]刘宝楠自五岁丧父后追随从父丹徒刘台拱研治汉学,深受影响。江藩称赞刘台拱“学问淹通,尤邃于经,解经专主训诂,一本汉学,不杂以宋儒之说”。[3]由此可见,刘宝楠的学术基础和治学风格无疑是由乾嘉考据学孕育而成的。戴望在《故三河县知县刘君事状》中交代刘宝楠早年教育时特别声明刘台拱“治汉儒经学,精深有条理”,目的正在于此。此外,根据《清史稿》本传,刘宝楠著有《释谷》四卷,于豆、麦、麻三种多补正程瑶田《九谷考》之说;《汉石例》六卷,于碑志体例考证详博;以及《宝应图经》六卷、《胜朝殉扬录》三卷、《文安堤工录》六卷,可见刘氏的著述全都在经世实用之学和专家之学,而未尝注意虚玄义理之说。

刘宝楠的传世名著为《论语正义》,此书实际上是他和儿子恭冕两代学业的成绩,[4]成于同治初年(约1862)。戴望认为刘氏《论语正义》“搜辑汉儒旧说,益以宋人之长义,及近世诸家,仿焦循《孟

(接上页)者远者。’先生闻之矍然,遂执贽受业,称弟子焉。”见〔清〕江藩:《国朝汉学师承记》(北京:中华书局,1983年),卷二,页32。显然,萧客好治训故而未斥宋人学问,而松崖初见余氏书即诋毁宋人学问,意态截然不同。更重要的是,他的批评依归不在实据而在于门户,凡宋人所学似乎皆不可取。萧客瞿然信服,执贽受业,其治学之转向适足透露独尊汉学乃由惠栋发端。

[1] 宝应在清代属淮安府,甘泉则属扬州府,宝应在甘泉正北,两地有一条运河相连,相隔大约只有一百公里。高邮也同样濒临运河,处于宝应与甘泉的中间。丹徒属镇江府,在宝应南,两地相隔大约一百二十公里。丹徒在甘泉南,相去约二十五公里。

[2] 〔清〕汪廷珍:《秋槎杂记·序》,今收入《四库未收书辑刊》第四辑(北京:北京出版社,2000年),第9册,页523。序文成于道光二年壬午(1822)。

[3] 江藩:《国朝汉学师承记》卷七,页116。

[4] 陈鸿森:《刘氏论语正义成书考》,《“中央研究院”历史语言研究所集刊》第65本第3分(1994年9月),页477—508。

子正义》例，先为长编，此乃荟萃而折衷之”。[1]《清史稿·刘宝楠传》继承戴望的说法，人云亦云，似乎并未深考。事实上，戴望这一番论断并不完全可靠。首先，虽然《正义》在体例上也许直接效法焦循的《孟子正义》，但在方法上其实自有其家学渊源，也就是刘履恂的“参互群言，博稽独断，以求一是，契勘雅故，献酬群心”的治学路径。其次，所谓治经先作长编的做法，其实并非始于焦循的《孟子正义》。朱熹于宋孝宗乾道八年壬辰（1172）曾辑录二程、张载及范祖禹等十二家之说，荟稡条疏，名之曰《论孟精义》，[2]这是他后来撰作《四书章句集注》的重要基础。《论孟精义》不啻就是一个准备性质的长编。除方法的意义外，朱熹对待长编的态度也可以看出他的学术研究精神。《朱子语类》载朱熹读书谓“一日只看一二章，将注家说看合与不合”。[3]可见朱熹读书犹如做研究，态度谨慎持平，主张合看众说，不妄自轻下定论。他又说：“凡看文字，诸家说异同处最可观。”[4]刘宝楠对于《论孟精义》相信还不至于一无所知，不过，在今天可以考证的文献中却没有刘氏父子谈论《论孟精义》的记录。

刘氏父子是否存心掠美，今日难以稽考，但可能性不大。可以肯定的是，单从《论语集注》和《论语正义》的体例上考虑，所谓汉学与宋学的畛域其实并非截然不同的。两书的撰写都从长编开始就是一个很好的证明。至于疏释经文，发明大义，汉学、宋学可谓各擅胜场，训诂义理，殊类异端，但如果能够切磋攻错，未尝不可以悉归于义，合

[1] 赵尔巽等撰：《清史稿·刘宝楠传》（北京：中华书局，1977年），卷四八二，页13290—13291。刘传又附录于刘宝楠著、高流水点校：《论语正义》（北京：中华书局，1998年），页799—800。

[2] 朱熹：《论孟精义》，收入《朱子全书》，第7册，页11—850。

[3] 黎靖德编、王星贤点校：《朱子语类》卷一〇四，页2611。按：朱子的这种读书态度跟他的老师李侗有一定的关系。根据朱熹的说法，李侗曾经说过：“今日习《春秋》者，皆令习一传，并习谁解，只得依其说，不得臆说。”见同书卷一〇九，页2699。

[4] 同前书，卷一〇四，页2615。

其双美。可惜由于乾、嘉期间考据家往往墨守门户之见，严别汉学、宋学之分，[1]因此，戴望谓《论语正义》“搜辑汉儒旧说，益以宋人之长义”，无疑就是一种含有特别意义的褒语。然而，戴望原话笼统，何谓“宋人长义”，意涵不清，于是极容易引起误会。戴望以后的论者往往不察，空信耳食之言，以为刘宝楠真能兼综汉学的训诂考据和宋学的义理抉微。《清史稿·刘宝楠传》的作者就是一例。

事实上，戴望所谓之“长义”，别有所指。《论语正义》固然成功地“搜辑汉儒旧说”，但如果所谓“长义”指的是宋儒的义理成就，则《正义》并未能够真正“益以宋人之长义”。刘氏父子搜集宋儒有关著作，所录极其有限，而大多属于字书、类书之类，实在欠缺代表性。此外，宋儒众说中，刘氏父子采择最多的算是朱熹。史载“(清)圣祖以朱子之学倡天下”；[2]康熙九年(1670)始封宋儒程颢、程颐后裔五经博士，[3]至五十一年(1712)又诏授朱子配享孔庙，位列十哲之次。[4]程、朱理学既受官方尊崇，又是汉学家所认识的宋学代表，然而，《论语正义》中未尝引用二程任何说法，而至于朱子，刘氏父子所引用者乃其释词讲事，校勘异字的见解，此足以证明他们眼中朱熹的可取之处绝非他的义理阐释。如果释词讲事，校勘异字尚属于训诂之事，则对刘氏父子而言，朱熹的学术价值乃在其“汉学”成绩。[5]如此说来，戴望所谓“益以宋人之长义”，意义本来模糊，甚至可谓不

[1] 比如，江藩《国朝汉学师承记》谓刘台拱“学问淹博，尤邃于经，解经专主训诂，一本汉学，不杂以宋儒之说”，所谓“不杂以宋儒之说”，其实指的正是宋儒义理之说，与其训诂之学无涉。又王闿运著《论语训》，汉魏六朝注家之说备列无遗，独于朱熹《论语集注》一字不及，汉、宋门户之见森严，不可跨越。王氏与刘恭冕同时，由是观之，戴望推举《论语正义》能采摘“宋人之长义”，洵为褒语。

[2] 赵尔巽等撰：《清史稿·列传七十七·后论》卷二九〇，页10282。

[3] 同前书，卷六，页179。

[4] 同前书，卷八，页281。

[5] 参看拙作：《刘宝楠〈论语正义〉中所见的宋学》，收入彭林主编：《清代经学与文化》(北京：北京大学出版社，2005年)，页193—212。

尽不实。“宋人之长义”实际上指的是宋儒训诂中可取之说，而并非他们对经书的义理发挥。

《论语正义》实际引用朱熹本人的说法只有五十次（包括《四书或问》两次）。[1]表面看来，区区五十次的引文在这二十四卷的巨著中可谓沧海一粟，微不足道。然而，如果我们对读朱熹的《论语集注》和刘氏的《论语正义》，仔细深入分析，我们将会发现朱熹的影子在《论语正义》中其实无处不在，朱熹对刘宝楠父子在汉学研究方面的影响不啻如影随形，刘氏父子在自己的判断和定案中无时无刻不视朱熹为假想敌，亟求立异，但又常常暗中引用朱说，不予表明。这种情况除见于直称朱熹其名的五十条简略引文外，还遍布于全书的每一篇，几乎每一章节都有迹可循，班班可考。刘氏父子在《论语正义》中对朱熹可谓有一种爱恨情结。本章的工作即在于钩索《论语正义》中如何暗用朱《注》，共相颉颃的实情，进而分析朱熹对刘氏父子的影响。具体而言，我们首先梳理《论语正义》中刘氏父子在并无指名道姓的情况下采用和抨击朱熹的文字，然后在此基础上分析刘氏父子到底如何认识和接受朱熹的学术意见。

汉学与宋学是儒学的两端，宗主不同，各有偏重，但并非截然对立，不可互通。作为分析概念范畴，所谓汉学、宋学，只是一种大致的概括。作为一种概括，汉学、宋学可以帮助我们认识和了解思想史和学术史上比较广泛的宏观现象和问题。然而，我们应该避免从本质主义的立场，把这两个概念范畴本体化，从而变成一种固定的实有，再而以此“固定实有”来探求思想史和学术史的真相，因为这是一种先验论，思想史和学术史上的个别学者的真相在先验论的观照下，往往很容易会受到歪曲。个别汉学家如何对待宋学必须通过具体研究

[1] 按：五十次引用朱熹的情况中，其中有一次也兼引杨氏的说法。见《子张》篇“丧致乎哀而止”章，刘宝楠：《论语正义》卷二十二，页745。有关刘宝楠具体引用朱熹的情况，参看拙作：《刘宝楠〈论语正义〉中所见的宋学》，页205—210。

和分析，然后方可论定。刘宝楠虽然深受汉学熏陶，但他未必一定会盲目地墨守门户之见，排斥宋学。这一点必须以事实证明，方可定案。本章的分析完全根据《论语正义》所提供的证据，指出刘氏父子与朱熹雷同和相左的地方，然后在此基础上，加以推敲，最后尝试概括朱熹对刘氏父子的影响。

二、采其说而没其名

朱熹在《论语正义》的存在有隐显两面。明显者指的是书中直接指名朱熹而引述的地方，而隐晦者指的则是书中并无直接指名而暗中借用或反驳朱熹的地方。有关明显者，我以前做过分析，发现《论语正义》中总共引用了五十次朱熹本人的言论，其中肯定者四十二次，否定者八次。[1]必须指出，刘氏父子肯定朱说基本上只是借朱熹证成自己已有的说法，换言之，引用朱熹与否并不会改变《论语正义》所作的结论。故此，在四十二个例证中，其中九个只属于“兼采”性质，正如刘氏父子所说，“亦备一义”或者“亦通”而已。《论语正义》多处引用朱熹的言论时往往没有注明出处，以今天的学术要求来看，这种行为属于剽窃，我们也许不能够这样指责刘氏父子，不过，书中这种不标出处的借用，实在值得研究。有关刘、朱相同之处，姑举两例如下：

（一）《里仁》“能以礼让为国”章朱《注》：“让者，礼之实也。”《正义》曰：“让者，礼之实。”[2]

（二）《里仁》“参乎”章朱《注》：“贯，通也。”“而已矣者，竭尽而无余辞也。”《正义》曰：“贯者通也。”[3]（按：此乃刘氏转述焦循说，他

[1] 参看拙作：《刘宝楠〈论语正义〉中所见的宋学》，页205—206。
[2] 刘宝楠：《论语正义》卷五，页149。
[3] 同前书，页151。

本人却似乎不肯公开承认朱说可信，详下文。）又曰："而已矣者，无余之辞。"[1]

上述两例，《正义》不啻直接抄袭朱《注》，一字不改（第二例中删去"竭尽而"三字），但刘氏父子并未如此公开承认。

学术界一般相信汉、宋壁垒分明，势不两立，然而，《论语正义》和《论语集注》相似之处甚多，朱熹对刘氏父子的影响，昭然可考。兹举下列七例说明。

（一）《颜渊》"齐景公问政"章，朱《注》释"君君，臣臣，父父，子子"，谓"此人道之大经，政事之根本也。是时景公失政，而大夫陈氏厚施于国。景公又多内嬖，而不立太子。其君臣父子之间，皆失其道，故夫子告之以此"。[2]《正义》则曰："君君，臣臣，父父，子子，言君当思所以为君，臣当思所以为臣，父当思所以为父，子当思所以为子，乃深察名号之大者。"[3]此外，《正义》引《左传》载晏子所言，谓"正与夫子答齐侯意同"。朱《注》虽然并未引用《左传》，但《朱子语类》清楚记录朱子在回答弟子问及此章时同样谈到《左传》所载晏子的说法。[4]可见朱熹对此章的基本理解于《正义》并无二致，《正义》与朱《注》同样从考史的角度来解释此章而且引证相同。

（二）《颜渊》"季康子问政于孔子"章曰"季康子问政于孔子。孔子对曰：'政者，正也。子帅以正，孰敢不正？'"朱《注》引范氏曰："未有己不正而能正人者。"又附引胡氏说以作发明，曰："鲁自中叶，政由大夫，家臣效尤，据邑背叛，不正甚矣。故孔子以是告之，欲康子以正自克，而改三家之故。惜乎康子之溺于利欲而不能也。"[5]

[1] 刘宝楠：《论语正义》卷五，页153—154。
[2] 朱熹：《论语集注》卷六，《四书章句集注》，页136。
[3] 刘宝楠：《论语正义》卷十五，页499—500。
[4]《朱子语类》卷四十二，页1087。
[5] 朱熹：《论语集注》卷六，《四书章句集注》，页137。

《正义》释此章除引《说文》考究“帅”字的不同字义外，又释郑《注》“康子，鲁上卿，诸臣之帅也”曰：“言此者，明帅诸臣同归于正，百姓孰敢不正也。”[1]总而言之，刘氏父子同样从历史背景立论，文字固然不同，但实质并无新义。

（三）《颜渊》“季康子问政”章：“季康子问政于孔子曰：‘如杀无道，以就有道，何如？’孔子对曰：‘子为政，焉用杀？子欲善，而民善矣。君子之德风，小人之德草。草上之风，必偃。’”朱《注》：“为政者，民所视效，何以杀为？欲善则民善矣。”又附引尹氏曰：“杀之为言，岂为人上之语哉？以身教者从，以言教者讼，而况于杀乎？”[2]《正义》则曰：“言子为政，当以德化民，不当先用杀也。”[3]除了另外引述古书中“为民上不贵用杀”的几个例子外，《正义》对此章的解释亦未见新颖发明。又此章孔《注》曰：“欲多杀以止奸。”又曰：“亦欲令康子先自正。”[4]对读之下，可知《正义》的说法并非来自孔《注》。如果朱《注》不是刘氏父子的唯一根据，至少也应该是根据之一。由于《正义》并未引用其他可能的根据，那么，如果我们说《正义》的说法来自朱《注》，相信亦不为过。

（四）依《集注》本，《论语·宪问》首两章为“宪问耻”章和“克伐怨欲”章，《正义》则依从何晏《论语集解》，把这两章合二为一。《正义》引马融曰：“克，好胜人；伐，自伐其功；怨，忌，小怨；欲，贪欲也。”[5]朱《注》则曰：“此亦原宪以其所能而问也。克，好胜；伐，自矜；怨，忿恨；欲，贪欲。”[6]对读可知马、朱所言，除了对“怨”的解释少异，其余完全相同。但《正义》释马《注》曰：“‘怨’有恚怒

[1] 刘宝楠：《论语正义》卷十五，页505。
[2] 朱熹：《论语集注》卷六，《四书章句集注》，页138。
[3] 刘宝楠：《论语正义》卷十五，页506。
[4] 同前书。
[5] 同前书，卷十七，页553。
[6] 朱熹：《论语集注》卷七，《四书章句集注》，页149。

之意，‘忌’则只心有所讳恶。”[1]《正义》区分马《注》所讲的“怨”和“忌”，而有“恚怒之意”的“怨”其实就是朱《注》的“忿恨”之意。由于《正义》并没有提出区分的文献根据，可知其根据正来自朱《注》。

（五）《里仁》“惟仁者能好人”章，朱《注》云：“盖无私心，然后好恶当于理。程子所谓‘得甚公正’是也。”[2]《正义》曰：“若夫仁者，情得其正，于人之善者好之，人之不善者恶之，好恶咸当于理，斯惟仁者能之也……”[3]

（六）《里仁》“我未见好仁者”章，朱子曰：“盖为仁在己，欲之则是，而志之所至，气必至焉。”[4]《正义》曰：“人即体质素弱而自存其心志之所至，气亦至焉。岂患力之不足？故曰：‘我欲仁，斯仁至矣’……”[5]

（七）《里仁》“士志于道”章，朱《注》：“心欲求道而以口体之奉不若人为耻，其识趣之卑陋甚矣，何足以议于道哉？”[6]《正义》曰：“士既志道而以口体之养不若人为耻，忮害贪求之心必不能免，故言‘未足与议’，以绝之也。”[7]

上述七个例子，《正义》并无声明借取朱熹说，但雷同之处，无可否认。[8]

---

[1] 刘宝楠：《论语正义》卷十五，页554。

[2] 朱熹：《论语集注》卷二，《四书章句集注》，页69。

[3] 刘宝楠：《论语正义》卷五，页141。按：《正义》在此谓“好恶咸当于理，惟仁者能之”，其中所用“理”字，看似平常，其实极为罕见，因为刘氏父子极力避免谈心说理。然而，刘氏父子此处不期然留下说理的痕迹，可见朱熹对他们的影响之深微。详见下文。

[4] 朱熹：《论语集注》卷二，《四书章句集注》，页70。

[5] 刘宝楠：《论语正义》卷五，页144。

[6] 朱熹：《论语集注》卷二，《四书章句集注》，页71。

[7] 刘宝楠：《论语正义》卷五，页146。

[8]《为政》“为政以德”章《正义》谓北辰是无星处，正如《正义》所言（卷二，页38），朱熹早已言之。见《朱子语类》卷二十，页534。

朱《注》对《正义》的影响又可以从刘氏父子千方百计尽力回避朱《注》表现出来，而回避的原因则似乎在于朱说稳当，刘氏父子觉得无懈可击。比如，《里仁》“君子之于天下”章朱《注》曰“适，专主也。《春秋传》曰：‘吾谁适从。’是也。”《论语集注》引经据典，标示出处的地方不多，此章是一例。[1]《正义》解释此章则按照一贯手法，详引经传，但却偏偏不及朱子所引。以刘氏父子的博学赡富，这不可能是学识未到，也不可能是大意遗漏。唯一的解释就是刘氏父子存心回避朱《注》所举的证据。至于此章的解释，《正义》又与朱《注》相异。

《宪问》“有德者必有言”章：“子曰：‘有德者必有言，有言者不必有德。仁者必有勇，勇者不必有仁。’”朱《注》曰：“有德者，和顺积中，英华发外。能言者或便佞口给而已。仁者心无私累，见义必为。勇者或血气之强而已。”[2]《正义》曰：“德不以言见，仁不以勇见，而此云‘必有’者，就人才性所发见推之也。”又曰：“若夫有言者或但口给以御人，勇者或但逞血气之强，故知有言者不必有德，勇者不必有仁也。”[3]比对朱《注》和《正义》，后者承袭前者，昭然若揭。再者，本章何晏《注》曰：“德不可以亿中，故必有言。”《正义》按：“《注》义甚晦，邢《疏》解之，亦不憭。”[4]何《注》的确含糊，刘氏父子显然参考过皇侃《疏》和邢昺《疏》，并且指出邢《疏》“亦不憭”。他们却偏偏

[1] 朱熹：《论语集注》卷二，《四书章句集注》，页71。有趣的是，朱熹并不同意程颐对此章“适”的解释。程子以“无所往，无所不往，且要‘义之与比’处重”，但朱熹反驳说：“此且做得一个粗粗底基址在，尚可加工。但古人训释字义，无用‘适’字为‘往’字者。此‘适’字当为‘吾谁适从’之‘适’，音‘的’，是端的之意。言无所定，亦无不定耳。”见《朱子语类》卷一一三，页2749，同一辨析又见同书卷二十六，页663—664。

[2] 同前书，卷七，页149。

[3] 刘宝楠：《论语正义》卷十七，页555。

[4] 同前书，页556。按：邢《疏》云：“德不可以无言亿中，故必有言也。”《论语注疏》卷十四，页123。

不肯承认自己采纳朱熹的说法，这无疑也是一种蓄意的回避。

在朱《注》确然无误而不可回避时，除了隐其名而一字不改抄录朱《注》原文外，刘氏父子尚有一法，就是指名引述其他与朱《注》相同的说法，目的在于说明《正义》的解释并非来自朱《注》。比如，《颜渊》"司马牛忧"章写道"子夏曰：'商闻之矣：死生有命，富贵在天。'"朱《注》曰："盖闻之夫子。命禀于有生之初，非今所能移；天莫之为而为，非我所能必，但当顺受而已。既安于命，又当修其在己者。故又言苟能持己以敬而不间断，接人以恭而有节文，则天下之人皆爱敬之，如兄弟矣。盖子夏欲以宽牛之忧，故为是不得已之辞，读者不以辞害意可也。"[1]《正义》则曰："谓闻诸夫子也。"接着又引戴望《论语注》："……故称天言命，以宽牛之忧。明有命当顺受，其正在天，非人所能为。"[2]比对之下，朱《注》与《正义》基本意旨并无分别，但刘氏父子只肯承认戴望的说法。

《为政》"道之以政"章《正义》曰"道如道国之道，谓教之也。《礼·缁衣》云：'教之以德，教之以政。'文与此同。汉《祝睦碑》：'导济以礼。'皇本两'道'字并作'导'。《释文》：'道，音导，下同。'《说文》：'导，导引也。'此义亦通。"朱《注》则曰："道，音导，下同。道犹引导，谓先之也。"[3]刘氏父子引《礼记·缁衣》为证，再说或本作"导"，引《说文》为证，云"此义亦通"。[4]《正义》解释字义通常都以《说文》为准，[5]但在此章却宁取《缁衣》，显然，他们是有意贬低朱《注》为或义。此外，《正义》据《孟子》释"格"字，谓有正、至二义，似乎也存心与朱熹立异。朱《注》引《尚书》为证，亦谓"格"

[1] 朱熹：《论语集注》卷六，《四书章句集注》，页134。
[2] 刘宝楠：《论语正义》卷十五，页488。
[3] 朱熹：《论语集注》卷一，《四书章句集注》，页54。
[4] 刘宝楠：《论语正义》卷二，页41。
[5] 班吉庆：《刘宝楠〈论语正义〉征引〈说文解字〉略论》，《扬州大学学报》（人文社会科学版）2001年第6期，页67—71。

有至、正二义。[1] 刘、朱说法相同，但《正义》却故意不引用朱《注》提出的有效证据。

刘氏父子为何不肯公开承认自己接受朱熹的说法呢？由于朱《注》在清代乃士人考取功名必读之书，刘氏父子采用朱熹说而又不作说明，料非存心剽窃，不敢示人。另一方面，刘氏父子大概也并非因为士子皆读朱熹《论语集注》，所以，他们毋烦注明有关朱《注》的出处。事实上，正如上文所言，《正义》中明言朱熹说的地方有五十次。我们认为，一个比较合理的解释是，刘氏父子不愿意承认自己受到朱熹的启发或者直接继承他的说法，而不愿意的原因则有主观和客观两方面的考虑。客观方面，嘉庆、道光年间汉学盛势虽然稍已减杀，但考据学风依然主宰当时学人的治学方法，方东树《汉学商兑》为宋学所作的负隅顽抗，可见个中消息。刘氏父子自诩为汉学家，注经而采用朱熹学说，实在有违当时的学术主流，因此不得不设法避嫌。主观方面，刘氏父子存心与朱熹立异，"荟萃" 汉宋以及 "近世诸家"，以求 "折衷"，别开生面，因此在采用朱说的时候便不得不故作隐讳。

三、斥其说而隐其名

《论语正义》中反驳《论语集注》的地方，大多是微观层面上的分歧，宏观上的差异则在于两书的体例。清代汉学家注经，搜隐索微，引经据典，这是惠栋 "经之义存乎训" 的主张，也是戴震 "训诂明则义理明" 的原则。由于考核遍赅，所以一字之解，动辄千言，而《论语正义》正是落实这些主张和原则的一个典范。当然，汉学家的所谓经典和训诂，主要是指唐以前的文献，特别是汉儒的古训。汉学家

[1] 刘宝楠：《论语正义》卷二，页41—42。

这种钩深探赜，参伍错综的考据著作往往便成鸿篇巨制，而经文与注文几乎毫无例外互不连缀，难得相续。如此的解经方法恰与宋儒如朱熹的主张大相径庭。朱熹在《记解经》中说：

> 凡解释文字，不可令注脚成文，成文则注与经各为一事，人唯看注而忘经，不然，即须各作一番理会，添却一项功夫。窃谓须只似汉儒毛、孔之流，略释训诂名物，及文义理致，尤难明者，而其易明处，更不须贴句相续，乃为得体。盖如此，则读者看注即知其非经外之文，却须将注再就经上体会，自然思虑归一，功力不分，而其玩索之味亦益深长矣。[1]

清代汉学家释经往往正是“令注脚成文，成文则注与经各为一事”，使“人唯看注而忘经”。朱熹则主张“其易明处，更不须贴句相续，乃为得体”。《论语正义》的撰作显然与朱熹的解经主张枘凿不合。这是两者在宏观体例上的分歧。朱熹的主张背后的用意和精神在于让“读者看注即知其非经外之文，却须将注再就经上体会，自然思虑归一，功力不分，而其玩索之味亦益深长”。故此，他声明：“某所以做个《集注》，便要人只恁地思量文义。晓得了，只管玩味，便见圣人意思出来。”[2]朱熹要读者在文义之外，见得“圣人意思出来”。有关这一要点，《论语正义》似乎亦并未特别讲究，详见下文。

从体例上而言，《论语集注》全书注音的地方甚伙，不计其数。反观《论语正义》则并无注音的体例。[3]另一方面，《正义》对于字义，

---

[1] 朱熹：《晦庵先生朱文公文集》卷七十四，《朱子全书》，第24册，页3581。

[2]《朱子语类》卷二十一，页484。

[3] 焦循《孟子正义》亦然。《论语正义》中除个别情况顺便引述有关音注外，通常都不注音。比如，上文所讨论的《为政》“道之以政”章，《正义》在解释“道”的意义时，引用《经典释文》的音注，但这并非《正义》释经的重点所在。

可谓一字不漏，艰僻字、常见字尽得训注，不厌其烦。例如，《颜渊》“季康子问政”章《正义》引《说文》云：“杀，戮也。”又引《释名·丧制》云：“罪人曰杀。杀，窜也。埋窜之，使不复见也。”[1]《正义》重义不重音，体例自见偏颇，而《正义》全不注音，与朱《注》相比，又顿成一个鲜明的对照。这个情况恐怕并非偶然。虽然重义不重音的注经方法并非始于刘氏父子，但他们承用这种汉学治经体例，一方面固然表现出他们以汉学家自负的身份认同，另一方面恐怕也由于他们故意要与朱《注》立异，企图别树一帜。如此说来，对于直接承袭朱说的地方，《正义》不便直言，就不难理解了。

上文指出，在微观层面上，《论语正义》直接点名驳斥朱熹说法的地方有八处，但这仅是冰山一角。事实上，细心对读《论语正义》与《论语集注》的读者会发现，不管《正义》的解释是否合理正确，刘氏父子的说法与朱熹相同或类似者不多。相反，他们存心与朱熹立异的地方可谓俯拾即是，而绝不止于明显点名指责的八处而已。在否定朱熹的时候，刘氏父子锱铢必较，是非划然，绝不少作回护。

《论语正义》锱铢必较的最好例子莫如一般字义的解释。刘氏父子偏重解释字义，乃至虚词、助字亦不例外，可谓只字不遗。这是典型的汉学家本色。他们常常引用《说文解字》《尔雅》《广雅》，乃至汉儒训注如郑玄对诸经传的注解、高诱《吕氏春秋注》、韦昭《国语解》之类。他们又或考证字体之正俗，对校版本之异同，但却鲜少抉发文字寓涵之义理。凡此种种，均见于《论语》各篇的“正义”，不烦缕举实例。然而，刘氏父子解释字义却有一个值得注意的地方，就是他们所谓的“常训”。顾名思义，“常训”即是人人皆知的字义，但刘氏父子仍然务必解释，绝不放过。比如：

---

[1] 刘宝楠：《论语正义》卷十五，页506。

(一)《论语·学而》

"学而"章释"之"字引《诗·蓼莪》郑《笺》云:"之犹是也。"此常训。[1]又释"自""远""方""来"四字,总结曰:"并常训"。[2]

(二)《论语·为政》

"道之以政"章释"齐"字《正义》曰:"《广雅·释言》:'齐,整也。'此常训。"[3]

"子游问孝"章释"别"字《正义》曰:"别者,分也。见《广雅·释诂》,此常训。"[4]

"子张学干禄"章释"悔"字《正义》曰"皇《疏》云:'悔,恨也。'此常训。"[5]

(三)《论语·里仁》

"见贤思齐"章引郑《注》云:"省,察也。察己得无然也。"然后刘氏作按语曰:"'省、察'常训。"[6]

"人之过也"章释"党"字,《正义》曰"《礼记·仲尼燕居》《注》:'党,类也。'亦常训。"[7]"父母在"章《正义》曰"《诗·板》《传》:'游,行也。'此常训。"[8]

"古者言之不出"章《正义》曰:"《尔雅·释诂》:'躬,身也。逮,及与也。'《释言》:'逮,及也。'并常训。"[9]

读者不禁会问,既然刘氏父子所释诸字都属"常训",那么,为什么他们却又不甘阙之而斤斤以求?通过仔细分析,所谓"常训",往

[1] 刘宝楠:《论语正义》卷一,页3。
[2] 同前书,页4。
[3] 同前书,卷二,页42。
[4] 同前书,页49。
[5] 同前书,页62。
[6] 同前书,卷五,页115。
[7] 同前书,页146。
[8] 同前书,页157。
[9] 同前书,页158。

往与朱注不同，因此，刘氏父子故意标明“常训”，目的似乎在于提醒读者，朱熹《注》有违“常训”。换言之，朱《注》的有关解释并不正确，或者至少值得商榷。

《正义》驳斥朱《注》一般都是以迂回委曲的手法转达，直接针锋相对的地方似乎不多见。[1]比如，《学而》“父在观其志”章，《正义》引朱熹《四书或问》所录范祖禹说而又举钱大昕说以证成之。[2]（按：范说虽然不误，而《正义》也认为“范说亦通”，但朱《注》不采，而《正义》又不用朱《注》。）《论语正义》汲取宋人说法而同时又举清儒论据以为确证的做法，其实甚多，然而，书中公开声明承袭宋人说法的情况却只有极少数的例子。[3]至于隐其名而暗用的宋人说法则大多来自朱熹。易言之，刘氏父子其实对朱子的学问颇为尊重，但又显然不便公开承认，故取其说而没其名。无论如何，此章范说未为朱《注》所取，以其迂曲也。《正义》故意取范说，不啻暗中贬弃朱《注》。由此可见，刘氏父子既屡用朱说，但同时又处处求异于朱子。

《颜渊》“听讼”章曰“子曰：‘听讼，吾犹人也，必也使无讼乎！’”朱《注》引范氏曰：“听讼者，治其末，塞其流也。正其本，清其源，则无讼矣。”又附引杨氏曰：“子路片言可以折狱，而不知以礼逊为国，则未能使民无讼者也。故又记孔子之言，以见圣人不以听讼为难，而

[1] 比如，《里仁》“我未见好仁者”章朱子曰：“盖，疑辞。”《正义》则直接反驳曰：“盖是语辞，不是疑辞。”见刘宝楠：《论语正义》卷十五，页145。

[2]《正义》转引范说曰：“以人子于父在之时，观父之志而承顺之，父没，则观父之行而继述之。”同前注，卷一，页28。按：《正义》所引仅录其意，引文不见于《四书或问》。《或问》（朱熹）曰：“观志观行，范氏以为子观父之志行者，善矣。然以文势观之，恐不得如其说也。盖观志而能承之，观行而能述之，乃可为孝。此特曰观而已，恐未应遽以孝许之也。且以下文三年无改者推之，则父之志行，亦容或有未尽善者，正使实能承述，亦岂遽得以孝称也哉？……范、杨、周氏之说，则所不改者，乃子道也，非父道也。”见朱熹：《四书或问》卷一，《朱子全书》，第6册，页626—627。

[3]《里仁》“以约失之者”章《正义》引赵佑说，其实只是证成朱《注》所引谢氏及尹氏二家说，然而刘氏父子故意不提朱《注》。见刘宝楠：《论语正义》，卷五，页158。

以使民无讼为贵。”[1]《正义》认为“无讼由于德教”，而夫子与人同，“但能听讼，不能使无讼也”。孔子以“必也”云者，只是孔子对自己的期许。[2]《正义》强调“不能使无讼”其实正要反驳朱子附录杨氏“使民无讼为贵”之说。不过，刘氏父子手法迂回。《正义》又引了两段颜师古的《汉书注》，然后批评注文“并以‘无讼’为夫子自许，失圣意矣”。尽管手法迂回，但针锋相对之意十分明显。其实，此章朱《注》即是范氏说，杨氏说仅附列其后而二者之间有圆圈为间，以资识别。（按：朱《注》体例，圆圈之后所引，只供启发参考，而朱熹本人未必赞许为确解。[3]由是言之，刘氏父子似乎更加咄咄逼人。）

最后，《学而》“父在观其志”章《正义》曰“可者，深许之辞。《说文》：‘可，肎也。’”[4]然而，同篇“贫而无谄”章孔《注》曰：“未足多。”而《正义》竟然不置一词，[5]也就是默许了。对于纯属“常训”的字词也不厌其烦地逐一注释的刘氏父子，这可谓鲜见的例外。表面上，刘氏父子不置可否，实际上乃同意孔说。问题是“贫而无谄”章朱《注》曰：“凡曰可者，仅可而有所未尽之辞也。”[6]易言之，《正义》其实采用了朱《注》的解释，观《正义》上下文则可知矣。值得注意的是，《正义》对同一用法的“可”字说法前后不一，唯一的解释是刘氏父子存心与朱熹为敌，故作异说而又一时不察，于是造成一篇之内前后矛盾，进退失据。

四、忌讳心理

汉学家往往指责宋学轻视训诂，忽略经义，凭空立论，臆说义理。

---

[1] 朱熹：《论语集注》卷六，《四书章句集注》，页137。
[2] 刘宝楠：《论语正义》卷十五，页503。
[3] 朱子曾经跟儿子朱在讲述过他的《论语集注》的体例，参本书第一章注91所属正文。
[4] 刘宝楠：《论语正义》卷一，页28。
[5] 同前书，页32。
[6] 朱熹：《论语集注》卷一，《四书章句集注》，页52。

虽然宋儒的臆说未必无理，但有理无据，未能实事求是，则难以凭信。清代汉学奠基的关键人物惠栋曾经说过："子曰：'盖有不知而作者。'不知，谓不从见闻中所得而凿空妄造者。朱子谓'不知其理'，郢书燕说，何尝无'理'？"[1]惠栋依仗孔子本人在儒学真理上的最终权威，引用《论语·述而》"盖有不知而作者"章，强调闻见之知，反对"郢书燕说"，"凿空妄造"而得的"理"。他的这段话最能道出汉学家心中的宋学特色。[2]话中特别针对朱熹自然绝非巧合，因为对汉学家而言，朱熹正是宋学的最佳代表，这也是刘宝楠父子在《论语正义》中处处与朱熹为敌的原因。

然而，必须强调，朱熹并非不重视训诂，他在《论孟精义·自序》中说："汉魏诸儒，正音读、通训诂、考制度、辩名物，其功博矣。学者苟不先涉其流，则亦何以用力于此？"[3]可见他认为义理的阐发必须要有训诂名物等的客观理据。朱熹本人也尝用力于考证工夫。他在《答孙季和》一书中说："读书玩理外，考证又是一种工夫，所得无几而费力不少，向来偶自好之，固是一病，然亦不可谓无助也。"[4]又朱熹在《答杨元范大法》一信中讨论读《易》之法，说："字画音韵，是经中浅事，故先儒得其大者，多不留意。然不知此等处不理会，却枉费了无限辞说牵补，而卒不得其本义，亦甚害事也。非但《易》学，凡经之说，无不如此。"[5]可见他认为"字画音韵"虽然是"经中浅事"，

[1] 惠栋：《九曜斋笔记》卷二"不知而作"条，收入《丛书集成续编》（上海：上海书店，1994年），第92册，页513。惠栋这个比喻其实来自他的父亲惠士奇。同书载惠栋抄录《韩非子·外储》的"郢书燕说"的故事，然后议论曰："今世学者多似此类。家君曰：'宋人不好古而好臆说，故其解经皆燕相之说书也。'"见卷一"郢书燕说"条，页504。

[2] 朱熹曾问陈淳："《论语》如何看？"淳曰："见得圣人言行，极天理之实而无一毫之妄。学者之用工，尤当极其实而不容有一毫之妄。"朱熹曰："大纲也是如此。"见《朱子语类》卷十九，页435。

[3]《朱子全书》，第7册，页12。

[4] 朱熹：《晦庵先生朱文公文集》卷五十四，《朱子全书》，第23册，页2538。

[5] 同前书，卷五十，《朱子全书》，第22册，页2289。

但若不留意，终不得经书本义。尽管如此，朱熹坚持“读书，须要将圣贤语言体之于身”。[1]他说：“儒者缘要切己，故在外者，多拽入来做内说；在身上者，又拽来就心上说。”[2]因此，朱熹说经必然主张循训诂所得的文义进而“拽来就心上说”，以体会“经书本义”。他对弟子说：“《论语》难读。日日可看一二段，不可只道理会文义得了便了。须是子细玩味，以身体之，见前后晦明生熟不同，方是切实。”[3]《论语》必须要从义理上讲，而义理又必须与身心攸关。朱熹说：“孔门虽不曾说心，然答弟子问仁处，非理会心而何？仁即心也。但当时不说个心字耳。”[4]故此，他劝谕弟子读《论语》时特别强调“学者千章万句，只是理会一个心”，[5]所谓“理会一个心”就是“须以此心比孔孟之心，将孔孟心作自己心。要须自家说时，孔孟点头道是，方得”。[6]因此，朱熹《论语集注》的特色在于义理的抉发，而不在于训诂的疏释。

反观，《论语正义》的一项重要释经原则就是释字则字字穷究，说理则处处讳避。所谓“理”主要指的是文字背后寓藏的哲理推究，这些哲理往往与人心中的感情经验和其他心理活动有关。至于形而上的天理，《正义》更是绝口不谈。上文讨论《正义》中采纳和驳斥朱熹的例证基本上都关乎字词解释，而与义理无涉。这是朱熹在

[1]《朱子语类》卷四十二，页1073。

[2] 同前书，页1072。

[3] 同前书，卷十九，页433。

[4] 同前书，页430。

[5] 同前书，卷四十二，页1081。按：朱熹在没有“心”字的地方看见“心”字，可以以下一段话为例。朱熹说：“孔孟教人，句句是朴实头。‘人能充无受尔汝之实’，‘实’字将作‘心’字看。须是我心中有不受尔汝之实处，如仁义是也。”见同书卷十九，页431。（按：语出《孟子·尽心下》。原文作：“人能充无欲害人之心而仁不可胜用也。人能充无穿逾之心而义不可胜用也。人能充无受尔汝之实，无所往而不为义也。”）纯粹从训诂来考虑，“实”字当然不能训作“心”。但从义理上看，朱熹认为孟子此处所讲的“实”指的是人心。

[6] 同前书，卷十九，页432—433。

《论语正义》全书中所产生或正或反的影响的实际面貌。在说经的阐释立场上，《论语正义》中所呈现的朱熹不啻只是一个训诂学上的假想敌，而朱熹以义理说经的精神和本色在书中完全销声匿迹。如果朱熹的说经可算是宋学的特色，那么，尽管朱熹在《论语正义》中无处不在，但宋学在此书中实际上则似有实无。

刘氏父子在《论语正义》中处处与朱熹计较，相争者基本上是训诂方面的饾饤丛脞，无关宏旨，推究其原因，其实是他们忌讳宋学所究心的有关天理、人欲、心、性等课题，因此，尽管《论语》本文讲论人情，涉及心性，刘氏父子依然想方设法，回避说理言心。我们在此姑举两例，以作说明。

《为政》"子张学干禄"章朱《注》引程子曰："尤，罪自外至者也。悔，理自内出者也。"[1]程子并非从训诂立场来考虑"尤"与"悔"二字，"尤"与"悔"的区别在于由人与由己的内外之分，而内外在此是以人事和情理作分界的。事实上，从字义上考量，这两字的确正如刘氏父子所说，乃"常训"，[2]所以，程子和朱熹都觉得毋庸费辞。《朱子语类》记门人弟子与朱子讨论此章，共录十四条，无一问及"尤""悔"二字的文义，[3]而其中一条则问及程子对"尤"与"悔"的区别。朱熹回答曰："出言或至伤人，故多尤；行有不至，己必先觉，故多悔。然此亦以其多少言之耳。言而多尤，岂不自悔！行而多悔，亦必至于伤人矣。"[4]可见朱熹赞成程子说，而又更有深入的辨析。姑勿论朱说是否比《正义》细致入微，刘氏父子特别标明"悔"之"常训"，无疑正在反驳程、朱以人事和情理解释"尤"与"悔"的区别，而反驳的

[1] 朱熹：《论语集注》卷一，《四书章句集注》，页58。
[2] 关于"尤"字，《论语正义》引包氏《注》曰："尤，过也。"刘氏本人并无特别进一步的解释。见刘宝楠：《论语正义》卷二，页62。可见"尤"字是常见字，不必训注。由此可知，刘氏特别解释"悔"字，又声明作"恨"解为"常训"，必定别有用心。
[3]《朱子语类》卷二十四，页588—592。
[4] 同前书，页590。

动机则由于他们绝口不愿说程子所讲“自内出”的“理”。

对于不知“悔”为何解的读者，以“恨”释“悔”未必有何帮助。程、朱着眼于人心，指出“悔”乃人情，生于内心。至于人情何以生悔，朱熹认为“行有不至，己必先觉，故多悔”。这是从个人的自觉反省而言。孟子说“是非之心，人皆有之”，朱熹的说法不能说毫无经典根据。程子则径言“理自内出者”，换言之，是非出于“理”。不管是心是理，“悔”是相对于外在言行上的过失而言的。如此说“悔”，对读者了解《论语》本文应该有所启发。刘氏父子在此章墨守汉儒义训，反对程、朱从情理立说，关键大概在于他们站在汉学立场，设法避免谈“理”。[1]

刘氏父子解释字义而不阐发义理又可以从另外一种形式透露端倪。《学而》第一章《论语正义》释“说”字引《尔雅·释诂》云：“说，乐也。”下文释“乐”字引《仓颉篇》云：“乐，喜也。”又谓“与说义同”。换言之，“乐”“说”都是“喜”之意。如此，《正义》根本就没有解释“说”与“乐”到底是怎样一种心情，而且依文寻义，“说”与“乐”更是同义词了。既然如此，孔子又何必分言“说”“乐”？刘氏父子显然志不在此，因此只说：“此文‘时习’是‘成己’，‘朋来’是‘成物’。但‘成物’亦由‘成己’，既以验己之功修，又以得教学相长之益，人才造就之多，所以乐也。孟子以‘得天下英才而教育之’为乐，亦此意。”[2]“成己”“成物”云云在此都是针对个人外在的行为所作的笼统概括而并未从个人的内心着眼。总而言之，《正义》对于人之情理基本上毫不在意，甚至设法回避这类问题的讨论。

反观，朱《注》此章对于“说”与“乐”可谓大书特书。朱熹说：“说，喜意也。既学而又时时习之，则所学者熟，而中心喜说，其进自

---

［1］刘氏父子有时也无法避免说“理”，参看第232页注［3］。

［2］刘宝楠：《论语正义》卷一，页4。

不能已矣。”又三引程子，一曰：“习，重习也。时复思绎，浃洽于中则说也。”二曰：“以善及人而信从者众，故可乐。”三曰：“说在心，乐主发散在外。”[1]程、朱通过个人的心理经验以及人我之间的人情通感说明“说”是“喜意”，生自心中；由于学而能“时复思绎，浃洽于中”，所以能“说”。“乐”则“主发散在外”，因为“以善及人而信从者众，故可乐”。有关“说”与“乐”的性质和两者之间的内外问题，朱熹与弟子和时人讨论甚多，朱《注》所言，只是一个精要的总括。[2]

必须注意，朱熹说“说”与“乐”以及这里并未讨论的“愠”，全都是由于“学”与“习”而来，而有关“学”，朱《注》在《论语集注》劈头第一句即说：“学之为言效也。人性皆善，而觉有先后，后觉者必效先觉之所为，乃可以明善而复其初也。”[3]朱熹将人通过模仿而学习的能力，归结到人性本身，而人性皆善，学正是觉悟复性之初的经验。由于觉有先后，而后觉必效先觉，因此，在学习的过程中便有人我经验交感的问题。朱熹以先后言“觉”，正因为他强调“说”与“乐”必须要从人我、内外来作区别。如此，他解释“说”为“喜意”，其义自明。这与《正义》单据《仓颉篇》作训诂，释“乐”为“喜”，仅求字义有本，宗旨和立场都迥异不侔。朱熹又说：“善，不是自家独有，人皆有之。我习而自得，未能及人，虽说未乐。”[4]对他而言，“善”是性，无此善，亦无所谓“说”与“乐”。由于刘氏父子避谈“性”，因此，《正义》解释“说”与“乐”不得不只停留在字义训诂的层面。

惠栋指责朱熹“郢书燕说”，也许就是朱熹分析“说”与“乐”一

[1] 朱熹：《论语集注》卷一，《四书章句集注》，页47。

[2] 比如，朱熹说：“说是感于外而发于中；乐则充于中而溢于外。”见《朱子语类》卷二十，页453。他又解释程子的内外说，云：“程子非以乐为在外也，以为积满于中而发越乎外耳。说则方得于内而未能达于外也。”见朱熹：《论语或问》卷一，《朱子全书》，第6册，页610。

[3] 朱熹：《论语集注》卷一，《四书章句集注》，页47。

[4]《朱子语类》卷二十，页454。

类的阐释，不过，在上文所举惠栋的一段话中，他的批评大概是针对朱熹对《述而》“盖有不知而作之者”章的注释而发的。我们不妨参考此章，以分析《论语正义》与朱《注》的异同。

此章朱《注》曰：“不知而作，不知其理而妄作也。孔子自言未尝妄作，盖亦谦辞，然亦可见其无所不知也。识，记也。所从不可不择，记则善恶皆当存之，以备参考。如此者虽未能实知其理，亦可以次于知之者也。”[1]

《正义》则先引包曰：“时人有穿凿妄作篇籍者，故云然。”再引孔曰：“如此者，次于天生之知。”然后作断语曰：“‘不知’者，不知其义也。无所闻见，必不能作。惟闻见未广，又不能择善而从之识之，斯于义违失，即为不知而作矣。‘择善’贯下‘多见’，故邢《疏》云‘多见，择善而识之’是也。”接着，《正义》又引《公羊传》及《春秋繁露·楚庄王》作证，最后总结曰：“此夫子修《春秋》，证之于所闻所见者也。又夫子言夏、殷之礼，皆能言之，但以文献不足，不敢征之，此可见圣人审慎之意。《汉书·朱云传·赞》：‘世传朱云言过其实，盖有不知而作之者，我无是也。’谓世人传述云事多失实，则为不知而作。‘作’是作述解者，或为作事，误也。”又疏孔《注》曰：“下篇子曰：‘生而知之者，上也；学而知之者，次也。’夫子自居学知，故言‘我非生而知之者，好古，敏以求之者也’。是次于生知也。”[2]

有关此章的解释，刘氏父子显然处处要与朱熹针锋相对。

首先，他们似乎最反对朱熹说理。孔子说“不知而作”，但并未明言“不知”者为何事。包咸谓“时人有穿凿妄作篇籍者，故云然”，意指夫子乃针对具体实事而言，但包说并未否定“妄作”乃由于“不知”其所以然。朱熹说“不知其理”乃针对其所以然，而非仅其然而

[1] 朱熹：《论语集注》卷四，《四书章句集注》，页99—100。
[2] 刘宝楠：《论语正义》卷八，页276—277。

已。此处“理”字并非宋代道学家所讲的“理”。刘氏父子谓“不知其义”，实则所谓“义”者，亦即朱熹此处所讲的“理”，意思并无不同。刘氏父子只不过尽量避免使用道学家惯用的术语而已。由此可见，刘氏父子存心要与朱熹立异。

其次，朱熹谓“作”乃“妄作”，这是继承包咸“穿凿妄作篇籍”的说法。刘氏父子故意求异，乃以“作”为“述解”。盖“作”由于见闻，所以名为“述解”。闻多见广是谓“知”。闻见不广是谓“不知”。刘氏父子又强调“作”不可解作“作事”，这是针对朱熹而发的。所谓“作事”实即包咸所讲的“穿凿妄作篇籍”。刘氏父子为了反对朱熹甚至不惜放弃他们原则上信从的汉儒成说。(按：孔子自言“述而不作”，“作”显然不是“述解”，而是“作事”。)《正义》的说法是明显的错误而不是诠释的差异而已。这个错误刘氏父子应该也会承认，证据在于《正义》对《述而》“述而不作”章的解释。《正义》曰：“述是循旧，作是创始。”[1]为什么刘氏竟然会前后矛盾，犯此错误？答案应该在于刘氏父子一意孤行，存心与朱熹对敌，刻意回避朱《注》中“不知其理而妄作”所言的“理”。刘氏父子的前后矛盾还有一个他们意料不及的尴尬窘境。《述而》“述而不作”章朱《注》曰：“述，传旧而已。作，则创始也。”[2]《正义》同章的解释原来直接承袭朱《注》，当然刘氏父子并未作出应有的声明，但他们在此采纳朱说，在彼又故作曲解，强求反对朱说，前后矛盾如此。

对于多闻多见，朱熹认为两者意义不同，闻曰从，见曰识，“所从不可不择，记则善恶皆当存之，以备参考。如此者虽未能实知其理，亦可以次于知之者也”。所谓“知之次”乃针对“实知其理”者而言。朱说未尝不通。刘氏父子在此又故标新说，以驳朱子。他们特别引

[1] 刘宝楠：《论语正义》卷八，页251。
[2] 朱熹：《论语集注》卷四，《四书章句集注》，页93。

述邢昺《疏》谓“择善”贯下“多见”，目的不外在于反对朱熹以多闻多见各有不同的意义。事实上，《论语》本文明言“多见而识之”，而并未如邢《疏》所释“择善而识之”。

孔安国《注》引下篇子曰：“生而知之者，上也；学而知之者，次也。”《正义》发挥其说，曰：“夫子自居学知，故言‘我非生而知之者，好古，敏以求之者也’。是次于生知也。”其实，孔《注》大概并非如此说；孔安国也许只想指出孔子曾经在另一个场合说过“学而知之者，次也”。两种“知之次”所针对的比较并不相同。孔《注》旨在启发读者，而并非要强调“夫子自居学知”。由于刘氏父子存心求异，忌讳说“理”，于是一再强调多闻多见，以之等同学知，务求反对朱熹。此外，《正义》“夫子自居学知”的说法同样是针对朱熹对此章的总体了解而发的。朱《注》曰：“孔子自言未尝妄作，盖亦谦辞，然亦可见其无所不知也。”夫子既然学而知之，自然不可能如朱熹所讲的“无所不知”了。然而，对于朱熹的说法，刘氏父子却并未提出任何有力的反驳证据，而专意于高唱反调。朱熹解“识”作“记”，目的在于区别由多闻而来的“择善而从”。在他的解说中，这是一个非常有见解的疏辨。刘氏父子似乎无可辩驳，对“识”完全默然，不置一词。

五、结　　语

北宋晁说之尝言“或问：‘孟子可欲、充实之差，以善不及美，不顾孔子叹《武》之尽美而未尽善，乾元为善而利以美称邪？’夫不明乎用字之意，而谨乎训字之名，学者之大患也。”[1]说之并非道学中人，他更曾作书攻击《孟子》，然而，他指出读书“不明乎用字之意，

[1]〔宋〕晁说之：《儒言》，《四库全书》，第698册，页511。按：《儒言》作于宋徽宗政和二年（1112）。

而谨乎训字之名"，乃"学者之大患"。与他同时的程颐针对《论语》《孟子》的读法也说过："《论》《孟》只剩读着，便自意足。学者须是玩味。若以语言解着，意便不是。"[1]程子似乎更从"用字之意"进而强调个人必须"玩味""字意"背后的义理。朱熹在编定《孟子要旨》的时候曾经跟弟子说："看文字，不可恁地看过便道了。须是时复玩味，庶几忽然感悟，到得义理与践履处融会，方是自得。这个意思，与寻常思索而得，意思不同。"[2]所谓"玩味"，朱熹说是务求"义理与践履"能够"融会"。这与"寻常思索"所得，"意思不同"。

上述三个说法，一以贯之，可算是清代汉学家所认识的宋学的一种基本治经方法。汉学家并不认同这种方法，或回避，或隐讳，或批评，不过，他们的一个共同立场则是"经之义存乎训"，因此，他们有"训诂明则义理明"的方法论。陈立《论语正义叙》批评"皇、邢二《疏》，未能发明。末学肤浅，于微言大义，既无窥窃，于典章训诂，名物象数，复多盖阙"，同时又推许《论语正义》能够"实事求是"，而指出书中"最有功经训者"数事，并谓"凡此等皆先圣贤之旨，沉霾二千余载，一旦始发蕴"。[3]陈立所指的"末学"无疑就是程、朱而下代表宋学的儒者。他们既未得先圣贤之"微言大义"，又不明典章名物，义理训诂并失。姑勿论《论语正义》的功过如何，陈立的贬抑宋学的立场正是典型的汉学家立场，而这个汉学家的立场恰恰就是晁说之所批评的"谨乎训字之名"的治学方法。

从晁、程、朱的立场看，上述汉学家的治经立场和方法显然只管

[1] 朱熹：《读论语孟子法》，《四书章句集注》，页44。

[2] 《朱子语类》卷一〇五，页2631。朱熹说过："汉魏诸儒，只是训诂。《论语》须是玩味。"见同书卷十九，页434。

[3] 《续修四库全书》，第156册，页1—2。清国史馆编：《清史列传》卷六十九《儒林下二》继承这个看法，见周骏富编：《清代传记丛刊》（台北：明文出版社，1986年），第104册，页632—633。

“寻常思索”而缺少“玩味”的工夫。至于“义理与践履”之“融会”，必须先取决于经之义训。可惜许多汉学家认为经义中并无宋儒所讲的义理，而“践履”又与说经本身无关，因此，他们对待宋学往往负气求胜，攻讦太甚。上述陈立的批评语气虽若平和，态度实在苛刻。然而，我们如果只着眼于汉、宋表面剑拔弩张的对立而忽视在不同时期，不同汉学家对宋学的认受和接纳的态度的复杂情况，我们对汉学将难以得到比较全面的认识。

根据本文的分析，刘宝楠父子对朱熹似乎有一种令人难以理解的情结，既爱又恨，相当矛盾。最少，我们可以肯定汉学家并非都全盘反对宋学或者程、朱经说，如刘氏父子在治学上就有取法朱熹的地方，尽管他们似乎并不太愿意公开承认这个事实。个中原因可能是由于乾、嘉以来流行的汉学风气，汉学家治学在宗旨和方法上有其共识，正因为这套共识的日趋成熟，所以，乾、嘉后期的学者如王念孙、王引之父子更开始以治经的方法来研究先秦诸子。[1]对乾、嘉以来的个别学者而言，遵从这一套共识治学在汉学家之间就可以建立一种身分认同。

道光八年戊子(1828)，四十岁的刘宝楠应省试，当时他与刘文淇、陈立以及其他几个朋友相约以探策方式来决定各治一经。这段有名的掌故其实可以看出当时汉学家的身份认同。诸人不问自己本来专业，而径以探策决定各治何经，可见他们关心的只是各人作为汉学家所公认的治学宗旨和方法；只要大家有此共识，其他可以不管。从这个角度看，采纳朱熹的说法与否在当时汉学家之间应该不是一个纯粹知识上的是非问题，而无疑是一个具有相当心理压力的社交挑战。乾隆时，汪中“治经宗汉学”，[2]其子喜孙“能读父书，

[1] 有关研究可参郑吉雄：《乾嘉治经方法中的思想史线索——以王念孙〈读书杂志〉为例》，收入林庆彰、张寿安主编：《乾嘉学者的义理学》，下册，页481—545。

[2] 江藩：《国朝汉学师承记》卷七《汪中》，页113。

长于考据，传其学”。[1]对于乾隆中叶逝世的王懋竑穷一生之力，从考证立场研究朱子，尽管成绩斐然，汪喜孙竟然讥讽谓其“根据汉、宋，比诸春秋调人，恶莠乱苗，似是而非”。[2]由是观之，刘宝楠父子撷采朱熹《论语》之学，徘徊依傍，乃至进退失据，其所以困窘如此，实在与其时党同伐异的门户风气关系至大。众所周知，“六经宗服、郑，百行法程、朱”乃惠栋父士奇手书楹帖，联语分立，学、行对举，但其中象征意义，意义深远，信非巧合。尽管“百行法程、朱”是当时许多汉学家行事待人的生活准则，然而对汉学家来说，“六经宗服、郑”，治学释经虽然不至于与生活无关，但毕竟并非生活本身的问题。换言之，学术研究强调本身一套规范要求，独立于道德标准之外。惠氏此楹帖也许写来漫不经意，但在潜意识中却最能道出乾隆时期学术的专业化，学术研究与人生修养各自独立，可以贯通而不宜相混。[3]

由于《论语正义》成于父子两代，书中对待朱熹的矛盾态度，也许我们可以归咎于刘氏父子之间各自认受朱熹的不同，但这个解答似乎过于简单。即使刘氏父子对待朱熹的态度确实有所不同，他们的治学宗旨仍然是一致的汉学立场，而两人也同样在书中容纳朱熹的存在。这跟刘宝楠的父亲刘履恂和从父刘台拱的治学态度迥然不同，因为这两位更上一代的汉学家的著作中并未见到朱熹的影子。如此看来，从刘氏一家三代的学风发展而言，成学于嘉、道以下的刘宝楠以及道、咸以后的刘恭冕的治经态度无疑象征着清代学术史上

---

[1] 江藩：《国朝汉学师承记》卷七《汪中》，页114。

[2]〔清〕汪喜孙：《国朝汉学师承记·跋》(署嘉庆十有七年〔1812〕)，同前书，页134。

[3] 按：清代学术的专业化跟晚明以来印刷业的发达，以及科举竞争日益剧烈等社会因素关系密切，而并非纯粹是学术史上的内部问题。不过，这些学术史以外的考虑均逸出本文范围，在此不予讨论。

一种风气的转变。[1]这个象征的文献证据则在于《论语正义》所反映刘氏父子对朱熹的爱恨情结。道光二十四年（1844）刘宝楠五十四岁那一年，广东番禺三十五岁的陈澧在其毕生第五次会试中落第，但此时他的思想却起了极为关键的转变。这年开始陈澧主张“祛汉、宋门户之见”，稍后，他撰就《汉儒通义》[创始于咸丰四年（1854），刻成于咸丰八年（1858）]，公开承认宋儒所讲的心性、天理等课题的正当性，从而尝试会通汉学和宋学。[2]在学术史的意义上，《论语正义》虽然仅仅在训诂范围内正视朱熹，与其周旋角力，但戴望赞扬此书能够“益以宋人之长义”，大致上仍然可算是中肯的评价。

---

[1] 与刘履恂同时的戴震其实已经在汉、宋之间挣扎一生，由三十岁以前尊朱到晚年的反朱，反映了清儒治学由“尊德性”转入“道问学”的路径，这是余英时所讲的“主智主义”。见余英时：《论戴震与章学诚》（北京：生活·读书·新知三联书店，2000年）。戴震心路历程上的困惑和挣扎在一定程度上应该就是后来刘宝楠父子的切身经验，当然，跟戴震不同，刘氏父子在学术思想上似乎并无自成一家之言的雄心。

[2] 咸丰六年（1856），刘宝楠卒后一年，陈澧在《汉儒通义·序》曰：“汉儒说经，释训诂，明义理，无所偏尚。宋儒讥汉儒讲训诂而不及义理，非也，近儒尊崇汉学，发明训诂，可谓盛矣。”见〔清〕陈澧：《汉儒通义》，《续修四库全书》，第952册，页383。陈澧的弟子胡锡燕在此书的跋文中说：“先生早年读汉儒书，中年读宋儒书，实事求是，不取门户争胜之说，以为汉儒之书固有宋儒之理。”见同书页446。（按：跋文作于咸丰八年戊午（1858）。跟宝楠父子一样，陈澧同样站在汉儒的立场来会通宋儒之学。不同的是，陈澧直入宋学门户，谈心说性，毫无回避。刘、陈之不同和两者之间的渐变亦足征宋学在清代汉学家学问中的地位和意义的转移。陈澧草撰《汉儒通义》的同年[咸丰甲寅（1854）]，南海伍崇曜跋江藩《国朝宋学渊源记》云：“盖汉儒专言训诂，宋儒专言义理，原不可偏废。学者各尊所闻，各行所知，随其性情之所近，诣力之所专，殊涂同归，与道大适，无庸悦甘而忌辛，是丹而非素也。”见《国朝宋学渊源记》（《国朝汉学师承记》附），页191。比对四十二年前汪喜孙跋《国朝汉学师承记》时批评王白田“恶莠乱苗，似是而非”，一代之间，风气之转变如是其亟也。）

丁、思想史中的文外诠释

第九章
何晏、王弼“道不可体”说的思想史背景

一、前　　言

学术界的公论认为“道不可体”说始自何晏而后王弼加以发扬，然而，学者鲜少注意到“道不可体”说其实包含着一种不言而喻的思维前提，亦即“体道”说。“体道”说渊源久远，至少可以追溯到先秦时代的《庄子》，而一直流行到东汉末年。“体道”说的内容派别不一，但都主张“道可体”。从思想史的发展来看，何、王的“道不可体”说不啻是“体道”说的一种反动，至少在文字表述上的确如此。事实上，作为如此一种反动学说，“道不可体”说本身在曹魏正始年间也并非创新的理论，而乃是上承东汉末年以来，一直到曹魏初年士人社会中早已颇为流行的思想。尤其重要的是，“道不可体”说亦非仅仅一种从空想推衍而出的哲学理论，而更是曹魏初年一些士人的生活实践。在此意义上，何、王的“道不可体”说与其说是他们个人的哲学玄想，毋宁是两人对汉魏之间儒、道思想融合以及士人生活经验的一种合乎历史现实的思想概括。

二、“体道”说的历史渊源

文献所及，“体道”一语最早见于《庄子·知北游》。弇堌吊闻老

龙吉死，曰：

> 夫体道者，天下之君子所系焉。今于道秋豪之端，万分未得处一焉，而犹知藏其狂言而死，又况夫体道者乎？视之无形，听之无声，于人之论者谓之冥冥，所以论道而非道也。[1]

文中谓“体道”者“视之无形，听之无声”，他人或谓之“冥冥”，但并未能得“体道”者之真实。《知北游》的作者仅从他者的观察形容“体道”者，因此，读者难以明白所谓“体道”，究竟若何。从《知北游》全文看，作者所谈当是识道之智，篇名作《知北游》似乎非属巧合。能“体道”者了悟一己不过为“物逆旅”，己身为哀乐所寄而哀乐不能入，因此，“处物不伤物”而“物亦不能伤”。《庄子》的“体道”者乃一求与物化而不害其天年的智者，此智者名曰“圣人”。[2]

稍后，韩非亦提出“体道”的说法。《韩非子·解老》云：

> 夫能有其国、保其身者，必且体道，体道则其智深，其智深则其会远，其会远，众人莫能见其所极。唯夫能令人不见其事极，不见事极者为保其身、有其国，故曰：“莫知其极。”莫知其极“则可以有国”。[3]

---

[1] 郭庆藩撰、王孝鱼点校：《庄子集释》卷七下，页755。

[2] 东汉张衡《髑髅赋》曰“张平子将游目于九野，观化于八方，顾见髑髅委于道傍。平子怅然而问之：‘子将并粮推命以夭逝乎？本丧此土，流迁来乎？为是上知？为是下愚？’答曰：‘吾宋人也，姓庄，名周，游心方外，不能自修。公子何以问之？’对曰：‘我欲告之于五岳，祷之于神祇，起子素骨，反子四支。’髑髅曰：‘死为休息，生为役劳，冬水之凝，何如春冰之消？况我已化，与道逍遥，与阴阳同其流，元气合其朴，云汉为川池，星宿为珠玉，雷电为鼓扇，日月为灯烛，合体自然，无情无欲，不行而至，不疾而速。’”见欧阳询：《艺文类聚》卷十七，页321。依张衡所说，庄子“体道”者乃“与道逍遥，与阴阳同其流，元气合其朴，合体自然，无情无欲”的人。

[3] 陈奇猷校注：《韩非子集释》卷六，页352。

对韩非而言，能“体道”则“智深会远”，而最终目的在于“保身有国”。因此，《解老》篇又云：“体其道者，其生日长。”[1]所谓“体其道”者，乃“体天地之道”之意。[2]值得注意的是，韩非认为“体道”者“无为无见”，[3]即无所为而他人不得见而识之也。此说与《庄子》所谓“视之无形，听之无声”，冥冥然的“体道”者相合。

综合言之，《庄子》和《韩非子》所讲的“体道”者同为“智者”，但两者所关心不同。前者求与物化，不以人害天，而后者以保身存国为虑。先秦这两种“体道”说在西汉流传不绝而渐趋混同。《淮南子·俶真训》曰：“唯体道能不败，湍濑旋渊，吕梁之深，不能留也。”[4]又曰：“静漠恬澹，所以养性也。和愉虚无，所以养德也。外不滑内则性得其宜，性不动和则德安其位，养生以经世，抱德以终年，可谓能体道矣。”[5]显然，“体道”者养性顺化，求尽天年，而又欲保身存国，因此，同篇又云：“由此观之，体道者不专在于我，亦有系于世矣。”此意《淮南子》一再言之。《缪称》云：“道至高无上，至深无下，平乎准，直乎绳，圆乎规，方乎矩，包裹宇宙而无表里，洞同覆载而无所碍，是故体道者不哀不乐，不喜不怒，其坐无虑，其寝无梦，物来而名，事来而应，主者国之心，心治则百节皆安，心扰则百节皆乱，故其心治者，支体相遗也。其国治者，君臣相忘也。”[6]《淮南子》的“体道”说继承《庄子》所讲的修身工夫而转接于《老子》和《韩非子》追求的治术。

而《老子河上公章句》和严遵《老子指归》则直接从《老子》和

---

[1] 陈奇猷校注：《韩非子集释》卷六，页354。
[2]《解老》篇云“体天地之道，故曰：‘无死地焉’。”同前书，页372。
[3]《韩非子·难二》，同前注，卷十五，页824。
[4]〔汉〕刘安撰，刘文典集解，冯逸、乔华点校：《淮南鸿烈集解》（北京：中华书局，1997年），卷二，页73。
[5] 同前书，页76。
[6] 同前书，卷十，页318。

《韩非子》中阐发，更偏重治术与长生不死之道。《河上公章句》首篇名曰《体道第一》，开宗明义，谓《老子》之“常道”乃“自然长生之道”而可道之道则为“经术政教之道”。[1]尽管可道之道非“常道”，《河上公章句》仍然讲究重视。“常道”治身，“非常道”治国，两者并行不悖。《反朴第二十八》《章句》云：“圣人用之则以大道制御天下，无所割伤。治身则以大道制御情欲，不害精神也。”[2]又《任成第三十四》《章句》云：“圣人以身率导，不言而化，万事修治，故能成其大。”[3]御天下、治己身，两者兼顾。此意亦见于严遵《老子指归》。《指归》卷之一《上德不德篇》云：“是故上德之君，体道而存。神与化伦，德动玄冥。天下王之，莫有见闻，德归万物，皆曰自然。”[4]同卷《得一篇》云：“故能体道合德，与天同则。抱神履和，包裹万物，声飞化物，盈溢六合。德导天地，明照日月，制世御俗，宇内为一。”[5]太史公撰《史记》，老、庄、申、韩合传，既见思想传承，亦合西汉历史事实。

总而言之，自先秦至西汉，凡言“体道”说者，皆以道可体，意旨尽管有不同，而却未有主“道不可体”的说法。此外，由于“体道”思想的流行，“体道”一词在汉代以前似乎已经成为套语。比如，秦始皇时，群臣议上功德，谓“今皇帝并一海内，以为郡县，天下和平，昭明宗庙，体道行德，尊号大成，群臣相与，诵皇帝功德，刻于金石，以为表经。”[6]议中所言之“体道行德”当与韩非“体道”说同义。

---

[1] 旧题〔汉〕河上公撰、王卡点校：《老子道德经河上公章句》（北京：中华书局，1997年），卷一，页1。
[2] 同前书，卷二，页115。
[3] 同前书，卷三，页137。
[4]〔汉〕严遵撰、王德有点校：《老子指归》（北京：中华书局，1997年），卷一，页4。
[5] 同前书，页10。
[6]《史记·秦始皇本纪》，《史记会注考证》卷六，页114。

三、“体道”说的时代共识和修养实践

何晏、王弼的“道不可体”说分别见于二人对《论语》的注释。《论语·述而》“志于道”章曰“子曰：‘志于道，据于德，依于仁，游于艺。’”何晏《注》曰：“志，慕也。道不可体，故志之而已。”[1]王弼则在其《论语释疑》中发挥何《注》曰：“道者，无之称也，无不通也，无不由也，况之曰道。寂然无体，不可为象。”[2]

姑勿论“道不可体”究竟作何解，从表述上看，何、王二人显然反对先秦以来“道可体”之说。事实上，在语言表述和思想内容上，“道不可体”说都有其新颖之处，前贤和近代学者往往更认为这种新义实际上违背了孔子“志于学”一语的原意。然而，何、王是以《易》说《论语》，[3]《周易》固为儒家典籍，而夫子晚年深研《易》学，何、王的诠释与夫子之微意未必完全相忤。何、王以《易》说《论语》当然有其历史背景。晚汉儒学浸微，《易·系辞下》谓“穷则变，变则通”，汉末魏初人心思变求通，因而深研《易》学，此事应该是理中所有。孔

[1] 皇侃：《论语集解义疏》卷四，页219。

[2] 王弼注文原见于邢昺《论语注疏》卷七，页60。楼宇烈辑录王弼《论语释疑》佚文，在“不可为象”四字后尚有“是道不可体，故但志慕而已”二语。见楼宇烈：《王弼集校释》(北京：中华书局，1980年)，页624。按：《校释》本所录二语，很可能是邢昺对王弼注文的结语，而非王弼《论语释疑》本文。换言之，邢昺的结语乃回应何晏《注》之按语。但我想强调，王弼注文显然也是针对何晏《注》所作的义理发挥，而邢《疏》的两句结语乃承王弼注文而来，从其在注文中的作用和精神看，则亦犹如王弼所作。换言之，邢昺对《论语》此章的理解其实与王弼原意并无异旨。在引述王弼注文之前，邢《疏》先曰：“道者，虚通无拥，自然之谓也。”可见邢昺对《论语》本章中“道”的理解显然根据王弼注文而来。诚然，王弼注文原貌今不可识，若能重见人间，恐怕文字必与邢《疏》有别。或许王弼原来注文尚有其他发挥何晏《注》的文字，而《论语正义》未及详引，故邢昺另作结语，说明其所引王弼注文原来的用意。换言之，由于邢昺节引王弼注文，所以他必须另作结语，以说明所引注文的用意。

[3] 有关何、王“道不可体”说的哲学意涵，我有另文分析，今不赘。

子之学本来就重视一以贯之，而一贯即所以求通。汉儒学求贯通，有关议论至少可以上溯到西汉末年的扬雄。《法言·问道》载：

> 或问“道”。曰：“道也者，通也，无不通也。”或曰：“可以适它与？”曰：“适尧、舜、文王者为正道，非尧、舜、文王者，为它道。君子正而不它。”[1]

子云对道的解释，文字表述上与后来王弼所说几乎完全相同。当然，子云所关心者为政道，而与王弼以通变诠释“志于道”异趣。《法言·问道》又曰：

> 道、德、仁、义、礼，譬诸身乎？夫道以导之，德以得之，仁以人之，义以宜之，礼以体之，天也。合则浑，离则散，一人而兼统四体者，其身全乎？[2]

所谓“体”，本指肢体而言，扬雄其实是以“体”作譬喻。他显然注意到道、德、仁、义各有其“体”，而且他更认为四体可以兼统合浑，也可以各自离散，正如一人而具备四肢。但一人而能够兼统道、德、仁、义四体，这究竟是如何一种修养或境界，扬雄似乎并未措意，因此，他只以臆测的口气，笼统说兼统之者，“其身全乎”。他的结论依然停留在譬喻层面，实际意涵未明。直到东汉末，徐干论六艺亦能一一概括，同时又能区别道与艺性质之不同，并且有鲜明意识，主张道与艺可以

---

[1] 汪荣宝撰、陈仲夫点校：《法言义疏》(北京：中华书局，1997年)，卷六，页109。王弼认为诗、礼、乐三体相扶，各有其用，其实他的思考与扬雄也有类似的地方。见《论语·泰伯》“兴于诗”章皇侃《论语集解义疏》引王弼语。收入楼宇烈：《王弼集校释》，页625。

[2] 汪荣宝撰：《法言义疏》卷六，页111。

兼统且应该兼备。[1]然而，跟扬雄一样，徐干依然未能在兼统者的精神境界有所论述。

何晏始从精神修养的境界立场标榜“道不可体”之说。他的表述是从消极方面立论的，也就是“道”是“不可体”的。这种消极的提法似乎针对积极的提法而来。换言之，先有“道可体”的主张然后才会有“道不可体”的相反说法。更根本的是，无论“道可体”或“道不可体”，两种主张都必须以“体道”这个概念为前提。“道”为什么“不可体”，何晏并未交代，但他认为由于“道不可体”，因此，有志于道的人只能“志慕”之而已。尽管“道不可体”说新颖，但“志慕”的说法则并不然。

根据我的考察，“慕道”的说法见于文献者首推刘宋裴松之的《三国志注》。虽然如此，但裴《注》所记乃汉末魏初时代的原文，至少下文所引录者如此，因此仍然足以反映三国历史的真貌。《三国志·魏书·邴原传》裴《注》引杜恕《家戒》称张阁曰：

> 张子台视之似鄙朴人，然其心中不知天地间何者为美，何者为好，敦然似如与阴阳合德者。作人如此，自可不富贵，然而患祸当何从而来？世有高亮如子台，皆多力慕，体之不如也。[2]

杜恕谓时人高亮如张阁者，“皆多力慕，体之不如”。显然，“慕”与

---

[1] 徐干：《中论·艺纪》，徐湘霖校注：《中论校注》（成都：巴蜀书社，2000年），卷上，页102—103。有关徐干的道艺说，参看拙文《何晏、王弼“道不可体”说的哲学意义和思想史背景》，发表于“王弼与郭象：经典诠释与哲学体系之建构国际学术研讨会及郭象著作国际研读会”（香港：香港中文大学中国哲学与文化研究中心，2005年12月16—21日）。徐干的道艺说其实亦有渊源。张衡自设客问，作《应闲》以见志，乃假客之口，自谓“性德体道，笃信安仁，约己博艺，无坚不钻”。见范晔：《后汉书·张衡传》卷五十九，页1899。

[2]《三国志·魏书》，卢弼：《三国志集解》（台北：新文丰出版股份有限公司，1975年），卷十一，页347。《三国志》谓“永宁太仆东郡张阁以简质闻”。魏明帝景初三年（239）尊明元郭后为皇太后，称永宁宫。

“体”既不相同而又高下有别。“慕道”与“体道”之差别正在精神境界而不在于具体修养。从实践而言，“体道”者与“力慕”者同样可以高风亮节。何晏谓“志，慕也。道不可体，故志之而已”，他同样认为“慕”与“体”有别，而又以“体道”比“慕道”为难。杜、何二说，如出一辙。两人同时，足见“体道”与“慕道”的思想实为晚汉、魏晋世代流行的共识。

杜恕对张阁的称赞尤其值得注意。他说张阁“视之似鄙朴人，然其心中不知天地间何者为美，何者为好，敦然似如与阴阳合德者”。[1]“敦朴”而不分美恶，如此形容，俨然道家气象，而“似如与阴阳合德”则又纯然《易·系辞》所谓之圣人风范。(按：《论语·季氏》“君子有三畏”章何《注》：“大人即圣人，与天地合其德者也。”[2]又《论语·宪问》“莫我知也夫”章何《注》：“圣人与天地合其德，故曰唯天知己也。”[3])何晏以孔子为圣人，而圣人之难能乃在其“与天地合其德”。然则，杜恕与何晏不但在“慕道”和“体道”上思维模式相同，而两人对圣人所体之“道”的认识均源于《周易》，也若合符节。两人之不同在于杜恕似乎认为“道可体”而何晏则坚持“道不可体”。然而，道虽可体，但能体之者鲜而力慕者为多。何晏虽主“道不可体”，但圣人毕竟能与“天地合其德”，则圣人依然可以“体道”。由是观之，杜、何两人之“体道”说似乎只是说法上偏重不同而已。与其说杜、何两人之“体道”说相互之间有影响存在，毋宁谓“体道”说在汉末魏初士人之间已经成为一种颇为普遍的思想意识，否则，何注大概至少会略为说明体道这一新颖概念。必须强调的

[1]《老子》十五章：“古之善为士者，微妙玄通，深不可识。夫唯不可识，故强为之容。……敦兮其若朴……”

[2] 皇侃：《论语集解义疏》卷八，页586。按：《易·干·文言》：“夫大人者，与天地合其德，与日月合其明，与四时合其序，与鬼神合其吉凶。”见《周易注疏》卷一，页17。

[3] 皇侃：《论语集解义疏》卷七，页518。

是，杜恕对张阁的称许并非纯粹的思想理论，而是对张阁的为人和修养的概括。

我们姑再举一例，以作说明。《三国志・魏书・任城王彰传》：

> 任城威王彰，字子文，少善射御，膂力过人，手格猛兽，不避险阻。数从征伐，志意慷慨。太祖常抑之曰：“汝不念读书，慕圣道，而好乘汗马击剑，此一夫之用，何足贵也。”[1]

任城王曹彰是曹操与卞皇后所生，死于黄初四年（223）。“念”与“慕”同义，“读书”是目的，因此，曹操所谓的“慕圣道”显然指的是修养目标，而不是精神境界。换言之，曹操所指的“慕圣道”其实就是《论语》中夫子所言的“志于道”。他鼓励任城王读书慕圣道，绝非由于“道不可体，但志慕而已”。值得注意的是曹操贬斥乘马击剑的理由。他并非说马术剑击无用，而乃由于马术剑击仅为“一夫之用”，未可足贵。换言之，曹操务求其大而能通者，因此，他以包括射御在内的“艺”本身为不足。曹操的这番意见与徐干论“道”与“艺”的说法可谓前后相应，共同反映了汉末魏初士大夫慕求贯通的蕲向。

由于曹操“慕圣道”的想法仍然遵守儒家矩矱，所以，曹操心中的“圣人”应该是纯然儒家本色，这一点由圣道与射御马术之对比可知。职是之故，齐王芳表扬司马懿，在景初三年（239）二月丁丑诏书中不经意便道出此意。《三国志・魏书》卷四《三少帝纪》：“诏曰：‘太尉（司马宣王懿，时正辅政）体道正直，尽忠三世，南擒孟达，西破蜀虏，东灭公孙渊，功盖海内。’”[2]“体道正直”无疑是儒家的品德。又《晋书》卷三十九《荀颉传》：“以（晋武帝）泰始十年（274）薨。帝

[1] 卢弼：《三国志集解》卷十九，页487。
[2] 同前书，页144。

为举哀，皇太子临丧，二宫赙赠，礼秩有加。诏曰：‘侍中、太尉、行太子太傅、临淮公顗，清纯体道，忠允立朝，历司内外，茂绩既崇，训傅东宫，徽猷弘著，可谓行归于周，有始有卒者矣。’”[1]从齐王芳到晋武帝，前后三十五年，儒家本色的“体道”思想，依然未衰。检《荀顗传》，荀氏毕生谨悫慎微，纯然儒者而颇有《老子》“微妙难识”之修持。最值得注意的是，荀顗乃《论语集解》的合编者之一，我们通常归属于何晏的“道不可体”说，至少也是应该得到他的首肯的。武帝称其“清纯体道”，依荀顗本人的评骘标准，则不啻与其最高的推崇了。换言之，武帝对荀顗的推崇犹如杜恕对张阁的称许，均非抽象的哲学玄思，而是实际的人物品骘。

必须指出，虽然体道高于慕道是魏晋人的共识，但何者为体，何者为慕，时人依然可以各有自己一番见解。这也是何晏和杜恕见解不同的一个原因，同时也是后来王弼道不可体说出现的前提。与王弼同时的钟会，他的亲母张夫人就常言：“人谁能皆体自然，但力行不倦，抑亦其次。虽接鄙贱，必以言信，取与之间，分画分明。”当时主张慕道高于体道的人质问她说：“此无乃小乎？”张夫人答道：“君子之行，皆积小以致高大。若以小善为无益而弗为，此乃小人之事耳。希通慕大者，吾所不好。”[2]显然，张夫人强调力行体道，而反对不切实际，空言高远，虚浮慕道。如此，道不但可体，而且更必由力行而至。另一方面，慕道则非但不是无可奈何而然，而且更须避免。对张夫人而言，“道”显然也是儒家修身之道，而与道家无涉。

---

[1] 房玄龄等：《晋书》卷三十九，页1151。

[2] 卢弼：《三国志集解》卷二十八《钟会传》注引钟会《母夫人张氏传》，页662。张夫人的看法基本上与儒家立场一致，而且战国时代的子顺已经提出过类似的说法。魏安厘王问天下之高士于是子顺，子顺曰：“世无其人也；抑可以为次，其鲁仲连乎！”王曰：“鲁仲连强作之者，非体自然也。”子顺曰：“人皆作之。作之不止，乃成君子；作之不变，习与体成，则自然也。”见〔宋〕司马光：《资治通鉴》（北京：中华书局，1976年），卷六，页198。《通鉴》所本为《孔丛子·执节第十七》。

论“慕道”而兼涉儒、道二家的例子，最早见于魏文帝时代。[1]《三国志·魏书》卷二十三《常林传》裴《注》引《魏略·沐并传》谓沐并“有志介”，魏文帝黄初中任成皋令，有清名，后因忤上废，“由是放散十余年”，齐王芳正始中复官，年六十余，自虑身无常，豫作终制，戒其子以俭葬曰：

> 夫礼者，生民之始教而百世之中庸也，故力行者则为君子，不务者终为小人，然非圣人莫能履其从容也。是以富贵者有骄奢之过，而贫贱者讥于固陋，于是养生送死，苟窃非礼。……夫穷理尽性，陶冶变化之实论也。若能原始要终，以天地为一区，万物为刍狗，该览玄通，求形景之宗，同祸福之素，一死生之命，吾有慕于道矣。夫道之为物，惟恍惟忽，寿为欺魄，夭为凫没，身沦有无，与神消息，含悦阴阳，甘梦太极，奚以棺椁为牢，衣裳为缠，尸系地下，长幽桎梏，岂不哀哉！[2]

从行履和处己之道来看，沐并毫无疑问是一个耿介的儒家君子。他豫作终制，只交代了两个遗愿，一个勖勉儿子行己，一个嘱咐自己后事。他督励儿子守礼，勉力为君子。纵然不能如“圣人履其从容”，至少不至于沦为小人。沐并所指的圣人显然是儒家的典范。所谓“履其从容”，当指孔子“七十从心所欲，不逾矩”的境界。关于自己的后事，沐并嘱咐薄葬。他选择薄葬的理由最值得注意。沐并依次引述《易传》《老子》《庄子》，说明阴阳变化之道的“实论”。他所慕之道实际上是融合《易传》“穷理尽性，陶冶变化”和《老子》“刍狗万物”“祸福同素”的不限于一家之道。所谓“道之为物，惟恍惟

[1] 由杜恕称许张阁之语来看，张阁当然也是儒、道合一的体现。
[2] 卢弼：《三国志集解》卷十九，页572。

忽”，固然出自《老子》，但《老子》全书八十一章，沐并偏偏借此一章为说，自然有其特殊目的。由于终制交代身后事，所以涉及死生的道理，而对沐并而言，死生的道理正在于《易传》“原始要终”的变化之道，所以，文中说“身沦有无，与神消息”。依沐并的理解，消息、有无即《老子》所讲的“惟恍惟忽”，也就是生死、变化之意，而“神”则是《易·系辞》所讲的“阴阳不测”而又“无方”之“神”。这正是沐并在终制中开宗明义即举《易传》“穷理尽性，陶冶变化”义以引起下文的原因。

沐并的例子证明在何晏提出“道不可体”说以前，至少曹魏统治下的中原，在“道”的层次上融合儒、道思想早有其人，而这种融合的尝试关键在于：以《易传》“原始要终”的变化之道贯通儒家经世之学以及《老子》的恍惚虚无之道。最重要的是，沐并绝非仅仅在理论上会通儒、道两家思想，他是名副其实地在个人生活中体现他的新学说。在这个意义下，我们可以说沐并不啻是后来王弼的“道不可体”说的先声。即使在王弼以前，像沐并一样融合儒、道两家也并非别无他人。魏明帝时曾经下诏曰：

> 太中大夫管宁，耽怀道德，服膺六艺，清虚足以侔古，廉白可以当世……又诏青州刺史曰：“（管）宁抱道怀真，潜翳海隅。比下征书，违命不至。盘桓利居，高尚其事，虽有素履幽人之贞而失考父兹恭之义，使朕虚心引领历年，其何谓邪？徒欲怀安，必肆其志，不惟古人亦有翻然改节，以隆斯民乎？日逝月除，时方已过。澡身浴德，将以曷为？”[1]

虽然诏书中并无实际说明管宁的具体思想，但明帝的表扬似乎要说

[1]《三国志·管宁传》，《三国志集解》，卷十一，页349—350。

明幼安并非仅为亮节高风的儒者，而特别强调他抱道清虚。管宁应该也是在生活中体现儒、道合流的例子。[1]

魏明帝称管宁“抱道怀真”，其中“抱道”一语值得注意。“抱道”的用法最早见于东汉初年王充的《论衡》。《论衡》卷十二《量知》：“夫儒生之所以过文吏者，学问日多，简练其性，雕琢其材也。……抱布贸丝，交易有亡，各得所愿。儒生抱道贸禄，文吏无所抱，何用贸易？”[2]王充所言，实属比喻，而且他所说的“道”亦不过是“学问日多，简练其性，雕琢其材”而已，所以，王充说儒生“抱道”，志在“贸禄”。由此可见，“抱道”一语在王充只不过是一时方便的比喻，而百多年后，魏明帝称赞管宁“抱道怀真”“清虚足以侔古”，道家意味鲜明，足见“抱道”一语的思想内涵随着时代而演变。从文字上考量，何晏所讲的“体道”和“任道”，[3]其实都是“抱道”的不同说法。[4]

明帝后又数十年，东晋郭象注《庄子》曰：“无为者，非拱默之谓也。直各任其自为。则性命安矣。不得已者，非迫于威刑也。直抱

[1] 据《三国志・管宁传》载，正始二年（241），太仆陶丘一、永宁卫尉孟观、侍中孙邕、中书侍郎王基上表推荐宁曰：“臣闻龙凤隐耀，应德而臻，明哲潜遁，俟时而动。是以鸑鷟鸣岐，周道隆兴，四皓为佐，汉帝用康。伏见太中大夫管宁，应二仪之中和，总九德之纯懿，含章素质，冰絜渊清，玄虚澹泊，与道逍遥。娱心黄老，游志六艺，升堂入室，究其阃奥，韬古今于胸怀，包道德之机要。”可见管宁体兼儒、道，早为时人共识。卢弼：《三国志集解》卷十九，页351。其实在东汉末，蔡邕早已称誉蔡朗，谓其“履孝悌之性，怀文艺之才，……栖迟不易其志，箪食曲肱，不改其乐。心栖清虚之域，行在玉石之间”，其修养与管宁似乎并无二致。见《琅邪王傅蔡朗碑》，收入〔清〕严可均校辑：《全上古三代秦汉三国六朝文》（北京：中华书局，1996年），卷七十五，页880。

[2] 黄晖撰：《论衡校释》卷十二，页546，549。

[3]《论语・雍也》“弟子孰为好学”章何《注》：“凡人任情，喜怒违理。颜渊任道，怒不过分。迁者，移也。怒当其理，不移易也。不贰过者，有不善，未尝复行也。”见皇侃：《论语集解义疏》卷三，页177。

[4]《国语・齐语》：“负、任、担、荷，服牛轺马。”三国吴韦昭《注》：“背曰负，肩曰担。任，抱也。荷，揭也。”见上海师范大学古籍整理组校点：《国语》卷六，页228。

道怀朴,任乎必然之极,而天下自宾也。"[1]子玄以"无为"为"抱道怀朴",从文字表述而言,这与魏明帝所讲的"抱道怀真"如出一口。如果管宁所抱之道可算是道家之道,则郭象的"抱道无为"已经是不折不扣的玄学思想了。

当然,郭象未必直接借用魏明帝诏书中语,但他所用的语言无疑是魏晋以来的熟语了,而其中何晏和王弼的"道不可体"说自然又产生过重要的推波助澜的作用。何晏在《论语·雍也》《注》中说过"颜渊任道,……怒当其理",[2]而所谓"任道"其实就是"抱道"之意。事实上,郭象既谓无为者"抱道怀朴",同时又说:"任道而得,则抱朴独往,连连假物,无为其间也",[3]对他来说,"抱道"与"任道"显然也是同义互用。当然,这很可能也受到了何晏的影响。

"任道"一语首见于西汉严遵《老子指归》卷之六《知不知篇》曰:

> 夫圣人所以能动与天和,静与道合,既能保身,又能全国,翱翔乎有为之外,优游乎无事之内,取福于纤妙之中,而舒之于四海之外,丧明者之目,杜知者之口,窒聪者之耳,斩巧者之手,与时相随,与和俯仰,不为而自成,不教而民治,恩加走兽,泽及飞鸟者,以其损聪弃智,废为而任道也。是以顺情从欲,穷极心意,动导天地,静陶万事,神灵在己,不察不燎,身不降席而万国自备,虽欲不亡,自然不置也。[4]

严遵所说的"任道"乃顺道之意,而非抱道,此即文中所谓"与时相

[1]《庄子·在宥》:"无为也而后安其性命之情"句下郭象《注》,《庄子集释》卷四下,页369—370。

[2] 皇侃:《论语集解义疏》卷三,页177。注文见本文注34。

[3]《庄子·骈拇》:"则仁义又奚连连如胶漆纆索而游乎道德之间为哉"句下郭象《注》,《庄子集释》卷四上,页322。

[4] 严遵撰:《老子指归》卷之六,页98。

随，与和俯仰”。尽管如此，严遵指出任道必须“与时相随”，“损聪弃智”以“任道”，也是顺时之意。

“时”在《周易》所讲的变化之道中意义重大，吉凶系焉。《老子指归》卷之一《得一篇》又云：“夫玉之为物也，微以寡，而石之为物也，巨以众。众故贱，寡故贵。玉之与石，俱生一类，寡之与众，或求或弃，故贵贱在于多少，成败在于为否。是以圣人为之以反，守之以和，与时俯仰，因物变化，不为石，不为玉，当在玉石之间。不多不少，不贵不贱，一为纲纪，道为桢干，故能专制天下而威不可胜，全活万物而德不可量。……审于反复，归于玄默，明于有无，反于太初。……因道而动，循一而行，道之至数，一之大方，变化由反，和纤为常，起然于否，为存于亡。”[1]足见与时变化确实是严遵思想中的关键。

《老子》虽然说过“动善时”（八章），但全书言“时”义仅此一章，而君平于蜀市算卦，足见深通《易》道。事实上，《老子指归》以《周易》解说《老子》篇目。这正是君平以《周易》说《老子》的最好例证。同时他又开宗明义指出：“昔者《老子》之作也，变化所由，道德为母，效经列首，天地为象。”[2]可见他认为《老子》讲道德，其实正要说明“变化所由”。君平的“体道”思想在于研几知神，[3]其中亦有时义，因为“体道”必须“与时相随”才能够掌握“阴阳不测”之变化，而要能“与时相随”则必须“损聪弃智”。另一方面，王弼注《周易》对于“时”之义，也颇有发挥。[4]可见严遵与王弼之间虽然未必有思想上的影响或承传，但君平贯通《易》《老》，或者可说是先得辅

［1］严遵撰：《老子指归》卷之六，页11—12。

［2］《君平说二经目》，同前书，页1。

［3］《易·系辞上》：“夫《易》，圣人之所以极深而研几也。唯深也，故能通天下之志，唯几也，故能成天下之务。”韩康伯《注》曰：“极未形之理则曰深，适动微之会则曰几。”见楼宇烈：《王弼集校释》，页551。

［4］林丽真：《王弼》（台北：东大图书股份有限公司，1988年），页108—110及王晓毅：《王弼评传》，页290—304。

嗣之心之所同然。

四、“道不可体”说的先声

不可否认，“抱道”“任道”的说法并非何晏和王弼所创，何、王的新义在于“体道”说。然而，正如上文所言，即使是此新颖的“体道”说，其内容和文字表述也有正始时代思想观念的影响，未必完全独树一帜。如上文所述，何晏说与杜恕说相仿。至于王弼说，则生于汉末而在曹魏正始年间“执经讲学”的刘邵也许早为其导乎先路。刘邵在《人物志》卷中《八观第九》说：

> 是故《孝经》以爱为至德，以敬为要道。《易》以感为德，以谦为道。《老子》以无为德，以虚为道。礼以敬为本，乐以爱为主，然则人情之质，有爱敬之诚则与道德同体，动获人心而道无不通也。[1]

刘邵以“无不通”说“道”，又说“与道德同体”，至少在语言上与王弼无异。由于何晏自己并无亲自解释其“体道”说的内容，所以，我们也难以确定他的说法与刘邵所言有何具体异同。刘邵的“与道德同体说”乃贯通《孝经》《易》和《老子》而成其一体，这又显然与王弼的“体道”说极其相似。《老子》二十三章：“故从事于道者，道者同于道。”王弼《注》曰：“从事，谓举动从事于道者也。道以无形无为，成济万物，故从事于道者，以无为为君，不言为教，绵绵若存而物得其真，与道同体，故曰‘同于道’。”[2]“举动从事于道者”即是修养之谓。

---

[1]〔魏〕刘邵：《人物志》，收入《丛书集成新编》(台北：新文丰出版公司影印《畿辅丛书》本，1984年)，第20册，页448。

[2] 楼宇烈：《王弼集校释》，页58。

由于修养所致，所以圣人能够“与道同体”。“与道同体”，即是“体道”之意。刘邵说“与道德同体”而王弼则说“与道同体”，两者只差一字，而思维模式则完全相同。从“体道”说的思维模式而言，我们甚至可以说前者是后者的思想来源。

从思想内涵而言，刘邵的“体道”说绾合儒、道两家之义，爱、敬、感、谦与虚、无六者似乎并非平列而已，而应有其会通于道德之处，故曰“动获人心而道无不通也”。换言之，爱、敬、感、谦与虚、无六者，其实都不过是“体”之一偏，用刘邵的说法，六者都是“别体”。《人物志》卷上有《体别》篇，谓“中庸之德，其质无名，故咸而不碱，淡而不醴，质而不缦，文而不缋，能威能怀，能辨能讷，变化无方，以达为节。是以抗者过之而拘者不逮”。[1]篇中所言其余诸德如厉直刚毅与柔顺安恕皆各有所偏失，不如中庸之周全，所以仅是全体之“别”。

刘邵曾说孔子“叹中庸以殊圣人之德”，[2]由此看来，能得中庸之全体者唯有圣人。[3]所谓中庸之全体，从圣人的日用云为而言则关键系乎审势通变。《人物志·八观》：“夫仁者德之基也。义者德之节也。礼者德之文也。信者德之固也。智者德之帅也。夫智出于明，明之于人，犹昼之待白日，夜之待烛火，其明益盛者，所见及远，及远之明难，是故守业勤学，未必及材；材艺精巧，未必及理；理义辨给，未必及智；智能经事，未必及道。道思玄远，然后乃周。是谓学不及材，材不及理，理不及智，智不及道，道也者，回复变通。是故别而论之，各自独行则仁为胜，合而俱用则明为将，故以明将仁则无不

[1] 刘邵：《人物志》，页443。

[2] 刘邵：《人物志·自序》，同前书，页441。刘昞《注》曰：“中庸之德，其至矣乎！人鲜久矣，唯圣人能之也。”注文典出《论语·雍也》，原文出自孔子之口，惟“唯圣人能之”一句乃刘昞之演绎。（按：《雍也》篇此章何晏《论语集解》曰：“庸，常也，中和可常行之德也。世乱，先王之道废，民鲜能行此道久矣。非适今也。”见皇侃：《论语集解义疏》卷三，页211。）

[3] 上文指出，杜恕谓张阁“视之似鄙朴人”，所谓“鄙朴”，似即刘邵“中庸之德，其质无名”之意。杜、刘亦同时，两人意见大概反映了汉魏时代的一种共识。

怀，以明将义则无不胜，以明将理则无不通。然则苟无聪明，无以能遂。……是故钧材而好学明者为师，比力而争智者为雄，等德而齐达者称圣。圣之为称，明智之极名也。”[1]依刘邵之意，道的基本特点在其“回复变通”，而圣人善于通变，因此能够成其周全之“钧材”。至于通变之枢机则在明智，所以，孔才说：“以明将理则无不通。然则苟无聪明，无以能遂。”

尤其值得注意的是，刘邵标举《易》《老》为说，关键在于明智，这一点无疑对王弼有直接的启发之功，惟其以感、谦说《易》，而辅嗣则专注于《易》之变化之道，遂致二说不尽相同。然而，孔才注重“中庸”之德，谓“其质无名”，同时又“变化无方，以达为节”，则“中庸”之为德，不仅在其周全，而更在其善于变化，致用通方。辅嗣谓道无不通也，亦由于善于感应，唯变是适。另一方面，辅嗣亦强调道之“大”，“大”则不胶着于一偏，[2]是则“大”不啻“其质无名”，所以辅嗣谓道乃“无之称也”。由是观之，王弼与刘邵思想上之相承相通，较之其与何晏实则更为沆瀣一气。

又刘邵以“无名”释“中庸”，实乃创解。《论语·雍也》：“子曰：‘中庸之为德也，其至矣乎！民鲜能久矣。’”何晏《集解》曰：“庸，常也，中和可常行之德也。世乱，先王之道废，民鲜能行此道久矣，非适今也。”[3]据此，何晏并未以“无名”释“中庸”，因此可知王弼之“体道”说与刘邵的“体道”更为同声相应。事实上，何晏的“体道”说确义难知，而似乎着重从精神境界立论，反观王弼的“体道”说则由《周易》的卦体义引申而出，而更强调在掌握变化之道的修养。这一点同样也是刘邵论中庸之德的微意。至于孔才谓“道也者，回复变

---

[1] 刘邵：《人物志》，页449。

[2]《老子》三十八章王《注》曰：“大之极也，其唯道乎！自此以往，岂足尊哉？”见楼宇烈：《王弼集校释》，页94。

[3] 皇侃：《论语集解义疏》卷三，页211。

通”，其说与王弼重变，异曲同工，更不在话下。惟孔才论人才，强调钧材之明智，所以有“与道德同体”之说，而辅嗣论变则强调时义，因此主张变无定体，遂有“道不可体”之新论。

最后，有关何晏、王弼的两种“体道”说尚可再作一分辨。何劭《王弼传》谓王弼对裴徽提出“圣人体无”说时，年“未弱冠”。据此，“圣人体无”说之酝酿当更早于斯。如果我们接受刘汝霖的说法，《论语集解》成书于魏正始六年（245），此年王弼正好是弱冠的二十岁，则其“圣人体无”说当早于《论语集解》的“道不可体”说。换言之，尽管《论语释疑》中的“道不可体”说乃承自何晏说而发挥阐微，但“圣人体无”说之成立，应该与何晏无关。另一方面，王弼对裴徽强调“圣人体无，无又不可以训，故不说也。老子是有者也，故恒言无所不足”，可见他当时对《老子》一书已经甚有研究；他的《老子注》极有可能已经成书，而时间应该在何晏《论语集解》之前。《老子注》谓“道以无形无为，成济万物，故从事于道者，以无为为君，不言为教，绵绵若存而物得其真，与道同体，故曰‘同于道’”，大概年未弱冠的王弼当时与时流如刘邵同见，认为“道可体”。其后辅嗣又深研《易》理，见几知神，悟得变化之道。及见何晏《论语集解》，与闻“道不可体”说，于是更易前说，以《易》说《老子》，遂称圣人以下，“道不可体”，只能如老子般“申之无已”。如此说来，王弼的“体道”其实经过前后一番变化，而何晏的“道不可体”说又为其中一助因。有趣的是，何晏的“道不可体”说在表述上固然一反时流之见，而其中或许却更有意针对王弼《老子注》中的“道可体”说而立论，亦未可知。

五、结　语

由于何晏和王弼的玄学在魏晋南朝大行其道，因此，何、王的“慕道”说在当时也有相当的影响。《晋诸公赞》曰：“自魏太常夏侯玄、步兵校尉阮籍等皆著《道德论》。于时侍中乐广、吏部郎刘汉亦体道而言约，尚书令王夷甫讲理而才虚，散骑常侍戴奥以学道为业，后进庾敳之徒皆希慕简旷，(裴)頠疾世俗尚虚无之理，故著《崇有》二论以折之，才博喻广，学者不能究。后乐广与頠清闲，欲说理，而頠辞喻丰博，广自以体虚无，笑而不复言。”[1]可见魏晋两代，论道之说大行，这固然不完全由于何、王的启导。正如《晋诸公赞》所言，比何、王稍后出现的夏侯玄和阮籍等人的影响也许更为直接。然而，有关“体道”说的流行与“学道”成风，无论功过如何，何、王的“慕道”主张应该至为关键。王弼说“圣人体无”而乐广则自以为能“体虚无”，不管二人所认识之“无”内容是否相同，辅嗣的影响是毫无疑问的。

郭象固然是西晋元康时代玄学的代表，史载他也是“慕道”之人。《世说新语·文学》刘孝标《注》引《文士传》曰：“(郭)象字子玄，河南人，少有才理，慕道好学，托志《老》《庄》，时人咸以为王弼之亚，辟司空掾太傅主簿。”[2]《文士传》作者张隐说郭象年少“慕道”，并谓“时人咸以为王弼之亚”，“慕道”不但与《老》《庄》有关，更且似乎已经离不开以王弼“体道”说为参照标准这一事实了。郭象本人著有《论语体略》，可惜久逸，不过，顾名思义，此书大概着意在《论语》之“体”，也就是说孔子圣人之“体”。这应该也是王弼“体道”说的影响。郭象说：“言体道者，人之宗主也。”[3]又说：“其归根之易者，唯大人耳。大人体合变化，故化物不难。”[4]王弼说“道不可体”亦从体合变化着眼，足见王弼对郭象“体道”说的影响。

---

[1]《世说新语·文学》，《世说新语笺疏》卷上之下，刘孝标《注》引，页202。

[2] 同前书，页206。

[3]《庄子·知北游》“夫体道者天下之君子所系焉”句下郭象《注》，《庄子集释》卷七下，页755—756。

[4]《庄子·知北游》“其易也其唯大人乎”句下郭象《注》，同前书，页732。又《大宗师》“喜怒通四时”句郭《注》：“夫体道合变者，与寒暑同其温严，而未尝有心也。”同书卷三上，页231。

至于“慕道”之具体实践，言人人殊，则未可尽归咎于何、王的一家之言。裴頠生于晋惠帝之世（290—306在位），正当他撰《崇有论》以规虚诞之弊，同时又有霍原其人，虽曰“慕道”，然而异于流俗。《晋书》卷九十四《霍原传》谓其人：

> 少有志力，叔父坐法，当死，原入狱讼之，楚毒备加，终免叔父。年十八，观太学行礼，因留习之。贵游子弟闻而重之，欲与相见，以其名微，不欲昼往，乃夜共造焉。父友同郡刘岱将举之，未果而病笃，临终，敕其子沉曰：“霍原慕道清虚，方成奇器，汝后必荐之。”[1]

霍原生于西晋中叶（惠帝时人），与郭象约略同时，他无疑是一个讲究儒家礼教的人，当时的贵游子弟亦以此相重，因此，刘岱称许他“慕道清虚”应该不是指纯粹老庄玄虚之道而言，而当是何晏、王弼所标榜的孔、老互通的“体道”思想。这种“体道”思想，经过郭象的玄学理论概括，发展到东晋就变成名教与自然合一的主张。因为道乃“寂然无体”，无称无象，而道又“不可体”，所以只能“慕道清虚”。霍原本传又载：“原山居积年，门徒百数。燕王月致羊酒。及刘沉为国大中正，元康中（291—299），进原为二品，司徒不过，沉乃上表理之。诏下司徒参论，中书监张华令陈准奏为上品，诏可。元康末，原与王褒等俱以贤良征，累下，州郡以礼发遣，皆不到。”[2]从霍原的行履看来，他洁身自守，未肯应征，但他设帐授徒，显然并非存心离群索居，远离名教之士，可见他虽然“慕道清虚”，但毕竟还是守礼律己的人。霍原的例子证明在西晋中叶“慕道清虚”的人仍然重视儒家修身

[1] 房玄龄等：《晋书》卷九十四，页2435。
[2] 同前书。

之教。[1]

何晏、王弼的"体道"概念在中国思想史上影响深远，即使七八百年后兴起的宋代道学思想也颇受其沾溉。比如，张载在《正蒙·大心篇第七》中曾说："体物体身，道之本也。身而体道，其为人也大矣。道能物身故大，不能物身而累于身，则藐乎其卑矣。"[2]与他同时的程颐也说过："人皆有是道，唯君子为能体而用之。不能体而用之者，皆自弃也。故孟子曰：'苟能充之，足以保四海。苟不能充之，不足以事父母。'夫充与不充，皆在我而已。"[3]张、程所言，思想内涵自然并非玄学，但其思维模式则显然可见何、王"体道"说的流风。[4]

---

[1] 跟霍原大约同时的杨泉在其《物理论》中也说："贤人为德，体自然也，故语曰：'黄金累千，不如一贤。'"杨泉所言应该也是专指儒者而言。见欧阳询：《艺文类聚》卷二十，页363。

[2]〔宋〕张载：《张载集》(台北：汉京文化事业有限公司，2004年)，页25。

[3]《河南程氏遗书》卷二十五，收入程颢、程颐著，王孝鱼点校：《二程集》，页321。

[4] 关于宋代道学中的道体思想，可参看本书第十一章程、朱的一些说法。

第十章
《论语》"唯女子与小人为难养"章
——汉至宋的诠释演变

一、前　　言

中国经典之诠释最常见的模式乃文献训传注疏，儒家坟籍如此，道家经典也不例外；自汉以来，相仍不绝。然而，经典诠释并不囿于文献之注疏，因为学者对经典的理解未必尽见于著述，而挥为翰墨者又不必摅诸注疏。经典诠释固然本于训诂，但训诂之目的在于通古今之语义，明章句之文义，至于言外之旨则往往在于读者之各自会心，所谓见仁见智，会通可以无碍，别异未必乖悖。

正如第四章所指出，《论语·阳货》"唯女子与小人为难养"章，近代以来，学者非议甚多；他们大多以此章为据，批判儒家思想中的"性别歧视"。姑勿论这种批评能否成立，批评本身无疑反映出二十世纪以来学者自身要求或认同性别平等的立场。从性别角度诠释"唯女子与小人为难养"章，以求其义，这是近代学者的一种特殊关怀，而这种关怀自然有其历史文化背景。[1]诠释者独有的历史文化

[1] 朱熹批评宋代人读书解经，说："今人自看得不子细，只见于我意不合，便胡骂古人也。"见黎靖德编、王星贤点校：《朱子语类》卷二十，页471。他的说法也适用于二十世纪以来很多从性别角度解读《论语·阳货》"女子与小人"章的学者和社会活动家。

背景于是直接影响其诠释理路和结论，其理显然。

由于汉代经学家的历史文化关怀异乎近代主张性别平等的学者，他们对“唯女子与小人为难养”章的诠释理应不同。有趣的是，根据现存文献，汉代经学家对《论语》此章似乎三缄其口，一言不发。何晏《论语集解》汇辑汉注，此章阙如。这一章尝试于《论语》注释之外，钩沉汉人旧说，以论证其诠释关怀皆在于内廷政治，而此政治关怀乃源于西汉中叶以来的内廷各种身份妇女和地位卑微的下人干政。必须强调，这些乱政之人，不必都是后妃、外戚和宦官，亦即妇寺；举凡“女谒邪臣，阿保乳母”，[1]一应在内。一言蔽之，他们都是内廷的内宠。本章的目的之一在于指出，经典诠释并非纯粹纸面上的文章；历史情境在读经者的笔下原来早已留下隐晦而真实的景象。

二、本义与文本诠释

《论语·阳货》“唯女子与小人为难养”章关键之一在于“女子”与“小人”两词的确切意义。这两个词在此章的本义，依照朱熹的说法，当指“仆隶下人”，也就是家中的男女仆人。[2]正如本书第四章所言，尽管“女子小人”泛指“仆隶下人”，但这个有关“女子小人”性格的判断却可能源于孔子本人的持家经验。孔子原来大概跟弟子或时人谈论到自己在家中与奴仆相处的生活经验，所以，他说：“唯女子与小人为难养也。”换言之，一家之内只有“女子与小人”“难养”。在原话中，“女子”和“小人”很可能都是昵称。“养”在此则可以有两个解释，一作“畜养”解，指的是主人对奴仆的责任或义务；一作

[1] 西汉末李寻答哀帝语。见班固：《汉书·李寻传》卷七十五，页3183—3191。有关李寻对内宠的言论，详见下文。

[2] 朱熹：《论语集注》卷九，《四书章句集注》，页182。

“主使”解，[1]指的是奴仆对主人的听从。孔子原意大概是感叹自己家中奴仆不好差使，故此视为“难养”。至于何以“难养”，孔子进一步说明乃由于奴仆的性情，“近之则不逊，远之则怨”。如此理解，则“女子与小人”章意思明畅，合乎人情，更与孔子本人重视人伦的思想一致。[2]

近代学者深受西洋文化影响，几乎毫无例外都从性别的角度解读此章，因此，他们最关心的其实就是“女子”一词的意义。他们的理解一致，基本上都认为“女子”即泛指“女性”。[3]汉人的《论语》注解，传世甚鲜，今日已经难见全貌。魏何晏《论语集解》汇辑汉注，其中六十六章不见汉人训注，约占全书百分之十三，而“女子与小人”章乃其一例。梁皇侃据《集解》作《论语集解义疏》，每章都依字逐句，对注文详加疏释。唐代以后，经疏有所谓“疏不破注”之例，但皇侃疏释《论语集解》并未墨守汉魏旧注。[4]尽管如此，皇《疏》在大多数情况之下，还是阐释汉儒和何晏的成说。“女子与小人”章既无汉注，而何晏又未附己意，如此，则我们要推测汉儒旧说，依然要从

[1]《广雅·释诂》卷一下：“养，使也。”见王念孙：《广雅疏证》，页40。

[2] 有关朱熹对“女子与小人”章的解释和论证，可看本书第四章。

[3] 又“女子与小人”章原文中“小人”一词指男性仆人，而并非如近代学者所指的缺德之人。作缺德之人解者，最先大概见于刘义庆《世说新语·方正》的刘孝标《注》。《世说新语》原文曰：“刘真长、王仲祖共行，日旰未食，有相识小人贻其餐肴，案甚盛。真长辞焉。仲祖曰：‘聊以充虚。何苦辞？’真长曰：‘小人都不可与作缘。’”《注》曰：“孔子称‘唯女子与小人为难养，近之则不逊，远之则怨’。刘尹之意，盖从此言也。”《世说新语笺疏》卷中之上，页327。文中的“小人”既然可以贻甚盛之餐肴，杯盘满案，可知其非低位卑微之人。刘真长谓“小人都不可与作缘”，正可见是从其人的道德修养而言。刘孝标注引《论语》为证，恰恰又证明南朝人依然视孔子原话中的“女子小人”乃至地位而言的“仆隶下人”。当然，我们也不能忘记，汉儒对“女子与小人”章中“小人”的理解，虽然可以专指宦官，但从他们的奏议中可以看出，“小人”也可指外戚之男者以及与外戚勾结的各种乱政之人。然而，这类“小人”都是从社会地位言，而非从个人品德言。详见下文。

[4] 宋钢：《〈论语义疏〉“疏亦破注”举例》，《南京师范大学文学院学报》2005年第2期，页182。

皇《疏》入手。[1]皇《疏》此章的说法如下：

> 女子、小人并禀阴闭气多，故其意浅促，所以难可养立也。近之则不逊者，此难养之事也。君子之人，人愈近愈敬，而女子小人，近之则其承狎而为不逊从也。远之则有怨者，君子之交如水，亦相忘江湖，而女子小人，人若远之则生怨恨，言人不接已也。[2]

皇《疏》表面上好像从性别来解释“女子”一词，但实际上，疏文关注的乃在于“女子”与“小人”何以“难养”之由，而皇侃认为这两类人“并禀阴闭气多，故其意浅促，所以难可养立”。至于“女子”到底是指什么人，皇侃其实并未说明，因此，我们不宜妄下判断，以为他把“女子”理解作“女性”之泛称。

皇侃的诠释意图在于说明“女子”与“小人”之所以“难养”的哲学根据，而他的答案则无疑来自汉代流行的气化论。汉人的气化论是一种以阴阳五行为本的宇宙论。根据这种看法，宇宙乃由一气所化而成，万物实质上皆禀气而生，从本体论而言，其存亡不外是气的聚散而已。一气又分阴阳，男为阳，女为阴；阳尊阴卑，是为天经地义。这种宇宙人生论的典型表述见于西汉董仲舒《春秋繁露》以

[1] 对于何晏《集解》未收的汉儒旧说，皇侃《义疏》的原则似乎是尽量搜寻相关论述，从而择善采精。比如，《学而》“贤贤易色”章何晏独取孔安国注，但末句“虽曰未学，吾必谓之学矣”无注，而皇《疏》曰：“假令不学而生知如前，则吾亦谓之学也。此劝人学故也。故王雍云：‘言能行此四者，虽云未学，而可谓已学也。生而知者上，学而知者次，若未学而能知，则过于学矣。盖假言之以劝善行也。’”见皇侃：《论语集解义疏》卷一，页18—19。此处，皇侃本人先解释末句，然后引王雍之言，以证明己说。（按：王雍不见经传，班固曾称赞凉州从事王雍“躬卞严之节，文之以术艺，凉州冠盖，未有宜先雍者也”，并极力推荐他与东平王仓。见范晔：《后汉书·班固传》卷四十上，页1332。皇疏所引，或为同一人。另外，皇侃《义疏》中王雍仅此一见。）

[2] 皇侃：《论语集解义疏》卷九，页636—637。

下两段文字。《循天之道》篇云：

> 君子法乎其所贵，天地之阴阳当男女，人之男女当阴阳，阴阳亦可以谓男女，男女亦可以谓阴阳。[1]

《阳尊阴卑》篇云：

> 古之圣人，因天数之所止，以为数纪。十如更始，民世世传之，而不知省其所起。知省其所起，则见天数之所始；见天数之所始，则知贵贱逆顺所在；知贵贱逆顺所在，则知天地之情著，圣人之宝出矣。是故阳气以正月始出于地，生育养长于上。至其功必成也，而积十月。人亦十月而生，合于天数也。是故天道十月而成，人亦十月而成，合于天道也。故阳气出于东北，入于西北，发于孟春，毕于孟冬，而物莫不应是。阳始出，物亦始出；阳方盛，物亦方盛；阳初衰，物亦初衰。物随阳而出入，数随阳而终始，三王之正随阳而更起。以此见之，贵阳而贱阴也。故数日者，据昼而不据夜；数岁者，据阳而不据阴。阴不得达之义。……丈夫虽贱皆为阳，妇人虽贵皆为阴。[2]

以董仲舒所说，贵贱逆顺之所起所在，都本于天道，而天道“贵阳而贱阴”，所以，“丈夫虽贱皆为阳，妇人虽贵皆为阴”。这是本体论的论证。

汉儒不但以万物由气所构成，而物事之存亡即气之聚散，反言之，聚散乃物事之气变。这是汉儒对万事万物的动态描述，而他们

[1] 苏舆撰：《春秋繁露义证》卷十六，页446。
[2] 同前书，卷十一，页323—325。

又常常以此观点来解释先秦典籍。比如，东汉初年的王充在《论衡·感类》说："迅雷风烈，孔子必变。礼，君子闻雷，虽夜，衣冠而坐，所以敬雷，惧激气也。圣人君子于道无嫌，然犹顺天变动，况成王有周公之疑，闻雷雨之变，安能不振惧乎？"[1]（按：《论语·乡党》："迅雷风烈，必变。"郑玄《注》曰："敬天之怒也。风疾雷为烈也。"皇侃《义疏》云："迅雷风烈必变者，迅，疾也。风而雷疾急，名为烈也。风疾而雷，此是阴阳气激为天之怒，故孔子自整变颜容以敬之也。故《玉藻》云：'若疾风迅雷甚雨，则必变，虽夜必兴，衣服冠而坐。'是也。"[2]）《论语》原文并未指出夫子变容的原因在于"惧激气也"；王充的解释显然是汉儒特别的观点。上述各种证据说明，在未能确知汉儒如何解读"女子与小人"章之前，至少我们可以说，皇侃对此章所作的本体论解释，应该是符合汉人宇宙人生论的基本立场的。至于汉儒解读此章时，是否也同样从本体论的角度来考究"女子"与"小人"之所以"难养"，那自然另当别论。

三、文本与现实政治

事实上，文献所见，汉儒解读"女子与小人"章毫无例外都从现实政治着眼，与字义训诂完全无涉。汉宣帝时，"颇修武帝故事，宫室车服盛于昭帝。时外戚许、史、王氏贵宠"，王吉上疏言得失，他说：

---

[1] 黄晖撰：《论衡校释》卷十八，页801。

[2] 皇侃：《论语集解义疏》卷五，页359—360。值得一提的是，通经致用的汉儒也曾假借孔子"迅雷风烈必变"的修养，引经据典，劝谏帝君。《后汉书·杨秉传》："（桓）帝时微行，私过幸河南尹梁胤（外戚梁冀子也）府舍。是日大风拔树，昼昏，秉因上疏谏曰：'臣闻瑞由德至，灾应事生。传曰："祸福无门，唯人所召。"天不言语，以灾异谴告，是以孔子迅雷风烈必有变动。《诗》云："敬天之威，不敢驱驰。"王者至尊，出入有常，警跸而行，静室而止，自非郊庙之事，则銮旗不驾……'"见范晔：《后汉书》卷五十四，页1769—1770。

欲治之主不世出，公卿幸得遭遇其时，言听谏从，然未有建万世之长策，举明主于三代之隆者也。其务在于期会簿书，断狱听讼而已，此非太平之基也。臣闻圣王宣德流化，必自近始；朝廷不备，难以言治；左右不正，难以化远。民者弱而不可胜，愚而不可欺也。圣主独行于深宫，得则天下称诵之，失则天下咸言之。行发于近，必见于远，故谨选左右，审择所使，左右所以正身也，所使所以宣德也。……

窃见当世趋务不合于道者，谨条奏，唯陛下财择焉。吉意以为夫妇人伦大纲，夭寿之萌也。世俗嫁娶太早，未知为人父母之道而有子，是以教化不明而民多夭。聘妻送女亡节，则贫人不及，故不举子。又汉家列侯尚公主，诸侯则国人承翁主，使男事女，夫诎于妇，逆阴阳之位，故多女乱。古者衣服车马贵贱有章，以褒有德而别尊卑，今上下僭差，人人自制，是以贪财诛利，不畏死亡。周之所以能致治，刑措而不用者，以其禁邪于冥冥，绝恶于未萌也。……舜、汤不用三公九卿之世而举皋陶、伊尹，不仁者远。今使俗吏得任子弟，率多骄骜，不通古今，至于积功治人，亡益于民，此《伐檀》所为作也。[1]宜明选求贤，除任子之令，外家及故人可厚以财，不宜居位。去角抵减乐府省尚方，明视天下以俭。[2]

汉儒治经，重视通经致用。诚如余英时先生所言：“汉儒在哲学理论上确是‘卑之无甚高论’。他们只读了少数几部经典，深信其中的道

[1]《伐檀》在《诗·魏风》。颜师古注曰：“刺在位贪鄙，无功而受禄。”原诗并无针对任何具体人或事，王吉借用其通义，并非作文外诠释。

[2] 班固：《汉书·王吉传》卷七十二，页3063—3065。对于王吉的奏议，班固谓宣帝：“以其言迂阔，不甚宠异也。”

理，然后便尽量在日常人生中身体力行。”[1]这少数几部经典自然也包括《论语》。王吉的奏议目的在于激励宣帝“务本”，以“建万世之长策，举明主于三代之隆者”并非针对具体事情而发，而毋宁是本于当下问题而提出的一番宏图远略。他从民间风俗说到礼制，表面的文字显然批评社会上男女失序、嫁娶违时、聘妻送女亡节的普遍情况，但我们不能忽略他上疏时的内廷政治背景，其时外戚诸氏皆贵宠，因此，王吉的婉约之言中未尝不别具微意。他先说“圣王宣德流化，必自近始”，再说“圣主独行于深宫，得则天下称诵之，失则天下咸言之。行发于近，必见于远，故谨选左右，审择所使，左右所以正身也，所使所以宣德也”，然后才批评民间风俗，而关于民间风俗，他又特别先针对夫妇为“人伦大纲，夭寿之萌”而论嫁娶不当的问题，最后才指出“古者工不造琱瑑，商不通侈靡，非工商之独贤，政教使之然也。民见俭则归本，本立而末成”。事实上，宣帝当时“颇修武帝故事，宫室车服盛于昭帝”，从现实意义来看，王吉奏议理应针对宣帝的奢侈，加以劝谕，但劝俭仅仅是奏议中最后轻轻带过的一项细节。依此分析，我们有理由相信，王吉的奏疏的最终目的显然在于婉约晓谕宣帝内廷宫闱端正合礼的根本重要性。事实上，王吉的确也直言“外家及故人可厚以财，不宜居位”了。对于外戚贵宠，他认为是一种阴阳失序，以致“使男事女，夫诎于妇”，是之谓“女乱”。

所谓阴阳失序，其实就是一种当时不言而喻的本体论解释。京房与王吉同时，治《易》名家，善言阴阳五行灾异。他在其《京房易传》中记录商汤嫁妹之词曰：“阴从阳，女顺夫，天地之义也。”[2]（按：《易·家人卦》《彖》曰：“男女正，天地之大义也。”京房所引商汤嫁妹之词，应该就是“男女正”的解释了。）王吉对现实政治的关

[1] 余英时：《汉代循吏与文化传播》，《儒家伦理与商人精神》（桂林：广西师范大学出版社，2004年），页109。

[2]《京房易传》今不传，引文见《春秋繁露义证》卷十一，页325。

心，背后显然有天人合一的宇宙人生论的支持，而他的奏议的正当性和说服力也正原于此。值得指出的是，汉宣帝时，循吏黄霸治颍川，“前后八年，郡中愈治。是时凤凰神爵数集郡国，颍川尤多”，宣帝于是在神爵四年（公元前58年）特别下诏表扬，曰“颍川太守霸，宣布诏令，百姓乡化，孝子弟弟，贞妇顺孙，日以众多……”[1]而“颍川吏民有行义者爵，人二级，力田一级，贞妇顺女帛”。[2]王吉上奏的时间不明，宣帝在神爵四年表彰孝子弟弟，贞妇顺女，这当然是宫闱以外地方政府的事，但不知是否也能算作对王吉的批评的一种回应。

王吉、京房之后的一代，到汉哀帝初年，史载“帝祖母定陶傅太后称皇太太后，帝母丁姬称帝太后，而皇后即傅太后从弟子也。傅氏侯者三人，丁氏侯者二人。又封傅太后同母弟子郑业为阳信侯。傅太后尤与政专权。元寿元年（公元前2年）正月朔，上以皇后父孔乡侯傅晏为大司马卫将军，而帝舅阳安侯丁明为大司马骠骑将军。临拜，日食，诏举方正直言。扶阳侯韦育举杜邺方正”，当时，杜邺便上对曰：

> 臣闻阳尊阴卑，卑者随尊，尊者兼卑，天之道也。是以男虽贱，各为其家阳；女虽贵，犹为其国阴。故礼明三从之义，虽有文母之德，必系于子。《春秋》不书纪侯之母，阴义杀也。……汉兴，吕太后权私亲属，又以外孙为孝惠后，是时继嗣不明，凡事多晻，昼昏冬雷之变，不可胜载。窃见陛下行不偏之政，每事约俭，非礼不动，诚欲正身与天下更始也。然嘉瑞未应，而日食地震，民讹言行筹，传相惊恐。案《春秋》灾异，以指象为言语，故在于得一类而达之也。日食，明阳为阴所临，坤卦乘离，明夷之象也。

[1] 班固：《汉书·循吏传》卷八十九，页3631。
[2] 班固：《汉书·宣帝纪》卷八，页264。

坤以法地，为土为母，以安静为德。震，不阴之效也。占象甚明，臣敢不直言其事！……

前大司马新都侯莽退伏第家，以诏策决，复遣就国。高昌侯宏去蕃自绝，犹受封土。制书侍中驸马都尉迁不忠巧佞，免归故郡。间未旬月，则有诏还，大臣奏正其罚，卒不得遣，而反兼官奉使，显宠过故。及阳信侯业，皆缘私君国，非功义所止。诸外家昆弟无贤不肖，并侍帷幄，布在列位。或典兵卫，或将军屯，宠意并于一家，积贵之势，世所希见所希闻也，至乃并置大司马将军之官。皇甫虽盛，三桓虽隆，鲁为作三军，无以甚此。当拜之日，晻然日食。不在前后，临事而发者，明陛下谦逊无专，承指非一，所言辄听，所欲辄随，[1]有罪恶者不坐辜罚，无功能者毕受官爵，流渐积猥，正尤在是，欲令昭昭以觉圣朝。昔诗人所刺，《春秋》所讥，指象如此，殆不在它。由后视前，忿邑非之。逮身所行，不自镜见，则以为可，计之过者。疏贱独偏见，疑内亦有此类。[2]天变不空，保右世主如此之至，奈何不应！[3]

汉人的气化宇宙观中，本来就特别注重天人感应，这也是汉儒讲经的一个特点，而在杜邺的奏议中可谓显露无遗。从诠释学的角度言，与大多数汉儒（比如京房）一样，杜邺不啻以灾异为文本，所以他说："《春秋》灾异，以指象为言语，故在于得一类而达之也。"当然，由于自然灾异的意义完全系乎解释者的动机和关怀，因此，灾异解释必然是一种文外诠释。这也就是杜邺所谓"在于得一类而达之也"。由

[1] 颜师古注曰："谓皆迫于太后也。"
[2] 颜师古注曰："疑内亦有此类，谓后宫嬖幸非理宠遇，亦有如傅迁、郑业等妄受恩赏者。"
[3] 班固：《汉书·杜邺传》卷八十五，页3475—3476。

于外戚专横，成帝“宠意并于一家，积贵之势，世所希见所希闻”，对于杜邺来说，一言蔽之，日食、地震都是女乱所致，正如颜师古《注》云：“言地当安静而今乃震，是为不遵阴道也。”[1]王吉和杜邺的奏议理据可以证明，[2]从哲学立场考虑，皇侃以本体论来解释“女子与小人难养”之由，完全是言之成理的。

王吉所隐约指陈的内廷时弊并非他一人的私见，与他同时的刘向对此问题更是心有戚戚焉。他关心时政，频频敷奏封事，力陈得失，并与前将军、光禄勋萧望之、光禄大夫周堪合力抨击宦官外戚。因是之故，他屡遭谗谤，曾两次下狱，免官。针对外戚乱政的问题，刘向编撰了《列女传》，不啻是谏书。据《汉书》卷三十六《楚元王传附刘向传》所载：

> 向睹俗弥奢淫，而赵、卫之属起微贱，逾礼制，向以为王教由内及外，自近者始。故采取《诗》《书》所载贤妃贞妇，兴国显家可法则，及孽嬖乱亡者，序次为《列女传》，凡八篇，以戒天子。[3]

《列女传》原来七卷，序论列女，各有主题，分别为《母仪》卷一、《贤明》卷二、《仁智》卷三、《贞顺》卷四、《节义》卷五、《辩通》卷六

[1] 班固：《汉书·杜邺传》卷八十五，页3477。

[2] 成帝时初年谷永已尝以阴阳尊卑之道应合灾异而警戒成帝，“意岂陛下志在闺门，未恤政事，不慎举错，娄失中与？内宠大盛，女不遵道，嫉妒专上，妨继嗣与？古之王者废五事之中，失夫妇之纪，妻妾得意，谒行于内，势行于外，至覆倾国家，或乱阴阳”。见班固：《汉书·谷永传》卷八十五，页3444。

[3] 班固：《汉书·楚元王传》卷三十六，页1957—1958。按：外戚干政乃是汉代政治的一个特殊现象，而西汉外戚的特色之一即是多出自微贱，这也就是刘向所说的“起微贱”之所指。据《汉书》卷九十七《外戚传》的记载，西汉的十一位皇帝中，就有二十二家的外戚，其中明确记载出身微贱者有十一家，分别为汉高祖的妻族吕氏；文帝的母族薄氏、妻族窦氏；景帝的妻族王氏；武帝妻族卫氏、李氏、赵氏；宣帝母族王氏、妻族许氏；元帝妻族傅氏及成帝妻族赵氏。

和《孽嬖》卷七，全书共收一百一十个妇女的传记。依《刘向传》所载，他一方面希望改善西汉末社会上"俗弥奢淫"的不良风俗，另一方面又针对成帝时后宫中起自微贱的外戚如赵飞燕和卫婕妤两家肆无忌惮的"逾礼制"行为。由是观之，书中《孽嬖》一卷收录十五个后妃，尤具现实意义。卷中第一人为夏桀末喜，其人"美于色，薄于德，乱孽无道"，[1]这番形容其实可以同样描述卷中其余十四个传主。从现实政治的角度考虑，刘向认为成帝后宫的荒淫不理，正由于帝后之间的夫妇关系失序所致，所以，《列女传》针对的其实是妻子这一身份的道德意义，而书中牵涉妻子身份的传记最多。《列女传》意在明道经世，警戒天子，而刘向的具体手段则主要在书中宣扬妻子和母亲这两个他认为在人伦上最根本和最关键的妇女身份。这两个妇女身份显然正是儒家宣扬夫妇为人伦之本的基础所在。比而观之，《列女传》的编撰目的与王吉奏议之意，可谓殊途同归。[2]

史乘所见，西汉最后一位批评妇寺问题的谏臣是哀帝时的李寻。他治《尚书》，好灾异。哀帝初立，"成帝外家王氏未甚抑黜，而帝外家丁、傅新贵，祖母傅太后尤骄恣，欲称尊号。丞相孔光、大司空师丹执政谏争，久之，上不得已，遂免光、丹而尊傅太后"。[3]当时，适逢"水出地动，日月失度，星辰乱行，灾异仍重"，[4]寻初以待诏问，对曰：

《易》曰："县象著明，莫大乎日月。"夫日者，众阳之长，辉光

[1] 刘向：《古列女传》卷七，收入《四库全书》，第448册，页64。
[2] 有关《列女传》的编撰深意，可参看劳悦强：《贞顺—刘向〈列女传〉中的妻子》，收入熊铁基、赵国华合编：《秦汉思想文化论集》（新加坡：希望出版社，2005年），页355—375。
[3] 班固：《汉书·李寻传》卷七十五，页3192。
[4] 同前书，页3183。

所烛，万里同晷，人君之表也。故日将旦，清风发，群阴伏，君以临朝，不牵于色。日初出，炎以阳，君登朝，佞不行，忠直进，不蔽障。日中辉光，君德盛明，大臣奉公。日将入，专以壹，君就房，有常节。君不修道，则日失其度，晻昧亡光。各有云为，其于东方作，日初出时，阴云邪气起者，法为牵于女谒，有所畏难。日出后，为近臣乱政；日中，为大臣欺诬；日且入，为妻妾役使所营。间者日尤不精，光明侵夺失色，邪气珥蜺数作。本起于晨，相连至昏，其日出后至日中间差瘉。小臣不知内事。窃以日视陛下志操。衰于始初多矣。其咎恐有以守正直言而得罪者，伤嗣害世，不可不慎也。唯陛下执乾刚之德，强志守度，毋听女谒邪臣之态，诸保阿乳母甘言悲辞之托，断而勿听。勉强大谊，绝小不忍，良有不得已，可赐以财货，不可私以官位，诚皇天之禁也。日失其光，则星辰放流。阳不能制阴，阴桀得作。间者太白正昼经天，宜隆德克躬，以执不轨。

臣闻月者，众阴之长，销息见伏，百里为品，千里立表，万里连纪，妃后大臣诸侯之象也。朔晦正终始，弦为绳墨，望成君德，春夏南，秋冬北。间者月数以春夏与日同道，过轩辕上后受气，入太微帝廷扬光辉，犯上将近臣，列星皆失色，厌厌如灭，此为母后与政乱朝，阴阳俱伤，两不相便。外臣不知朝事，窃信天文即如此，近臣已不足杖矣。屋大柱小，可为寒心。唯陛下亲求贤士，无强所恶，以崇社禝，尊强本朝。

臣闻五星者，五行之精，五帝司命，应王者号令为之节度。……火入室，金上堂，不以时解，其忧凶。填、岁相守，又主内乱。宜察萧墙之内，毋忽亲疏之微，诛放佞人，防绝萌牙，以荡涤浊濊，消散积恶，毋使得成祸乱。……

臣闻五行以水为本，其星玄武婺女，天地所纪，终始所生。水为准平，王道公正修明，则百川理，落脉通；偏党失纲，则涌溢为败……今汝、颍畎浍皆川水漂踊，与雨水并为民害，此《诗》所谓“烨烨震电，不宁不令，百川沸腾”者也。其咎在于皇甫卿士之属。[1]唯陛下留意诗人之言，少抑外亲大臣。

臣闻地道柔静，阴之常义也。地有上中下，其上位震，应妃后不顺，中位应大臣作乱，下位应庶民离畔。震或于其国，国君之咎也。四方中央连国历州俱动者，其异最大。间者关东地数震，五星作异，亦未大逆，宜务崇阳抑阴，以救其咎；固志建威，闭绝私路，拔进英隽，退不任职，以强本朝。……

马不伏历，不可以趋道；士不素养，不可以重国。……如近世贡禹，以言事忠切蒙尊荣，当此之时，士厉身立名者多。禹死之后，日日以衰。及京兆尹王章坐言事诛灭，智者结舌，邪伪并兴，外戚颛命，君臣隔塞，至绝继嗣，女宫作乱，[2]此行事之败，诚可畏而悲也。

本在积任母后之家，非一日之渐，往者不可及，来者犹可追也。先帝大圣，深见天意昭然，使陛下奉承天统，欲矫正之也。宜少抑外亲，选练左右，举有德行道术通明之士充备天官，然后可以辅圣德，保帝位，承大宗……[3]

李寻详细的答诏反复力言外戚干政，百害丛生。荀悦《汉纪》曾经加以概括，曰：“陛下秉四海之众，曾无桢干之臣，朝廷无人则为乱贼所轻，惟陛下执乾刚之德，强志守度，进用忠良，无听女谒邪臣之态，诸阿保乳母，甘言悲辞之诉，断而勿听，勉大义，绝小不忍。”[4]对于李

[1] 颜师古注曰：“皇甫卿士，周室女宠之族也。”
[2] 颜师古注曰：“谓赵飞燕姊妹也。”
[3] 班固：《汉书·李寻传》卷七十五，页3184—3191。
[4]〔汉〕荀悦：《前汉纪》卷二十八，收入《两汉纪》(北京：中华书局，2005年)，上册，页493。

寻的劝谏，荀悦谓"言多忠切"。在对问中，李寻分别引用《易》《书》《诗》以及《论语》来说明他的论据。关于其中"皇甫"一词，颜师古曰："皇甫，周卿士字也。周后宠之，故处于盛位，权党于朝，诗人刺之。事见《小雅·十月之交》篇，武安侯，田蚡也。"[1]可见李寻引《诗》，用意在文外之比附，而非文内之直解。

东汉光武中兴以后，宫闱端肃，但宫中悉用阉人，宦官至是正式成为一个集团。从光武、历明帝、章帝、和帝四朝，共八十一年，内祸不兴。由和帝窦太后开始（和帝为太后养子），汉帝多童年即位，又早夭绝嗣，于是母后临朝，几成常制，外戚遂得以专政。外戚势力之大由皇太后的侍婢的影响可见一斑。和帝邓皇太后主政，当时"时宫婢出入，多能有所毁誉，其耆宿者皆称中大人"。史载邓后从兄康"以太后久临朝政，宗门盛满，数上书长乐宫谏争，宜崇公室，自损私权，言甚切至。太后不从，康心怀畏惧。永宁元年，遂谢病不朝"。邓后召康入朝，而"所使者乃康家先婢，亦自通中大人。康闻诟之，曰：'汝我家出尔，敢尔邪？'婢怒，还说康诈疾而言不逊，太后遂免康官，遣归国，绝属籍"。[2]即使亲如从兄而又忠心耿耿，一个地位卑微的皇太后婢女竟然可以诈言，以致免其官，绝其属籍。汉廷内小人作威作福，不难想象。此皇太后婢恃宠生威，虽然苦主也是外戚，但其所受制的势力仍然来自外戚集团本身。更关键者则在于所谓汉代儒臣奏议中所谓"女子小人"云云，不必都指后妃和其外家以及宦官。另一方面，由于主幼，不更人事，又与外朝间隔，因此，皇后及外戚又不得不依仗宦官。邓皇太后宠婢便是名副其实的"女子"，同时也是地位卑微的"小人"。

---

[1] 班固：《汉书·刘向传》卷三十六，页1961。
[2] 范晔：《后汉书·皇后纪》卷十上，页429。并见同书卷十六《邓禹传》，页606。

自顺帝朝外戚梁冀被诛以后，内廷权势尽归宦寺。[1]史载安帝永宁二年（121）邓太后崩，从此“内宠始横，安帝乳母王圣因保养之勤，缘恩放恣，圣子女伯荣出入宫掖，传通奸赂”。当时有“关西孔子”之称的司徒杨震上疏曰：

> 臣闻政以得贤为本，理以去秽为务。是以唐虞俊乂在官，四凶流放，天下咸服，以致雍熙。方今九德未事，嬖幸充庭，阿母王圣出自贱微，得遭千载，奉养圣躬，虽有推燥居湿之勤，前后赏惠，过报劳苦，而无厌之心，不知纪极。外交属托，扰乱天下，损辱清朝，尘点日月。《书》诫牝鸡牡鸣，《诗》刺哲妇丧国。昔郑严公从母氏之欲，恣骄弟之情，几至危国，然后加讨，《春秋》贬之，以为失教。夫女子小人，近之喜，远之怨，实为难养。《易》曰：“无攸遂，在中馈。”言妇人不得与于政事也。宜速出阿母。令居外舍，断绝伯荣，莫使往来，令恩德两隆，上下俱美。惟陛下绝婉娈之私，割不忍之心，留神万机。[2]

这是今天我们所知，汉代奏议中第一次引用《论语》“女子与小人”章的先例。奏议中连举《诗》《书》《春秋》与《易》四经，皆针对国

---

[1] 有关东汉外戚与宦官的大致情况，可参看钱穆：《国史大纲》（台北：台湾商务印书馆，1997年），页157—168。明英宗时，陆容曾描述太监在有明一代的发展情况，他说：“洪武中，内官仅能识字，不知义理。永乐中，始令吏部听选教官入内教书。正统初，太监王振于内府开设书堂，选翰林检讨正字等官入教，于是内官多聪慧知文义者。然其时职专办内府衙门事，出差者尚少。宣德间，差出颇多，然事完即回。今则干与外政，如边方镇守、京营掌兵、经理内外仓场，提督营造，珠池、银矿、市舶、织染等事，无处无之。尝在通州遇张太监，交阯人，云永乐年间，差内官到五府六部禀事，内官俱离府部官一丈作揖，路遇公侯驸马伯，下马旁立。今则呼唤府部官如呼所属，公侯驸马伯路遇内官，反回避之，且称呼以翁父矣。”〔明〕陆容：《菽园杂记》（北京：中华书局，1985年），卷四，页41。可见明代太监当道，干乱朝政，其气焰至中叶英宗之世始盛，情况仿如东汉。

[2] 范晔：《后汉书·杨震传》卷五十四，页1761。

君之妇而言。不但如此，他更直言“妇人不得与于政事也”。又从杨震所谓的“出入宫掖，传通奸赂”看来，当时内廷的弊病大概也牵涉阉人，因此，奏议中“女子与小人”并举，很可能兼指外戚与宦官。[1]至少安帝时，宦官并未独揽内宫大权。从经典诠释的角度而论，杨震在奏议中可谓对“女子与小人”章提出了一种以经证经的文本互涉解读，但他的解读，与其说从《诗》《书》等经典中的相关章节触类旁通所致，毋宁说他目睹现实的内廷妇寺之弊以及朝廷上其他地位卑贱的“女子”和“小人”所造成的诸多祸害，有感而发的通经致用。

顺、桓两朝以后，灵帝登位，他特别信任大鸿胪爰延，常常宴见请益。有一次，太史令上言客星经帝坐，灵帝于是密以问爰延，他乘机借题发挥，上封事曰：

> 臣闻天子尊无为上，故天以为子，位临臣庶，威重四海。动静以礼，则星辰顺序；意有邪僻；则晷度错违。陛下以河南尹邓万有龙潜之旧，封为通侯，恩重公卿，惠丰宗室。加顷引见，与之对博，上下媟黩，有亏尊严。臣闻之，帝左右者，所以咨政德也。

[1] 按：司马迁《报任少卿书》：“仆窃不逊，近自托于无能之辞。”李善《注》独引《论语》“女子与小人”章，而不加一辞。此处，注者显然以太史公为阉宦（即太史公所谓“无能”），“不逊”典出“女子与小人”章，即暗指“小人”，而“小人”在此即是辱受宫刑的太史公。见〔梁〕萧统编、〔唐〕李善注：《文选》（北京：中华书局，1977年），卷四十一，页581。又清代僧人通理《法华经指掌疏》卷五云：“五种不男者，一曰生，谓生无男根；二曰犍，谓以刀去势；三曰妒，谓见他行欲，生妒方兴；四曰变，谓遇男变女，遇女变男；五曰半，谓半月能男，半月不能男。然此既赋形猥媟，便非正器，且同于女子、小人，近之不逊，远之则怨，但不与亲厚可也。”见《卍续藏》，第93册，第631种，页749。他显然也是以“小人”作受宫之人或天生无男根之人。（按：《汉书·艺文志》“歌诗”下有“诏赐中山靖王子哙及孺子妾冰、未央材人歌诗四篇”。颜师古注曰：“孺子，王妾之有品号者也。妾，王之众妾也，冰其名。材人，天子内官。”见班固：《汉书》卷三十，页1754—1755。四篇诗歌皆为诏赐，而对象则包括王妾和天子内宫的“材人”，可以说，在汉代内廷政治的脉络中，“女子”与“小人”往往并言。）

故周公戒成王曰"……其朋……其朋"，言慎所与也。昔宋闵公与强臣共博，列妇人于侧，积此无礼，以致大灾。武帝与幸臣李延年、韩嫣同卧起，尊爵重赐，情欲无猒，遂生骄淫之心，行不义之事，卒延年被戮，嫣伏其辜。夫爱之则不觉其过，恶之则不知其善，所以事多放滥，物情生怨。故王者赏人必酬其功，爵人必甄其德。……邪臣惑君，乱妾危主，以非所言则悦于耳，以非所行则翫于目，故令人君不能远之。仲尼曰："唯女子与小人为难养，近之则不逊，远之则怨。"盖圣人之明戒也。昔光武皇帝与严光俱寝，上天之异，其夕即见。夫以光武之圣德，严光之高贤，君臣合道，尚降此变，岂况陛下今所亲幸，以贱为贵，以卑为尊哉？惟陛下远谗谀之人，纳謇謇之士，除左右之权，寤宦官之敝，使积善日熙，佞恶消殄，则干灾可除。[1]

爰延利用汉室在日暮途远之际仍然信奉的天人感应信仰，剖析妇寺之害。与他同时的蔡邕更直接将虹霓与内宫的女子与小人相配。史载灵帝时虹昼见庭中，引议郎蔡邕诣金商门问。对曰："虹蜺，小人、女子之祥。"[2]不知爰延对两代前杨震的奏议是否有所知闻，他剀切分析汉室历久面对的妇寺问题，而其经典根据也正是《论语·阳货》的"女子与小人"章。与杨震一样，爰延也征引经典，同时他更揭陈汉家前史，指责内宫幸臣小人，由此可见，他对"女子与小人"章的解读应该也是触目时艰所致。[3]爰延力图挽

［1］范晔：《后汉书·爰延传》卷四十八，页1618—1619。

［2］张璠：《汉纪》，引文见徐坚：《初学记》卷二，页39。又见〔宋〕李昉等撰：《太平御览》（北京：中华书局，1985年），卷十四，页72。

［3］钟肇鹏先生根据爰延的封事中引用春秋时宋闵公"妇人在侧"一事，认为汉儒对《论语·阳货》"女子与小人"章的这个理解便是此章的"古义"和"本义"。见所著：《诠释古籍要实事求是》，收入《国际儒学研究》第十五辑（北京：九州出版社，2007年），页224。按：钟说未能成立。爰延封事中兼举宋闵公与汉武帝事为例，而后者尤其重要，因为李延年与韩嫣乃武帝幸臣，彼等乃爰延所谓（转下页）

狂澜于既倒，可惜炎汉气运似乎已尽，他的见解和方案实在无能为力了。

在撰写西汉末李寻的生平时，荀悦感慨满臆，对西汉的妇寺之患抒发了一大番议论，他说：

> 夫内宠嬖近，阿保御竖之为乱，自古所患，故寻及之。孔子曰"唯女子与小人为难养"，性不安于道，智不周于物。其所以事上也，惟欲是从，惟利是务；饰便假之容，供耳目之好，以姑息为忠，以苟容为智，以伎巧为材，以佞谀为美。而亲近于左右，翫习于朝夕，先意承旨，因间随隙，以惑人主之心，求赡其私欲，虑不远图，不恤大事。人情不能无懈怠，或忽然不察其非而从之，或知其非不忍割之，或以为小事而听之，或心迷而笃信之，或眩曜而不疑之，其事皆始于纤微，终于显著，反乱弘大，其为害深矣，其伤德甚矣。是以明主唯大臣是任，唯正直是用，内宠便辟请求之事，无所听焉。事有损之而益，益之而损；物有善而不可居，恶而不可避。甘醴有鸩毒，药酒有治病。是以君子以道折中，不肆心则不纵体焉，惟义而后已。[1]

(接上页)的"小人"，而宋闵公的事例却并未牵涉任何"小人"。有趣的是，钟先生引用爰延的封事时，适巧省略了武帝与幸臣同卧一节。汉儒说经原来就有文本以外的衍义，《韩诗外传》便是最佳的证据。有关此点，详见下文。在此另举一例作证。三国时代，由康居来华的僧人康僧会曾以佛舍利向吴主孙权证明佛教的灵验。原来他说只需七日便可求得舍利，作为实证，可是七日期毕无验，他"求申二七，亦复如之"。最后，僧会更请三七，如复无应，则愿伏法死之。在此关键时刻，僧会征引《论语·子罕》谓法属曰："宣尼有言：'文王既没，文不在兹乎？'法灵应降，而吾等无感，何假王宪，当以誓死为期耳。"见慧皎：《高僧传》卷一，页325。我们自然不能以康僧会求舍利的例子，证明孔子当年所讲的"不在兹"的"斯文"指的就是佛舍利。杨震、爰延所说只能算是汉儒对"女子与小人"章的一种特殊的文本以外的诠释，他们所指的"女子与小人"乃针对汉代内廷实况而发。若视之为"古义"或"本义"，我们需要更切实的文献证据。

[1] 荀悦：《前汉纪》卷二十八，收入《两汉纪》，上册，页493。

从撰史的角度言，荀悦虽然只是审视西汉一朝令人痛心疾首的往事，但他对西汉历史的总结，又何尝不是他对濒临崩溃的东汉皇朝所作的切肤之反省。李寻在对哀帝诏中曾说，西汉内廷之弊，“本在积任母后之家，非一日之渐，往者不可及，来者犹可追也”，但哀帝对他的忠告毕竟听若罔闻，而李寻后来也因他事而几乎伏诛，最终远徙敦煌。虚心细读，读者当可依稀听到，荀悦对西京殷鉴不远而东汉后车再覆所发出的无奈唏嘘。而在他的叹声中，我们又再见到《论语》“女子与小人”章文本以外的诠释。

根据上文分析，至少自东汉中叶以降，儒生解读《论语》“女子与小人”章无疑有其独特的政治意义，而这跟当时外戚宦官主政，扰乱朝纲关系至为密切。由于妇寺之弊早已在西汉中期暴露无遗，而文献所及，西汉儒吏尚未有在奏议中引用“女子与小人”章为论事之本的例子，由此我们也许可以推断，汉儒对此章的政治解读，很可能是他们经历数朝、近八十年的现实政治，逐渐受到启发而来的结果。这是文本以外的诠释。这种诠释自然也可以视为汉儒通经致用的一种手段。正因为如此，汉儒在《论语》训注中对“女子与小人”章似乎并未如此作解。他们大概认为，从学术立场来看，经典本义与由朝政引申而出的政治诠释，尽管可以互相发明，但原则上应该判别两者之间的分野。正如本书《导论》所述，汉儒说经有强调文内本义的“内传”与专意阐发文外新义的“外传”，两者的体裁和作意都不相同。

书缺有间，汉儒对《论语》“女子与小人”章的本义解读，今天不得而确知，但皇侃的义疏暗示汉儒极可能会从气化本体论，对“女子”和“小人”的本质加以解释，至于这两类流品的人物，汉儒并未直接说明，但参照本书第四章的分析，他们大概也视之为“臣妾”，也就是奴婢下人了。汉儒奏议中所举的“女子”与“小人”，身份地位不必低贱，而且都与政治问题有关。由此可见，汉儒对《论语》“女子与小人”章的解读，无疑是“外传”之义。刘向《说苑》记载了以下一段故事：

> 孝宣皇帝之时，霍氏奢靡，茂陵徐先生曰：“霍氏必亡。夫在人之右而奢，亡之道也。孔子曰：‘奢则不逊。’夫不逊者必侮上，侮上者逆之道也。在人之右，人必害之。今霍氏秉权，天下之人疾害之者多矣。夫天下害之而又以逆道行之，不亡何待？”乃上书言：“霍氏奢靡，陛下即爱之，宜以时抑制，无使至于亡。”书三上，辄报闻，其后霍氏果灭。[1]

徐先生引《论语》论霍氏之亡，但夫子所言固然并非针对霍光而发。徐先生也不过跟从汉儒习惯，断章取义，以霍氏之奢靡，作《论语》文本以外的诠释。宋代朱熹曾经评论程颐对《易传》的解释，他说：“伊川解经，是据他一时所见道理恁地说，未必便是圣经本旨。”[2]汉儒说经以致用，本来就不是撰述以传世，他们解经未尝不是“据一时所见道理如此说，未必便是圣人本旨”。

四、曹魏至南宋的诠释

东汉一代，“女子与小人”章文本以外的政治诠释也许已是儒者之间的一种共识，而这一共识更为“女子”与“小人”两词平添了新的意涵。汉亡未久，曹魏陈思王曹植在黄初五年（224）下了一道命令曰：

> 夫远不可知者天也，近不可知者人也。传曰知人则哲，尧犹

[1]〔汉〕刘向编：《说苑·权谋》，见赵善诒：《说苑疏证》（上海：华东师范大学出版社，1985年），卷十三，页361。

[2]《朱子语类》卷一〇五，页2625。

> 病诸。谚曰人心不同，若其面焉。唯女子与小人为难养也，近之则不逊，远之则怨。《诗》云："忧心悄悄，愠于群小。"自世间人，或受宠而背恩，或无故而叛违，顾左右，旷然无信。大嚼者咋断其舌，右手执斧，左手执钺伤夷，一身之中，尚有不可信，况于人乎？……故尧舜至仁，不能容无益之子，汤武至圣，不能养无益之臣，九折臂知为良医，吾知所以待下矣。诸吏各敬尔在位，孤推一概之平，功之宜赏，于疏必与；罪之宜戮，在亲不赦。此令之行，有若皎日。于戏！群司其览之哉！[1]

曹植所谓的"女子与小人"无疑指的就是"群小"，令中特别提到"于疏必与"，"在亲不赦"，可见"女子与小人"在此应该也包括宫中的"下人"，所以，他说"吾知所以待下矣"。黄初五年令证明，只要语脉清楚，《论语·阳货》"女子与小人"章的意义可以与时并进而再生新义。"女子"与"小人"可以指称外戚与宦官。明末鸿儒顾炎武可以作证。他不但认识到而且更接受了汉儒对"女子与小人"章的特殊政治解读。《日知录》卷一"以杞包瓜"条说："梁刘昭《五行志》曰：'瓜者外延，离本而实，女子外属之象。'一阴在下，如瓜之始生，势必延蔓而及于上五，以阳刚居尊，如树杞然，使之无所缘而上，故曰'以杞包瓜'。孔子曰'唯女子与小人为难养也。'颦笑有时，恩泽有节，器使有分，而国之大防，不可以逾。何有外戚、宦官之祸乎？"[2]

事实上，汉儒对"女子与小人"章文本以外的特殊解释影响深远，尽管后世未必备受汉代的妇寺之患，但后儒对《论语》此章的理

[1] 欧阳询：《艺文类聚》卷五十四，页970—971。
[2]〔清〕顾炎武著、〔清〕黄汝成集释：《日知录集释》(长沙：岳麓书社，1994年)，页15。黄汝成按曰："'瓜者外延'云云，司马彪《续汉书·五行志》文，今曰刘昭，当是'续汉'二字之误。"

解每以汉儒的解释为根本的参照，这种情况犹以宋代为然，而宋儒的说法又最少可以上溯至五代十国。五代时，莱州长史于义方有《黑心符》一卷，其书今佚，但其中有论妇妒一则尚存于宋初陶谷所编撰的《清异录》中。（按：《四库全书》馆臣谓《清异录》"皆采摭唐及五代新颖之语，分三十七门，各为标题而注事实缘起于其下"。[1]）《黑心符》论妇妒之言曰：

> 一妻不能御，一家从可知；以之卿诸侯，一国从可知；以之相天子，天下从可知。盖夫夫妇妇而天下正，正家而天下定矣。"唯女子小人为难养，近之则不逊，远之则怨"，《论语》之教也。"牝鸡之晨，惟家之索"，《书》之训也。"无攸遂，在中馈"，《易》之戒也。能循法度则可以承先祖、共祭祀，《诗》之劝也。威公纵文姜，丧躯而几亡鲁。高祖畏吕氏，召乱而几亡汉……[2]

于义方似乎认为妒嫉乃妇人之本性，但这并不等于他必然以性别角度解释《论语》的"女子与小人"章。无论如何，于义方所举的妇妒例子遍见各代而妒妇的身份上及皇后，下至民女，因此，他所理解"女子与小人"章中的"女子"应该并不限于宫廷中的外戚。这是中国思想史上，"女子与小人"章的有关诠释的一个重要转变，而此转变大概与中国社会从唐代中叶以下日趋平民化有密切的关系。

平民化的新社会中，各种人伦关系在日常生活出现的众生相渐渐在儒者有关经典的著述中，得到现实的反映。事实上，连佛教的通俗文献中也有特别针对家中婢仆而发的言论。南宋孝宗淳熙年间（1174—1189）人王日休《龙舒增广净土文》广劝社会各阶层的士庶

---

[1]《清异录·提要》，见《四库全书》，第1047册，页837。
[2]〔宋〕陶谷：《清异录》，同前书，页848。

同修净土，往生极乐，其中卷六题为《劝仆妾》，专门为家中的“女子与小人”而设，文曰：“为仆妾者当自念云：我前世不曾修福，故至贫贱。人受安逸，我当勤劳。人享美味，我食粗粝。人服轻细，我着粗恶。此皆前世业缘。已往者不可悔，自此之后，当念善改过，忠直勤谨，小心奉事，以保此身，以种后福。常念阿弥陀佛，念念不绝。念自纯熟，定生极乐世界。又以化其同类，使更相劝化。则福报无穷，必中上品生。”[1]依王日休所言，可见婢仆当时早已成为社会中司空见惯的人物流品。

《黑心符》所载大抵仍是笔记之流，但可见士人解读传统经典的一种演变消息。这种情况到宋代便直接见诸儒者的经典著述了。比如，吕本中门人李樗解释《诗·周南·樛木》首章时说：

> 盖女子之情，皆有嫉妒之心。惟女子有嫉妒，则凡妇人之进幸者，必将忌之。如赵飞燕姊妹专宠宫中，御幸生子者辄死。凡饮药堕胎者无数。此妇人之嫉妒也。如大臣之有嫉妒，则贤才不得以进，如李林甫有妒贤之心，公卿不由其门而出，辄被罪迁徙，附丽者虽小人，亦为引重，所居堂号偃月堂，每欲排陷大臣则居之，若喜而出则其家碎矣。此大臣之妒也。凡此皆危乱之萌，欲致福禄，不亦难乎？孔子曰：“唯女子与小人难养也，近之则不逊，远之则怨。”夫以不逊与怨，皆嫉妒之所由生也。[2]

而与王日休同时，南宋孝宗淳熙进士黄櫄解释此篇的《诗序》之义时

[1]《大正藏》，第47册，第1970种，页271。按：朱子也尝论及王日休。问者曰：“近世王日休立化如何？”朱子答曰：“此人极不好，贪污异常。”曰：“既如此，何故立脱？”曰：“他平日坐必向西，心在于此，遂想而得。此乃佛氏最以为下者。”见《朱子语类》卷一二六，页3037。

[2]〔宋〕李樗、〔宋〕黄櫄：《毛诗李黄集解》卷二，收入《四库全书》，第71册，页45。

则说：

> 孔子曰：“唯女子与小人为难养也，近之则不逊，远之则怨。”夫惟其能怨与不逊，则夫处深宫之中，擅宠幸之荣者，安能使其心之无嫉妒也。盖女无美恶，入宫见妒。自古以来，莫不皆然，人情所在，况于妇人女子乎？如汉之二赵、隋之独孤、唐之武氏，亦足以见矣。而其祸皆至于亡国，则《樛木》之后妃，诗人安得不歌咏其美也。[1]

李、黄异口同声，前后呼应，难怪后人将两家的《毛诗解》合为一编。必须指出，李、黄借经史说《诗》，旨在阐发诗人作意，我们绝不可倒果为因，以此反证《论语》“女子与小人”章本义乃关乎妇人之善妒。同理，南宋马晞孟解释《礼记》也借用“女子与小人”章说明先王御妇之道。他说：

> 妇人女子，近之则不逊，故不可以不敬之，远之则怨，故不可以不亲之。敬之者，礼也。亲之者，仁也。爱与敬，先王之所以御妇之道也。二女嫔于虞，文王刑于寡妻，至于兄弟，以御于家邦，此先王所以得天下也。夫主于义，故有所帅，无所从。妇主于听，故有所从，无所帅。夫妇之道，其大概不出于此，故出乎大门而先男帅女，女从男，夫妇之端，基之于此也。妇者，恒其德者也，有三从之义，无一违之礼，故幼从父兄，嫁从夫，夫死从子。夫者，制义者也，制人而不制于人，故曰知帅人者也。知帅人则非所谓不恒其德而从妇凶也。[2]

---

[1]〔宋〕李樗、〔宋〕黄櫄：《毛诗李黄集解》卷二，收入《四库全书》，第71册，页44。

[2] 马氏说收入南宋宁宗时人卫湜《礼记集说》卷六十七〈郊特牲〉，收入《四库全书》，第118册，页428。

尽管孔子在“女子与小人”章中评论善养女子与小人之道，但这并非就是马氏所讲的御妇之道，而更非针对先王的治道。古代礼书中“妇人”皆指出嫁之女性而言，相对“妇人”而言，“女子”则多为未嫁之少女。[1]单从字义考虑，马氏对“女子与小人”章的说法只能算作一种引申发挥，绝非此章本义。

宋人解释“女子与小人”章最重要者自然是朱熹，而他以“女子小人”为“仆隶下人”，或许也同样受到宋代的平民社会现实的启发。无论如何，有关“女子与小人”章的解释，除朱熹以外，宋儒特别值得注意者大概是南宋孝宗淳熙丙午丁未间（1186—1187）石鼓书院山长戴溪。他在《石鼓论语答问》中对此章有如下的说法：

> 圣人察于人情之际亦微矣，上而宦官宫妾，下而家人臧获，皆是物也。远之不可，近之不可，则亦难乎。其为养也，不求诸家而求诸身，得其所以养矣。[2]

显然，戴溪认为女子小人乃兼指“家人臧获”和“宦官宫妾”，两者俱以社会地位而言，而非指道德而论。再者，戴说囊括本义与文本以外之引申义。至于戴氏指出孔子之意在于劝人反求诸身，不求诸“女子小人”，更是义理周圆，契合夫子之教。朱熹非常明白经典可有本义与文本以外之义，针对《易》十翼的义理，他曾说：“《易》乃是卜筮之书，古者则藏于太史、太卜，以占吉凶，亦未有许多说话。及孔子始取而敷绎为《文言》《杂卦》《彖》《象》之类乃说出道理来。”[3]又说：“《易》只是个卜筮之书。孔子却就这上依傍说些道理教人。虽孔子

[1] 参看本书第四章的有关分析。
[2]〔宋〕戴溪：《石鼓论语答问》，收入《四库全书》，第199册，页99。
[3]《朱子语类》卷六十六，页1626。

也只得随他那物事说，不敢别生说。”[1]汉儒依傍“女子与小人”章说些道理劝谏帝主，亦犹如孔子之说《易》。无怪乎朱子见《石鼓论语答问》，便“以为近道”。[2]朱熹本人以“女子小人”为“仆隶下人”，固然是《论语》本义，若他以戴溪说为近道，则以“宦官宫妾”作文外诠释，也许可以列在《四书章句集注》本义之后的小圆圈之下。由于《石鼓论语答问》乃戴溪任山长时与湘中诸生集所闻而成，[3]书中所说大概也在一定程度上反映了南宋人对“女子与小人”章的理解。上文所引李樗、黄櫄《毛诗李黄集解》和马晞孟的《礼记》说可以为证。

五、余　　论

汉儒在他们多种的《论语》训注中到底曾否对“女子与小人”章作解，书缺有间，我们难以确定，但据何晏《论语集解》，则他们似乎并未措意其中。也许我们可以推测，对于经文本身的文义和经文的现实意义，汉儒大概是颇分泾渭的。《论语》在汉代本来只是童蒙读本，据何晏《集解》所见，汉儒的训注大体上只求便于初学者阅读，而并未深究其中的所谓微言大义。深究阐发《论语》中的义理，似乎在何晏本人的注解中可见端倪。[4]然而，何晏本人对“女子与小人”章又不置一词。从何晏的身份考虑，也许我们可以谅解。何晏是汉大将军何进之孙，曹操纳其母为妾，而晏则被收养为义子，颇得曹操宠爱；后来晏更与曹家联姻，娶魏金乡公主。何晏为人讲究外貌，“美

[1]《朱子语类》卷六十六，页1626。

[2] 见《石鼓论语答问》提要引宋理宗宝庆元年（1225）许复道《石鼓论语答问序》，收入《四库全书》，第199册，页1。

[3] 同前书。

[4] 蔡振丰：《何晏〈论语集解〉的思想特色及其定位》，收入黄俊杰编：《中日〈四书〉诠释传统初探》（台北：台湾大学出版中心，2004年），上册，页81—107。

姿仪而绝白”，喜敷粉，“行步顾影”，有若妇人。以身份论，何晏可算是曹魏宫中的“女子小人”之属，因此，对于《论语》“女子与小人”章，他宁愿保持缄默，实在是明智之举。从哲学立场言，何晏与王弼、夏侯玄等人祖述《老》《庄》，主张贵无，认为天地万物皆以无为本。换言之，何晏不信汉人所讲的宇宙气化论，因此，后来皇侃对“女子与小人”章的一番阐释，尽管颇合汉人的信仰，但恐怕不会为何晏所认同。由此可见，经典诠释跟诠释者本人的哲学立场和历史情境有密不可分的关系。

上文提到，皇侃对“女子与小人”章的疏释是从本体论的考虑而来的。按：皇侃思想颇染佛教，他曾把儒家的《孝经》比拟佛教的《观世音经》，而他的《论语集解义疏》全书都弥漫着浓厚的佛教气息，因此，他对“女子与小人”章的看法，也有可能受到佛教女性本体论的影响。[1]唐释道世论“欲过”，引昙无忏译《涅槃经》曰：

> 女子小人，心浅智薄，唯欲是亲，不观富贵智德名闻，专行欲恶，破人善根，桎梏枷锁，闭系囹圄，虽曰难解，犹尚易开。女锁系人，染著根深，无可得脱。众病最重……[2]

此处所谓“女子小人”，不知《涅槃经》原文何所指，但看来很可能是

[1] 邢昺《论语正义》本于皇侃《论语义疏》，但对于“女子与小人”章，《正义》曰：“此章言女子与小人皆无正性，难畜养，所以难养者，以其亲近之则多不孙顺，疏远之则好生怨恨。此言女子，举其大率耳。若其禀性贤明，若文母之类，则非所论也。”见《论语注疏》卷十七，页159。显然，邢昺特别解释“女子”性别之义，而对性别本体论则有所保留。也许这正可证明邢昺并未受到佛教影响，而又适好反证皇侃接受了佛教的性别本体论。

[2] 道世：《法苑珠林》卷七十一，页826。上文提到，荀悦纵论西汉一代的妇寺之害时曾经说过，“女子小人”“惟欲是从，惟利是务”。道世讨论欲和过的时候正好引用《论语》“女子与小人”章，也许并非偶然。

译者借用中土语言概念所作的“格义”。[1]

无论如何，道世本人有意糅合儒释，[2]他在自己编撰的《诸经要集》中说：

> 《书》云：“仲尼称难养，小人与女子，近之则不逊，远之则怨也。”是以经言，妖冶女人，有八十四态……。[3]

于此，道世设法说明，作为一个本体存在的性别，女性实不可取，而他重新诠释孔子对女子小人的言论，拔赵帜，树汉帜，儒为释用，而借用的关键则在于将女性这一名相内涵本体化。皇侃固然未必如道世所见，但他对“女子”的本体论解读，则与佛教的女性观一致，而他说“女子、小人并禀阴闭气多，故其意浅促”，则与《涅槃经》谓“女子小人，心浅智薄”又极其相似。

从本体论的关注，再转而对“女子与小人”章中的“女子”作性别诠释似乎是如箭在弦，势在必发。古代注家解释此章，以“女子”泛指女性，最早的例子大概见于南宋钱时的《融堂四书管见》。对于

[1] 这种“格义”，年代比道世稍后的华严大师宗密在其《圆觉经道场修证仪》一书中同样借用。当他在卷十四中提到“愚人因此生轻慢”时，自己便附注说：“《论语》云：‘女子与小人，近之则不逊，远之则怨。’”见《卍续藏》，第128册，第1475种，页931。事实上，同样的格义一直到明清二代依然如故。明张时彻《芝园集》卷二中引录四明孙氏《礼佛录》所载清信女马氏的故事，文末孙氏感慨地说：“予曰吾佛之教，广大宏远，无往不利，其教之所被，无士女、无豪贱、无老幼、无贤愚，至有笃信者焉，躬行者焉，然后于无所得中而无不得，由来不为不多矣，若马氏之事佛，虽莫知其肤奥，考其世善令终，亦可谓有得矣。儒谓女子小人，是为难养，吾以为人不可以类取，在其志而已。且人有倥侗不可教者，虽可教而能不自守者，于亲不能尽其养，于君不能尽其忠，吝财荒色，酣酒嗜音，醺醺终日，空空卒世。彼虽丈夫，非丈夫也；此虽妇人，非妇人也。后世览此，尚不能一思齐耶，呜呼！”见《卍续藏》，第105册，第1105种，页596。

[2] 陈昱珍：《〈法苑珠林〉所引外典之研究》，见《中华佛学学报》第6期（1993年7月），页303—328。

[3]〔唐〕道世：《诸经要集》卷七，《大正藏》，第54册，第2123种，页61。

“女子与小人”章，他说：

> 不必专言仆妾，凡女子小人皆然也。近之既不孙，远之则又怨，将安所处乎？夫子此语，正是欲人就其中，思所以处之。身不行道，不行于妻子，反己而求，庶乎其可矣。[1]

这当然是佛教早已大盛于中国以后的讲法，但从钱时的文字，可以看出他的解释是针对朱熹的《集注》而来的。[2]朱《注》谓“女子与小人”为“仆隶下人”，而钱时则说“不必专言仆妾”。可见钱时的性别诠释自有其特殊的门户之见。

上世纪五四运动以来，学者把帝制中国的种种落后，一概归罪于儒家思想，而孔子作为所谓“孔教教主”，自然首当其冲，备受指责。二十世纪以前中国妇女所承受的诸多虐待，男女不平等，归根究底，罪魁祸首，固然非儒家莫属。而《论语·阳货》“女子与小人”章则成为儒家欺压和剥削女子的哲学根据。直到近年，被誉为新儒家第三代学者的杜维明教授则认为，我们应该把孔子在“女子与小人”章中的言论当作一个“政治话语”，而不以“性别话语”来理解。杜维明的说法，似乎与汉儒对此章的政治解读不谋而合。他的具体分析和论证，本人缘悭，未能与闻其详，不过，他消解近人所批判的儒家性别歧视的意图，可谓不言而喻。汉吏忧心忡忡的是他们朝夕面对的妇寺弊害，反观杜维明的关怀，大概就是如何帮助儒家思想在新时代中跟当代西方文化思潮接轨，以求为沦为游魂已久的儒家思想觅得既新且大的现代归宿。尽管现实不同，目的迥异，汉儒和杜维明对“女子与小人”章的解读不但相近，而且同样都是文本以外的诠释。

---

[1] 钱时：《融堂四书管见》卷九释“女子与小人”章，见《四库全书》，第183册，页667。

[2] 参本书第128页注[3]。

第十一章

温故知新

——孔子之川流不舍与朱熹之川流不息

一、前　　言

从十四世纪元朝政府尊奉朱熹的《四书章句集注》为科举读本以后，朱熹所代表的程、朱道学学派一直影响着中国人对孔子的认识。朱注固然有其不可磨灭的启蒙价值，但是朱熹心中的孔子却并不一定跟历史上的孔子尽同。毕竟，读者看《论语》本来就应该凭自己的经验去涵泳和体会，正如太史公司马迁所言，我们要在读《论语》的过程中，亲自"想见孔子其为人"。[1]朱熹为《论语》作注原来也并非要剥夺或者取代读者自己体会《论语》和认识孔子的机会，相反，他扼要精微的《论语集注》其实正要启发读者自己去认识孔子的为人。有关朱熹与孔子的异同，学者多有论述，近半个世纪以前钱穆先生的《从朱子论语注论程朱孔孟思想歧点》一文，[2]可谓先声，而且分析精辟入微。然钱

[1] 司马迁：《史记·孔子世家》，泷川龟太郎：《史记会注考证》卷四十七，页748。其实，司马迁的说法本来就是得自孔子本人。孔子跟师襄子学琴，必须至于能够想象出琴曲中所描述的周文王，所谓"丘得其为人"，然后才自谓学得琴之道。见同书同篇，页736—737。

[2] 钱穆：《从朱子论语注论程朱孔孟思想歧点》，收入《孔子与论语》(台北：联经出版事业公司，1975年)，页129—164。

文“仅就《论语》朱注，择取其有关性与天道之认识，及有关日常人生之体会者，就此两大纲，各举数条，粗加陈说”，[1]因此未发之覆尚多，本文以《论语·子罕》“子在川上”章为本，希望从朱熹对此章的阐发管窥他对孔子的性情所坚持的一偏的体会。本文先分析宋代程、朱道学如何观照和阐释此章，然后再从西汉董仲舒说起，全面探讨程、朱以前以及两宋学者对川水上的孔子的不同看法。这些程、朱以外的看法足以证明程、朱一派的道学阐发的一偏之见，而其中有些看法更能够掌握孔子在川上的一番心情与精神。

二、“川流不息应知道”

《论语·子罕》“子在川上”章极为简短，原文如下：“子在川上曰：‘逝者如斯夫，不舍昼夜！’”

一心想认识儒家思想的读者看到《论语》这一短章，很自然就会有两种做法。他们往往会觉得这一章没有什么义理内容，因而粗心略过，毕竟本章并不包含儒家思想中常见的仁、义、忠、恕等概念。相反，他们也许会非常认真，尝试破译此章可能暗藏的微言大义。此章的文义原来十分清楚，孔子看见川水流逝而吐露出两句话，依文义而言，“不舍昼夜”四字意思最为清晰，实在无须解释。不过，“不舍昼夜”可以是孔子眼前的客观实景，也可以是孔子触景而生的联想。至于孔子联想的内容就必须读者自己去想象了，而这也是历代对“子在川上”章理解分歧的地方之一。“斯”字当指“川水”，而句末的语助词“夫”字是个虚字，本身并无实义，但却显示出孔子正在慨叹。《论语》全书中，“夫”字作为语末助词一共在十章出现了十一

[1] 钱穆：《从朱子论语注论程朱孔孟思想歧点》，收入《孔子与论语》（台北：联经出版事业公司，1975年），页164。

次，全都表示感叹，毫无例外。最值得注意的是，《论语》中的感叹虚词“夫”字都用来修饰判断语，语气婉转含蓄而非肯定介决，同时往往还隐约透露叹息之情。[1]这一章的另一个关键字是“逝者”。“逝”是动词，消逝之意，孔子在文中并没有说明“逝者”的所指。到底什么东西的消逝有如流水，日夜不停？由于原话并无明指，因此“逝者”也变成千古诠释争议所在。孔子在川上所见所言的二千五百年以后，究竟我们可以从这么一段简略的记载看出什么道理来？孔子的弟子又为什么会记录老师这一刹那的叹息？

如果我们读《论语》此章时，关心的不是孔子的即景兴怀而是他感时的慨叹以外的另一番大道理，我们就可能会体会道学家如程、朱一派的阐释。朱熹注此章时说：

> 天地之化，往者过，来者续，无一息之停，乃道体之本然也。然其可指而易见者，莫如川流，故于此发以示人，欲学者时时省察而无毫发之间断也。[2]

接着，朱熹又引述程子的说法：

> 程子曰：“此道体也。天运而不已，日往则月来，寒往则暑来，水流而不息，物生而不穷，皆与道为体，运乎昼夜，未尝已也。是以君子法之，自强不息，及其至也。纯亦不已焉。”又曰：“自汉以来，儒者皆不识此义。此见圣人之心，纯亦不已也。纯亦不已，乃天德也。有天德，便可语王道，其要只在谨独。”[3]

---

[1] 除“子在川上”章外，其余九章见《雍也》、《述而》、《泰伯》、《子罕》(两见)、《子路》、《宪问》(两见)及《卫灵公》各篇。
[2] 朱熹：《论语集注》卷五，《四书章句集注》，页113。
[3] 同前书。

角度一转，朱熹的视野由孔子本人的叹息上达至“道体之本然”，他的解读也就完全变成形而上的发微了。逝水之“不舍昼夜”升华为过续不停的“天地之化”。此处“化”字吃紧，目的在强调一个动态的“道体”。朱熹认为孔子看见川水，联想到天道，因此即景发挥。[1]众所周知，朱熹注《论语》耗时多年，[2]上述对“逝水”的诠释绝对不会只是他一时之灵感。事实上，朱熹十分注重《论语》此章，他跟弟子经常讨论及之。根据朱熹死后门人弟子所编纂的《朱子语类》，朱熹与弟子面谈商榷此章最少有二十四次。[3]此外，朱熹与吕祖谦合编的道学入门名著《近思录》也分别在不同的两卷（卷三《致知》和卷四《存养》）收录了《论语》此章及其有关的道学诠释。最后，朱熹还在五封与友朋弟子的书信中直接或间接讨论到“子在川上”章。[4]如此频繁的讨论在朱子对《论语》的辨析记录中是比较特殊的情况。毫无疑问，朱熹是非常注重“子在川上”章的内容的。

朱熹数目相当的有关“子在川上”章的说法其实全都启发自二程。就以他的《答陈与叔梦良》一信中为例：

> （陈问：）子在川上曰：“逝者如斯夫，不舍昼夜。”程子曰：

---

[1] 按：朱熹《答许生中应》曰：“夫道之体用，盈于天地之间。古先圣人既深得之，而虑后世之不能以达此，于是立言垂教，自本至末，所以提撕诲饬于后人者，无所不备。学者正当熟读其书，精求其义，考之吾心，以求其实，参之事物，以验其归，则日用之间，讽诵思存，应务接物，无一事之不切于己矣。”其义可与“子在川上”章注互相发挥。见朱熹：《晦庵先生朱文公文集》卷六十，《朱子全书》，第23册，页2875。

[2] 朱子尝言：“某于《论》《孟》四十余年理会，中间逐字称等，不教偏些子，学者将注处宜子细看。”见黎靖德编、王星贤点校：《朱子语类》卷十九，页437。

[3] 同前书，卷六，页101；卷三十六，页973—978；卷九十五，页2422。

[4]《答张敬夫》《答吕子约》《答陈安卿》《答陈与叔梦良》《答余国秀》，分见朱熹：《晦庵先生朱文公文集》卷三十二，卷四十八，卷五十七，卷五十九，卷六十二，收入《朱子全书》，第21册，页1393—1394，第22册，页2238—2239，第23册，页2733—2734，页2816—2818，以及页3019—3021。

> “自汉以来，儒者皆不识此义。此见圣人之心纯亦不已也。[1]纯亦不已，乃天德也。有天德，便可语王道，其要只在谨独。”[2]窃意“其要在谨独”，莫是工夫无间断否？（朱子答：）川流不息，天运也；纯亦不已，圣人之心也。“谨独”所以为不已，学者之事也。（陈问：）“夫仁者，己欲立而立人，己欲达而达人，能近取譬，可谓仁之方也已。”《集注》以上一截说仁之体，下一截说仁之术，而程子于此二截，乃合而言，曰：“欲令如是观仁，可以得仁之体。”（朱子答：）程子合而言之，上下句似不相应。不若分作两截看，然惟其仁者之心如此，故求仁之术必如此也。[3]

在此信中，朱熹几乎完全根据二程立说，而且他还说明自己的《论语集注》中如何弥合明道的“谨独”修身说和伊川的“天德”“道体”说，足见二程对他的影响之深。[4]因此，在分析朱熹的说法之前，我

[1] 朱熹在此略去程子原话中所引《诗》句及程子对此《诗》句的解释。

[2]《二程遗书》卷十四作“慎独”，见程颢、程颐著，王孝鱼点校：《二程集》，第1册，页141。或曰“谨独”作“慎独”，可能由于避讳。宋孝宗名昚（同慎）。然而，孝宗乃南宋帝王，程子在北宋并没有如此避讳的需要。按：《二程遗书》二十五卷，附录一卷，《四库全书》提要谓“二程子门人所记而朱子复次录之者也”。见《二程遗书・提要》，《四库全书》，第698册，页1。若谓朱子在辑订时因避讳而更改原文，则此说亦不通。理由是朱子曾经纂集《宋名臣言行录》，其中后集十三有如下的一段记录：“（邹）志完云‘圣人之道，备于《六经》。《六经》千门万户，何从而入？大要在《中庸》一篇，其要在慎独而已，俱于十二时中看自家一念从何处起，即点检不放过，便见工力。’”此条出自《胡氏传家录》。根据〔宋〕陈振孙《直斋书录解题》卷九，此书乃“胡安国康侯问答之语及其子宁和仲所录家庭之训”，而胡安国是北宋人，朱子所录不管原文是否作“慎独”，他在此却不避讳。同一朱子，恐怕不会前后矛盾如此。因此，程子“谨独”说，或是误记，或者泛说，与“慎独”互言，而不求精确。陈振孙的说法见《四库全书》，第674册，页700。

[3] 朱熹：《答陈与叔梦良》，《晦庵先生朱文公文集》卷五十九，收入《朱子全书》，第23册，页2818。

[4] 比如说，伊川“日往则月来，寒往则暑来”之说其实典出《易・系辞下》第五章，而他着重其中所反映的“天运不已”。然而，朱熹本人在《周易本义》中对《系辞》此章则谓“言往来屈信，皆感应自然之常理”，显然并未特别强调“天运不已”的信息。见朱熹：《周易本义・周易系辞下传第六》，《朱子全书》，第1册，页139。

们不妨先了解他来自二程的渊源。事实上,朱熹的弟子经常向他提问的正是二程对此章的诠释,反观他们直接问到朱熹本人的说法的时候却并不多。

朱熹在《论语集注》中转录的程子说法见于《河南程氏遗书》,分属二程兄弟。[1]"道体"说出自程颐,而自诩发汉儒以来之未发的"谨独"说则为程颢。总括而言,二程的说法有如下七点:

一、伊川认为孔子原话中的"逝者"指的是"道体"。

二、流水宛如不已之天运;水流"不舍昼夜"就像"日往则月来,寒往则暑来","物生而不穷,皆与道为体,运乎昼夜,未尝已也"。换言之,流水是"道体"灵动的体现。

三、"道体"体现于"不舍昼夜"之流水的是其"川流不息"之纯粹不已的"天德",而君子应该体法此"天德""自强不息""纯亦不已",以期与"道体"为一。

四、要体法"天德",明道认为关键只在于"谨独"。

五、一旦"天德"在身,"便可语王道"。

六、从孔子在川上的原话,我们可以看见"圣人之心"也像他所阐释的"道体"所蕴藏的"天德"一样,"纯亦不已"。

七、上述各点,明道认为"自汉以来,儒者皆不识此义"。

如果我们不看《论语》本文,二程的道学思想的确可以自圆其

[1]《河南程氏遗书》卷十四《明道先生语四》和卷十九《伊川先生语五》,收入《二程集》,第1册,页141、251。按:《集注》引明道语作"谨独",《遗书》作"慎独",《朱子语类》中朱熹与弟子论及明道此语时均作"慎独",盖朱熹《集注》转引时误记。又按:朱熹于孝宗乾道八年壬辰(1172)已辑录二程、张载及范祖禹等十二家之说,荟粹条疏,名之曰《论孟精义》,而自为之序,时朱子年四十三。在"子在川上"章下所收各家语录包括朱熹最后撰定《论语集注》中引述的二程言论。其中引范氏曰:"程颐曰'此道体也。臣以为天运而不已。日往则月来,寒往则暑来,水流而不息,物生而不穷,皆与道为体,运乎昼夜,未尝止也。是以君子自强不息以天,厚德载物以地,见大水必观焉,以其似道故也。'"见《论语精义》卷五上,收入《论孟精义》,《朱子全书》,第7册,页333。

说。这是一套动态（“运乎昼夜”）的道学思想，其中有“体”（“道体”），也有“物生而不穷”的“用”，天人合一。由于“道体”的运动好像“日往则月来，寒往则暑来”，所以伊川说“天运而不已”，而这个不已的天运也就是所谓“天德”。由于“道体”无所不显，因此，万物都因道而生，“与道为体”。所谓万物自然包括人类，因此，君子也应该“与道为体”，体法“川流不息”、显微无间的至纯“道体”，自强不息，从而达臻“纯亦不已”的圣人境界。[1]这个上达的“天德”境界建立在下学的“谨独”修养工夫上。

伊川的“道体”说能够自圆其说，关键在于这套说法自成一个体系。换言之，“道体”说乃由孔子在川上的叹息而衍发出来的一套思想体系，它本身未必一定准确地表达孔子原话的用意。伊川以“道体”解释孔子所说的“逝者”，到底有什么文献根据，他并没有交代，[2]而事实上，孔子却从没有使用过“道体”一词，也没有表达过程子所阐发的“道体”思想。因此，从原文的分析而言，“逝者”不能够解释作“道体”，当无异义。孔子说“逝者”“不舍昼夜”，原来并没有循环之意，相反，正因为“逝者”不可复返，所以他才不禁兴叹。然而，伊川却说：“天运而不已，日往则月来，寒往则暑来，水流而不息，物生而不穷，皆与道为体，运乎昼夜，未尝已也。”这段话中，“水流而不息”符合孔子原话的文义，而“日往则月来，寒往则暑来，……物生而不穷”三句则显然与“不舍昼夜”之文义相抵牾。伊川阐发的是“天运不已”的意思，因此，他说“运乎昼夜，未尝已也”，最终归结

---

[1] 按：伊川曾说：“乾，天也。天者，乾之形体。乾者，天之性情。乾，健也。健而无息之谓乾。”见程颐：《周易程氏传》卷一，收入《二程集》，第3册，页695。君子法天自强不息，本意当取自此。又朱熹编《近思录》将伊川此语收入卷一《道体》中，这也是君子“与道为体”之意。

[2]《易·系辞下》第五章云：“日往则月来，月往则日来，日月相推而明生焉；寒往则暑来，暑往则寒来，寒暑相推而岁成焉。往者，屈也。来者，信也。屈信相感而利生焉。”《周易注疏》卷八，页169。这是“日往月来，寒往暑来”两语所本，但《系辞》并未言及“道体”。参见第311页注[4]。

到“天运而不已”的定论。只可惜孔子慨叹的是“一去不返”的“逝者”。既然“逝者”不指“道体”，那么，我们也就很难说二程的整套“道体”说如实地道出孔子当日川上的心境。如果我们用朱熹本人的说法，二程对孔子川上之叹的诠释也许可算“或乃并其言而失之”，宛似秦、汉以来“骛于高远”的儒者。[1]

朱熹对“不舍昼夜”的逝水的阐释承自程伊川，不过，他似乎发觉到，从训诂的立场考量，伊川释“逝者”为“道体”并无根据。《朱子语类》卷三十六“子在川上”章下记载了弟子问朱熹这样一个问题：

> 问逝者如斯。曰：“‘逝’只训往，‘斯’字方指川流处。”[2]

从朱熹给弟子的回答，显然，他十分讲究训诂；[3]他阅读《论语》是从辨识文义开始的。他说“‘逝’只训往，‘斯’字方指川流处”更足以证明他很清楚知道“逝”字不能解释作“道体”。[4]因此，朱熹在《论

[1] 朱熹：《论孟精义·自序》，收入《朱子全书》，第7册，页11。

[2]《朱子语类》卷三十六，页973。至于“不舍昼夜”一语，朱熹虽然与门人讨论“子在川上”章时从未涉及，但他在注释《楚辞》时曾直接引用洪兴祖的说法，态度显然是肯定的。他在《楚辞辩证》卷上《离骚经》下说：“洪《注》引颜师古曰：舍，止息也。屋舍、次舍，皆此义。《论语》‘不舍昼夜’谓晓夕不息耳。”见《楚辞集注》，《朱子全书》，第19册，页187。

[3] 朱熹在《论孟精义·自序》中说：“汉魏诸儒，正音读，通训诂，考制度，辨名物，其功博矣。学者苟不先涉其流，则亦何以用力于此。”可见他认为义理的阐发必须要有训诂名物等的客观理据。见《朱子全书》，第7册，页12。又朱熹在《答杨元范大法》一信中讨论读《易》之法，说：“字画音韵，是经中浅事，故先儒得其大者，多不留意。然不知此等处不理会，却枉费了无限辞说牵补，而卒不得其本义，亦甚害事也。非但《易》学，凡经之说，无不如此。”见《晦庵先生朱文公文集》卷五十，收入《朱子全书》，第22册，页2289。

[4] 按：先秦诸子中，《老子》二十五章形容“道”时谓“有物混成，先天地生，……吾不知其名，字之曰道，强为之名曰大，大曰逝，逝曰远，远曰反”。其中，“逝”字有一定的哲学意义，但这是诸子中的例外。《论语》“子在川上”章的历代注释中并没有将“逝”当作哲学概念的例子。

语集注》中只说“逝者”是“天地之化，往者过，来者续，无一息之停，乃道体之本然也”。跟伊川不同，朱熹没有将“逝者”实体化，[1]说成是“道体”。他认为“逝者”指的只是“逝”这一个动态本身，然而，他始终接受伊川的一套形而上的道学思想，因此，他说动态的“逝”是“往者过，来者续，无一息之停”的“天地之化”。这个“天地之化”就是“道体之本然”。“本然”指的是“道体”原来的“化动”的状态，而不是有形体的“道体”。[2]前者强调动态的运化，而后者则偏重静态的本质。当弟子问伊川“与道为体”一语的意涵时，朱熹回答说：“与那道为形体，这‘体’字却粗，只是形体。”[3]毫无疑问，除了训诂的考量外，朱熹还注意到训诂的准确其实更反映义理的精微。“道体”与“道体之本然”含义不尽相同。由于朱熹注意到“逝”是动词，而这个动词又跟“不舍昼夜”前后呼应，他一针见血，点破

[1]“实体”乃朱熹本人论道学时的常用语，他指的就是所谓“天地之实体”或称作“天地造化实体”。他在解释《中庸》第一章时说：“右第一章。子思述所传之意以立言。首明道之本原出于天而不可易，其实体备于己而不可离。次言存养省察之要，终言圣神功化之极。盖欲学者于此反求诸身而自得之，以去夫外诱之私而充其本然之善。”见《中庸章句》，收入《四书章句集注》，页18。（按：朱熹对《中庸》的诠释强调贯通天人，体用兼备，并及存养修身，与他对“子在川上”章的阐释如出一辙。不过，由于注意到“逝”字在训诂上的要求和制约，他并没有将他认为“逝”所表征的“天地之化”实体化。）

[2]朱熹在《性理吟》中一首题为《逝者如斯》的绝句中说：“如何物却能形道，只为皆存理一端。偶感斯川存动理，故言逝者可同观。”《性理吟》不见于《晦庵先生朱文公文集》，但却收入〔宋〕陈思编、〔元〕陈世隆补三八〇卷《两宋名贤小集》，收入《四库全书》，第1363册，卷二〇九和卷二一〇。《逝者如斯》见卷二〇九，页675。

[3]《朱子语类》卷三十六，页975。朱熹此意又见于他跟另一弟子的答问。问：“《注》（指朱熹《论语集注》）云‘此道体之本然也。’后又曰‘皆与道为体。’向见先生说‘道无形体’，却是这物事盛载那道出来，故可见。‘与道为体’，言与之为体也。这‘体’字较粗，如此则与本然之体微不同。”曰：“也便在里面。只是前面‘体’字，说得来较阔，连本末、精粗都包在里面；后面‘与道为体’之‘体’，又说出那道之亲切底骨子。恐人说物自物，道自道，所以指物以见道，其实这许多物事凑合来，便都是道之体，便在这许多物上。只是水上较亲切易见。”见同书同卷，页974—975。

“逝”字所表征的动态，所以，他提出“川流不息”的说法。在《答陈与叔梦良》中，朱熹说：“川流不息，天运也。”当弟子问“子在川上”章时，朱熹答道：“此是形容道体，伊川所谓‘与道为体’。此一句最妙。某尝为人作《观澜词》，其中有二句云：‘观川流之不息兮，悟有本之无穷。’”[1]朱熹之所以欣赏伊川“与道为体”一句，认为“最妙”，从他所举自己的两句《观澜词》，可见理由也在于这句话比“道体”更能够精确地描述动态的“天运”和运动“无穷”背后的天地之“本”。

显然，比起二程，朱熹是竭力扣紧《论语》原文来立论的。他在注文中指出，“然其可指而易见者，莫如川流，故于此发以示人，欲学者时时省察而无毫发之间断也”。一方面，他固然继承了明道提出的君子“谨独”以体法“天德”的说法，并且进一步配合伊川的“与道为体”说。[2]另一方面，我们也可以看见他有意识地解释为什么孔子在原话中会特别称道“川流”。朱熹的意思是，既然万物都是“天地之化”，为什么孔子对“川流”情有独钟？他自己的解释是，“道体本然”之最“可指而易见者，莫如川流”，所以孔子便在川上“发以示

[1]《朱子语类》卷三十六，页974。

[2] 有学者认为“与道为体”说并非出自称伊川而是朱熹本人独创，并进一步论证朱熹的“与道为体”思想内涵比伊川的“道体”说“广泛宏大”。本文目的并不在于详论朱熹的“道体”说，有关这一方面的讨论，参看韩国学者姜真硕：《朱熹“与道为体”思想的哲学意义》，《孔子研究》2001年第3期，页72—87。又按：朱熹本人的“与道为体”说固然比伊川宏大，而且自成体系，但“与道为体”的说法似乎的确出自伊川。朱熹《论孟精义》在“子在川上”章下列出范祖禹引伊川语，明明指出“与道为体”说。从引文看来，范氏本人似乎并没有自己的看法，朱熹引录他的话主要是因为引语保留了伊川的看法。参见第312页注[1]。尽管有时朱熹会说“与道为体”说乃范氏所说，这恐怕是他跟弟子交谈时语言不精确或者弟子误会所致。见《答陈安卿》，《晦庵先生朱文公文集》卷五十七，收入《朱子全书》，第23册，页2734。“以道为体”说应该出自伊川。否则，此说应该见于范祖禹的著作中，或者，时人亦会对范氏说有所引述，但事实上，这两种情况都不存在。

人，欲学者时时省察而无毫发之间断也”。[1]朱熹无疑注意到孔子原话的历史情境问题。[2]也正因为这个原因，他在《论语集注》中引述程子的说法后，接着说，“愚按：自此至终篇（《子罕》），皆勉人进学不已之辞”。他认为孔子叹逝川最终目的在“勉人进学不已”。这是触景而发的教诲。“勉人进学不已”就是督促学者作格物工夫，所以，朱子“尝取《六经》、《四子》中要义，约为韵语，命曰《性理吟》，以训其子”，[3]其中一首题为《格物》，词云：“一物中间一理存，欲穷是理见须真。川流不息应知道，谷种能生始验仁。制锦可观为邑者，斫轮能悟读书人。此身有物先须格，万物从来备我身。”[4]朱子说格物而不忘“川流不息”，[5]换言之，孔子在川水上所言正是他格物（逝水）的结论。这是朱子对“子在川上”章的最后定论。正因为这是朱子的定论，所以，他跟门人论学时常常漫不经意地透露出这种看法。[6]

尽管如此，朱熹对“子在川上”章的解说似乎仍有纰漏。虽然他已经注意到“‘逝’只训往”，但他在《集注》中还是认为“天地之化，

---

［1］按：朱熹解释《诗经》六义中的“兴”时说：“兴者，先言他物以引起所咏之词也。”见所著《诗集传》卷一，页1。从诗学的角度看，朱熹无疑认为川上孔子之言也是一种“兴”起的阐发。有关朱熹对《诗经》六义之一的“兴”的认识，参看杨玉华：《从朱熹论“兴”看其文学观念》，《钦州师范高等专科学校学报》第4卷第2期（1999年6月），页31—35。

［2］朱熹说过：“某于文字，却只是依本分解注。大抵前圣说话，虽后面便生一个圣人，有未必尽晓他说者。盖他那前圣是一时间或因事而言，或主一见而立此说，后来人却未见他当时之事，故不解得一一与之合。”见《朱子语类》卷一〇五，页2625。这段言论最足以证明他深切意识到话语的历史情境直接影响到原话的意义。

［3］〔明〕高攀龙：《朱子性理吟序》，收入《高子遗书》卷九上，《四库全书》，第1292册，页542。高氏并谓“昔明道先生尝欲为诗歌，以训蒙士。朱子此编，岂成其志乎？”

［4］〔宋〕陈思编、〔元〕陈世隆补：《两宋名贤小集》卷二一〇，页682。

［5］这也是为什么《近思录》开卷首标“道体”，卷二即讲“为学之道”的道理，卷三接讲“格物致知”。“为学”即是“格物”。

［6］朱熹说：“君子‘终日乾乾’，不可食息闲，亦不必终日读书，或静坐存养，亦是。天地之生物，以四时运动。春生夏长，固是不息；及至秋冬凋落，亦只是藏于其中，故明年复生。若使至秋冬已绝，则来春无缘复有生意。学者常唤令此心不死，则日有进。”见《朱子语类》卷一一八，页2847。

往者过，来者续，无一息之停，乃道体之本然也”。朱熹曾说：“古说是见川流因叹，大抵过去底物不息，犹天运流行不息如此。亦警学者要当如此不息，盖圣人之心，纯亦不已，所以能见之。”[1]这里所称的“古说”究不知何指，不过，正如下文分析，宋代以前其实并没有学者将“川流”看作“流行不息”之“天运”，虽然强调孔子在川上叹息的人倒不缺乏。所谓“逝去”固然是“无一息之停”，但是跟“往者过，来者续”毕竟相差甚远。缺少这一道关键的训诂桥梁，“天地之化”“道体之本然”恐怕都未得孔子原话的“本指”。

在《论语集注》中，朱熹在自己的注语下加圈引述二程的言论，他的做法是十分谨慎的。朱子之意大概认为，二程的“天德”说和“谨独”说虽然可资发明，有助学者领略变化气质的契机，从而兴起斯文，但这些说法却并非直接见于孔子的原话，因此，只能放在注文圈下，以供读者参考。[2]然而，作为一种道学的义理阐发，二程的说法却让朱熹五体投地。他在《答余国秀》中说：

> 始尝推测人之身所以与天地阴阳交际处，而不得其说。既读《太极图说》，其中有云：“人物之始以气化而生者也。气聚成形则形交气感，遂以形化。”窃谓交际处于此可见，然形化既定，虽不复气化，而大化之流行接续，如川流之不息。凡饮食呼吸，皆是流通处。此身虽由父母生，而莫非天地阴阳之化。此其所以有天地，具情性而可以参天地，赞化育也欤？[3]

---

[1]《朱子语类》卷三十六，页973。

[2] 有关朱《注》中加圈的体例，可参看钱穆：《谈朱子的论语集注》，收入《孔子与论语》，页29—31。钱先生说，朱子集注《论语》，“照理应在集注有一个‘例言’，把他编撰之意加以说明，可惜朱子没有作”。见《孔子与论语》，页30。朱子虽然没有正式作过这样的一个“例言”，但他却确实跟儿子朱在讲述过他的《论语集注》体例，参本书第40页注[1]所属正文。

[3]《晦庵先生朱文公文集》卷六十二，收入《朱子全书》，第23册，页3019。

虽然朱熹这里说他的启发来自周敦颐的《太极图说》，但他说人物“形化既定”之后，仍然有“大化之流行接续，如川流之不息”，这个说法应该源于伊川的“与道为体”说。[1]不过，在此信中，他没有指出“有天地，具情性”的人物如何“可以参天地，赞化育”。他在《答张敬夫》一信中，同样以“川流不息”的义理为依据，借用明道的“谨独”修养说，确认人物可以“参天地，赞化育”的存养契机。朱熹说：

> 盖通天下只是一个天机活物，流行发用，无间容息。据其已发者而指其未发者，则已发者人心，而凡未发者皆其性也，亦无一物而不备矣。夫岂别有一物，拘于一时，限于一处而名之哉？即夫日用之间，浑然全体，如川流之不息，天运之不穷耳。此所以体用、精粗、动静本末洞然无一毫之间，而鸢飞鱼跃，触处朗然也。存者，存此而已。养者，养此而已。[2]

总括而言，我们可见朱熹完全继承了伊川的君子“与道为体”说和明道的“谨独”说综合而成的体用无间、贯通天人的道学思想。这也是说明朱熹的诠释立场最佳的范例，也就是说，读书不能“只是去理会得文义，更不去理会得意”，[3]而必须以“言”得“意”，因为“圣人言

[1] 朱熹在《答吕子约》一函中讨论到“子在川上”章，引及吕子约云：“‘子在川上’云云，观诸天地古今事变，莫非逝者，然故故新新，相因不已，以何为始，以何为终，故周子发明‘太极’之蕴，则曰‘太极本无极’云云，圣人之心，纯亦不已，此乃天德。有天德便可语王道，其要只在谨独。终归于谨独者，莫见乎隐，莫显乎微，不于独而致谨，则天命流行，遏于躬而不知矣。”见《晦庵先生朱文公文集》卷四十八，收入《朱子全书》，第22册，页2238—2239。从行文中可见，吕子约也是以伊川的说法去理解周子的《太极图说》的。

[2]《答张敬夫》，见《晦庵先生朱文公文集》卷三十二，收入《朱子全书》，第21册，页1393—1394。参看朱子在另一场合对“子在川上”章的说法，见《朱子语类》卷三十六，页977。

[3]《朱子语类》卷三十六，页977。

语，只是发明这个道理。这个道理，吾身也在里面，万物亦在里面，天地亦在里面，通同只是一个物事，无障蔽，无遮碍，吾之心，即天地之心，圣人即川之流，便见得也是此理”。[1]得“意”之后更要将“道理”体之于身，因为“吾之心”与“天地之心”在本体上是一而二、二而一的关系，“无障蔽，无遮碍”。

三、异代共鸣川上之叹

程、朱对“子在川上”章的阐释在他们的道学思想体系中尚有其他复杂细致的关联，但这些细节已经逸出本文范围之外，然而，大体纲领则有如上述。由于朱熹思想在元代以后的钦定地位，程、朱对“子在川上”章的形而上阐释，经过朱子《论语集注》的推波助澜，自宋以后几乎成为定论了。关于程、朱道学的形而上的解读，程明道自诩为发秦、汉以来未发之覆，朱熹一再认同。究竟事实果真如此，我们现在试作探讨。

如果明道所指的是跟他的“道体”说完全相同的阐释，我们自然不可能替他找到先得我心的先知先觉，[2]但是，宋代以前，从孔子川

[1]《朱子语类》卷三十六，页977。有趣的是，朱熹这段批评是针对弟子提问“子在川上”章时而发的。

[2] 按：南宋末年的周密，死于元朝，他在《癸辛杂识别集》卷上《刘漫塘》提到刘宰早有经世志而终不出仕。“尝发明(陶)靖节意云：‘士大夫既作县弃官而归，率自托于陶元亮，其说以不见督邮为高，以解印绶不顾五斗米为廉。愚以为此士大夫有血气者之常，元亮非为血气所使者，其胸中必有见。《论语》载“子在川上”一章，秦、汉以来，学者所未喻，独程门以为论道体，其说盖本于元亮。元亮谓“寘彼不舍，安此自富”。惜其寄情于酒而为学有作辍也。不然，总角闻道，白首未成，所欲成者何事？“脂我名车，策我良骥，千里虽遥，孰敢不至”，所欲至者何所？惟其用功深，见道明，知世道之难而时事盖不可为，故欲翻然而归。其发于督邮之来，特不欲为苟去云耳。世遂以为诚然，真痴人之前难说梦也。’”见《四库全书》，第1040册，页124。按：周密所引“寘彼不舍，安此自富”当作“志彼不舍，安此日富”，文出陶渊明《荣木诗并序》。《序》云：“《荣木》，念将老也。日月推迁，已复九夏。总角闻道，白首无成。”诗旨显然是感慨日月推移，转(转下页)

上之叹看出形上意义的先儒仍不乏其人。在形而上的看法主宰往后近千年无数儒者的阐释眼光以后，现在回顾起来，程、朱以前各代儒者对孔子川上之叹的理解其实颇令人耳目一新。西汉董仲舒在《春秋繁露》卷十六《山川颂》早就指出天地之间的山川各有其德性，对于水，他说：

> 水则源泉混混沄沄，昼夜不竭，既似力者。盈科后行，既似持平者。循微赴下，不遗小间，既似察者。循溪谷不迷，或奏万里而必至，既似知者。障防山而能清净，既似知命者。不清而入，洁清而出，既似善化者。赴千仞之壑入而不疑，既似勇者。物皆困于火而水独胜之，既似武者。咸得之而生，失之而死，既似有德者。孔子在川上曰："逝者如斯夫，不舍昼夜。"此之谓也。[1]

(接上页)瞬即过，而诗人却又"白首无成"。《荣木》诗共四首，其三云："嗟予小子，禀兹固陋，徂年既流，业不增旧。志彼不舍，安此日富。我之怀矣，怛焉内疚。"其中"徂年既流""志彼不舍"两句语本"子在川上"章。旧说忽略"徂年"与"不舍"句之间的互相呼应，而以"不舍"句本于《荀子·劝学》"骐骥一跃，不能十步；驽马十驾，功在不舍"，似误。二程说或启发自陶潜，但陶诗似乎并非讨论"道体"。姑录周密的议论，以备一说。《荣木》诗见〔晋〕陶渊明著、龚斌校笺：《陶渊明集校笺》(上海：上海古籍出版社，1999年)，页13。龚斌释"不舍"句从旧说，见页16。

[1]《春秋繁露义证》卷十六，页424—425。又《荀子·宥坐》："孔子观于东流之水。子贡问于孔子曰：'君子之所以见大水必观焉者是何？'孔子曰：'夫水，大遍与诸生而无为也，似德。其流也埤下，裾拘必循其理，似义。其洸洸乎不淈尽，似道。若有决行之，其应佚若声响，其赴百仞之谷不惧，似勇。主量必平，似法。盈不求概，似正。淖约微达，似察。以出以入，以就鲜洁，似善化。其万折也必东，似志。是故君子见大水必观焉。'"见王先谦：《荀子集解》卷二十，页524—526。(按：《荀子》引文又见《孔子家语·三恕》，参杨朝明主编：《孔子家语通解》，页109。荀子所论似为董仲舒所本，不过，荀子并未以此解释"子在川上"章。)按：孔子特别关注于水，战国时似乎已经广为人知。徐子就曾请教孟子孔子为何钟情于水。《孟子·离娄下》记载如下："徐子曰：'仲尼亟称于水，曰："水哉！水哉！"何取于水也？'孟子曰：'原泉混混，不舍昼夜，盈科而后进，放乎四海，有本者如是，是之取尔。苟为无本，七八月之闲雨集，沟浍皆盈，其涸也，可立而待也。'"见朱熹：《孟子集注》卷八，《四书章句集注》，页293。虽然孟子(转下页)

首先，必须指出，在董仲舒的认识中，孔子确实认为山川可以用作喻体。《春秋繁露·山川颂》引孔子曰："山川神祇立，宝藏殖，器用资，曲直合，大者可以为宫室台榭，小者可以舟舆浮滠。大者无不中，小者无不入。持斧则斫，折镰则艾。生人立，禽兽伏，死人入。多其功而不言，是以君子取譬也。"[1]不管孔子是否真的说过这样的话，对董仲舒而言，山川的确有其德行，同时又可比喻人生。董仲舒洋洋洒洒畅说水的德性，无疑就是他对"子在川上"章的阐释。

董仲舒赋予水以德性，其实并非他的发明，而渊源有自。《礼记·中庸》云："万物并育而不相害，道并行而不相悖，小德川流，大德敦化，此天地之所以为大也。"[2]原意指的是天地间万物各有其德，大德、小德的功用流行，相辅而不相悖。"川流"正是形容小德如河水一般，各有行道，因而可以并育并行，而又可以汇通成天地之大。这是董仲舒解释孔子川上之叹的义理根据。董仲舒也关注到孔子原话中的"逝者"，他列举的水之众德都是从水的运动申衍而来的，而且他强调的都是水势一往不返的奋进向前，跟程、朱偏重的"川流不息"的循环不已大异其趣。不过，正因为董仲舒过分强调逝水之奋进向前，他也便忽视了逝水一去不返所带来的无奈。[3]

(接上页)也说"源泉混混，不舍昼夜"，用语跟董仲舒一样，但他并没有直接说明这是他对"子在川上"章的阐释。如果孟子的确为此章作解，那么，他的解释也并不合乎程、朱的道学诠释。有趣的是，朱熹本人却称许孟子的解释，认为得仲尼叹水之意。他说："仲尼亟称于水曰：'水哉！水哉！'其词约而旨微矣，而孟子论其所取之意，乃直以'原泉混混，不舍昼夜，盈科而后进，放乎四海'者言之，非其深造默识，有以得乎圣人之心，孰能知其所说之如此。而有志之士，欲有为于此世者，又岂可以不察乎此而先立其本哉！"见《丰清敏遗事后序》，《晦庵先生朱文公文集》卷七十六，收入《朱子全书》，第24册，页3678。

[1]《春秋繁露义证》，页423—424。

[2]《礼记注疏》卷五十三，页899。

[3]《孟子·离娄下》"仲尼亟称于水"章孙奭《疏》："非特言源泉混混，不舍昼夜，盈科而后进，放乎四海而已，盖有为而言之也。以其源泉混混，则譬君子之德性，不舍昼夜。"见《孟子注疏》卷八上，收入《十三经注疏》，第8册，页145。孙说与董仲舒雷同。孙奭时代略早于朱熹，而其《孟子注疏》朱子尝读之而评价甚差。

董仲舒对逝水的“德性”说大概跟汉人的天人感应说有关，天人能够互相感应，其中一个关键条件就是两者的德性相通。既然天地的德性能够与人互通，因此，山川自然就先各自有其德性。明乎此，我们就可以理解为什么董仲舒所描述水的德性，如察、知、知命、善化、勇、武、有德，全都是君子之德。董仲舒认为水的诸德正是孔子川逝之叹的暗示所在。值得注意的是，从他对水德的赞颂，他无疑清楚注意到孔子的叹声。这也许跟董仲舒专门讲论的《公羊春秋》有关。众所周知，《公羊春秋》是特别讲究孔子在《春秋》所暗寓的微言大义的。对董仲舒而言，孔子在川上的嗟叹其实是对水的赞美。有关这一点，程、朱无疑就比较忽略了。朱熹《论语集注》一般对关键字眼都十分注意，但他对“子在川上”章中“夫”字只作注音，别无解说。个中正暗示了程、朱道学诠释的一个障蔽或者盲点。[1]董仲舒的读法虽然抽象，但却没有形而上的高度。另一方面，跟程、朱一样，他也没有从孔子的心情着眼，因此，对于孔子当日在川上的感受，他的“赞叹”说似乎还是终隔一层。

董仲舒以后，西汉末的扬雄最推崇孔子，曾仿《周易》作《太玄》，效《论语》撰《法言》。《周易》“以八卦相重为六十四卦”，而《太玄》则“以一、二、三错于方、州、部、家为八十一首”。[2]在八十一首之中，《度》之次二云：“泽不舍，冥中度。”按文释义，这两句话的意思就是“泽水移逝不停，在黑夜里暗中流渡”。[3]《太玄》本身对这两句话有《测》曰：“泽不舍，乃能有正也。”[4]可惜全文今阙，不知扬

[1] 朱熹并非不知道虚字在文章中的关键作用。有一次，弟子黄榦问：“尝看文字，多是虚字上无紧要处最有道理。若做文粗疏，粗解，这般意思，却恐都不见了。”朱熹答道：“然。”见《朱子语类》卷一〇三，页2607—2608。

[2] 司马光：《说玄》，收入〔汉〕扬雄撰、〔宋〕司马光集注：《太玄集注》（北京：中华书局，1998年），页3。

[3] 按：司马光释“度”为“法度”之“度”，在《测》的语脉中，文义亦可通。至于如何“冥合法度”，似乎最终依然要看“泽不舍”在《度》首中所表征的意义。

[4] 扬雄撰、司马光集注：《太玄集注》卷四，页108。

雄原来是否尚有引论。根据现存的《测》语，泽水“不舍”而“冥中度”，而且只有如此，“乃能有正”，大概扬雄想说泽流在不为世人注意的冥冥中流逝，其中自有其理，暗合法度。

明初叶子奇就根据《度》首次二之语指出，扬雄其实已经深悟到孔子川逝之叹所蕴含的形上意义了。他在《太玄本旨》卷四《度》下解释说：

> 二以刚中之德，自强不息，如川之逝而不舍，其深浅迟疾，莫不随地势之宜，岂不冥合于道体之节乎？[1]

泽流不舍，在无人晓觉之下暗中渡逝，其义的确与孔子川上之叹相若。如果我们考虑《太玄》仿圣人之意而作，“泽不舍，冥中度”更有可能由“子在川上”章启发而来。难怪叶子奇接着说：

> 按：《论语》子在川上曰：“逝者如斯夫，不舍昼夜。”程子说此章，谓此乃道体也。又曰：“自汉以来儒者，皆不识此义。”扬子此言，虽出于摸拟，却与川上之旨同，而程子直不之许，岂不以其语大本之性乃曰“善恶混”，所以知其无纯一不已之功也乎？[2]

叶氏怀疑程明道因为扬雄不赞成人性本善而主张人性善恶混，所以就不相信他真的能说出“道体之本然”这一类高明的话。他的怀疑是有根据的，因为伊川确实说过：“荀、杨性已不识，更说甚道。”[3]又说：“荀子极偏驳，只一句性恶，大本已失。杨子虽少过，然已自

[1]〔明〕叶子奇：《太玄本旨》卷四，见《四库全书》，第803册，页163—164。
[2] 同前注。
[3]《河南程氏遗书》卷十九，收入《二程集》，第1册，页255。

不识性，更说甚道。”[1]《四库全书》提要相当推崇叶子奇的《太玄本旨》，并谓“子奇又为曲折推阐，傅合义理，使之粹然，一出于正，于《太玄》亦不为无功”。[2]也许正由于叶子奇没有程、朱对汉儒先入为主的看法，所以，他比较能够体会扬雄模仿《周易》所作的《太玄》。

扬雄又仿《论语》作《法言》。《法言》首篇《学行》有云：“或问‘进。’曰：‘水。’或曰：‘为其不舍昼夜与？’曰：‘有是哉！满而后渐者，其水乎？’”旧注云：“水满坎而后进，人学博而后仕。”[3]学问欲求进步，自当如川水一般，奋进向前，锲而不舍，不舍昼夜。在此问答中，子玄着意于川水的“不舍昼夜”的持恒而非其一去不返的无奈。据此，则不管是《太玄》抑或《法言》，子玄对“子在川上”章的理解其实十分平易，并未深求个中玄义。

进入东汉，先有明帝时的诏书，谓：“有司奏言：‘孝明皇帝圣德淳茂，劬劳日昃。……博贯六艺，不舍昼夜。’”[4]用意同于扬雄《法言》。继而有汉安帝时谏议大夫李尤作《经桡铭》曰：“瞻之在前，忽焉在后。进新习故，不舍于口。子在川上，逝者如斯。及年广学，无问不知。”[5]铭文全以《论语》命意，道理平实，旨在劝人珍惜时光，及时而学。准此，李尤认为孔子在川上之叹，大概只是伤岁月之易迈而已，别无哲理。

至于经注方面，汉儒对“子在川上”章也并无特别训解，大概他们觉得此章意思明晰，毋烦多言。曹魏何晏《论语集解》网罗两汉经师之说，而于此章下仅列东汉末郑玄一家，以概其余。郑玄曰：“逝，

---

[1]《河南程氏遗书》卷十九，收入《二程集》，第1册，页262。
[2]《太玄本旨·提要》，《四库全书》，第803册，页108。
[3] 汪荣宝撰、陈仲夫点校：《法言义疏》卷二，页24。
[4] 范晔：《后汉书·肃宗孝章帝纪》卷三，页130—131。
[5] 欧阳询：《艺文类聚》卷五十五，页985。

往也。言凡往者，如川之流也。”[1]这是十分务实的字义训释，他正确指出，“逝，往也”而并无“循环”之义。更重要的是，他认为“逝者”并非指“天运”或“道体”，而是“凡往者”，也就是所有如川流般一去不返的事物。汉季天人感应说已经不再是汉人的主流思维模式，郑玄不似董仲舒，对于孔子的心情，他似乎听而不闻，因此，他觉得“逝者如斯夫”的“夫”字实在并没有什么值得或者需要解释的了。然而，更可能的是，他认为“夫”字所显示的叹息之意，本来就不言而喻了。

郑玄以后，曹魏篡汉，三国鼎立，战乱频仍，其时世人每多感时伤世，顿觉人生空忽渺茫，性命危浅，朝不保夕，伤逝之情，最是真切。著名的《古诗十九首》是汉末三国时代人生的最佳写照。洎司马氏篡位自立，诛除异己，西晋一代，人心惶惶。东晋南渡，士人又伤于国破家亡，于是对人生和时世的变迁显得特别敏感，他们的伤叹之情往往见于梁萧统所编的《文选》。也许由于这样的特殊时代背景，孔子川上的感叹从魏、晋开始就渐渐受人注意，这一点可以从魏、晋诗人作品中运用“子在川上”章作典看到个中端倪。曹魏刘桢可谓首开其风。他在《赠五官中郎将》说：“素叶随风起，广路扬埃尘。逝者如流水，哀此遂离分。”[2]从此“逝者如流水”便渐渐成为西晋而下诗人墨客的常用典故，借以表达心中哀时伤逝之情。

在此，我们姑举一例，借以窥豹。比如，西晋的著名诗人潘岳在他的名著《秋兴赋》中就表达了他对“子在川上”章的解读。篇中有言：“临川感流以叹逝兮，登山怀远而悼近。”[3]正如李善《注》指出，潘岳在此用了孔子川上之叹的典故。潘岳的见解跟他本人的身世

---

[1] 皇侃：《论语集解义疏》卷五，页314。

[2] 萧统编、李善注：《文选》卷二十三，页336。

[3] 同前书，卷十三，页193。潘岳在《夏侯常侍诔并序》也用了“子在川上”章的典故，寓意相同。他说：“存亡永诀，逝者不追。”见《文选》卷五十七，页785。

怀抱有关，他开篇的序言劈头就说“晋十有四年，余春秋三十有二，始见二毛”，然后赋文的头四句说“四运忽其代序兮，万物纷以回薄。览花莳之时育兮，察盛衰之所托”。李善说他“言四时代为节序，万物递相迁迫也”，这应该是鞭辟入里之论。潘岳“临川感流以叹逝”是他个人真切的感受，对他来说，孔子的川上之叹何尝不如是。他必定觉得孔子“先得我心之所同然”。应该指出的是，潘岳虽然有他相关的个人生活经验，足以让他感叹时光的宝贵，同时又难以挽留，但他能够特别注意“子在川上”章中暗藏的叹声，这应该跟他敏锐的诗人触觉有一定的关系。[1]

诗赋而外，魏、晋六朝专门研究《论语》的学者甚多，而就文献所及，《论语》注家中，最早着眼于孔子的叹息来解读“子在川上”章的是东晋初年兼通儒、道、释三家思想的孙绰。[2]他清楚说出，孔子看见“川流不舍，年逝不停，时已晏矣，而道犹不兴，所以忧叹也”。[3]他认为孔子目睹川流不舍而联想到大道不行，因而兴叹，无疑他看出

---

[1] 南朝其他使用“子在川上”章作典的诗赋，见于《文选》者，按年代先后胪列如下：张华《励志诗》：“日与月与，荏苒代谢。逝者如斯，曾无日夜。嗟尔庶士，胡宁自舍。”陆机《吊魏武帝文一首并序》：“苟理穷而性尽，岂长算之所研。悟临川之有悲，固梁木其必颠。”司马彪《赠山涛》：“中夜不能寐，抚剑起踯躅。感彼孔圣叹，哀此年命促。”张协《杂诗》：“人生瀛海内，忽如鸟过目。川上之叹逝，前修以自勖。”郭璞《游仙诗》：“临川哀年迈，抚心独悲咤。”萧齐王俭《褚渊碑文并序》：“感逝川之无舍，哀清晖之眇默。”上述诸作分见萧统编、李善注：《文选》卷十九，页276；卷六十，页834；卷二十四，页343；卷二十九，页421；卷二十一，页307；卷五十八，页808。此外，尚有前文提到的陶渊明的《荣木》诗。诗人墨客如此使用“子在川上”章的典故一直到北宋二程兄弟出现以前依然如故，比如，宋真宗时杨亿《武夷新集》卷八《故陇西彭君墓碣铭并序》：“自兹分飞，三见闰月。岁不我与，逝者如斯。”见《四库全书》，第1086册，页451。

[2] 有关孙绰的研究似乎不多，可参看日本学者蜂屋邦夫：《孙绰的生平和思想》，收入蜂屋邦夫著，隽雪艳、陈捷等翻译：《道家思想与佛教》(沈阳：辽宁教育出版社，2000年)，页114—153。本文所用孙绰生卒年乃根据唐代许嵩《建康实录》，不过，蜂屋邦夫提出颇有道理的质疑。见《孙绰的生平和思想》，页115—134。

[3] 皇侃：《论语集解义疏》卷五，页314。

此章的关键不在逝水；孔子才是此章的主角，所以他特别拈出“忧叹”二字来。稍后的江熙和议，[1]而特别阐明孔圣人怀道之心。他说：“言人非南山，立德、立功，俯仰时过，临流兴怀，能不慨然？圣人以百姓心为心也。”[2]孙绰和江熙特别敏感的是“年逝不停”和“俯仰时过”与随之而来的“忧叹”和“慨然”，而两人都认为关键由于孔子功业无成。值得注意的是，江熙虽然尊仰孔子为圣人，但他没有忽略圣人也跟众人一般，年寿不比南山，因此“俯仰时过，临流兴怀”。孔子的人性于是得到彰显。

孙绰深通老庄思想，而且又对佛理有一定的研究，[3]为什么他可以听出“子在川上”章中的夫子之叹，原因自然不容易交代清楚，不过，像潘岳一样，孙绰也是个诗人，文学修养出类拔萃，他自诩为“掷地有金石声”的名篇《游天台山赋》还被收入昭明太子的《文选》中。[4]更具体一点而言，魏、晋、南朝人的精神蕲向由汉、魏、西晋时期凝神于庄老神仙，到东晋、南朝时期醉心于山水，这个演变颇为关键。刘勰针对刘宋初年诗风的转变说过：“宋初文咏，体有因革，庄老

---

［1］按：江熙，东晋人，生卒年不详，〔唐〕杜佑《通典》卷四十七载“东晋孝武帝太元六年（381）诏曰：‘亡大兄以司马珣之为国后，祭祀何仪？’博士江熙议……”（《四库全书》，第603册，页582）可见他是孝武帝时人。又据〔唐〕陆德明《毛诗注解传述人》，江熙，“字太和，济阳人，东晋兖州别驾”，著有《毛诗注》二十卷，可见他也以诗学名家。见吴承仕：《经典释文序录疏证》（北京：中华书局吴检斋遗书本，1984年），页91。据皇侃《论语义疏叙》，江熙较早前已经辑集十三家《论语注》成一帙，其中包括孙绰一家。

［2］皇侃：《论语集解义疏》卷五，页314。

［3］日本学者普遍认为孙绰乃最早的以儒道释三教为一体的思想家。见蜂屋邦夫：《孙绰的生平和思想》一文引福永光司的说法。蜂屋本人也抱有同一立场。见《道家思想与佛教》，页115。

［4］《世说新语·文学》，《世说新语笺疏》卷上之下，页267。孙绰对自己的诗艺的确非常自负。《世说新语·品藻》载“支道林问孙兴公：‘君何如许掾？’孙曰：‘高情远致，弟子蚤已服膺；一吟一咏，许将北面。’”见《世说新语笺疏》卷中之下，页529。参看同篇，页533。另一方面，朱熹当然也以诗名世，不过，他在注释《论语》时毕竟碍于他的道学观点，一叶障目，遂有所蔽。

告退而山水方滋。”[1]山水诗固然可谓滥觞于刘宋，然而，寄情山水的文学作品却并非在玄言诗式微以后才正式出现。以韵文言，东晋孙绰的《游天台山赋》无疑正是因山而写物陶情的杰作。在孙绰、谢灵运等人的眼里，山水绝非只是客观的外在景色，而乃诗人性情与精神的寄托和体现。明乎此，我们就可以理解孙绰对卫君长的批评。他说：“此子神情都不关山水而能作文。”[2]对于一个对山水并无特别体会而却又善于作文的人，孙绰竟然以为是不可思议的异数，足见山水在他的意识里的基础意义。诗人敏感的触觉和感性的关怀恐怕在孙绰的《论语注》中也起过关键的作用。他自己就曾经明言：“《三都》《二京》《五经》鼓吹。”[3]对他来说，诗赋是“经典之羽翼”。[4]《游天台山赋》开篇即谓“太虚辽廓而无阂，运自然之妙有，融而为川渎，结而为山阜”。[5]李善《注》：“太虚谓天也；自然谓道也。”可见首两句所讲的正是孙绰的宇宙观，虽然内容不能说跟程伊川阐发的“道体”相同，但无论如何都是形而上的道理了。如果郑玄的《论语注》对形而上的道理不够敏感，孙绰也许未必如此。

孙绰所用的“妙有”一词，其实颇有佛教意味，[6]文中则指“川渎”和“山阜”。李善注《游天台山赋》云：“妙有谓一也。言大道运彼自然之妙一而生万物也。《管子》曰：‘虚而无形谓之道。’……《老子》曰：‘道生一。’王弼曰：‘一，数之始而物之极也。’[7]谓之为妙有

[1]《文心雕龙·明诗》，〔梁〕刘勰撰、〔清〕黄叔琳注、〔清〕纪昀评：《文心雕龙辑注》（香港：中华书局，1973年），卷二，页65。

[2]《世说新语·赏誉》，《世说新语笺疏》卷中之下，页478。

[3]《世说新语·文学》，同前书，卷上之下，页260。

[4] 刘孝标《注》语。同前书。

[5] 萧统编、李善注：《文选》卷十一，页164。

[6]“妙有”，语本《老子》第一章；佛教来华以后转成佛学术语，“非有之有曰妙有，以对于非空之空曰真空也”。参看丁福保：《佛学大辞典》（北京：文物出版社，1984年），“妙有”条，页604。

[7] 按李善所引《老子》“道生一”一句出自《老子》四十二章，但他所引的王弼《老子注》则出自《老子》三十九章注。

者，欲言有不见其形则非有，故谓之妙。欲言其无，物由之以生则非无，故谓之有。斯乃无中之有，谓之妙有也。’”[1]根据李善的破译，“妙有”乃指《老子》所讲的宇宙万物根源，亦即是“道”。不管孙绰的“妙有”是否融合了道家和佛教的思想，他无疑对“虚而无形”的“道”有非常细致深刻的理解。[2]然而，他并不认为孔子以逝水比喻“太虚”妙道，而川水之“不舍昼夜”也并非“大道运彼自然之妙一”。相反，他似乎更关注川水上的孔子心。在注释《论语・子罕》“子畏于匡”章时，孙绰说：

> 畏匡之说，皆众家之言而不释畏名，解书之理为漫。夫体神知几，玄定安危者，虽兵围百重，安若太山，岂有畏哉？虽然，兵事阻险，常情所畏，圣人无心，故即以物畏为畏也。[3]

按《说文解字》卷九上：“畏，恶也。”[4]又《广雅・释诂》：“畏，恐，惧也。”[5]孔子畏匡，意思本来明白，似乎毋庸解释。何晏《论语集解》此章只录西汉包咸注，而包氏对“畏”字不置片辞。孙绰指出“众家之言而不释畏名”，因而批评他们于“解书之理为漫”。这个相当奇怪的指责似乎是针对注家忽视孔子的常人之情而发的。[6]无论如何，孙绰显然特别看重此章中孔子的心情和精神状态。根据现存文献，注家中最先针对孔子的心境来注释“子畏于匡”章的就是孙绰。他心中的孔子是能够“体神知几，玄定安危”的圣人，虽然“兵围百

[1]《文选》卷十一，页164。
[2] 孙绰自言“时复托怀玄胜，远咏《老》《庄》，萧条高寄”。见《世说新语・品藻》，《世说新语笺疏》卷中之下，页521。
[3] 皇侃：《论语集解义疏》卷五，页297。
[4] 段玉裁：《说文解字注》，页441。
[5] 王念孙：《广雅疏证》卷二下，页62。
[6] 皇侃《疏》曰：“心服曰畏。”见《论语集解义疏》卷五，页297。皇侃的疏释大概是他看到孙绰的批评而后补述的。

重”，但他绝对可以“安若太山”，心无惧畏。然而，孙绰也注意到孔子也有常情的一面，所以，他“即以物畏为畏”。[1]换言之，孙绰认为临危不乱，而能够保持镇定，客观面对困厄，这并不表示孔子没有畏惧之心，而相反适足以证明他的勇敢和机智。[2]

虽然孙绰并没有明言，但他很可能是根据孔子在“子畏于匡”章中所抒发的叹息而去想见孔子当时的心境的。[3]孙绰既然可以独具只眼，专意于孔子畏匡时的心境，那么，他能够注意到孔子在川上之叹息就一点都不奇怪了。对他来说，孔子的轻叹其实是“忧叹”而非董仲舒所理解的赞叹。“忧叹”的原因则在于孔子深感时不我予，日月迈矣。这一点孔子的弟子子路了然于心，他说：“君子之仕也，行其义也。道之不行，已知之矣。”（《论语·微子》）连孔子所不屑的鲁国权臣阳货都清楚看得出来。阳货曾经婉劝孔子出仕，助他专政。他对孔子说过：“日月逝矣，岁不我与。”（《论语·阳货》）尽管孙绰已经提出“道犹不兴”的说法，他始终没有抉发“子在川上”章的形而上义理，而却特别注意到孔子的“忧叹”。此中必定有其道理。

东晋穆帝永和九年（353），暮春之初，三月初三，在山幽水胜的

[1] 朱熹注“子畏于匡”章谓“畏者，有戒心之谓”。见《论语集注》卷五，《四书章句集注》，页110。此外，他又说：“孔子畏匡人，文王囚羑里，死生在前了，圣人元不动心，处之恬然。只看此，便是要见得道理分明，自然无此患。所以圣人教人致知、格物、考究一个道理。”见《朱子语类》卷一一八，页2849。显然，朱子并不认为孔子在匡遇险，心中真的有所畏惧。他最多只承认孔子当时实在“真个事急”而已。有一次，弟子问：“‘子畏于匡’一节，看来夫子平日不曾如此说，往往多谦抑，与此不同。”朱熹笑云：“此却是真个事急了，不觉说将出来。”朱熹的回答固然表示他承认孔子被困时所流露的人性，但他回答时的笑态，也似乎显出他的回答只是一种无可奈何的让步。见《朱子语类》卷三十六，页957。又按：程伊川认为圣人并非真的没有畏惧之心，他“只是不以此（指忿懥、恐惧、忧患）动心”。见《河南程氏遗书》卷十九，收入《二程集》，第1册，页247。

[2] 按：孔子说过：“暴虎冯河，死而无悔者，吾不与也。必也临事而惧，好谋而成者也。”见《论语·述而》。孙绰的说法有据。

[3] 孔子畏于匡时曾说：“文王既没，文不在兹乎？天之将丧斯文也，后死者不得与于斯文也。天之未丧斯文也，匡人其如予何！”见《论语·子罕》。

浙江会稽山阴的兰亭，聚集了不少名士，一起临河修禊。这群名士包括王羲之、孙绰、李充、许询、支遁等人，他们都以文辞盖世。是次兰亭雅集，当日固然是一时风流，千古之下更是举世闻名。这当然跟王羲之那篇遐迩驰名而感慨多端的《兰亭序》关系最为密切。不过，孙绰当时也写了一篇较少为人注意的《三月三日兰亭诗序》，其中，他触景伤情，特别借水作喻，说到人生的欢乐难免与时俱迈，无法久享。他说：

> 古人以水喻性，有旨哉斯谈！非以停之则清，混之则浊邪？情因所习而迁移，物触所遇而兴感。……屡借山水，以化其郁结，永一日之足，当百年之溢。……乐与时去，悲亦系之。往复推移，新故相换。今日之迹，明复陈矣。原诗人之致兴，谅歌咏之有由。[1]

兰亭水上的孙绰如此刻骨铭心地有感于岁月“往复推移，新故相换”而倾吐胸中的悲怆，他甚至“仰瞻羲唐，邈已远矣”，[2]遥想尧舜盛治，唏嘘增怀。孙绰更明言古人“屡借山水，以化其郁结”。应该指出的是，孙绰借以“化其郁结”的山水是历历在目的青山绿水，换言之，他是真切地在水滨临流致兴，咏歌有由。我们很难想象他会错过孔子川上的嗟叹。事实上，年刚十岁即随父渡江的孙绰自己也曾有过抚今追昔，临流兴叹的经验。有一次，他跟许询“在白楼亭，共商略先往名达”。刘孝标《注》谓“亭在山阴，临流映壑”。当时支遁在旁听罢他们的讨论，说：“二贤故自有才情。”[3]另一方面，孔子曾怃然

[1]《三月三日兰亭诗序》，《全晋文》卷六十一，见严可均：《全上古三代秦汉三国六朝文》，页1808。

[2]同前注。

[3]《世说新语·赏誉》，《世说新语笺疏》卷中之下，页483。

叹惜“吾犹及史之阙文，有马者借人乘之，今亡矣夫！”（《论语·卫灵公》）夫子同样伤叹今非昔比。孙绰“道犹不兴”的解读可能还是他本人与孔子的共鸣所在。[1]这也是他读《论语》时跟专意于水德的董仲舒和着力于训诂的郑玄迥然相异的地方。归根究底，孙绰的洞见大概是由于他能够体会到孔子也可以有“原诗人之致兴，谅歌咏之有由”的时候。

其实，东晋人屈辱于典午南渡，常常感到国破家亡之耻，人生无常，对于时不我与之感特别敏感而反应强烈，本来分属自然。《世说新语·言语》记载东晋桓玄北征路上重见昔日手种的弱柳，如今皆已合抱十围，顿时痛感时光飞逝，不禁黯然销魂，“慨然曰：‘木犹如此，人何以堪！’攀枝执条，泫然流泪。”[2]煊赫一时的军政领袖志在北征，也许别有怀抱，因而睹物伤情；然而，南渡的士族门第中立志和渴望复北的伤心人比比皆是，他们的伤逝之情实在不减桓玄。

晋穆帝永和五年（349），北方后赵石季龙身死，政局混乱，东晋殷浩受命中军将军等职，于永和八年（352）九月率众北伐，可惜是次远征因翌年（353）十月降将姚襄的叛变而终告失败。在战局未定之前半年的初春，兰亭诸君身临流水，感慨无端，他们似乎已不再相信晋师可以有光复中原的一日，尽管主观感情上他们的确渴望北返。换言之，对东晋这批名士学者而言，人生只剩下伤逝的可能。逝水不可能循环不息，也正因为如此，兰亭雅集诸君才会如此深切感到“情随事迁，感慨系之矣。向之所欣，俯仰之间，已为陈迹，犹不能不以之兴

[1] 孙绰可能有志于济世，至少从他现存的朝议文字看来，作为朝廷命官，他基本上还是尽责称职的。比如，他表谏桓温迁都，阴谋篡晋，最后赢得桓温嘲讽“君何不寻《遂初赋》，而强知人国家事”。见《世说新语·轻诋》，《世说新语笺疏》卷下之下，页839。参看房玄龄等撰：《晋书·孙绰传》卷五十三，页1544—1547。又参看蜂屋邦夫的有关分析，见《道家思想与佛教》，页115—134。

[2]《世说新语·言语》，《世说新语笺疏》卷上之上，页114。

怀。况修短随化，终期于尽”。[1]以他们抚今追昔之情相信不难引川水上的孔子为知音。[2]正如王羲之所言：“后之视今，亦犹今之视昔。悲夫！”[3]王戎丧子，悲不自胜时曾说：“圣人忘情，最下不及情。情之所钟，正在我辈！”[4]一般的东晋士人，大概都属于这种不能忘情之辈。《世说新语》特别辟设《伤逝》一篇亦可见个中消息。

兰亭诸君的伤叹跟桓玄的慨然流泪不同，因为让他们悲怆不已的并非国破家亡之恨，而是“情随事迁”的人生无常。这一点从他们在战情炽热的时候对殷浩北伐所抱持的冷漠和消极似乎表露无遗。换言之，在兰亭诸君心里，国仇家恨已经升华为对人生的存在意义的困惑；他们想探索的是哲学问题，而他们想化解的是人生的苦恼。魏、晋、南朝人日渐向往庄老，甚至归依释氏，其中契机正在于此。由于这种特殊的历史情境，东晋人在人生经验上的微妙变化很容易会影响到此下南朝学者士人对《论语》的阅读。《论语》许多原来明显涉及具体历史情境的篇章往往就被赋予超越具体历史情境限制的哲学意义，“子在川上”章就是一个例子。梁皇侃疏释此章时说：

> 逝，往去之辞也。孔子在川水之上见川流迅迈，未尝停止，故叹人年往去，亦复如此。向我非今我，故云“逝者如斯夫”者也。斯，此也。夫，语助也。日月不居，有如流水，故云“不舍昼

---

[1] 王羲之《兰亭序》语，见房玄龄等：《晋书·王羲之传》卷八十，页2099。

[2]《论语·雍也》载司马牛疾革，孔子探病时执其手，恸呼“命矣夫！斯人也而有斯疾也！斯人也而有斯疾也！”此处，孔子无疑在伤叹，而他也同样用了一个语末助词“夫”字。王蒙英年早逝，死前自怜，史载“王长史（蒙）病笃，寝卧灯下，转麈尾视之，叹曰：‘如此人，曾不得四十！’”见《世说新语·伤逝》，《世说新语笺疏》卷下之上，页642。［按：王蒙卒时年三十九。虽然王蒙自叹自怜并不同于孔子惋惜司马牛，但他那种伤逝之情实在跟孔子并无二致。（王蒙与孙绰亦有交情。见《世说新语·轻诋》，见同书卷下之下，页843）］。

[3] 王羲之《兰亭序》语，见房玄龄等撰：《晋书·王羲之传》卷八十，页2099。

[4]《世说新语·伤逝》，《世说新语笺疏》卷下之上，页638。

夜”也。[1]

皇侃直言“日月不居，有如流水”，而同时又强调孔子伤时的叹息，这应该是孔子即景而生的第一层感想和反应，[2]但是，皇侃更画龙点睛，指出“向我非今我”，这层意思更深刻，[3]孔子料想或许也曾感慨系之。无论如何，“向我非今我”的哲学诠释无疑已经超越了孔子川上之叹的具体语境了。这种哲学诠释的取向显然与程、朱道学相似，然而，皇侃此章的具体阐释却仍然没有程、朱道学的形而上高度。

南北朝时期活跃于北方京兆和长安的僧肇虽然并没有撰写过专门训解《论语》的著作，但他也许是中古时期从本体论角度来认识“子在川上”章的最佳代表。僧肇在《物不迁论》中说：

> 是以言常而不住，称去而不迁。不迁，故虽往而常静。不住，故虽静而常往。虽静而常往，故往而弗迁。虽往而常静，故静而弗留矣。然则庄生之所以藏山，仲尼之所以临川，斯皆感往者之难留，岂曰排今而可往？[4]

僧肇认为川上的孔子的确是“感往者之难留”，这跟上述南朝诸人抚今追昔的看法相同。但是，他却又从佛教不落两边的中观哲学观照逝去的流水，他的结论是“言常而不住，称去而不迁”，“静而常往”，“往而弗迁”。现象界的群动并不妨碍本体界的本静，“往”与“去”

---

[1] 皇侃：《论语集解义疏》卷五，页314。

[2] 皇侃在《论语义疏叙》又说：“圣人虽异人者神明，而同人者五情。五情既同，则朽没之期亦等，故叹发吾衰，悲因逝水。”同前书，页1—2。

[3] 按：皇侃的说法其实本于较早前的郭象。《庄子·大宗师》郭象注云：“向者之我，非复今我也。我与今俱往，岂常守故哉。而世莫之觉，横谓今之所遇，可系而在，岂不昧哉？”见郭庆藩撰、王孝鱼点校：《庄子集释》卷三上，页244。

[4] 僧肇：《肇论》，见《大正藏》，第45册，第1858种，页151。

的本质依然是不迁。俗谛与真谛可以互摄互融，因此，僧肇说："是以观圣人心者，不同人之所见得也。……是以如来因群情之所滞，则方言以辩惑。乘莫二之真心，吐不一之殊教。乖而不可异者，其唯圣言乎？故谈真有不迁之称，导俗有流动之说，虽复千途异唱。会归同致矣。"[1]肇公的中观分析固然精微细致，但他忽略了川上的孔子其人，因为《物不迁论》关注的毕竟是"物"而不是"人"，更不是孔子这个具体的历史人物。

最后，我想指出，程、朱在阐释"子在川上"章时喜爱用"川流不息"这句成语来形容"道体之本然"，而不是时光的流逝。事实上，这种用法是程、朱道学特有的。[2]上文提到朱熹的《答张敬夫》一书，其中所说的"川流不息"，指的是人人都天生具有的纯善天性，在起居日用之间，属目皆是，如川水流动不居，如四时运行无穷，随处可

[1] 僧肇：《肇论》，见《大正藏》，第45册，第1858种，页151。有关《物不迁论》的哲学分析，可参看李润生：《僧肇》(台北：东大图书公司，1989年)，页160—186。

[2] 何晏乃魏、晋间有名的所谓玄学家，自古以来，学者往往认为《论语集解》中掺杂玄学言论。夷考其实，却并不然。比如，《论语・子罕》"子绝四"章何《注》云："以道为度，故不任意。……用之则行，舍之则藏，故无专必。……无可无不可，故无固行。……述古而不自作，处群萃而不自异，唯道是从，故不有其身。"此处所谓"以道为度"，而原文并无任何证据可以确定"道"必然是形上学意义的"道"。宋邢昺疏释此章何《注》曰："此章论孔子绝去四事，与常人异也。毋，不也。我，身也。常人师心徇惑，自任己意，孔子以道为度，故不任意。"(《论语注疏》卷九，页77)显然，邢昺也不认为何《注》有任何玄学深义。《论语集解》中其他可能相关的章节亦应作如此观。即使是北宋初晁迥，思想尽管有佛教色彩(《四库》馆臣谓"宋初承唐余俗，士大夫多究心于内典，故迥著书，大旨虽主于勉人为善而不免兼入于释氏"。《昭德新编・提要》，收入《四库全书》，第849册，页253)但他也没有从何晏"子绝四"章注中看出玄学成分。晁氏《昭德新编》卷上载："《论语》所云子绝四。愚因推而演之，明其大槩。夫毋意、毋我，谓其以道为度，无纵越逸之情也；毋固、毋必，谓其唯变所适，以备周圆之智也。苟有执其旧语，斯则名为竖儒。"见页263—264。这里，"以道为度"一语无疑取自何晏《论语集解》。有关《论语集解》中并无玄学之说，可参看John Makeham, *Transmitters and Creators: Chinese Commentators and Commentaries on the Analects* (Cambridge, Mass.: Harvard University Asia Center: Distributed by Harvard University Press, 2003), pp.23–47。

见。由于程、朱道学的流行,“川流不息”这句话在宋、元以后渐渐就变成日用的成语,然而,它的意涵最后也随着程、朱道学宇宙观的没落而改变。今天,“川流不息”只是形容人流或者交通的频繁,与“天运”和“道体”毫不相关,这是因为现代人的世界观迥异于程、朱道学宇宙观的缘故。

其实,魏、晋、南、北朝时代人也没有程、朱道学宇宙观的共识,因此,他们极少使用“川流不息”这句话,而那时“川流不息”事实上也还没有固定为成语。正如上文所言,六朝诗文常见“子在川上”章的典故,但却从来没有诗人使用“川流不息”一语。“川流不息”一语最早见于六世纪梁朝周兴嗣有名的童蒙识字书《千字文》。[1]原文云:“孝当竭力,忠则尽命,临深履薄,夙兴温清。似兰斯馨,如松之盛,川流不息,渊澄取映。”[2]原文中,“川流不息”一语形容孝子之德精纯恒久,如流动的川水一样永不间断。“川流不息”在此其实是一个新鲜的用法,而不是惯用的成语。可见在六朝人的认识中,“川流不息”根本就和时光流逝风马牛不相及,更不要说“道体之本然”了。六朝人以流水比喻逝日则另有“川流不舍”一语,而此语固然也是典出“子在川上”章,而且更忠于孔子原话。饶有趣味的是,最早使用“川流不舍”来形容逝水的人正是那个听到孔子川上叹声的孙绰。到梁朝,当皇侃已经从川流悟到“向我非今我”的时候,与周兴嗣同时的梁元帝萧绎在《金楼子·后妃》中说:“川流不舍,往而不还者,年也。”[3]这里,“川流不舍”指的仍然是日常生活经验中

[1] 按:《千字文》是朱熹熟习的文字,他死前一年在建阳考亭还用行楷大书《千字文》一篇,并自跋于后曰:“余窃取仓颉、史籀、秦、汉、晋、唐诸前贤笔意为此,悬之壁间,俾诸子玩之,亦未始无小补云。”见董路谊、时善刚:《试论朱熹大书〈千字文〉的书法艺术》,《徐州师范学院学报》(哲学社会科学版)1994年第1期,页142—146,引文见页142。(这篇跋文不见录于《朱子全书》。)

[2] 〔梁〕周兴嗣等编纂:《千字文》(长沙:岳麓书社,1999年),页14—15。

[3] 〔梁〕萧绎:《金楼子·后妃》卷二,见《四库全书》,第848册,页815。

的光阴一去不返，并无哲学深义。“川流不舍”一语在宋代却莫名其妙地鲜为人用，相反，“川流不息”则至少在程、朱道学的话语社群中几乎成为套语。这个语言上的微妙转换竟然反映了中国思想史上一个重要的嬗变。

四、宋代的异响

程、朱道学虽然在宋末遭受政治打击，被指为“伪学”，但奉之为人生行为准绳者仍大有人在。与朱子同时的郑汝谐在没有受到朱学影响之下也接受了二程的“道体”说。他在《论语意原》中对“子在川上”章的解释全用二程说。[1]朱熹以后，宁死不屈的宋末豪杰文天祥便是一个继承程、朱“道体”说最为典型的例子。他在《吴郎中山泉说》说：

> 子在川上曰：“逝者如斯夫，不舍昼夜。”道体流行之妙，往来而易见者，惟川流为然。圣人发其端倪，欲学者体认省察而无一息之间断也。后千数百年，程子始默识而指以教人，曰“其要只在谨独”。圣人言道之旨，学者入道之门，于是而深切着明矣。[2]

文天祥对程、朱的道学阐释可谓亦步亦趋。他被元军扣押在牢的时候，孤身幽处，却正义凛然，宁死不降，这应该是程明道讲求的“谨独”的最佳写照。然而，在程、朱阐释出现以前和流行之后，宋代儒

[1] 郑汝谐云：“程子曰：‘此道体也。天运而不已，……水流而不息，物生而不穷，皆与道为体，运乎昼夜，未尝已也。是以君子法之，自强不息。及其至也，纯亦不已焉。’”《论语意原》卷二，见《四库全书》，第199册，页144。

[2]〔宋〕文天祥：《文山集》卷十五，见《四库全书》，第1184册，页622。

者对"子在川上"章的看法其实别有姿彩而不囿于道学的形上和道德视野。

唐朝政府编订《五经正义》而《论语》其时并未入经，所以弗及。至宋真宗咸平二年(999)始置翰林侍讲学士，以邢昺为之。当时，邢昺更"受诏与杜镐、舒雅等校定群经义疏"。《四库全书》提要谓"昺复因皇侃所采诸儒之说为之疏，于章句训诂、名器、事物之际详矣。朱子《集注》出，义理更为精深，亦实始基于此"。[1]邢昺《论语注疏》一出自然就成为官方钦定的解说，程、朱道学兴起之前，宋儒对《论语》的认识基本上以邢说和下文提到的陈祥道《论语全解》为圭臬。对于"子在川上"章，邢《疏》曰："此章记孔子感叹时事既往，不可追复也。逝，往也。夫子因在川水之上，见川水之流迅速，且不可追复，故感之而兴叹。"[2]显然，邢《疏》着眼于孔子感伤于时光流逝之叹而并未注意到岁月可以循环不已，因此也没有所谓"道体"的问题。

稍后于邢昺的北宋五子之一张载对"子在川上"章的理解也毫无道学意味。横渠说："学不能自信而明者，患在不勉耳。当守道不回，如川之流，源泉混混，不舍昼夜，无复回却，则自明自得之也。"[3]虽然他并没有指出孔子的叹息，但他却强调川流之"无复回却"，川流循环不已对他来说，应该也是个不可思议的联想。

张载以后，宋哲宗元祐中，福州人陈祥道为太常博士，撰有《论语全解》十卷。祥道的《论语》说承自王安石。《四库全书》《论语全解·提要》引晁公武《读书志》云："王介甫《论语注》、子雱《口义》，其徒陈用之解，(哲宗)绍圣后皆行于场屋，为当时所重。"又谓"祥

[1]《论语注疏·提要》，见《四库全书》，第195册，页527—528。
[2]《论语注疏》卷九，页80。
[3]《易说·系辞上》，收入《张载集》，页192。张说显然直接出自《孟子》，但他又提到"如川之流"，所以，或许他是针对"子在川上"章而言的。

道长于三礼之学,所作礼书,世多称其精博,故诠释《论语》亦于礼制最为明晰”。[1]不过,祥道解释“子在川上”章却颇有玄味。他说:

> 天下之物,无日而不禅,无时而不移,虽天地不能逃其变,舟壑不能固其藏。造化密移,畴觉之哉?此孔子所以有川上之叹也。此即物观之而已。即理以观之,则流者未尝流,逝者未尝逝。[2]

祥道从现实经验入手,本于孔子叹水逝不回之意,指出“造化密移,畴觉之哉”。他更受庄子启发,进而剖析入微,[3]“即理以观”,悟出“流者未尝流,逝者未尝逝”之理,而此理实与僧肇所说无甚不同。这自然也可算是形而上的阐释,但与程、朱天运循环不已之说指归不同。《四库全书·提要》作者谓祥道“或不免创立别解,而连类引申,亦多有裨于义训。惟其学术本宗信王氏,故往往杂据《庄子》之说,以作证佐,殊非解经之体”。[4]良有以也。

陈祥道的阐释一直到朱熹的晚年仍有知音。宋孝宗淳熙丙午丁未间(1186—1187)戴溪领石鼓书院山长,与湘中诸生集所闻而为《石鼓论语答问》一书。此书“朱子尝一见之,以为近道”。[5]戴溪在《石鼓论语答问》中公然反对伊川的“道体”说而引苏东坡为同

---

[1]《论语全解·提要》,《四库全书》,第196册,页63—64。

[2] 陈祥道:《论语全解》卷五,同前注,页137。

[3]《庄子·大宗师》:“夫藏舟于壑,藏山于泽,谓之固矣,然而夜半有力者负之而走,昧者不知也。藏小大有宜,犹有所遁。若夫藏天下于天下而不得所遁,是恒物之大情也。”此即陈祥道注释所本。

[4]《论语全解·提要》,页64。

[5]《四库全书》提要引《石鼓论语答问》旧本中宝庆元年许复道《序》,并谓“陈振孙《书录解题》所载与《序》相符,其书诠释义理,持论醇正而考据间有疏舛。……然训诂、义理,说经者向别两家,各有所长,未可偏废。溪能研究经意,阐发微言,于学者不为无补正,不必以名物典故相绳矣”。见《四库全书》,第199册,页1—2。

道。他说:"此圣人观物之学,天下之事,日夜相代乎前,矢激川流,一息不停,尚复固闭留滞,亦可谓所过不化矣。伊川先生曰'言道之在如此',恐未然。东坡曰'逝者如斯而未尝往也',此语乃佳,当知川流不息而水之清明者未尝动,则知君子所存者神矣。"[1]东坡所谓"逝者如斯而未尝往也"大概就是陈祥道指出的"流者未尝流,逝者未尝逝"者也。

邢昺、陈祥道和戴溪三人代表的可谓道学以外的异响,至于朱熹逝世前道学中人对"子在川上"章的不同商略,我们可以林希逸《庄子口义》、杨简《慈湖遗书》及其弟子钱时《融堂四书管见》为例说明。林希逸是程伊川的六传弟子,[2]不过,他对老庄之道和佛理造诣甚深而且情有独钟,并且公开兼纳释、道二家思想。他的立场显然与程、朱大异其趣。《四库全书》《庄子口义·提要》谓"希逸以托身于道家之门而注《庄子》,恐儒者用以为讥,遂以为有合于圣人,亦牵合回护之见"。[3]林希逸在《庄子口义》卷四《在宥》提道:"子在川上而曰'逝者如斯夫',亦指其无穷无测者言之。"[4]他相信道家万物无穷无测,"可与天合一"之说,而视孔子川上之叹为同声相应。他并且谓"《易》不终于《既济》,而终于《未济》,是知物无穷而物无测也"。[5]"物无穷而物无测"毕竟与程、朱所讲的"天运不已"并不相同。不过,希逸的"与天合一"之说与明道"与道体为一"似有因袭痕迹。此外,《庄子口义》卷六《秋水》:"'物之生也,若骤若驰',即所谓'逝者如斯夫',变动转移,无时不然,何者为为?何者为不为?是

[1] 戴溪:《石鼓论语答问》卷中,《四库提要》,第199册,页31。按:所引苏轼语出自《前赤壁赋》。

[2] 有关林希逸在伊川门下的承传源流,参看周启成《前言》,见〔宋〕林希逸著、周启成校注:《庄子鬳斋口义校注》(北京:中华书局,1997年),页2—3。

[3]《庄子口义·提要》,《四库全书》,第1056册,页356。

[4] 林希逸著、周启成校注:《庄子鬳斋口义校注》卷四,页171。

[5] 同前注。

皆听造化自然而已，故曰夫固将自化。”[1]这里也是说“逝者如斯夫”指的是“无时不然”的“造化自然”。“无时不然”固然与“循环不已”不同，因为“变动转移”指的是“变化无端”而“往过来续”则强调“恒常不变”。如果说陈祥道援引《庄子》佐证《论语》，“殊非解经之体”，则林希逸根本就有将《论语》道家化的倾向了。

程门后学渐行渐远，别出蹊径，与朱熹同时而道学立场相异的陆象山的门人弟子就更可想象了。陆象山主“心学”，门人中以号慈湖先生的杨简最为高弟。《四库全书》《慈湖遗书·提要》谓“金溪之学，以简为大宗。所为文章，大抵敷畅其师说，其讲学纯入于禅，先儒论之详矣”。[2]杨简说：“子在川上曰‘逝者如斯夫，不舍昼夜’，时运而往，自生至死，流逝如川之急，常情恋景著物多，不悞时运如此之速，故不勇于道学。圣人斯言，所以警诲学者深矣。”[3]慈湖之意其实十分明白，孔子不过见“流逝如川之急”，但又微妙难察，常人也许不知不觉错失光阴，于是“不勇于道学”，所以，圣人斯言，只想“警诲学者”而已。虽然朱熹常言金溪心学辄有自说悟道之弊，但杨简于此可谓异常的平实。[4]

杨简的弟子钱时亦阐释《论语》，并撰有《融堂四书管见》十二卷（卷首有理宗绍定己丑〔1229〕自序），其书宋理宗嘉熙二年（1238）

[1] 林希逸著、周启成校注：《庄子鬳斋口义校注》卷六，页268。

[2]《慈湖遗书·提要》，《四库全书》，第1156册，页605。有关杨简的心学思想，参看刘宗贤：《杨简与陆九渊》，《中国哲学史》1996年第4期，页83—88。

[3]〔宋〕杨简：《慈湖遗书》卷十一，见《四库全书》，第1156册，页808，809。

[4] 明代王阳明的心学固然可谓渊源于陆象山，而阳明虽然并未替《论语》作注，但他写过一篇《惜阴说》，其中借“子在川上”章立论。见《王文成全书》卷七，《四库全书》，第1265册，页215。阳明的《惜阴说》，旨在劝人自强不息，要学孔子“学如不及”的精神。有趣的是，他的理据却来自形而上的宇宙观，而且还是程、朱的道学，包括伊川的“道体”说和明道的“谨独”说。《惜阴说》完稿前的八年，阳明刊刻他的《古本大学》和《朱子晚年定论》，两者都是存心与朱子互相颉颃之作。也许《惜阴说》的平实说法也有故意反对朱子的企图。又《惜阴说》作于嘉靖五年（1526），翌年阳明逝世，也许阳明此时更加感同身受，体会到光阴之可贵。

乔行简奏下严州，其时朱熹已经去世三十八年了。据《四库全书》提要，书中体例“俱先列经文，略加音训而诠释其大旨于后。《孝经》用古文，《大学》但析为六章，不分经传。盖时之学出于杨简，简之学出于陆九渊，门户迥殊，故不用程、朱之本”。[1]除了给“夫”字（音扶）和“舍”（上声）注音以外，钱时并没有注释“子在川上”章本文，不过，他却在此章之下写了这样的文字：“愚尝作《竹泉赞》云：‘源源而来，涓涓而滴，不昼而出，不夜而息，与天地而始终，惟吾之一。’”[2]钱说道家色彩甚浓，他所说的“与天地而始终”之“吾一”，相信与林希逸所讲的“无穷无测”而“可与天合一”的“物”不过是同音而异腔而已。

总结而言，程、朱道学盛行前后，宋儒对“子在川上”章的看法大约有两种：一是平实地指出孔子感叹时光如流水逝去不回，并无哲学深义；二是道家色彩鲜明的哲学阐释，强调天地或者主宰天地的道之无穷难测，修身意味并不强烈。这两种看法都跟程、朱道学诠释异趣，而前者更忠于孔子原话的寓意。

五、结　　论

本文以程、朱对“子在川上”章的诠释为出发点，分析程、朱道学视野下、川水上的孔子所说的两句话。我们发现程、朱的注意力完全集中在孔子原话的义理内涵上，而在程、朱的阐释中，孔子的原话似乎被孤立起来作分析，跟他当时的历史情境全不沾边，最终孔子川上所说的两句简语被提升到前所未有的形而上高度。原来孔子所说的“不舍昼夜”的川水，在程、朱眼中变成有如“川流不息”的

---

[1]《融堂四书管见·提要》，《四库全书》，第183册，页579。

[2] 钱时：《融堂四书管见》卷五，同前书，页619。

不已“天运”。这个循环不已的“天运”，伊川称为“道体”，而朱熹则修正为更具动感的“道体之本然”。动感的“道体之本然”显诸万物，包括人类，因为朱子强调，“这个道理，吾身也在里面，万物亦在里面，天地亦在里面，通同只是一个物事”。所以，人须“谨独”，效法“天运”，自强不息，“纯亦不已”。如此，人物就变成“道体”的体现了。

诚然，孔子原话的历史情境并没有什么具体的细节，因而便于普遍化的义理诠释。然而，从文义的分析而言，《论语》原文明显地着眼于孔子触景伤情，缘情兴叹这一基本事实，也许从诗学的观点看，记录人的兴趣其实在于孔子在川水上人景合一的经验。从纯粹的形式着眼，孔子的两句原话分别为五言句和四言句，除去虚字“夫”，两句都是四言，[1]正合乎西周以来北方的四言诗传统，这个传统最后通过《诗经》的编定而得以典范化。由是观之，我们说川水上的孔子缘情兴叹，出口成章，宛如天籁，不啻就是诗句，应该可以成立。事实上，孔子临水咏叹的情况，文献足征，川上之叹绝非罕见的例子。《史记·孔子世家》载：

> 孔子既不得用于卫，将西见赵简子。至于河而闻窦鸣犊、舜华之死也，临河而叹曰：“美哉水！洋洋乎！丘之不济此，命也夫！”子贡趋而进曰：“敢问何谓也？”孔子曰：“窦鸣犊、舜华，晋

[1] 事实上，《诗经》中也有许多夹杂虚字的诗句，而这些诗句，严格来说，应该仍然算作四言句。朱子谓：“大凡读书，多在讽诵中见义理。况《诗》又全在讽诵之功。……又如今诗曲，若只读过，也无意思。须是歌起来。方见好处。”见《朱子语类》卷一〇四，页2612。如果我们对诗歌的形式不存先入为主的成见，反复讽诵“子在川上”章，我们自然可以领略到其中舒缓婉转的含蓄节奏，这固然不能算作什么义理，但孔子的情怀吐属应该是具体而微地显露出来了。偏偏朱子认为“《论语》章短者诚不可读，读则易蹉过后章去。若《孟子》《诗》《书》等，非读不可。盖它首尾自相应，全籍读方见”。见《朱子语类》卷一一八，页2836。也许这正是他错失川上孔子心声的缘故。

> 国之贤大夫也。赵简子未得志之时，须此两人而后从政。及其已得志，杀之乃从政。丘闻之也，刳胎杀夭则麒麟不至郊；竭泽涸渔则蛟龙不合阴阳；覆巢毁卵则凤皇不翔。何则？君子讳伤其类也。夫鸟兽之于不义也，尚知辟之，而况乎丘哉？乃还，息乎陬乡，作为《陬操》以哀之。”[1]

孔子在狄水上慨叹“美哉水！洋洋乎！丘之不济此，命也夫”，[2]前两句是孔子获悉窦鸣犊、舜华之死后即景而兴叹，后两句则是叹旨。要了解孔子的叹声，我们必须明了他的叹旨。在这个例子中，孔子倒是夫子自道了。然而，孔子为什么决定不渡狄水，叹声中并没有交代，因此，在旁的子贡就急忙追问。准此，我们不禁怀疑，当川水上的孔子叹息的时候，如果他真的语有所托，为什么他身旁的弟子竟然会默默无语。诚然，孔子在狄水上之感叹，情境与川上之叹不尽相同，因此，川上的弟子不必一定会追问夫子叹息的原因。然而，这两个不同的慨叹情况适足证明，要认识孔子的川上之叹，我们必须切实分析他当时叹息的历史情境。孔子大概当时并非如朱子所言看见流水而乘机阐发他对天道的看法。由是观之，我们可以断定，“逝者如斯夫，不舍昼夜”只是川水上的孔子心中不期然流露出来的诗句，这两句话的自然节奏无疑就是他当时的心声。心声所反映的只是诗人一片

[1] 司马迁：《史记·孔子世家》，《史记会注考证》卷四十七，页737。孔子临水而歌叹的例子，史传屡见不鲜，恐怕未必全属杜撰。比如，《水经注·河水》：“昔赵杀鸣犊，仲尼临河而叹，自是而返曰：‘丘之不济，命也。’夫《琴操》以为孔子临狄水而歌矣，曰：‘狄水衍兮风扬波，船楫颠倒更相加。”见〔北魏〕郦道元撰、陈桥驿点校：《水经注》（上海：上海古籍出版社，1990年），卷五，页107—108。

[2] 按：孔子临狄河歌叹而回一事，又见《孔丛子》卷上《记问第五》，不过，孔子的叹辞不同。见《四库全书》，第695册，页319—320。据〔宋〕郭茂倩辑《乐府诗集》卷五十八《琴曲歌辞》称孔子所作曲曰《将归操》，或名《聊操》。其辞曰：“翱翔于卫，复我旧居，从我所好，其乐只且。”见《四库全书》，第1347册，页515。值得注意的是，孔子的歌辞基本上全为四言句。

真挚不能已之感情。[1]

反观，在程、朱的道学宇宙里，孔子本人在“子在川上”章中似乎消失了，而孔子眼前充满个人独特意义的景物也升华成为抽象而普遍的义理。朱子读书极为谨慎，一字不苟，[2]但在解读此章时，他却偏偏没有解释其中的语助词“夫”字，因此，他似乎并没有注意到孔子的叹息 。用程、朱道学的语言来说，朱熹过于注重到孔子的“义理之性”而忽视了他的“气质之性”。朱子曾经批评过时人的读书态度，说：“读书须从文义上寻，次则看注解。今人却于文义外寻索。”[3]也许，他本人对“子在川上”章的读法恐怕也犯上了同样的毛病。

朱熹说不舍昼夜的川流显示了“道体之本然”，而由于川流又是“道体”之“可指而易见者”，所以，孔子就乘机“于此发以示人，欲学者时时省察而无毫发之间断也”。如此说来，孔子的原话是有为而发的。作为一种文字的阐释，朱熹的说法未尝不可自圆其说，[4]但是，必须注意的是，孔子在本章的“经验之谈”后并没有进一步发挥他的感想或义理。至少他的弟子并没有记录下来，而由于文献无征，

---

[1] 孔门强调诗教，孔子固然也讲求诗人言外之旨，《论语》中记载他与弟子论《诗》的例子不鲜（如《学而》篇与子贡论“如切如磋，如琢如磨”，《八佾》篇与子夏论“巧笑倩兮”），但这并不表示孔子所说的每一句话都隐藏弦外之音。毕竟，《诗经》六义不仅限于“兴”也。有关孔子的诗教，可参看严寿澂：《论儒家诗教》，《儒家文化》创刊号（2001年3月），页83—108。

[2] 朱熹说：“读书须是虚心，方得。他圣人说一字是一字，自家只平着心去秤停他，都不使得一毫杜撰，只顺他去。某向时也杜撰说得，终不济事。……自今夏来，觉见得才是圣人说话，也不少一个字，也不多一个字，恰恰地好，都不用一些穿凿。”见《朱子语类》卷一〇四，页2621—2622。对于他注书的态度，他自己解释说：“某解书，如训诂一二字等处，多有不必解处，只是解书之法如此；亦要教人知得，看文字不可忽略。”见同书卷一〇五，页2626。

[3] 同前书，卷一，页193。

[4] 朱子论文王和孔子对《易经》“元、亨、利、贞”之不同解释时说：“文王者自不妨孔子之说，孔子者自不害文王之说。然孔子却不是晓文王意不得，但他又自要说一样道理也。”同前书，卷一〇五，页2626。也许朱子也并非不晓得川上孔子的叹息之意，但他“又自要说一样道理”。

我们很难相信孔子确实作过如此的发挥。再者，当时川上伴随孔子的到底有多少弟子，或者更有孔门以外的其他人，今天都不可知。朱熹说夫子“于此发以示人”，恐怕是想当然耳。退一步说，如果当时的确有一群人在，为什么孔子倒没有借题发挥，畅说“道体之本然”呢？毕竟，正如子贡惋惜地说：“夫子之言性与天道，不可得而闻也！”（《论语·公冶长》）如果孔子身边只有做记录的那一个弟子，而孔子又寄意于“道体”，那么，他的语言无论如何都过于含糊隐晦，他的弟子似乎难以了然会心。金代王若虚对这一点提出最有力的质疑。他说：

子在川上曰：“逝者如斯夫，不舍昼夜。”注疏以为叹时事之不留，古今多取此意。程氏曰：“此道体也。天运而不已，日往则月来，寒往则暑来；水流而不息，物生而不穷，皆与道为体，运乎昼夜，未尝已也。君子法之，自强不息，及其至也，纯亦不已。自汉以来，儒者皆不识此意。”予谓孔子指水而云，其所寓意，未可晓也。诸子之言，亦俱说得去。然安知其果然哉？程氏之论，虽有益学者，要为出于意度，而遂谓自汉以来无识之者。何其自信之笃邪？盖未敢从。[1]

事实上，孔子川上之叹应该只是触景生情，不期然脱口而出。他的话中也许暗藏弦外之音，若然，他当时的寓意大概只是慨叹光阴如流水，正如孙绰所言，恐怕是他对斯文未兴，日月已迈，时不我予，因而不禁“忧叹”而已。孔子说过：“《诗》可以兴。”（《论语·阳货》）他

[1]〔金〕王若虚：《论语辨惑》二，《滹南集》卷五，见《四库全书》，第1190册，页304。按：王若虚论学持平，并无专意攻击朱子之意。《滹南集·提要》云：“今考《论语》《孟子》《辨惑》乃杂引先儒异同之说，断以己意，其间疑朱子者有之，而从朱子者亦不少，实非专为辨驳朱子而作。”见同书，页272。

所赞美的《关雎》正是兴体，但是，《关雎》即景借鸟起兴而诗人的吐属却清晰无疑，与孔子川上之言含糊隐晦大不相同。如果我们相信孔子真的做到他自己所追求的“辞，达而已矣”（《论语・卫灵公》），那么，他在川上简洁的两句话本身应该是言赅意达了，无烦读者多加揣测，甚至曲解。[1]按：《论语・乡党》：“色斯举矣，翔而后集。曰：‘山梁雌雉，时哉！时哉！’子路共之，三嗅而作。”此章文义或许尚有争议，但孔子看见山雉“色斯举矣，翔而后集”，因而叹言“时哉！时哉！”显然，孔子在此也是即景起兴，但他却很清楚将自己心中的寓意说破，跟“子在川上”章的做法无疑大不相同。这也许可以作为川水上的孔子之叹并无特别寓意的旁证。或者，我们可以说，除了感时忧世而外，川水上的孔子如果尚有其他哲理在心，他不太可能欲言又止，留待旁人去凭空猜想。

追本溯源，孔子在川上时身旁的弟子应该是历史上第一个也是最早的一个诠释孔子川上之叹的人。他记录了一个看来无关宏旨的“夫”字。这个虚字到底是否本来就在孔子原话之中，用以直接表达他的唏嘘之意，还是弟子听到孔子轻叹，自己选用了这个“夫”字来捕捉老师的叹息，今天我们固然只能推测。无论如何，孔子原话的重点在真情实感的叹息，这应该是绝对不成问题的。如果孔子当时真有言外之意，他身旁的弟子必然会追问，这至少是孔门弟子提问的习惯。[2]这位孔子身旁的弟子大概只想将老师的人情味绘画出来。事实上，千载以下，依据他质朴无华的记录，我们还是可以领会到孔子温柔敦厚的诗人情怀，他的叹声依然隐约而清晰可闻。在教

[1] 朱熹有一次跟弟子讲《论语》时，曾警惕他们说：“圣人说话，开口见心，必不只说半截，藏着半截。学者观书，且就本文上看取正意，不须立说别生枝蔓。唯能认得圣人句中之意，乃善。”川水上的孔子恐怕也“开口见心”，而没有“藏着半截”道体宇宙观。见《朱子语类》卷十九，页435。

[2] 比如，樊迟问仁（见《论语・颜渊》）和子夏问《诗》（《论语・八佾》）。

导弟子读《诗》的时候，朱熹自己曾说："圣人有法度之言，如《春秋》《书》《礼》是也，一字皆有理。如《诗》，亦要逐字将理去读，便都碍了。"[1]他甚至批评程颐的读《诗》方法，说："程先生《诗传》取义太多。诗人平易，恐不如此。"[2]朱熹读"子在川上"章，未能以"诗"视之，于是便失掉孔子"诗人平易"之心。我们也只能说川上的孔子"恐不如此"。朱熹劝弟子读《论语》时特别强调"学者千章万句，只是理会一个心"。只可惜他所关注的"心"，却是天理所存之"本心"，因此，他接着说："且如'仁者其言也讱'，察其言便可知其本心之存与不存，天理人欲之胜负。"[3]在朱熹的眼里，仁者之言，只能显露其"本心"之天理，而更没有仁者的性情似的。朱熹未能以孔子心看待孔子心，而必须将孔子心看作"道体"之人心化，因此，孔子心必须变得"纯亦不已"才有意义，而他在川水上的叹息也就无意地给息灭了。在程、朱道学的形而上视野里，孔子心不免被化约为一个"道体"的比喻。[4]金王若虚《论语辨惑序》有云："尝谓宋儒之议论，不为无功，而亦不能无罪焉。彼其推明心术之微，剖析义利之辨，斟酌时中之权，委曲疏通，多先儒之所未到，斯固有功矣。至于消息过深，揄扬过侈，以为句句必涵气象而事事皆关造化，将以尊圣人而不免反累。名为排异端而实流入于其中，亦岂为无罪也哉！"[5]朱熹对"子在川上"章的解读，也许未必因为"尊圣人而不免反累"，但恐怕也

[1]《朱子语类》卷八十，页2082。又朱熹在《楚辞辩证》卷上《离骚经》说："凡说诗者，固当句为之释，然亦但能见其句中之训故字义而已。至于一章之内，上下相承，首尾相应之大指，自当通全章而论之，乃得其意。"见《朱子全书》，第19册，页185。

[2]《朱子语类》卷八十，页2089。朱熹在别处又批评伊川说："有将物之无，兴起自家之所有，将物之有，兴起自家之所无。前辈都理会这个不分明，如何说得《诗》本指。只伊川也自未见得。看所说有甚广大处，子细看，本指却不如此。"见同书同卷，页2071。朱熹对"子在川上"章的道学诠释恐怕已应作如是观。

[3] 同前书，卷四十二释"司马牛问仁"章，页1081。

[4] 朱子说："今有一般人，看文字却只摸得些渣滓，到有深意好处，却全不识！"见《朱子语类》卷一〇四，页2615。但愿本文所论还不至于"只摸得些渣滓"。

[5] 王若虚：《论语辨惑·序》，《滹南集》卷三，页290。

未免“消息过深，揄扬过侈”了。王若虚又云：“解《论语》者有三过焉：过于深也，过于高也，过于厚也。圣人之言，亦人情而已。”[1]朱子对川水上孔子的感喟，诠释大概过深过高，而忽略了发乎人情的圣人之言。明代张岱在《四书遇·论语·子罕》“川上”章引杨复所之言曰：“‘逝者如斯夫，不舍昼夜’，是一句叹息光阴之语。说者都说道机化机，反说远了，细细体会，当自得之。”[2]善哉斯言！

近人程树德也谓朱子《论语集注》中“遇《论语》凡有‘斯’字或‘之’字，悉以‘理’字填实之，皆不免强人就我，圣人胸中何尝有此种理障邪？朱子尝云‘圣贤议论，本是平易。今推之使高，凿之使深’。然《集注》释‘子在川上’释曾点言志，仍不免过高之病。以此立说著书，未尝不可，但非解经正轨，读者当分别观之。”[3]从诠释学的角度看，程氏所谓“解经正轨”大致相当于本书所言的文内诠释，而他所谓的“立说著书”则不啻是一种文外诠释了。

[1] 王若虚：《论语辨惑·总论》，《滹南集》卷三，页290。

[2] 〔明〕张岱：《四书遇》(杭州：浙江古籍出版社，1985年)，页217。按：杨起元乃罗近溪的弟子，而近溪为王阳明四传弟子，他本人虽然反对朱熹的理气论，但十分崇拜朱熹为人及其学问。杨起元所批评的“道机化机”说无疑是针对朱子而发的。参看第318页注[3]。

[3] 程树德撰，程俊英、蒋见元点校：《论语集释》“凡例”，页7—8。

引用书目

经 部

〔魏〕王弼注、〔唐〕孔颖达正义：《周易注疏》，《十三经注疏》第1册，台北：艺文印书馆影印阮元嘉庆二十年（1820）江西南昌府学开雕本，1976年。

〔宋〕朱熹：《周易本义》，收入朱杰人、严佐之、刘永翔编：《朱子全书》第1册，上海：上海古籍出版社；合肥：安徽教育出版社，2002年。

〔宋〕张载：《横渠易说》，收入《张载集》，台北：汉京文化事业有限公司，2004年。

〔宋〕程颐：《周易程氏传》，收入〔宋〕程颢、〔宋〕程颐著，王孝鱼点校：《二程集》第3册，北京：中华书局，1984年。

〔清〕李光地：《御纂周易折中》，《景印文渊阁四库全书》第38册，台北：台湾商务印书馆，1983—1986年。

旧题〔汉〕孔安国传、〔唐〕孔颖达正义：《尚书注疏》，《十三经注疏》第1册，台北：艺文印书馆影印阮元嘉庆二十年（1820）江西南昌府学开雕本，1976年。

〔汉〕毛亨传、〔汉〕郑玄笺、〔唐〕孔颖达正义：《毛诗注疏》，《十三经注疏》第2册，台北：艺文印书馆影印阮元嘉庆二十年（1820）

江西南昌府学开雕本，1976年。
〔宋〕王质：《诗总闻》，《景印文渊阁四库全书》第72册，台北：台湾商务印书馆，1983—1986年。
〔宋〕朱熹：《诗集传》，香港：中华书局，1977年。
〔宋〕李樗、〔宋〕黄櫄：《毛诗李黄集解》，《景印文渊阁四库全书》第71册，台北：台湾商务印书馆，1983—1986年。
〔汉〕韩婴撰、许维遹校释：《韩诗外传集释》，北京：中华书局，1980年。
〔清〕宋绵初：《韩诗内传征》，《续修四库全书》第75册，上海：上海古籍出版社，1995年。
〔汉〕郑玄注、〔唐〕贾公彦疏：《周礼注疏》，《十三经注疏》第3册，台北：艺文印书馆影印阮元嘉庆二十年（1820）江西南昌府学开雕本，1976年。
〔汉〕郑玄注、〔唐〕贾公彦疏：《仪礼注疏》，《十三经注疏》第4册，台北：艺文印书馆影印阮元嘉庆二十年（1820）江西南昌府学开雕本，1976年。
〔汉〕郑玄注、〔唐〕孔颖达正义：《礼记注疏》，《十三经注疏》第5册，台北：艺文印书馆影印阮元嘉庆二十年（1820）江西南昌府学开雕本，1976年。
〔宋〕卫湜：《礼记集说》，《景印文渊阁四库全书》第118册，台北：台湾商务印书馆，1983—1986年。
〔汉〕戴德撰、〔北周〕卢辩注：《大戴礼记》，《景印文渊阁四库全书》第128册，台北：台湾商务印书馆，1983—1986年。
〔晋〕杜预注、〔唐〕孔颖达正义：《春秋左传注疏》，《十三经注疏》第6册，台北：艺文印书馆影印阮元嘉庆二十年（1820）江西南昌府学开雕本，1976年。
〔汉〕何休注、〔唐〕徐彦疏：《春秋公羊传注疏》，《十三经注疏》第

7册，台北：艺文印书馆影印阮元嘉庆二十年（1820）江西南昌府学开雕本，1976年。

旧题〔汉〕孔安国传：《古文孝经孔氏传》，《景印文渊阁四库全书》第182册，台北：台湾商务印书馆，1983—1986年。

旧题〔唐〕唐玄宗注、〔宋〕邢昺疏：《孝经注疏》，《十三经注疏》第8册，台北：艺文印书馆影印阮元嘉庆二十年（1820）江西南昌府学开雕本，1976年。

〔唐〕陆德明撰、吴承仕疏证：《经典释文序录疏证》，北京：中华书局吴检斋遗书本，1984年。

〔宋〕刘敞：《公是七经小传》，《景印文渊阁四库全书》第183册，台北：台湾商务印书馆，1983—1986年。

〔宋〕钱时：《融堂四书管见》，《景印文渊阁四库全书》第183册，台北：台湾商务印书馆，1983—1986年。

〔汉〕赵岐注、〔宋〕孙奭疏：《孟子注疏》，《十三经注疏》第8册，台北：艺文印书馆影印阮元嘉庆二十年（1820）江西南昌府学开雕本，1976年。

〔魏〕何晏注、〔宋〕邢昺疏：《论语注疏》，《十三经注疏》第8册，台北：艺文印书馆影印阮元嘉庆二十年（1820）江西南昌府学开雕本，1976年。

〔南朝梁〕皇侃：《论语集解义疏》，台北：广文书局，1991年。

〔唐〕韩愈、〔唐〕李翱：《论语笔解》，《景印文渊阁四库全书》第196册，台北：台湾商务印书馆，1983—1986年。

〔宋〕朱熹：《四书或问》，收入朱杰人、严佐之、刘永翔编：《朱子全书》第6册，上海：上海古籍出版社；合肥：安徽教育出版社，2002年。

〔宋〕朱熹：《四书章句集注》，北京：中华书局，2001年。

〔宋〕朱熹：《论孟精义》，收入朱杰人、严佐之、刘永翔编：《朱子全书》第7册，上海：上海古籍出版社；合肥：安徽教育出版社，2002年。
〔宋〕陈祥道：《论语全解》，《景印文渊阁四库全书》第196册，台北：台湾商务印书馆，1983—1986年。
〔宋〕郑汝谐：《论语意原》，《景印文渊阁四库全书》第199册，台北：台湾商务印书馆，1983—1986年。
〔宋〕戴溪：《石鼓论语答问》，《景印文渊阁四库全书》第199册，台北：台湾商务印书馆，1983—1986年。
〔明〕周宗建：《论语商》，《景印文渊阁四库全书》第207册，台北：台湾商务印书馆，1983—1986年。
〔明〕张岱：《四书遇》，杭州：浙江古籍出版社，1985年。
〔明〕陈士元：《论语类考》，《景印文渊阁四库全书》第207册，台北：台湾商务印书馆，1983—1986年。
〔明〕蔡清：《四书蒙引》，《景印文渊阁四库全书》第206册，台北：台湾商务印书馆，1983—1986年。
〔清〕毛奇龄：《论语稽求篇》，《景印文渊阁四库全书》第210册，台北：台湾商务印书馆，1983—1986年。
〔清〕程树德撰，程俊英、蒋元点校：《论语集释》，北京：中华书局，1997年。
〔清〕刘宝楠：《论语正义》，《续修四库全书》第156册，上海：上海古籍出版社，1995年。
〔清〕刘宝楠撰、高流水点校：《论语正义》，北京：中华书局，1998年。
李泽厚：《论语今读》，合肥：安徽文艺出版社，1998年。
杨伯峻：《论语译注》，北京：中华书局，1965年。
钱穆：《论语新解》，香港：新亚研究所，1963年。
〔汉〕许慎撰、〔清〕段玉裁：《说文解字注》，台北：兰台出版社，

1974年。
〔晋〕郭璞注、〔宋〕邢昺疏：《尔雅注疏》,《十三经注疏》第8册，台北：艺文印书馆影印阮元嘉庆二十年(1820)江西南昌府学开雕本,1976年。
〔清〕王念孙：《广雅疏证》,北京：中华书局,1983年。

史 部

〔汉〕司马迁撰、〔日〕泷川龟太郎考证：《史记会注考证》,台北：宏业书局,1977年。
〔汉〕班固：《汉书》,北京：中华书局,2002年。
〔汉〕荀悦：《前汉纪》,《两汉纪》,北京：中华书局,2005年。
〔汉〕陆贾撰、王利器校注：《新语校注》,北京：中华书局,1986年。
〔汉〕刘向：《古列女传》,《景印文渊阁四库全书》第448册，台北：台湾商务印书馆,1983—1986年。
〔吴〕韦昭注、上海师范大学古籍整理组校点：《国语》,上海：上海古籍出版社,1978年。
〔晋〕陈寿撰、卢弼集解：《三国志集解》,台北：新文丰出版股份有限公司,1975年。
〔南朝宋〕范晔：《后汉书》,北京：中华书局,1973年。
〔北魏〕崔鸿：《十六国春秋》,《景印文渊阁四库全书》第463册，台北：台湾商务印书馆,1983—1986年。
〔北魏〕郦道元撰、陈桥驿点校：《水经注》,上海：上海古籍出版社,1990年。
〔唐〕杜佑：《通典》,《景印文渊阁四库全书》第603册，台北：台湾商务印书馆,1983—1986年。
〔唐〕房玄龄等撰：《晋书》,北京：中华书局,1974年。
〔唐〕蒋偕编：《李相国论事集》,《景印文渊阁四库全书》第446册,台北：台湾商务印书馆，1983—1986年。
〔唐〕魏征等撰：《隋书》，北京：中华书局，1982年。
〔宋〕孔传：《东家杂记》，《景印文渊阁四库全书》第446册，台北：台湾商务印书馆，1983—1986年。
〔宋〕司马光：《资治通鉴》，北京：中华书局，1976年。
〔宋〕朱熹撰：《伊川先生年谱》，《河南程氏遗书》附录，收入〔宋〕程颢、〔宋〕程颐著，王孝鱼点校：《二程集》第1册，北京：中华书局，1984年。
〔宋〕朱熹：《伊洛渊源录》，收入朱杰人、严佐之、刘永翔编：《朱子全书》第12册，上海：上海古籍出版社；合肥：安徽教育出版社，2002年。
〔宋〕宋敏求编：《唐大诏令集》，北京：商务印书馆，1959年。
〔宋〕宋敏求编：《长安志》，《景印文渊阁四库全书》第587册，台北：台湾商务印书馆，1983—1986年。
〔宋〕耐得翁：《都城纪胜》，《丛书集成续编》第52册，上海：上海书店，1994年。
〔宋〕陈振孙：《直斋书录解题》，《景印文渊阁四库全书》第674册，台北：台湾商务印书馆，1983—1986年。
〔清〕江藩：《国朝汉学师承记》（附《国朝宋学渊源记》），北京：中华书局，1983年。
〔清〕沈佳：《明儒言行录》，《景印文渊阁四库全书》第458册，台北：台湾商务印书馆，1983—1986年。
〔清〕国史馆编：《清史列传》，收入周骏富编：《清代传记丛刊》第104册，台北：明文出版社，1986年。
〔清〕张照、梁诗正、励宗万、张若霭等奉敕编：《秘殿珠林》，《景印文渊阁四库全书》第823册，台北：台湾商务印书馆，1983—1986年。

〔清〕毕沅:《续资治通鉴》,上海:上海古籍出版社,1987年。

赵尔巽等撰:《清史稿》,北京:中华书局,1977年。

〔日〕圆仁:《入唐求法巡礼行记》,上海:上海古籍出版社,1986年。

子　部

〔战国〕荀况撰、〔清〕王先谦:《荀子集解》,北京:中华书局,1997年。

〔战国〕韩非撰、陈奇猷校释:《韩非子校释》,香港:中华书局,1974年。

旧题〔秦〕吕不韦撰、陈奇猷校释:《吕氏春秋新校释》,上海:上海古籍出版社,2005年。

旧题〔汉〕孔鲋撰:《孔丛子》,《景印文渊阁四库全书》第695册,台北:台湾商务印书馆,1983—1986年。

〔汉〕王充撰、黄晖校释:《论衡校释》,北京:中华书局,1995年。

旧题〔汉〕河上公撰、王卡点校:《老子道德经河上公章句》,北京:中华书局,1997年。

〔汉〕徐干撰、徐湘霖校注:《中论校注》,成都:巴蜀书社,2000年。

〔汉〕班固撰、〔清〕陈立疏证:《白虎通疏证》,北京:中华书局,1994年。

〔汉〕扬雄撰、〔宋〕司马光集注:《太玄集注》,北京:中华书局,1998年。

〔汉〕扬雄撰,汪荣宝义疏、陈仲夫点校:《法言义疏》,北京:中华书局,1997年。

〔汉〕董仲舒撰,〔清〕苏舆义证、钟哲点校:《春秋繁露义证》,北京:中华书局,2002年。

〔汉〕贾谊撰,阎振益、钟夏校注:《新书校注》,北京:中华书局,2000年。

〔汉〕刘向撰、赵善诒疏证：《说苑疏证》，上海：华东师范大学出版社，1985年。
〔汉〕刘安撰，刘文典集解，冯逸、乔华点校：《淮南鸿烈集解》，北京：中华书局，1997年。
旧题〔汉〕严遵撰、王德有点校：《老子指归》，北京：中华书局，1997年。
〔魏〕王肃注、杨朝明主编：《孔子家语通解》，台北：万卷楼图书有限公司，2005年。
〔魏〕刘邵：《人物志》，《丛书集成新编》第20册，台北：新文丰出版公司影印《畿辅丛书》本，1984年。
〔南朝宋〕刘义庆撰，〔南朝梁〕刘孝标注，余嘉锡笺疏，周祖谟、余淑宜整理：《世说新语笺疏》，北京：中华书局，1983年。
〔南朝梁〕周兴嗣等编纂：《千字文》，长沙：岳麓书社，1999年。
〔南朝梁〕萧绎：《金楼子》，《景印文渊阁四库全书》第848册，台北：台湾商务印书馆，1983—1986年。
〔唐〕司马承祯：《天隐子》，《正统道藏》第21册，北京：文物出版社、上海书店、天津古籍出版社，1988年。
〔唐〕杜光庭：《道教灵验记》，《正统道藏》第10册，北京：文物出版社、上海书店、天津古籍出版社，1988年。
〔唐〕徐坚等撰：《初学记》，北京：中华书局，1980年。
〔唐〕欧阳询撰：《艺文类聚》，上海：上海古籍出版社，1982年。
〔宋〕朱熹、〔宋〕吕祖谦撰：《近思录》，《景印文渊阁四库全书》第699册，台北：台湾商务印书馆，1983—1986年。
〔宋〕李昉等撰：《太平御览》，北京：中华书局，1985年。
〔宋〕周密：《云烟过眼录》，《景印文渊阁四库全书》第871册，台北：台湾商务印书馆，1983—1986年。
〔宋〕林希逸著、周启成校注：《庄子鬳斋口义校注》，北京：中华书局,1997年。

〔宋〕晁迥:《昭德新编》,《景印文渊阁四库全书》第849册,台北:台湾商务印书馆,1983—1986年。

〔宋〕晁说之:《儒言》,《景印文渊阁四库全书》第698册,台北:台湾商务印书馆,1983—1986年。

〔宋〕张载:《正蒙》,收入《张载集》,台北:汉京文化事业有限公司,2004年。

〔宋〕陈埴:《木钟集》,《景印文渊阁四库全书》第703册,台北:台湾商务印书馆,1983—1986年。

〔宋〕陆九渊著、钟哲点校:《陆九渊集》,北京:中华书局,2008年。

〔宋〕陶谷:《清异录》,《景印文渊阁四库全书》第1047册,台北:台湾商务印书馆,1983—1986年。

〔宋〕程颢、〔宋〕程颐撰:《河南程氏外书》,收入〔宋〕程颢、〔宋〕程颐著,王孝鱼点校:《二程集》第2册,北京:中华书局,1984年。

〔宋〕程颢、〔宋〕程颐撰:《河南程氏遗书》,收入〔宋〕程颢、〔宋〕程颐著,王孝鱼点校:《二程集》第1册,北京:中华书局,1984年。

〔宋〕黎靖德编、王星贤点校:《朱子语类》,北京:中华书局,1999年。

〔宋〕罗烨编、周晓薇点校:《新编醉翁谈录》(与〔宋〕金盈之编、周晓薇点校:《新编醉翁谈录》合刊),沈阳:辽宁教育出版社,1998年。

〔宋〕苏辙:《龙川略志》,《景印文渊阁四库全书》第1037册,台北:台湾商务印书馆,1983—1986年。

〔元〕《排韵增广事类氏族大全》,《景印文渊阁四库全书》第952册,台北:台湾商务印书馆,1983—1986年。

〔明〕王守仁述、陈荣捷注：《王阳明传习录详注集评》，台北：台湾学生书局，1983年。

〔明〕白云霁：《道藏目录详注》，《景印文渊阁四库全书》第1061册，台北：台湾商务印书馆，1983—1986年。

〔明〕吕坤、〔明〕洪应明著，吴承学、李光摩校注：《呻吟语·菜根谈》，上海：上海古籍出版社，2000年。

〔明〕陆容：《菽园杂记》，北京：中华书局，1985年。

〔明〕叶子奇：《太玄本旨》，《景印文渊阁四库全书》第803册，台北：台湾商务印书馆，1983—1986年。

〔明〕刘宗周：《刘子遗书》，《景印文渊阁四库全书》第717册，台北：台湾商务印书馆，1983—1986年。

〔清〕王先谦：《庄子集解》，台北：三民书局，1974年。

〔清〕永瑢等撰：《景印文渊阁四库全书总目》，北京：中华书局，1983年。

〔清〕郭庆藩撰、王孝鱼点校：《庄子集释》，北京：中华书局，1985年。

〔清〕陈澧：《汉儒通义》，《续修四库全书》第952册，上海：上海古籍出版社，1995年。

〔清〕清世宗纂：《圣祖仁皇帝庭训格言》，《景印文渊阁四库全书》第717册，台北：台湾商务印书馆，1983—1986年。

〔清〕惠栋：《九曜斋笔记》，《丛书集成续编》第92册，上海：上海书店，1994年。

〔清〕刘履恂：《秋槎杂记》，《四库未收书辑刊》第四辑第9册，北京：北京出版社，2000年。

〔清〕钱大昕：《十驾斋养新录》，商务印书馆：出版年地不详。

〔清〕顾炎武撰、黄汝成集释：《日知录集释》，长沙：岳麓书社，1994年。

王焕镳：《墨子集诂》，上海：上海古籍出版社，2005年。
彭裕商：《文子校注》，成都：巴蜀书社，2006年。
萧登福：《清静经今注今译》，高雄：九阳道善堂，2004年。
《太上老君说常清静妙经注》，《正统道藏》第17册，北京：文物出版社、上海书店、天津古籍出版社，1988年。
《太上升玄消灾护命妙经》，《正统道藏》第1册，北京：文物出版社、上海书店、天津古籍出版社，1988年。
《太上说中斗大魁掌算伏魔神咒经》，《正统道藏》第11册，北京：文物出版社、上海书店、天津古籍出版社，1988年。
〔吴〕陈慧：《阴持入经注》，高楠顺次郎、渡边海旭合编：《大正新修大藏经》第33册，东京：大正新修大藏经刊行会，1968年。
〔西晋〕道安：《人本欲生经注》，高楠顺次郎、渡边海旭合编：《大正新修大藏经》第33册，东京：大正新修大藏经刊行会，1968年。
〔后秦〕鸠摩罗什注：《注维摩诘经》，高楠顺次郎、渡边海旭合编：《大正新修大藏经》第38册，东京：大正新修大藏经刊行会，1968年。
〔后秦〕鸠摩罗什译：《众经撰杂譬喻》，高楠顺次郎、渡边海旭合编：《大正新修大藏经》第4册，东京：大正新修大藏经刊行会，1968年。
〔后秦〕鸠摩罗什译：《龙树菩萨传》，高楠顺次郎、渡边海旭合编：《大正新修大藏经》第50册，东京：大正新修大藏经刊行会，1968年。
〔后秦〕僧肇：《肇论》，高楠顺次郎、渡边海旭合编：《大正新修大藏经》第45册，东京：大正新修大藏经刊行会，1968年。
〔南朝齐〕求那毗地译：《百喻经》，高楠顺次郎、渡边海旭合编：《大正新修大藏经》第4册，东京：大正新修大藏经刊行会，1968年。
旧题〔南朝梁〕菩提达磨述：《达摩大师血脉论》，《新编卍续藏经》

第110册，台北：新文丰出版公司，1993年。
〔南朝梁〕僧祐：《出三藏记集》，高楠顺次郎、渡边海旭合编：《大正新修大藏经》第55册，东京：大正新修大藏经刊行会，1968年。
〔南朝梁〕慧皎：《高僧传》，《大正新修大藏经》第50册，东京：大正新修大藏经刊行会，1968年。
〔隋〕智顗撰：《四教义》，高楠顺次郎、渡边海旭合编：《大正新修大藏经》第46册，东京：大正新修大藏经刊行会，1968年。
〔隋〕智顗撰：《妙法莲华经文句》，高楠顺次郎、渡边海旭合编：高楠顺次郎、渡边海旭合编：《大正新修大藏经》第34册，东京：大正新修大藏经刊行会，1968年。
〔唐〕孟献忠编：《金刚般若经集验记》，《新编卍续藏经》第149册，台北：新文丰出版公司，1993年。
〔唐〕宗密撰：《圆觉经大疏释义钞》，《新编卍续藏经》第15册，台北：新文丰出版公司，1993年。
〔唐〕宗密撰：《圆觉经道场修证仪》，《新编卍续藏经》第128册，台北：新文丰出版公司，1993年。
〔唐〕法海录、丁福保笺注：《六祖坛经笺注》，台北：文津出版社，1978年。
〔唐〕湛然述：《法华文句记》，高楠顺次郎、渡边海旭合编：《大正新修大藏经》第34册，东京：大正新修大藏经刊行会，1968年。
〔唐〕道世编：《法苑珠林》，高楠顺次郎、渡边海旭合编：《大正新修大藏经》第53册，东京：大正新修大藏经刊行会，1968年。
〔唐〕道世编：《诸经要集》，高楠顺次郎、渡边海旭合编：《大正新修大藏经》第54册，东京：大正新修大藏经刊行会，1968年。
〔唐〕道宣：《广弘明集》，高楠顺次郎、渡边海旭合编：《大正新修大藏经》第52册，东京：大正新修大藏经刊行会，1968年。
〔宋〕王日休：《龙舒增广净土文》，高楠顺次郎、渡边海旭合编：《大正新修大藏经》第47册，东京：大正新修大藏经刊行会，1968年。

〔宋〕重显颂古、克勤评唱：《佛果圜悟禅师碧岩录》，高楠顺次郎、渡边海旭合编：《大正新修大藏经》第48册，东京：大正新修大藏经刊行会，1968年。

〔宋〕惟白集：《建中靖国续灯录》，《新编卍续藏经》第136册，台北：新文丰出版公司，1993年。

〔宋〕普济：《五灯会元》，北京：中华书局，1984年。

〔明〕张时彻：《芝园集》，《新编卍续藏经》第105册，台北：新文丰出版公司，1993年。

〔明〕智旭：《中庸直指》，收入智旭：《周易四书禅解》，成都：巴蜀书社，2004年。

〔明〕智旭：《占察善恶业报经玄义》，《新编卍续藏经》第35册，台北：新文丰出版公司，1993年。

〔明〕智旭：《盂兰盆经新疏》，《新编卍续藏经》第35册，台北：新文丰出版公司，1993年。

〔明〕智旭：《论语点睛》，收入智旭：《周易四书禅解》，成都：巴蜀书社，2004年。

〔明〕智旭：《灵峰宗论》，北京：北京图书出版社，2005年。

〔明〕智旭撰、江谦补注：《论语点睛补注》，台北：艺文印书馆影印《无求备斋论语集成》本，1966年。

〔明〕智旭撰、僧忏法师选辑：《蕅益大师集》，台北：佛教出版社，1978年。

〔明〕紫柏真可：《紫柏尊者全集》，《新编卍续藏经》第126册，台北：新文丰出版公司，1993年。

〔清〕通理撰：《法华经指掌疏》，《新编卍续藏经》第93册，台北：新文丰出版公司，1993年。

〔清〕道霈重编：《永觉元贤禅师广录》,《新编卍续藏经》第125册，台北：新文丰出版公司,1993年。

集　部

〔汉〕王逸撰、何锜章编：《王逸注楚辞》，台北：黎明文化事业股份有限公司,1973年。

〔魏〕王弼撰、楼宇烈集释：《王弼集校释》，北京：中华书局，1980年。

〔晋〕陶渊明撰、龚斌校笺,《陶渊明集校笺》，上海：上海古籍出版社,1999年。

〔南朝梁〕萧统编、〔唐〕李善注：《六臣注文选》,《景印文渊阁四库全书》第1331册,台北：台湾商务印书馆,1983—1986年。

〔南朝梁〕萧统编、〔唐〕李善注：《文选》,北京：中华书局，1977年。

〔南朝梁〕刘勰撰、〔清〕黄叔琳注、〔清〕纪昀评：《文心雕龙辑注》,香港：中华书局,1973年。

〔宋〕文天祥：《文山集》,《景印文渊阁四库全书》第1184册，台北：台湾商务印书馆,1983—1986年。

〔宋〕石介：《徂徕石先生文集》,北京：中华书局,1984年。

〔宋〕朱熹：《晦庵先生朱文公文集》，收入朱杰人、严佐之、刘永翔编：《朱子全书》第20—25册，上海：上海古籍出版社；合肥：安徽教育出版社,2002年。

〔宋〕朱熹：《楚辞集注》，收入朱杰人、严佐之、刘永翔编：《朱子全书》第19册，上海：上海古籍出版社；合肥：安徽教育出版社，2002年。

〔宋〕李昉等编：《文苑英华》,北京：中华书局,1966年。

〔宋〕周密：《癸辛杂识别集》,《景印文渊阁四库全书》第1040册，台北：台湾商务印书馆，1983—1986年。

〔宋〕郭茂倩辑：《乐府诗集》，《景印文渊阁四库全书》第1347册，台北：台湾商务印书馆，1983—1986年。

〔宋〕陈思编、〔元〕陈世隆补：《两宋名贤小集》，《景印文渊阁四库全书》第1363册，台北：台湾商务印书馆，1983—1986年。

〔宋〕程颢、〔宋〕程颐撰：《河南程氏文集》，收入〔宋〕程颢、〔宋〕程颐著，王孝鱼点校：《二程集》第2册，北京：中华书局，1984年。

〔宋〕杨亿：《武夷新集》，《景印文渊阁四库全书》第1086册，台北：台湾商务印书馆，1983—1986年。

〔宋〕邹浩：《道乡集》，《景印文渊阁四库全书》第1121册，台北：台湾商务印书馆，1983—1986年。

〔宋〕杨简：《慈湖遗书》，《景印文渊阁四库全书》第1156册，台北：台湾商务印书馆，1983—1986年。

〔宋〕欧阳修撰、李逸安点校：《欧阳修全集》，北京：中华书局，2001年。

〔宋〕卫泾：《后乐集》，《景印文渊阁四库全书》第1169册，台北：台湾商务印书馆，1983—1986年。

〔宋〕罗从彦：《罗豫章集》，上海：商务印书馆，1937年。

〔金〕王若虚：《滹南集》，《景印文渊阁四库全书》第1190册，台北：台湾商务印书馆，1983—1986年。

〔元〕许有壬：《至正集》，《景印文渊阁四库全书》第1211册，台北：台湾商务印书馆，1983—1986年。

〔元〕许有壬：《圭塘小稿》，《景印文渊阁四库全书》第1211册，台北：台湾商务印书馆，1983—1986年。

〔明〕王守仁：《王文成全书》，《景印文渊阁四库全书》第1265册，台北：台湾商务印书馆，1983—1986年。

〔明〕高攀龙:《高子遗书》,《景印文渊阁四库全书》第1292册,台北:台湾商务印书馆,1983—1986年。

〔清〕董诰编:《全唐文》,北京:中华书局,1987年。

〔清〕严可均校辑:《全上古三代秦汉三国六朝文》,北京:中华书局,1996年。

专　书

丁福保:《佛学大辞典》,北京:文物出版社,1984年。

于平主编:《道家十三经》,北京:国际文化出版公司,1993年。

于省吾编:《甲骨文字诂林》,北京:中华书局,1999年。

王文颜:《佛教汉译之研究》,台北:天华出版事业股份有限公司,1984年。

王晓毅:《王弼评传》(附《何晏评传》),南京:南京大学出版社,1996年。

石昌渝:《中国小说源流论》,北京:生活·读书·新知三联书店,1994年。

任继愈主编、钟肇鹏副主编:《道藏提要》,北京:中国社会科学出版社,1991年。

牟润孙:《注史斋丛稿》,北京:中华书局,1987年。

余英时:《论戴震与章学诚》,北京:生活·读书·新知三联书店,2000年。

吕思勉:《论学集林》,上海:上海教育出版社,1987年。

李零:《郭店楚简校读记》,北京:北京大学出版社,2002年。

李润生:《僧肇》,台北:东大图书股份有限公司,1989年。

林丽真:《王弼》,台北:东大图书股份有限公司,1988年。

张素卿:《左传称诗研究》,台北:台湾大学出版委员会,1991年。

陈东原:《中国妇女生活史》,台北:台湾商务印书馆,1981年。

陈桐生:《孔子诗论研究》,北京:中华书局,2004年。
裴学海:《古书虚字集释》,上海:商务印书馆,1935年。
刘亚丁:《佛教灵验记研究——以晋唐为中心》,成都:巴蜀书社,2006年。
蒋天枢:《楚辞论文集》,台中:蓝灯文化实业公司,1987年。
郑志明:《中国善书与宗教》,台北:台湾学生书局,1988年。
邓球柏:《帛书周易校释》,长沙:湖南人民出版社,2002年。
钱穆:《宋明理学概述》,台北:台湾学生书局,1975年。
钱穆:《国史大纲》,台北:台湾商务印书馆,1977年。
庞朴:《竹帛五行篇校注及研究》,台北:万卷楼图书有限公司,2000年。

专书论文

山际明利著、杨菁译:《谢良佐〈谢显道论语解〉——"仁"说的一展开》,收入松川健二编、林庆彰、金培懿、陈静慧、杨菁合译:《论语思想史》,台北:万卷楼图书有限公司,2006年,页229—253。
末冈实著、陈静慧译:《韩愈、李翱的〈论语笔解〉——唐代古文运动的精神》,收入松川健二编、林庆彰、金培懿、陈静慧、杨菁合译:《论语思想史》,台北:万卷楼图书有限公司,2006年,页151—172。
余英时:《汉代循吏与文化传播》,收入余英时:《儒家伦理与商人精神》,桂林:广西师范大学出版社,2004年,页40—117。
松川健二著、杨菁译:《张九成〈论语百篇诗〉——充满禅味的思想诗》,收入松川健二编、林庆彰、金培懿、陈静慧、杨菁合译:《论语思想史》,台北:万卷楼图书有限公司,2006年,页281—298。

金兑勇:《论〈太上老君说常清静经注〉》,收入金兑勇:《杜光庭〈道德真经广圣义〉的道教哲学研究》,成都:巴蜀书社,2005年,页198—214。

张素卿:《“经之义存乎训”的解释观念——惠栋经学管窥》,收入林庆彰、张寿安主编:《乾嘉学者的义理学》,台北:“中央研究院”中国文哲研究所,2003年,上册,页281—318。

陈寅恪:《论语疏证陈序》,收入杨树达:《论语疏证》,上海:上海古籍出版社,1986年,页1—2。

劳悦强:《唐传奇的佛教影子——从叙事结构说起》,收入古正美主编:《唐代佛教与佛教艺术》,新竹:觉风佛教艺术文化基金会,2006年,页317—333。

劳悦强:《贞顺——刘向〈列女传〉中的妻子》,收入熊铁基、赵国华合编:《秦汉思想文化论集》,新加坡:希望出版社,2005年,页355—375。

劳悦强:《刘宝楠〈论语正义〉中所见的宋学》,收入彭林主编:《清代经学与文化》,北京:北京大学出版社,2005年,页193—212。

黄俊杰:《如何导引“儒门道脉同归佛海”?——蕅益智旭对〈论语〉的解释》,收入黄俊杰:《东亚儒学:经典与诠释的辨证》,台北:台湾大学出版中心,2007年,页279—303。

蜂屋邦夫:《孙绰的生平和思想》,蜂屋邦夫著,隽雪艳、陈捷等翻译:《道家思想与佛教》,沈阳:辽宁教育出版社,2000年,页114—153。

蔡振丰:《何晏〈论语集解〉的思想特色及其定位》,收入黄俊杰编:《中日〈四书〉诠释传统初探》,台北:台湾大学出版中心,2004年,上册,页81—107。

蔡振丰:《蕅益和尚对四书的诠释》,收入廖蔚卿教授八十寿庆论文集编辑委员会编:《廖蔚卿教授八十寿庆论文集》,台北:里仁书局,2003年,页479—502。
刘笑敢:《“六经注我”还是“我注六经”:再论中国哲学研究中的两种定向》,《中国哲学与文化》第五辑,桂林:广西师范大学出版社,2009年,页29—60。
郑吉雄:《乾嘉治经方法中的思想史线索——以王念孙〈读书杂志〉为例》,收入林庆彰、张寿安主编:《乾嘉学者的义理学》,台北:“中央研究院”中国文哲研究所,2003年,下册,页481—545。
郑阿财:《从敦煌文献看佛教传布的通俗化》,收入李丰楙主编:《文学、文化与世变》,第三届国际汉学会议论文集(文学组),台北:“中央研究院”中国文哲研究所,2002年,页117—142。
钱穆:《从朱子论语注论程朱孔孟思想歧点》,收入钱穆:《孔子与论语》,台北:联经出版事业公司,1975年,页129—164。
钟肇鹏:《诠释古籍要实事求是》,《国际儒学研究》第十五辑,北京:九州出版社,2007年,页223—226。

期刊论文

古正美:《大乘佛教的造经方法与早期佛教文学及艺术的发展关系》,《岭南学报》新第1期,1999年10月,页137—164。
宋钢:《〈论语义疏〉“疏亦破注”举例》,《南京师范大学文学院学报》2005年第2期,页182。
李小荣:《略论变文讲唱中道教之长生思想的来源与表现》,《楚雄师专学报》2000年第4期,页42—46。
姜真硕:《朱熹“与道为体”思想的哲学意义》,《孔子研究》2001年第3期,页72—87。
班吉庆:《刘宝楠〈论语正义〉征引〈说文解字〉略论》,《扬州大学学报》(人文社会科学版)2001年第6期,页67—71。
高素素:《女子问题之大解决》,《新青年》第3卷第3期,1917年5

月，页1—7。

陈昱珍：《〈法苑珠林〉所引外典之研究》，《中华佛学学报》第6期，1993年7月，页303—328。

陈鸿森：《刘氏论语正义成书考》，见《"中央研究院"历史语言研究所集刊》第65本第3分，1994年9月，页477—508。

杨玉华：《从朱熹论"兴"看其文学观念》，《钦州师范高等专科学校学报》，第4卷第2期，1999年6月，页31—35。

董路谊、时善刚：《试论朱熹大书〈千字文〉的书法艺术》，《徐州师范学院学报》(哲学社会科学版)1994年第1期，页142—146。

刘宗贤：《杨简与陆九渊》，《中国哲学史》1996年第4期，页83—88。

樊光春：《陕西新发现的道教金石》，《世界宗教研究》1993年第2期，页96—108。

郑欣：《何晏生年考辨》，《文史哲》1998年第3期，页46—52。

严寿澂：《论儒家诗教》，《儒家文化》创刊号，2001年3月，页83—108。

会议论文

劳悦强：《何晏、王弼"道不可体"说的哲学意义和思想史背景》，王弼与郭象：经典诠释与哲学体系之建构国际学术研讨会及郭象著作国际研读会，香港：香港中文大学中国哲学与文化研究中心，2005年12月16—21日。

西文专书

Bartlett, T. H. *Li Ao: Buddhist, Taoist, or Neo-Confucian?* Oxford, New York: Oxford University Press, 1992.

Brooks, E. Bruce, and A. Taeko Brooks. *The Original Analects*. Oxford, New York: Columbia University Press, 1999.

Gardner, Daniel K. *Learning to be a Sage*. Berkeley: University of

California Press, 1990.

Hartman, Charles. *Han Yü and the T'ang Search for Unity*. Princeton, N. J.: Princeton University Press, 1986.

Hirsch, E. D. Jr. *The Aims of Interpretation*. Chicago: University of Chicago Press, 1976.

Hughes, H. Stuart. *Consciousness and Society: The Restoration of European Social Thought 1890–1930*. New York: Vintage Books, 1977, revised edition.

Lamotte, Étienne. *The Teaching of Vimalakīrti (Vimalakīrtinirdeśa)*. Trans. by Sara Boin. London: Pali Text Society, 1976.

Leys, Simon. *The Analects of Confucius*. New York: W. W. Norton & Company, 1997.

Liu, James T. C. *China Turning Inward: Intellectual-Political Changes in the Early Twelfth Century*. Cambridge, Mass.: Council on East Asian Studies, Harvard University: Distributed by Harvard University Press, 1988.

Makeham, John. *Transmitters and Creators: Chinese Commentators and Commentaries on the Analects*. Cambridge, Mass.: Harvard University Asia Center: Distributed by Harvard University Press, 2003.

Norden, Bryan Van. *Confucius and the Analects: New Essays*. Oxford, New York: Oxford University Press, 2002.

Schipper, Kristofer, and Franciscus Verellen, eds. *The Taoist Canon: A Historical Companion to the Daozang*. Chicago: University of Chicago Press, 2004.

Waley, Arthur. *The Analects of Confucius*. New York: Vintage Book, 1938.

Weinstein, Stanley. *Buddhism under the T'ang*. Cambridge: Cambridge University Press, 1987.

西文论文

Goldin, Paul Rakita. "The View of Women in Early Confucianism." In *The Sage and the Second Sex: Confucianism, Ethics, and Gender*, edited by Chenyang Li, pp.131–162. Chicago and La Salle, Illinois: Open Court, 2000.

Lo, Yuet Keung (劳悦强). "Persuasion and Entertainment at Once: Kumārajīva's Buddhist Storytelling in His Commentary on the *Vimalakīrti-sūtra*."《"中央研究院"中国文哲研究集刊》第21期（2002年9月），页89—116。

Lo, Yuet Keung (劳悦强). "Stories from Kumārajīva's Homilies." *Renditions* 61 (2004): 7–18.

Lo, Yuet Keung (劳悦强). "Change Beyond Syncretism: Ouyi Zhixu's Buddhist Hermeneutics of the *Yijing*." *Journal of Chinese Philosophy* 35.2 (2008): 273–295.

Lo, Yuet Keung. (劳悦强) "The Drama of Numskulls: Structure, Texture, and Functions of the *Scripture of One Hundred Parables*." *Early Medieval China* 12 (2006): 69–90.

Mair, Victor H. "What Is Geyi, After All?" In *Philosophy and Religion in Early Medieval China*, edited by Alan K. L. Chan and Yuet-Keung Lo, pp.227–264. Albany: SUNY Press, 2010.

Verellen, Franciscus. " 'Evidential Miracles in Support of Taoism' : The Inversion of a Buddhist Apologetic Tradition in Late Tang China." *T'oung Pao* 78 (1992): 217–263.